BIG TECH MUSS WEG!

Martin Andree unterrichtet digitale Medien an der Universität Köln. Als habilitierter Medienwissenschaftler forscht er seit mehr als 15 Jahren zu den Vormachtstellungen von Big Tech. Er ist zudem Gründer von AMP Digital Ventures mit Fokus auf KI, digitale Innovation und Performance Marketing, gefragter Interviewpartner sowie Gastautor bei führenden Medien (u.a. ARD, ZDF, WDR, NDR, *FAS*, *WELT*) und Konferenzen (u.a. Digitalgipfel der Bundesregierung, Gamescom, Dmexco, ScreenForce u.a.). Bei Campus ist u.a. sein Buch *Atlas der digitalen Welt* (2020) erschienen.

Verena Bönniger ist Diplom-Kommunikationsdesignerin und Creative Director bei Delicious Layouts Visuelle Kommunikation.

MARTIN ANDREE

BIG TECH MUSS WEG!

Die Digitalkonzerne zerstören Demokratie und Wirtschaft

Wir werden sie

STOPPEN

Campus Verlag
Frankfurt/New York

MIX
Papier | Fördert gute Waldnutzung
FSC® C089473
www.fsc.org

ISBN 978-3-593-51754-4 (Print)
ISBN 978-3-593-45470-2 E-Book (PDF)
ISBN 978-3-593-45471-9 E-Book (EPUB)

Umschlaggestaltung, Satz und Grafik: Verena Bönniger, Delicious Layouts, Hilden
Gesetzt aus: Minion Pro und Fira Sans
Redaktion: Andrea Dietrich
Druck und Bindung: Beltz Grafische Betriebe GmbH, Bad Langensalza
Beltz Grafische Betriebe ist ein Unternehmen mit finanziellem Klimabeitrag (ID 15985-2104-1001).
Printed in Germany

www.campus.de

INHALT

KNOCKOUT:

Wie Big Tech missliebige Forschung abschaltet

Wer den langen Arm der Digitalkonzerne zu spüren bekommt, wird das so schnell nicht wieder vergessen. Im Oktober 2020 habe ich selbst die sehr reale Bedrohung durch Big Tech am eigenen Leib erfahren. Gerade eben war unser »Atlas der digitalen Welt« erschienen. Es handelt sich um die erste Nullmessung der gesamten digitalen Mediennutzung (Infos finden Sie unter *www.atlasderdigitalenwelt.de*). Solche Messungen sind für unsere Gesellschaft wichtig: Sie zeigen nämlich präzise, in welchem Grad das Internet schon von den Digitalkonzernen beherrscht wird. Und hier auch gleich der Spoiler: Tatsächlich haben wir eine Übermacht gemessen, die so unfassbar war, dass wir erst unseren eigenen Zahlen nicht getraut haben (☞ I.3–4).

Davor hatte es zu dieser einfachen Frage wenig belastbare wissenschaftliche Informationen gegeben. Es ist nämlich sehr aufwändig, solche Datenanalysen durchzuführen. Man muss dafür Millionen von Domains vermessen. Man muss Nutzungen auf verschiedenen Endgeräten wie Smartphone, Desktop oder Tablet auswerten und riesige Stichproben analysieren. Allein die Untersuchungsapparatur für eine solche Studie kostet viele Millionen Euro. Über eine Kooperation erreichten wir, was viele Jahre unmöglich erschienen war. Die Idee war, diesen Atlas auf Grundlage des erarbeiteten wissenschaftlichen Datenmodells periodisch zu publizieren, um der Gesellschaft eine stets aktuelle Orientierung über die digitale Grundlage unserer Mediendemokratie zur Verfügung zu stellen. Den Digitalkonzernen gefiel diese Studie gar nicht. Einer von ihnen handelte sofort entschlossen und schob der Sache einen Riegel vor. Innerhalb von wenigen Tagen war das ganze Thema erledigt. Um Partner zu schützen, kann ich an dieser Stelle nicht mehr sagen. Aber die klare Botschaft war: Bis hierhin und nicht weiter.

Dieses Erlebnis veränderte mein Leben. Die unglaubliche Macht von Big Tech beziehungsweise »GAFAM« (also Google, Apple, Facebook, Amazon, Microsoft)[1], die wir gerade wissenschaftlich vermessen hatten, griff in diesen Tagen auch in meine persönliche Existenz ein. Spätestens da wurde mir klar: Die riesige Übermacht, die unsere Datenanalysen ausgewiesen hatten, war nicht nur ein theoretisches Konstrukt. Big Tech setzt diese Übermacht konkret in unserer Gesellschaft ein, um die Veröffentlichung missliebiger Informationen zu unterdrücken. Wie wir sehen werden, ist mein Erlebnis kein Einzelfall. Immer wieder missbraucht

Big Tech seine Macht, um Wissenschaftler und Journalisten von der Publikation missliebiger Informationen abzuhalten (☞ V.4).[2]

Mir wurde durch dieses Erlebnis klar, dass die Digitalkonzerne in Deutschland schon jetzt schalten und walten können, wie sie wollen. Sie sind bereits so mächtig, dass sie überall in unserer Gesellschaft auf willfährige Partner, abhängige Unternehmen oder Institutionen zurückgreifen können, um ihre Interessen durchzusetzen. Die Dreistigkeit des Vorgehens hat mich damals verblüfft. Dass es ein amerikanischer Tech-Gigant in einem freien Land wie Deutschland wagt, aktiv seine marktbeherrschende Position auszuspielen, um zukünftige wissenschaftliche Forschung einer deutschen öffentlichen Universität zu unterbinden und die Publikationen missliebiger Daten und Studien im Keim zu ersticken, hätte ich nicht erwartet. Doch es zeigt klar, wie ungeniert die Digitalkonzerne schon in unserem Land vorgehen.

Ein kleiner Trost blieb. Immerhin war unsere Datenanalyse bereits veröffentlicht, hier war es für Big Tech also zu spät. Ein cooler Nebeneffekt der scheinbar so uncoolen Knowledge Unit Buch ist ja: Sobald es erschienen ist, kann man die verdammten Informationen nicht mehr einfach so löschen. Man kriegt die verfluchte Zahnpasta nicht mehr zurück in die Tube gedrückt.

Als damals hinter den Kulissen diese heftigen Reaktionen auf unsere Messungen kamen, habe ich mich zunächst gefragt: Woran liegt das? Immerhin stehen die Digitalkonzerne doch sowieso laufend in der Kritik. Und es sind ja schon genug sehr schlimme Sachen über sie bekannt. Die wichtigsten diskutierten Themen sind da etwa:

- Absichtliche Rechtsbrüche und aktive Ausnutzung von Regulierungslücken
- Ausspähung der Nutzer und Nutzung der Daten im digitalen Überwachungskapitalismus
- Weitergabe von persönlichen Daten an US-Sicherheitsbehörden
- Manipulation von Wahlen (Cambridge Analytica)
- Spaltung der Gesellschaft durch »Echokammern« – Menschen bekommen auf Plattformen vorwiegend Meinungen zurückgespiegelt, die ihre Einstellungen bestätigen
- Fake News sowie algorithmische Bevorzugung von radikalen und emotionalen Inhalten, weil die Nutzer so länger am Bildschirm gehalten werden
- Ausbeutung der Mitarbeiter und Schaffung prekärer Arbeitsverhältnisse
- Anhäufung von Gewinnen bei gleichzeitiger Verweigerung, in den jeweiligen Ländern angemessene Steuern zu zahlen

Wie erklärt sich da diese starke Reaktion auf unsere scheinbar recht harmlosen wissenschaftlichen Datenmessungen? Tatsächlich ist die Antwort ganz einfach. Wie wir aus vielen Studien zu den Digitalkonzernen wissen, geht es ihnen letztlich nur um ein einziges Ziel: Die maximale Akkumulation von Macht, Geld und Herrschaft. Sie sehen sich als Vorreiter einer neuen, digitalen Welt, welche die alte überkommene analoge Welt ersetzen wird. Und in dieser neuen, »besseren« Welt wird alles nach ihrer Pfeife tanzen. Aus Sicht der Digitalkonzerne ist letztlich nur eine Frage von Interesse: Was könnte sie auf ihrem unaufhaltsamen Vormarsch an die Macht noch zu Fall bringen?

Schauen wir uns die oben genannten Kritikpunkte an den Digitalkonzernen an, dann haben sie alle eines gemeinsam: All diese Fragen betreffen zwar Bereiche, die für die Gesellschaft äußerst bedrohlich sind – wie etwa Spaltung der Gesellschaft, soziale Schieflage, Bedrohung der inneren Sicherheit –, für die Digitalkonzerne und ihren Vormarsch sind sie jedoch im Grunde irrelevant. Wie kritisch man diese Themen auch immer einschätzt, sie erzeugen in den meisten Fällen allenfalls Imageprobleme oder marginale Strafen für die Tech-Riesen. Für die vielen laufenden Rechtsstreitigkeiten stellen die Konzerne deshalb mitlaufende Budgets zurück, die sie problemlos aus den sprudelnden Gewinnen finanzieren. Portokasse also. Sie können gigantische Budgets in Lobbyismus und PR stecken, um solchen Imagethemen zu begegnen. Alles easy. Peanuts. Außerdem gilt: Die Produkte der Tech-Riesen beherrschen sowieso in vielen Fällen als Monopole den Markt, da ist schlechte Presse lästig, aber letztlich egal. Denn die meisten Menschen haben ohnehin keine Wahl. Sie mögen die Digitalkonzerne zwar nicht, benutzen aber trotzdem weiter Google, WhatsApp, Instagram.

Und dann betreffen viele genannte Punkte »bloß« ethische Aspekte. Das kann man in Talkshows oder bei politischen Anhörungen wunderbar diskutieren. Die Digitalkonzerne werden hier regelmäßig eingeladen und dürfen ausführlich sprechen. Immer wieder aufs Neue wiederholen sie gebetsmühlenartig ihre angeblich guten Intentionen, gestehen Fehler ein, geloben Besserung und so fort. Sie wollen ja nur das Beste. Wir kennen die Gummiwandmethode seit Jahrzehnten: Vollmundige Beteuerungen, treuherzige Blicke, nichts passiert.

Dagegen führt unser Thema mitten in das Kernproblem: Die drohende Übernahme unseres Mediensystems durch die Digitalkonzerne. Wie wir sehen werden (☞ I.1–4), sind die Tech-Riesen auf ihrem Weg schon sehr weit gekommen. Was könnte ihren Vormarsch tatsächlich noch stoppen? Es wäre einzig und allein eine breite öffentliche Erkenntnis darüber, wie bedrohlich weit sie mit ihrer Übernahme bereits fortgeschritten sind. Denn anders als bei den ethischen Fragen, die aus Sicht der Digitalkonzerne letztlich reine Kosmetik sind, führen diese Fragen die gesellschaftliche Debatte in ganz andere Gefilde – auch in Bezug auf mögliche Strafen und Sanktionen. Wenn wir davon sprechen, dass Big Tech unsere demokratische Medienlandschaft ausschaltet und unsere Wirtschaft zerstört, dann geht es um viel mehr. Dann sprechen wir von kartellrechtlichen Strafen in Höhe von vielen Milliarden Euro oder gar von Szenarien der Entflechtung und Zerschlagung.

Genau das war der Grund, warum unsere Vermessung der ungeheuren Marktkonzentration auf der Grundlage präziser wissenschaftlicher Modelle hinter den Kulissen für solchen Ärger gesorgt hatte. Zumal die Erkenntnis über die feindliche Übernahme der Internets auch politisch sonst zerstrittene Parteien und Gruppierungen sofort zusammenbringen und vereinen könnte. Denn man merkt sofort, wenn man diese Daten interpretiert: Wir werden *alle* im Netz von Big Tech betrogen, ob reich oder arm, ob links oder liberal. Wir alle sind Opfer dieser Monopole. Die Digitalkonzerne sind die Todfeinde *der Linken wie der Liberalen gleichermaßen*. Denn *sie zerstören die politische und die wirtschaftliche Freiheit zugleich* – die Freiheit unseres pluralistischen Mediensystems wie auch die Freiheit unserer pluralistischen Marktwirtschaft.

Aber solange wir uns mental in einzelnen Aspekten verhaken und nur über Fake News, über Überwachung oder über Populismus miteinander streiten, bemerken wir nicht, was wirklich gespielt wird, und dass wir durch die feindliche Übernahme des Internets alle gemeinsam betroffen sind, egal ob wir fortschrittlich oder konservativ eingestellt sind, ob wir auf der Seite der Kultur oder der Wirtschaft argumentieren, ob wir arm oder reich sind.

Der Status Quo schädigt uns alle. Wenn wir das nur gemeinsam erkennen könnten, wäre es ein Leichtes, das Lagerdenken in unseren politischen Debatten mit einem Fingerstreich zu überwinden. Wir könnten das wunderbare Internet, das uns die Digitalkonzerne gestohlen haben, gemeinsam für die Nutzer zurückerobern. Wir könnten dafür sorgen, dass nicht nur die Digitalkonzerne mit dem Internet Geld verdienen, sondern alle Kreatoren und Blogger eine faire Chance erhalten, ihre Inhalte auf faire Weise zu monetarisieren. Wir könnten die digitale Sphäre, die aktuell von kolonialistischen Digitalgiganten besetzt wurde, wieder zu neuem Leben erwecken. Wir könnten dafür sorgen, dass auch unsere Kinder noch in einer pluralistischen Demokratie leben, mit einem pluralistischen, offenen Mediensystem und einer pluralistischen, offenen Wirtschaft. Wir müssten nur das riesige Problem bemerken, das so offensichtlich direkt vor unserer Nase liegt und doch so schwer zu erkennen zu sein scheint.

Als Medienforscher habe ich bislang mehrere wissenschaftliche Bücher und ein Handbuch verfasst. Bei diesem Buch habe ich mich für eine allgemein verständlichere Darstellungsweise entschieden, damit alle verstehen können, was die Analyse unserer Daten zu bedeuten hat, wie es um unser Mediensystem steht und wie weit Big Tech schon dabei fortgeschritten ist, es zu übernehmen. Wie gefährdet unsere Demokratie ist und was wir unternehmen können und müssen, um diese Gefahr noch abzuwenden.

Es geht in diesem Buch gerade nicht um die üblichen Kritikpunkte an der digitalen Welt – dass Gaming süchtig macht, dass junge Menschen durch Instagram-Konsum in ihrem Selbstwertgefühl geschädigt werden, dass Hate Speech unser Zusammenleben immer mehr vergiftet, dass unsere Daten überwacht werden, dass Fake News und Populismus überhandnehmen und so fort. Ebenso falsch wäre es, nur den letzten Technologieschub zu betrachten (ChatGPT et cetera), ohne das fundamentale Problem in den Blick zu nehmen. Dieses Buch mäkelt nicht eine Sekunde herum am Digitalen. Es behauptet nicht einmal, die »gute alte analoge Welt« sei in irgendeiner Form besser gewesen. Ich arbeite in der digitalen Branche und verbringe glücklicherweise den Großteil meiner Lebenszeit mit digitalen Themen. Mein Buch ergreift dementsprechend ganz stark Partei *für* das Digitale.

Denn noch haben wir es in der Hand. Wir können das Internet von der Herrschaft der Digitalkonzerne befreien (☞ VI) und es wieder dem Zweck zuführen, für den es Tim Berners-Lee ursprünglich einmal konzipiert hatte: Ein demokratisches und antihierarchisches Mittel der gegenseitigen mitmenschlichen Verbindung, Verständigung und Vernetzung. Das brennendste Problem der digitalen Transformation sind nicht ihre vieldiskutierten Nebenwirkungen. Das brennendste Problem ist ihre Hauptwirkung: Dass die Tech-Konzerne die digitale Revolution ausnutzen, um immer größere Teile unserer gesellschaftlichen Systeme zu übernehmen. Dieses Problem müssen wir erkennen und angehen. Dann haben wir eine Chance.

Ich habe diese oft komplexen Zusammenhänge möglichst einfach und unterhaltsam dargelegt. Ich bin extrem dankbar, dass ich für dieses Projekt die fantastische Grafikdesignerin Verena Bönniger als Partnerin gewinnen konnte.

Ich widme dieses Buch meinen beiden Kindern und hoffe von Herzen, dass sie mit ihren Familien später einmal in einer freien Mediendemokratie leben können, auch wenn die Chancen leider schlecht stehen.

Alle finanziellen Einnahmen aus dem Verkauf der ersten Auflage dieses Buchs spende ich der »Stiftung Studium und Lehre« meiner wunderbaren Heimatuniversität in Köln.

Weitere Inhalte, »Bonus-Tracks« und Updates zu diesem Buch finden Sie auf der dazugehörigen Webseite, *www.bigtechmussweg.de* – scannen Sie dafür einfach den abgedruckten QR-Code.

HINWEIS: Im Folgenden wird auf die gleichzeitige Verwendung weiblicher und männlicher Sprachformen verzichtet und die generische männliche Form genutzt – womit keine Zufriedenheit, sondern ein Mangel ausgedrückt ist.

KAPITEL I

GAME OVER 2029: Die Herrschaft der Digitalkonzerne

1. Unsere Demokratie ist in Gefahr

In hundert Jahren wird man auf unsere Zeit zurückblicken und sich verwundert die Augen reiben. Wie konnte eine Handvoll US-amerikanischer Digitalkonzerne unsere Demokratie und unsere freie Wirtschaft gleich im Doppelpack unter ihre Kontrolle bringen? Lag es zuletzt an den riesigen Aufmerksamkeitsschatten der Klimakrise, der Corona-Pandemie und des Kriegs in der Ukraine, dass wir es nicht bemerkt haben? Wie konnte Big Tech bei der feindlichen Übernahme unseres Mediensystems überhaupt so weit kommen? Am helllichten Tag. Ohne dass wir uns dagegen gewehrt haben.

Alle reden gerade über ChatGPT – aber in der Rückschau wird die generative KI »nur« den allerletzten Todesstoß für unser Mediensystem darstellen (☞ II.6). Wenn Millionen von maschinell erzeugten Texten und Beiträgen die sozialen Medien fluten, wird die seit Jahrzehnten voranschreitende Entwertung der Inhalte im Netz ihren endgültigen Abschluss erreichen. Die Digitalkonzerne können den Sack zumachen – die redaktionellen Medien haben nicht die geringste Chance.

Als Ergebnis einer jahrzehntelangen feindlichen Übernahme durch Big Tech wird unser Mediensystem schon in wenigen Jahren nicht mehr unter unserer Kontrolle stehen. Aber es gibt keine Anzeichen einer gesellschaftlichen Beunruhigung. Sicher, man diskutiert die Potenziale und Gefahren von generativer KI. Aber die sich abzeichnende Übernahme unserer demokratischen Öffentlichkeit durch Big Tech ist kein Thema. Dabei sind doch die Medien die Basis unserer Demokratie. Sie informieren die Menschen, sie ermöglichen politische Meinungsbildung der Bürger, sie kontrollieren die Politiker, die Mächtigen und die Reichen in unserem Land.

Wir erleben mit dem Vormarsch der digitalen Medien eine der größten technologischen Revolutionen der Menschheit. Die immer weiter voranschreitende Ablösung der klassischen Informationsangebote durch digitale Plattformen gleicht einer Operation am offenen Herzen unserer Demokratie. Wir wissen spätestens seit McLuhan (»The medium is the message«), dass Medien nie »unschuldig« sind[1] – sie bilden die Grundlage unserer gesellschaftlichen Denkmuster, Einstellungen und Haltungen. Eine massive Veränderung unserer Medienlandschaft hat massive Folgen für unsere demokratische Gesellschaft.

Natürlich spielen die Digitalkonzerne bei diesem Prozess eine zentrale Rolle. Wie unsere Messungen des gesamten bundesdeutschen Internet-Traffics erstmals gezeigt haben, gehören den Tech-Riesen über ihre Vormachtstellungen bereits große Teile dieser zukünftigen Öffentlichkeit, die in wenigen Jahren die neue digitale Grundlage unserer Demokratie bilden werden. GAFAM werden übernehmen.

Das ist demokratiepolitisch alarmierend. Unter keinen Umständen dürfen einzelne Kräfte jemals Hoheit über unsere Medien gewinnen, egal ob es sich dabei um Parteien, um die Regierung, um mächtige Personen oder eben um Digitalkonzerne handelt. Wenn das geschieht, ist es um die Freiheit und Unabhängigkeit unserer Medien geschehen und unsere Demokratie in ihrem innersten Kern beschädigt.

Sie wundern sich, dass diese Gefahr aktuell in den gesellschaftlichen Debatten kein Thema ist? Sie haben Recht. Sie fragen sich, ob ich hier nicht etwas übertriebene Panikmache betreibe? Leider nein. Wir haben das gesamte Netz vermessen und unsere Daten sprechen eine klare Sprache: Bald werden wir einen Kipppunkt überschreiten und dann wird es kein Zurück mehr geben. Den Digitalkonzernen wird allein durch die Dynamik der digitalen Transformation unser Mediensystem – und damit die Grundlage unserer Demokratie – in den Schoß fallen.

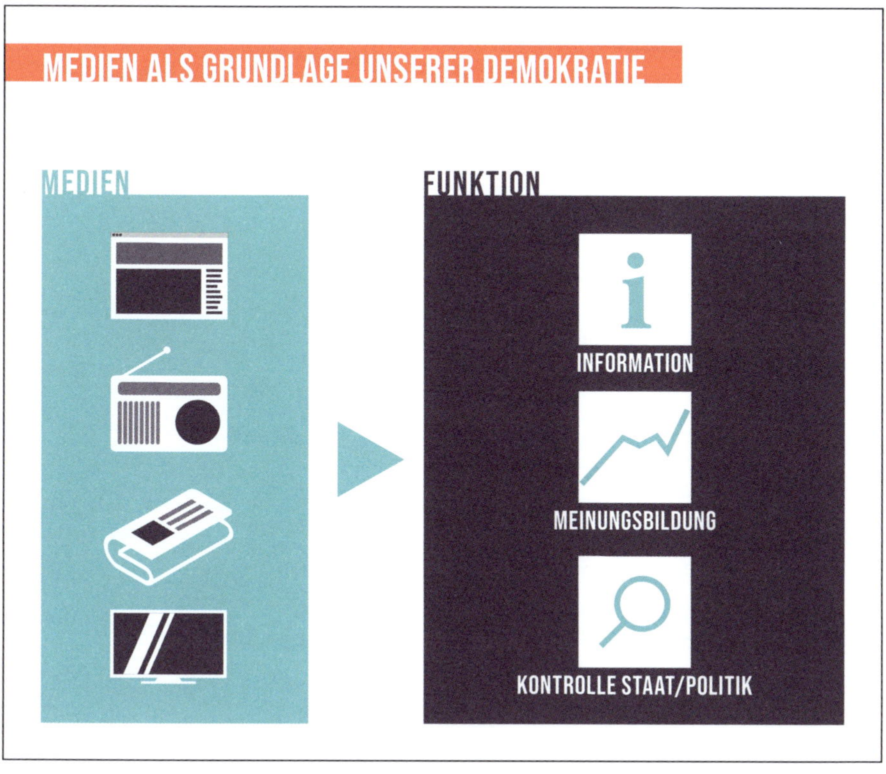

Fangen wir an mit den wichtigsten Eckpunkten:

- Dass die digitalen Medien die analogen ablösen werden, ist eine Binsenweisheit, Haken dran.
- Was die wenigsten Menschen ahnen: Diese Transformation ist schon sehr weit fortgeschritten. Schon heute haben die digitalen Medien die analogen überholt und sind zu den neuen Leitmedien geworden.
- Schon bald, im Jahr 2029, werden die analogen Medien unter einen Anteil von 25 Prozent gesunken sein. Für die analoge Welt heißt es ab dann: GAME OVER. Jeglicher politische Diskurs wird dann in den Händen der Plattformen liegen.

FUN FACT: Seit 2020 sind die digitalen Medien die Leitmedien.

Herrschaft der Digitalkonzerne – sechs gefährliche Folgen

1. Redaktionelle Medien und Journalismus werden erbarmungslos immer weiter an Bedeutung einbüßen und schneller wegschmelzen als das Eis in der Arktis
2. Es geht um viel mehr als das Überhandnehmen von Fake News, denn: Die Tech-Riesen können in Zukunft bestimmen, welcher Bürger welche Nachrichten über die Plattformen ausgespielt bekommt. Schon jetzt manipulieren sie den Traffic nach ihren Interessen. Weder Wissenschaft noch Politik haben einen Zugang zu diesen Prozessen. Die Menschen werden dabei immer mehr entmündigt.
3. Politische Meinungsäußerung und Einflussnahme werden zunehmend durch die Plattformen kontrolliert.
4. Die redaktionellen Medien hatten bislang immer auch die Funktion einer kontrollierenden Instanz. Bürger konnten Missstände anprangern, zum Beispiel Korruption in der Wirtschaft oder der Politik. Auch Straftaten konnte man publik machen, bis etwa die Staatsanwaltschaft eingriff. Diese Funktion wird

Bis hierhin herrscht meist Konsens, fraglich ist höchstens, wie schnell diese Transformation erfolgen wird. Aber was wird passieren, wenn die Mediendemokratie, wie wir sie kennen, verloren geht? Wie betrifft das unser Leben? Ich garantiere Ihnen, die Folgen für die Menschen in diesem Land werden sehr konkret spürbar sein (siehe Textbox unten auf der Seite).

Was passiert, wenn wir den Kipppunkt überschreiten?

Einer Handvoll Digitalkonzerne ist es gelungen, den westlichen Gesellschaften unser wunderbares demokratisches Internet durch aggressive Methoden und unfaire Tricks zu stehlen (☞ II.2). Durch die Übernahme weiter Teile des Internets haben sie es geschafft, eine rundum segensreiche digitale gesellschaftliche Transformation auf eine abschüssige Bahn zu bringen und für ihre eigenen Zwecke auszubeuten. Sie sind dabei schon sehr weit fortgeschritten. Wie weit, das werden wir auf den kommenden Seiten wissenschaftlich belegen. Es wird nicht leicht sein,

in Zukunft von den Plattformen übernommen werden – was auch bedeutet: Eine Handvoll Digitalkonzerne kann dann darüber entscheiden, welche Themen bekannt werden und welche nicht. Sie können aktiv das sogenannte »Agendasetting« in unserer Gesellschaft kontrollieren – die Auswahl an Themen, über die gesprochen wird.

- Auch Regierungen und Politiker werden in Zukunft einen Großteil ihrer Kommunikation über die Plattformen erzielen – weswegen sie immer abhängiger von den Digitalkonzernen werden. Denn die Tech-Riesen können in Zukunft nach Belieben darüber entscheiden, wie viel Aufmerksamkeit (Traffic) die verschiedenen politischen Botschaften erhalten. Nur sie werden den Zugang zum Maschinenraum der digitalen Medien und der Abmischung der Botschaften im Netz besitzen. Und sie werden diesen Zugang aggressiv zu ihrem eigenen Vorteil ausnutzen.
- Jede Art von Widerstand gegen die digitale Elite der Tech-Riesen wird zwecklos sein. Denn die Digitalkonzerne haben die Macht über unsere Öffentlichkeit erlangt. Unser politischer Diskurs ist dann in ihrer Gewalt.

diese Entwicklung umzukehren. Denn fatalerweise haben wir unsere freiheitliche Ordnung gegen alle möglichen Angriffe geschützt – gegen staatsfeindliche Parteien, gegen Umstürze, gegen gewaltsame Angriffe von außen. Aber wir verfügen aktuell über keine wirksamen Abwehrmechanismen gegen die akute Bedrohung durch die Digitalkonzerne (☞ IV). Und durch Technologien wie generative KI wird diese Übernahme nur massiv beschleunigt.

Die entscheidende Frage ist, ab welchem Punkt die Vormacht der Digitalkonzerne durch die fortschreitende digitale Transformation so weit fortgeschritten ist, dass die dadurch ausgelöste Eigendynamik unumkehrbar ist. Aus den existierenden Daten können wir erkennen, dass dieser Punkt in etwa fünf bis maximal zehn Jahren eintreten wird. Danach wird es kaum noch Möglichkeiten geben, diese abgleitende Bewegung zu stoppen, weil die demokratischen Medien und die Systeme, die uns noch zur Verfügung stehen, dann nicht mehr in ihrer freiheitlichen Form funktionieren können. Der gesamte Redeanteil der geschrumpften redaktionellen Medien wird zu klein sein, um gegen die Übermacht der Plattformen noch etwas auszurichten. Als sie noch groß und mächtig waren, haben sie nicht protestiert. Ab diesem Punkt wird jeder Protest zwecklos sein.

Die Konsequenzen sind für uns kaum absehbar: Was ist, wenn infolge einer absichtlich fehlgeleiteten digitalen Transformation die Herrschaft über weite Teile unserer Gesellschaft den Tech-Riesen in den Schoß fällt? Was, wenn die freie Marktwirtschaft selbst dieser Dynamik zum Opfer fällt? Wenn die Digitalkonzerne langfristig ihre Monopole an die Stelle unserer pluralistischen, freien Wirtschaftsordnung setzen? Wenn dabei unsere Demokratie für immer Schaden nimmt?

2. Der »Point of no Return« – 2029

Wenn hier von der Übernahme unseres Mediensystems die Rede ist, stellt sich die Frage: Wie groß ist die Bedrohung überhaupt? Verschaffen wir uns zunächst einmal einen Überblick. Die Medienlandschaft besteht aktuell aus zwei Feldern. Auf der einen Seite stehen die klassischen, analogen Angebote wie etwa Zeitungen, Radio oder Fernsehen, die redaktionellen Medien. Und dann gibt es die digitalen Medien, die seit Jahrzehnten auf dem Vormarsch sind, wie etwa Social Media, Video-on-Demand (zum Beispiel YouTube), Suchmaschinen (zum Beispiel Google) inklusive der digitalen Verlängerungen der redaktionellen Medien.

Wir wissen alle, dass wir uns gerade mitten in einem Transformationsprozess befinden. Die digitalen Medien lösen die analogen ab. Es ist sinnvoll, dass wir diesen Prozess kurz im Zeitverlauf skizzieren. Der zeitliche »Nullpunkt« für diese Entwicklung liegt im Jahr 1989, als Tim Berners-Lee das World Wide Web während seines Aufenthalts am Genfer CERN erfand. Damit soll gemeint sein: Zum Zeitpunkt dieser Erfindung betrug der relative Anteil der digitalen Medien an der gesamten Nutzung genau 0 Prozent. Damals, im Jahr des Mauerfalls, hatten die analogen Medien als Grundlage unserer Demokratie noch einen Anteil der Nutzung von 100 Prozent.

Wir wissen nun alle, dass die digitalen Medien auf der Überholspur sind. Wir wissen anekdotisch, dass junge Leute aktuell schon fast ausschließlich digitale Medien nutzen. Wir wissen, dass auch die älteren Generationen immer digitaler werden. Aber wenn es darum geht, genau zu bestimmen, wie weit dieser Transformationsprozess fortgeschritten ist, tappen die meisten Menschen im Dunkeln. Denn es macht ja einen Unterschied, ob die Medien als Grundlage unserer Demokratie zu 10 Prozent digital sind, zu 50 Prozent oder etwa zu 80 Prozent. Tatsächlich ist es auch gar nicht einfach, hier eine belastbare Antwort zu finden. Um das wissenschaftlich genau herauszubekommen, müsste man mit ein und derselben Methode eine sehr große Zahl von Menschen »tracken« – also ihren genauen Medienkonsum über die verschiedenen Kanäle und Formate auf die Minute genau messen.

Eine solche Studie existiert nicht. Es ist viel zu kompliziert, die verschiedenen Formen des Medienkonsums zu messen. Man stelle sich allein die Untersuchungsapparatur vor, die man nur dafür bräuchte, um zu messen, wie viele Minuten am Tag eine Person etwa genau Zeitung liest. Aber keine Sorge, es gibt eine Antwort auf unsere einfache Frage nach der Bedeutung der digitalen Medien. Wir machen einfach einen kleinen Umweg und schauen uns an, in welchen Kanälen – analogen wie digitalen – wie viel Geld für Werbung ausgegeben wird.

Digitale Medien sind seit 2020/21 die Leitmedien

Warum ergibt dieser Umweg über die Investitionen in Werbung Sinn? Nun, alle Medien bündeln ja die *Aufmerksamkeit* von vielen Menschen. Es ist dabei völlig egal, auf welchen Kanälen diese Aufmerksamkeit angezogen wird, ob im Radio, auf TikTok oder bei der Lektüre einer Zeitschrift. Und die gesammelte Aufmerksamkeit aller Medien wird dann weiterverkauft – an werbetreibende Unternehmen.

Natürlich überlegen werbetreibende Unternehmen sehr genau, wo sie denn ihre wertvollen Euros für Werbung ausgeben sollen. Sie verfügen über hunderte von Messverfahren, um exakt zu bestimmen: Wo erhalte ich am meisten Aufmerksamkeit für das von mir eingesetzte Geld? Eine ganze Branche von Marktforschungsunternehmen und Agenturen verdient viele hunderte Millionen Euro jährlich daran, die Auswahl dieser Kanäle für werbetreibende Unternehmen extrem genau zu analysieren und tagesgenau zu überprüfen.

Genau deshalb liefern Werbeinvestitionen einen wunderbaren Indikator für die relative Bedeutung der verschiedenen Kanäle. Und hier sind die Zahlen mehr als eindeutig. Vieles spricht dafür, dass wir den »Tipping Point«, also den Kipppunkt, auf das Jahr 2020 beziehungsweise 2021 für Deutschland ansetzen können. Seit diesem Kipppunkt *werden auf digitalen Medien von den werbetreibenden Unternehmen mehr Investitionen getätigt als in allen anderen analogen Medien zusammengenommen.*[2]

Allein diese Information ist für viele Menschen überraschend. Die meisten Nutzer würden den Anteil der digitalen Medien viel geringer ansetzen. Aber tatsächlich sind die analogen Zeiten vorbei.[3] Wenn man auf die Werbung als Indikator für gebündelte Medienaufmerksamkeit schaut, dann gilt seit etwa zwei Jahren: *Die digitalen Medien sind die Leitmedien.* Die analogen Medien haben nur noch sekundäre Bedeutung. Und sie werden immer weiter abschmelzen. Irgendwann werden die digitalen Medien übernehmen. Und eins ist klar: Das wird nicht mehr lange dauern.

Merken Sie, dass sehr viel Sprengstoff hinter dieser Information steckt? Denn viele Akteure aus der alten Welt, etwa in den Medien, der Wirtschaft oder der Politik, achten immer noch in erster Linie auf das, was in analogen Medien passiert. Wenn man zum Beispiel einen Redakteur des *Spiegel* fragt, wer denn eigentlich seine Konkurrenz ist, würde er bestimmt auf den *Focus*, die *Zeit* oder die *FAZ* verweisen.

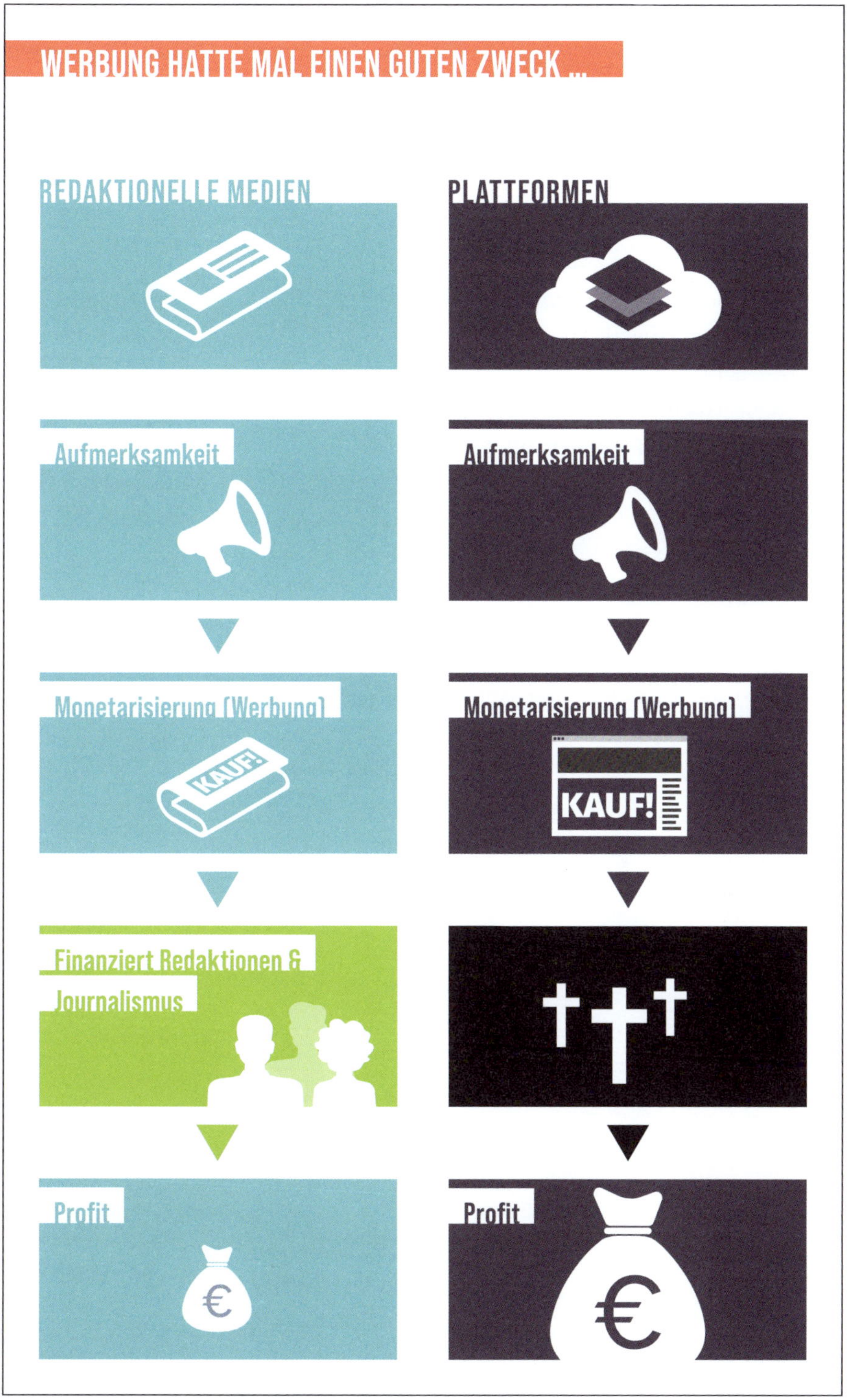
WERBUNG HATTE MAL EINEN GUTEN ZWECK …
REDAKTIONELLE MEDIEN
PLATTFORMEN
Aufmerksamkeit
Aufmerksamkeit
Monetarisierung (Werbung)
KAUF!
Monetarisierung (Werbung)
KAUF!
Finanziert Redaktionen & Journalismus
Profit
Profit

Er würde vermutlich nicht erwidern, dass Facebook und Instagram die gefährlichsten Konkurrenten des *Spiegel* sind. Aber genau das ist der Fall. Denken wir einige Jahre weiter. Wenn wir uns die Frage stellen, welches Unternehmen dem *Spiegel* einmal so stark das Wasser abgraben könnte, dass es für die Redaktion um das blanke Überleben geht, dann ist es sicher nicht der *Focus* oder die *Zeit* – sondern die Konkurrenz durch die digitalen Plattformen.

Plattformen zerstören die Finanzierungsgrundlage von Journalismus

Es gibt noch einen weiteren Aspekt, weshalb die Analyse von Werbeinvestitionen lohnend ist. Werbung ist zwar für viele Nutzer nur lästig und nervig, aber sie vergessen dabei, dass dieselbe Werbung eben doch für die Mediendemokratie einen »guten Zweck« erfüllt. Denn es ist ja dieselbe Werbung, durch die Medienunternehmen Redaktionen finanzieren, Filme drehen, Journalisten einstellen, Recherchen durchführen können (siehe Abbildung auf der vorhergehenden Seite).

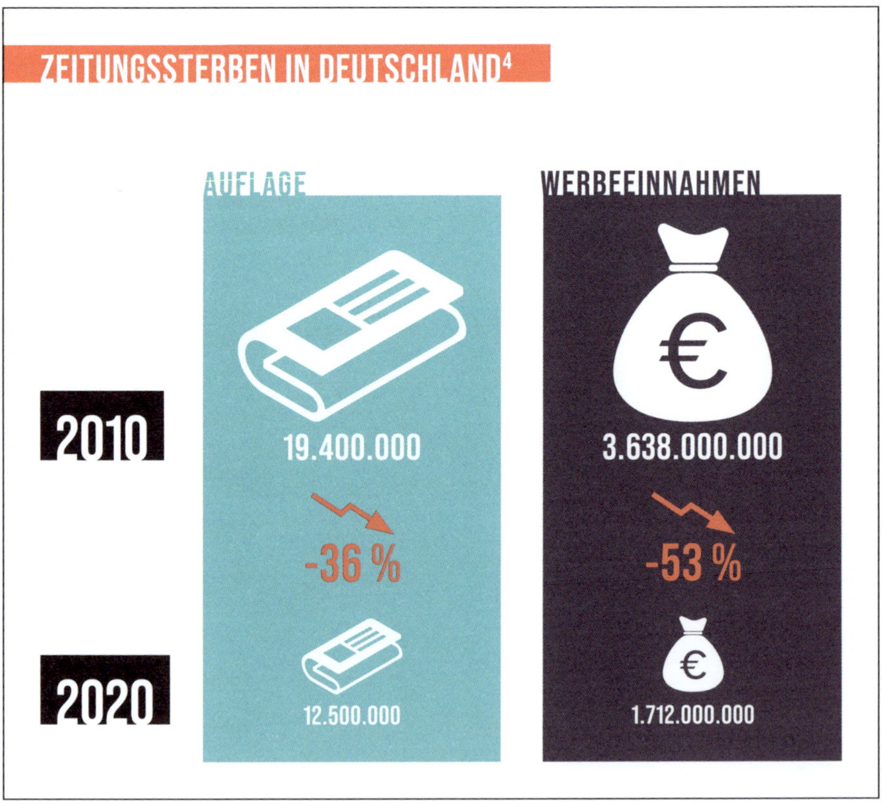

Auch das gibt uns einen ersten Eindruck davon, wie denn in Zukunft die digitale Grundlage unserer Mediendemokratie aussehen könnte. Denn wie wir alle wissen, basiert das Geschäftsmodell der Plattformen ja auf »user-generated content« – also auf Inhalten, welche die Nutzer für sie erschaffen. Die Plattformen zahlen keine Honorare, unterhalten keine Redaktionen, betreiben keine Recherchen. Sie führen keine Interviews, entwickeln keine Themen, sie bereiten die Informationen nicht auf. Sie bieten den Nutzern lediglich ein digitales Forum, auf dem diese nach Belieben ihre Inhalte verbreiten können. Nur dass die Nutzer diese Arbeit für Plattformen gratis leisten und dafür keine finanzielle Belohnung erhalten.

Wer also meint, es lohne sich nicht, solche Werbeinvestitionen zu analysieren, der sitzt einem Irrtum auf. Denn die privatwirtschaftlich organisierten Medien sind von dieser Werbung abhängig, egal ob es sich um *RTL*, um *Pro7*, um den *Spiegel* oder die *Süddeutsche Zeitung* handelt. Wenn also die Werbeinvestitionen immer weiter auf Plattformen abwandern, dann werden die analogen und redaktionellen Medien unweigerlich »trockengelegt«. Genau deshalb lesen wir seit Jahren und Jahrzehnten vom Zeitungssterben, von Stellenabbau in den Redaktionen, von immer neuen Umstrukturierungen.

Wann erfolgt der Zusammenbruch der redaktionellen Medien?

Die Frage ist, ab welchem Punkt die analogen Medien so weit abgeschmolzen sein werden, dass sie einen zweiten »Tipping Point« überschreiten. Denn bei solchen Prozessen der Stagnation erfolgt ein Niedergang ab einem bestimmten Punkt nicht mehr linear, sondern dynamisch. Das ist übrigens bei den meisten wirtschaftlichen Geschäftsmodellen so. Ab einer bestimmten Schwelle ist es dann zum Beispiel nicht mehr wirtschaftlich, eine Fabrik noch weiter zu unterhalten. Es rentiert sich nicht mehr, weil die Kosten für die Produktion die Einnahmen überschreiten. In diesem Augenblick werden die Eigentümer die Unternehmung stoppen und die Produktionsstätte schließen. Dann ist Schicht im Schacht.

Wie wir gesehen haben, haben die digitalen Medien seit dem »Nullpunkt« im Jahr 1989 mehr als drei Jahrzehnte gebraucht, um aus einem unbedeutenden Aschenputteldasein herauszuwachsen und die Rolle der Leitmedien zu übernehmen. Wir können mit Sicherheit davon ausgehen, dass sich ihr Vormarsch in Zukunft stark beschleunigen wird. Wir können aus den publizierten Prognosen erkennen, dass die digitalen Medien voraussichtlich im Jahr 2029 drei Viertel aller Werbeinvestitionen bündeln werden. Dagegen wird der relative Anteil der analogen Medien 2029 auf weniger als 25 Prozent sinken.[5]

Wir können davon ausgehen, dass dies in dreierlei Hinsicht für die analogen Medien kritisch sein wird: Erstens verlieren sie gesamtgesellschaftlich an Relevanz. Zweitens werden viele Medienunternehmen nicht mehr profitabel weiter existieren können. Schließungen, Zusammenlegungen, Stellenabbau und Umstrukturierungen werden den Erosionsprozess beschleunigen. Die dritte Konsequenz ist jedoch am bedeutsamsten: Dieser Verlust an Gewicht wird dazu führen, dass sich die redaktionellen Medien gegen die Besetzung des Mediensystems durch die Plattformen nicht mehr publizistisch wehren können.

In diesem Kampf gegen die Plattformen hatten sie nie auch nur die geringste Chance. Wie wir später sehen werden (☞ II), erfolgt diese feindliche Übernahme durch die Digitalkonzerne nämlich mit unfairen Methoden. Durch die massive Privilegierung der Plattformen waren alle Digitalisierungsoffensiven der analogen Medien von vorneherein zum Scheitern verurteilt. Das Problem wird 2029 nur sein: Sie werden dann gesellschaftlich nicht mehr über den nötigen Redeanteil

MEILENSTEINE: WERBEEINNAHMEN[5]

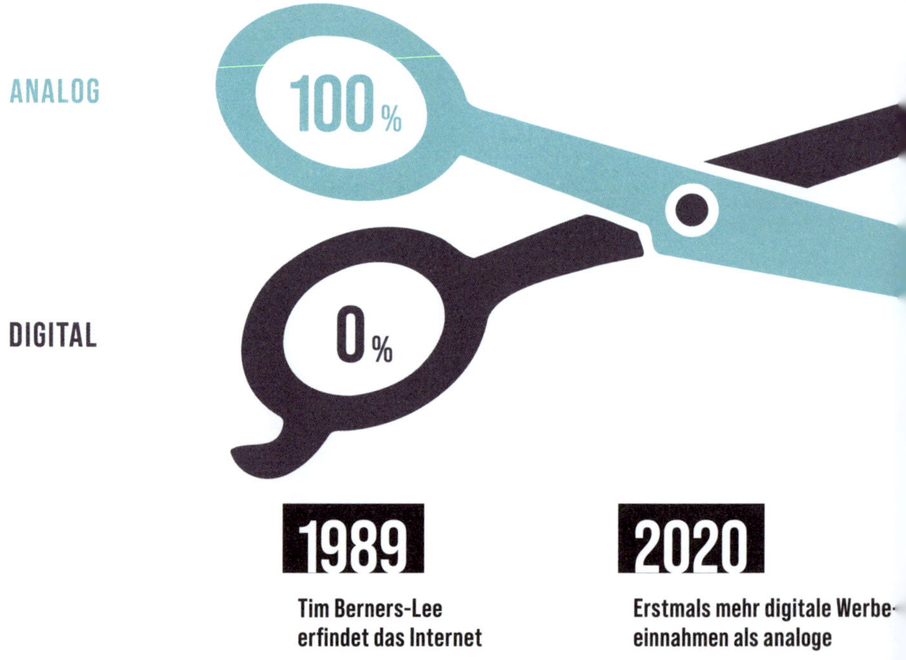

verfügen, genau dies öffentlich anzuklagen. Ihr »Share of Voice« ist dann zu gering.

Jenseits des Jahres 2029 wird kaum noch an Korrekturen oder Richtungsänderungen zu denken sein: GAME OVER.

Offen ist natürlich, was das bedeutet. Eine Ablösung der analogen durch die digitalen Medien könnte ja auch eine tolle Sache sein. Ich bin übrigens selbst ein »Digital Addict«, und vor zehn Jahren hätte ich in einer Diskussion zu solchen Themen vermutlich geantwortet:

»Ist doch super! Das ist halt Teil des Fortschritts – neue Ideen kommen, alte vergehen. Was ist bitte falsch daran? Wofür brauchen wir die analogen Medien noch? Nur her mit den coolen neuen Plattformen, und weg mit dem alten Kram.«

Doch so einfach ist es nicht. Was passiert, wenn wir unsere Mediendemokratie umstellen auf digitale Medien? Was sind die Konsequenzen, wenn US-amerikanische Plattformen zum Fundament unserer Demokratie werden?

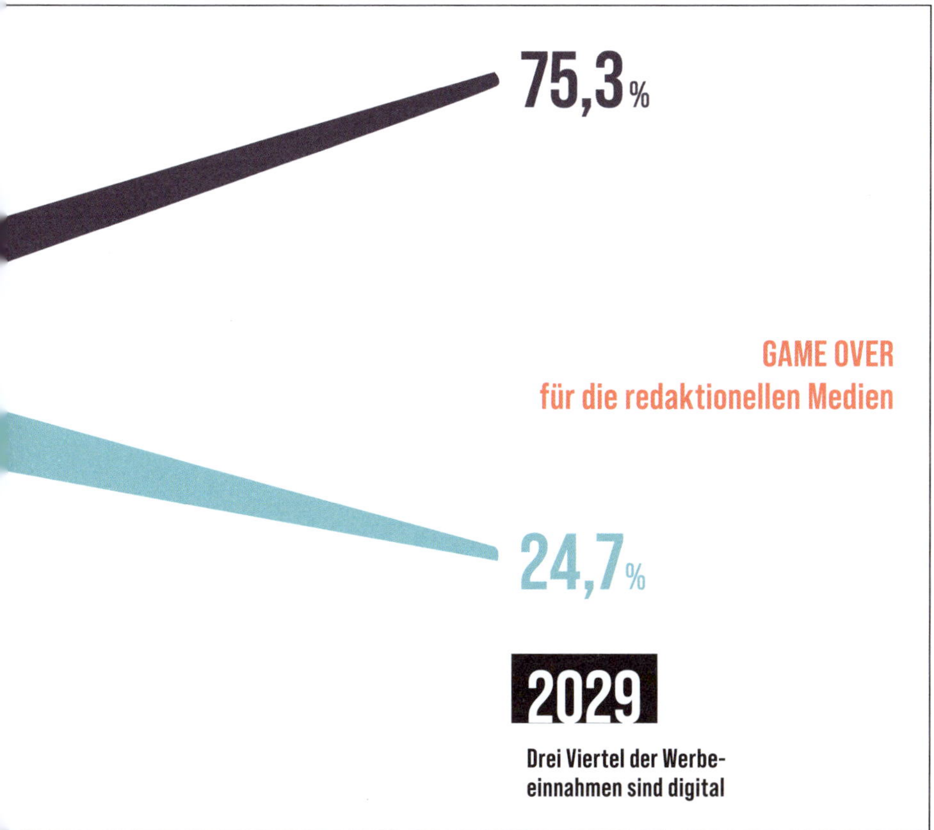

3. Das Internet der Monopole

Wir wissen, dass die Medien die Grundlage unserer Demokratie darstellen. Denn nur durch die Medien wird unsere öffentliche Meinungsbildung ermöglicht, aufgrund derer sich dann auch politische Parteien und Programme entwickeln und positionieren können. Wir wissen auch, dass die digitalen Medien die analogen Medien ersetzen werden. Übrigens ist es da auch irrelevant, ob diese Transformation noch weitere fünf, zehn oder zwölf Jahre in Anspruch nehmen wird. Die eigentliche Kernfrage lautet dagegen: Wie wird dann diese rein digitale Welt in Zukunft aussehen?

Wir können das recht einfach durch ein Gedankenexperiment beantworten, indem wir nämlich die analogen Medien jetzt einmal fiktiv abschalten:

KNIPS *Es gibt keine Zeitungen, Zeitschriften und Magazine mehr.*

KNIPS *Das lineare Fernsehen ist abgeschaltet.*

KNIPS *Das Radio ist stumm.*

Weil die vorwiegend digitale Medienzukunft schon in wenigen Jahren eintritt, müssen wir jetzt einfach nur einen Querschnitt der aktuellen digitalen Situation ermitteln und können daraus präzise ableiten, wie unsere digitale Medienwelt schon sehr bald aussehen wird.

Einen solchen wissenschaftlich fundierten Querschnitt besitzen wir dank unserem Forschungsprojekt der Universität Köln, in dem wir in sehr umfassenden Datenanalysen eine erste solche Nullmessung vorgelegt haben. Sie zeigt die gesamte digitale Nutzung der deutschen Bevölkerung auf allen 16 Millionen Domains auf Grundlage der echten Nutzung aller Devices (Smartphone, Tablet, Desktop). Wir haben für diese Darstellung viele Milliarden Impressions ausgewertet.[6]

Als wir die Ergebnisse zum ersten Mal sahen, konnten wir unseren Augen kaum trauen. Wir dachten zunächst, unsere Auswertungen müssten fehlerhaft sein. Warum? Weil die vermeintliche Vielfalt der Inhalte im Netz eine Illusion ist. Das riesige bunte Internet erwies sich in Wirklichkeit als ein gigantischer Friedhof ungenutzter Inhalte. Fast der gesamte Traffic wird nur von ganz wenigen Giga-

Plattformen erzielt, und zwar von den Angeboten der Digitalkonzerne wie YouTube, Facebook, Instagram, Google oder WhatsApp.

Aus diesem Status Quo können wir ableiten, wie unsere Medienlandschaft in wenigen Jahren aussehen wird: Nach dem weiteren Abschmelzen von Zeitungen, Fernsehen und Radio in fünf bis zehn Jahren wird unsere Medienwelt einer Handvoll US-amerikanischer Digitalkonzerne gehören.

GAME OVER.

Plattformen zerstören Anbietervielfalt

Die Abschaffung der Vielfalt in den digitalen Monopolen ist vor allem deshalb so erstaunlich, weil die Realität der digitalen Mediennutzung das genaue Gegenteil von der bunten und dynamischen Robin-Hood-Welt darstellt, die uns seit Jahrzehnten versprochen wurde. War das Internet nicht das Universum der coolen Underdogs? Sollte das Netz nicht den Armen geben und den Reichen nehmen?

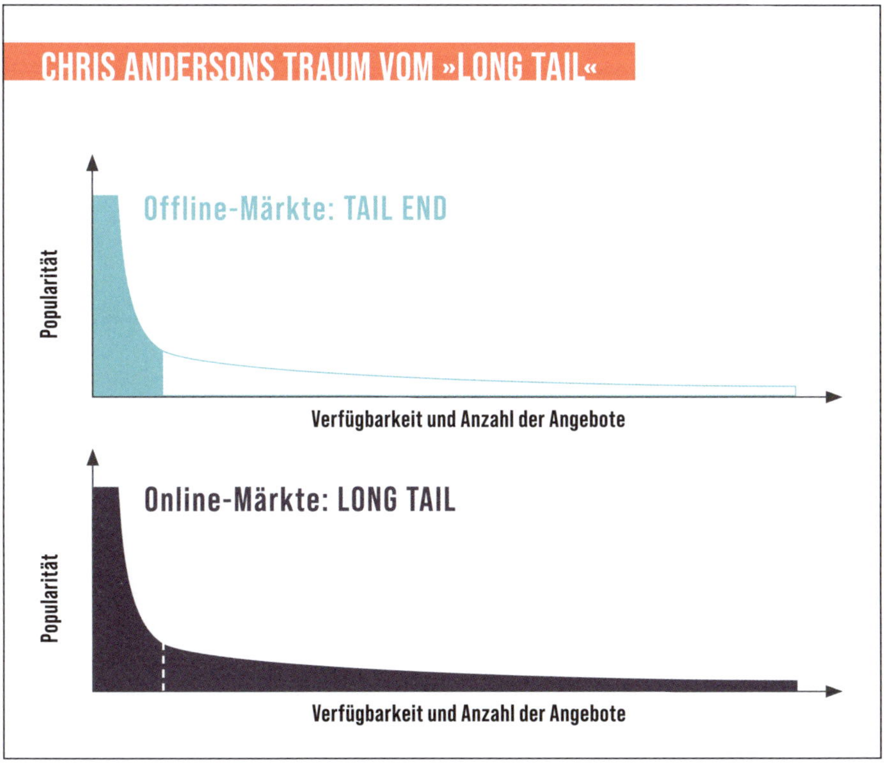

Dieses schöne wie irreführende Märchen geht vor allem auf ein Buch von Chris Anderson zurück, *The Long Tail.*[7] Es handelt sich um einen der populärsten Bestseller über das Netz überhaupt – und wahrscheinlich einen der gefährlichsten. Denn das genaue Gegenteil ist wahr. Aber bis heute prägen Andersons Thesen unsere Vorstellung von einem pluralistischen und vielfältigen Netz, in dem es kleinere Wettbewerber mit den Großen aufnehmen können. Dieser Irrglaube weist Politiker, Unternehmen, Blogger, Kreative und Nutzer konsistent in die falsche Richtung. Es ist wichtig, dass wir hier tiefer einsteigen. Denn nur so können wir einen der fundamentalsten Irrtümer über die Beschaffenheit des Internets ausräumen.

Das Gefährliche an der These von Anderson und seinen vielen Nachahmern ist, dass sie oberflächlich so maximal einleuchtend ist, obwohl sie so grundfalsch ist. Anderson sagt, dass die neuen digitalen Technologien eine *Vervielfältigung des Angebots* bewirken. Er illustriert das am Beispiel eines Buchladens, der aufgrund des begrenzten Regalplatzes nur wenige zehntausend Bücher vorhalten kann, wohingegen Amazon Millionen Titel anbieten kann. Wenn wir die Probe mit anderen Märkten machen, sehen wir bei oberflächlicher Betrachtung dasselbe Ergebnis: Im Fernsehen gibt es hunderte verschiedene Programme, auf YouTube Millionen. Es gibt tausende von Zeitungen, aber Millionen von Blogs. Ein CD-Laden kann nur tausende von CDs anbieten, Spotify viele Millionen Titel. Und so fort.

Was soll also falsch sein an Andersons These? Der Kategorienfehler liegt darin, dass die These stimmt in Bezug auf die Menge der hergestellten *Angebote,* Haken dran. Aber sie sagt nichts aus über die Frage, welche dieser Angebote tatsächlich *genutzt* werden. Wenn jedoch Angebote gar nicht genutzt werden, ist es so, als würden sie nicht existieren. Die Vielfalt des Angebots ist dann nur eine Fata Morgana, deren schillerndes Flimmern in Wirklichkeit einen gigantischen Friedhof verdeckt.

Allerdings ist es sehr schwer, die Vielfalt der existierenden digitalen Angebote auf der Ebene aller Webseiten und Apps genau einzuschätzen. Warum? Weil man drei Anforderungen erfüllen muss, um eine wissenschaftlich belastbare Antwort zu formulieren:

1. Man muss das *ganze* Internet vermessen, also eine Totalitätsmessung durchführen. Denn nur wenn man weiß, wie groß das Ganze ist, kann man die relative Bedeutung der einzelnen Angebote erkennen – also etwa Marktanteile ausrechnen. Es gibt aktuell etwa 16 Millionen aktive Domains in Deutschland, und man müsste jedes einzelne dieser Angebote mit aufnehmen.

2. Befragungen oder Reichweitenmessungen helfen nicht weiter. Man muss die *reale Nutzungsdauer* ermitteln. Nur so kann man auf der Ebene der einzelnen Angebote pro Nutzer die gesammelte (aggregierte) Aufmerksamkeit

herausfinden. Was wiederum bedeutet: Man muss die Nutzung kontinuierlich messen, also 24 Stunden am Tag, sieben Tage die Woche et cetera.

3. Weil Nutzer heute auf ganz unterschiedlichen Endgeräten unterwegs sind, muss man alle genutzten Devices (Smartphone, Desktop, Tablet) separat vermessen und auf der Ebene jeder einzelnen Person zusammenführen.

Weil wir erstmals eine solche Nullmessung durchgeführt haben, war es uns auch möglich, die Frage nach dem Robin-Hood-Internet grundsätzlich zu klären. Weil wir das gesamte Netz vermessen haben, können wir auch den gesamten bundesdeutschen Traffic in nur einem einzigen Diagramm darstellen. Das auf der folgenden Seite gezeigte Diagramm ist eine Aggregation aus hunderten von Millionen Impressions. Tatsächlich wäre es möglich, alle Thesen und Inhalte dieses Buchs nur aus dieser einen Übersicht abzuleiten. Und so viel schon vorab: Unsere Messungen widerlegen endgültig Chris Andersons gefährlichen Internetmythos.

Das digitale Universum: Eine Handvoll Giganten und ein riesiger Friedhof

Es lohnt sich also, diese eine Darstellung genau zu verstehen, damit man das Ausmaß des Problems vollständig erkennen kann.

Unser Schaubild auf der nächsten Doppelseite ist zunächst einmal nichts anderes als ein *Ranking* aller im Netz existierenden Inhalte – also Webseiten, Plattformen, Apps, Webshops und so fort. Auf der vertikalen Y-Achse sehen wir die gesamte aggregierte Nutzungszeit, die jedes einzelne Angebot in Deutschland erzielt. Auf der X-Achse erkennen wir den Rang, den das jeweilige Angebot einnimmt, und zwar von Platz 1 bis Platz 131.993.

Wenn ich dieses Diagramm auf Vorträgen zeige, gibt es manchmal Zuhörer, die auf den ersten Blick gar nicht die Linie des Graphen erkennen. Sie denken, das Diagramm ist falsch, weil die Linie fehlt. Das liegt daran, dass die Kurve weitgehend deckungsgleich ist mit der Y-Achse und danach mit der X-Achse verschmilzt. Man muss kein Crack in Mathe sein, um zu verstehen, was das bedeutet: Der Traffic im Netz gehört nur ganz wenigen Anbietern, auf den wenigen Millimetern direkt neben der vertikalen Y-Achse. Die Angebote der vier führenden Anbieter (Alphabet, Meta, Apple und Amazon) machen allein etwa 45 Prozent des gesamten Traffics aus. Das ist eine unvorstellbare Dominanz, wenn man bedenkt, dass diese Übersicht ja ganz verschiedene »Märkte« miteinander kombiniert (also etwa Video-on-Demand, E-Commerce, Social Media, Banking, Gaming, E-Mail, Messenger und so fort) – eben alles, was digital auf Endgeräten genutzt wird.

EINE HANDVOLL ANBIETER BEHERRSCHT DAS NETZ[A]

Dagegen erkennt man, dass sich jenseits der digitalen Giga-Plattformen die Linie schon nach wenigen Millimetern der Null-Linie nähert. Die Top-100-Angebote erzielen 71,8 Prozent des gesamten Traffics. Rang 101 bis 500 schaffen schon nur noch schwache 14 Prozent, dann passiert nicht mehr viel.

Wenn man sich von der anderen Seite, von rechts nach links vorarbeitet, sieht man: Alle Angebote zwischen Rang 10.000 und Rang 131.993 ziehen insgesamt nur etwa 2 Prozent des gesamten Traffics auf sich.

Haarsträubende Konzentration des digitalen Traffics

Wenn Ihnen klargeworden ist, wie riesig und leer dieser Friedhof ist, müsste Ihnen spätestens jetzt etwas schwindlig sein. Aber es ist alles sogar noch viel schlimmer, als Sie jetzt denken. Wenn ich mein Diagramm auf Vorträgen zeige, gibt es manchmal sehr aufmerksame Zuhörer, die mich hier unterbrechen. Sie weisen mich darauf hin, dass es ja insgesamt 16 Millionen Domains in Deutschland gibt (.de), für deren Registrierung die Inhaber sogar Geld zahlen müssen. Und dass viele Menschen in Deutschland ja auch andere Domains verwenden (.com, .org) oder ausländische Webseiten besuchen. Haben wir denn alle 16 Millionen gemessen oder nur diese 131.993 Websites und Apps?

Die Frage ist mehr als berechtigt und zeigt einmal mehr die unfassbare Konzentration des digitalen Traffics. Denn tatsächlich registrieren unsere Messungen jede einzelne aufgerufene Domain über einen Zeitraum von drei Monaten. Das heißt: Wenn nur eine einzige Person in unserem Panel auch nur wenige Sekunden auf einer einzelnen Seite verbracht hat (zum Beispiel beim kurzen Check der Öffnungszeiten einer Zahnarztpraxis), so wird die Nutzung dieser Seite gezählt.

Unsere Messungen über drei Monate auf allen Endgeräten zeigen aber nur auf 131.993 Websites und Apps Traffic. Das ist korrekt. Was wiederum bedeutet: Auf mehr als 99 Prozent aller Domains (also auf rund 15,9 Millionen Domains) lässt sich *überhaupt kein* Traffic nachweisen. NULL. Eigentlich müsste man alle diese Domains ebenfalls auf der X-Achse zeigen. Aber dann müssten wir die waagerechte Linie auf der X-Achse noch einmal um den Faktor 121 verlängern – also etwa 42 Meter (!!) weiter über die Buchkante nach rechts laufen lassen. Wenn Sie ahnen, was das zu bedeuten hat, sollte sich zu dem Gefühl des Schwindels nun ein waschechter Schock und ein Schweißausbruch gesellen.

Kehren wir wieder zu unserer Übersicht zurück, die »nur« die genutzten 131.993 Websites und Apps zeigt. Wir können die Konzentration, also die Ungleichverteilung innerhalb dieser 131.993 Angebote genau mathematisch berechnen. Man kann sich das vorstellen wie eine Vermögensverteilung. Auf einer Skala würde der Wert 0 eine Gleichverteilung darstellen (alle Menschen besitzen gleich viel), dagegen würde der Wert 100 die maximal denkbare Ungleichverteilung repräsentieren (eine Person besitzt alles, alle anderen nichts).

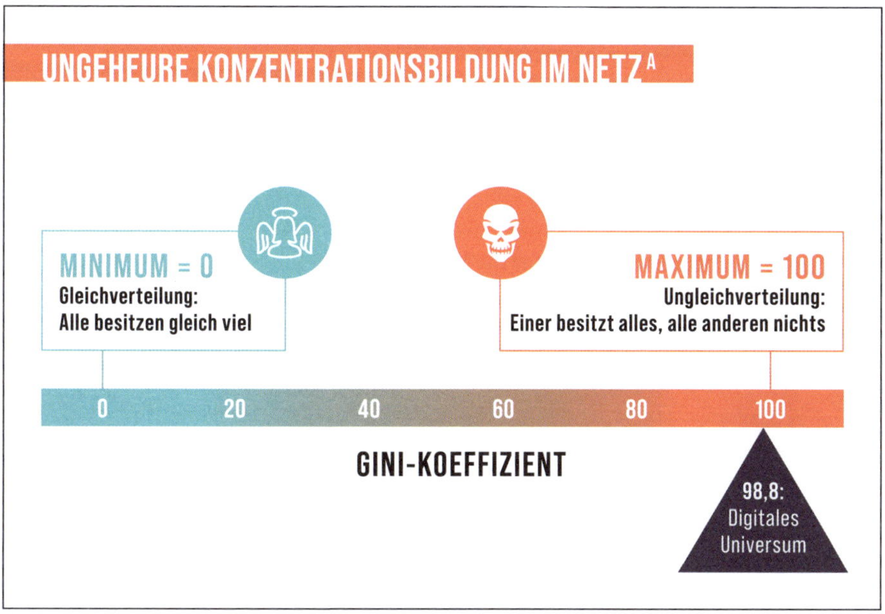

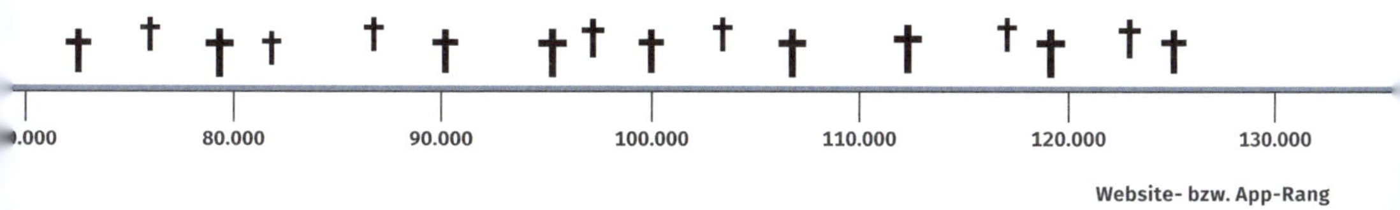

Die Ungleichverteilung des deutschen Online-Traffics ist tatsächlich haarsträubend – der Wert beträgt unfassbare 98,8 (wohlgemerkt: in dieser Berechnung sind die 15,9 Millionen ungenutzten Domains gar nicht enthalten!). Das Gros des Traffics wird von den Plattformen der Digitalkonzerne gebündelt. Ganz wenige Unternehmen besitzen fast alles, der Rest so gut wie nichts. Rein mathematisch betrachtet sind wir also sowieso nur wenige Millimeter entfernt von einem rein monopolistischen Internet (siehe vorhergehende Abbildung).

GAME OVER.

Wie sieht unsere rein digitale Medienwelt in Zukunft aus?

Wir haben also die analogen Medien ausgeknipst und schauen uns jetzt nur die digitale Mediennutzung an. Was wiederum heißt: Wir können präzise vergleichen, was es bedeutet, wenn wir in wenigen Jahren sehr weitgehend auf digitale Medien umschalten. Wir schauen direkt in die Zukunft unserer Mediendemokratie – wenn sie dann noch eine Demokratie ist.

Dabei sei schon jetzt erwähnt: Dieser katastrophale Zustand der digitalen Medien ist kein Problem des Digitalen selbst. Er ist vollständig verursacht durch unsere eigenen regulatorischen Fehler. Wir haben das Internet so reguliert, dass eine riesige Wüste entstanden ist und das reichlich vorhandene Wasser nur eine Handvoll US-amerikanischer Plattformen erhält, deren Oasen wie wild florieren und gedeihen – und der Rest der Welt verdurstet. Das sind wir selbst schuld: Wir haben es zugelassen, dass uns das Internet von einer Handvoll US-amerikanischer Digitalkonzerne gestohlen wurde. Nichts und niemand muss uns daran hindern, das Internet für unsere Gesellschaft zurückzuerobern (☞ VI). Denn der aktuelle Zustand ist desolat.

Tun wir nichts, dann sieht die Zukunft so aus: Wir tauschen eine vormals blühende Landschaft von vielfältigen und diversen Medien ein gegen ein halbes Dutzend Monopole oder Quasimonopole. Juristen würden zwar einwenden, dass man nur dann von einem Monopol sprechen darf, wenn gar kein anderer Anbieter mehr existiert. Wir argumentieren hier aber aus einer Perspektive der Mediennutzung – und da dürfen wir auch dann von Monopolen sprechen, wenn es praktisch kaum alternative Nutzung auf vorhandenen Angeboten gibt. Dies ist der Fall bei Suchmaschinen (Google), bei Social Media (Facebook und Instagram als Angebote desselben Konzerns), bei Messengern (WhatsApp, ebenfalls von Meta) oder bei gratis Video-on-Demand (YouTube).

Diese Dominanz und die gleichzeitige totale Ausschaltung eines gesunden und fairen Wettbewerbs scheint schon auf den ersten Blick geradezu zwangsläufig dem Sog der Plattformen zu erwachsen. Unter den Giga-Angeboten der Top 10 in Deutschland, die insgesamt schon 50 Prozent des Traffics bündeln, sind neun Plattformen. Nur ein Angebot (web.de) ist keine Plattform und stammt zugleich aus Deutschland, erzielt aber nur 1,5 Prozent der Nutzungszeit. Während unser herkömmliches Mediensystem zu 100 Prozent aus redaktionellen Medien bestand, wird die Zukunft der Medien zweifellos den Plattformen gehören und ihrem Geschäftsmodell des »user-generated content«.

Was wird also passieren, wenn in den nächsten Jahren die analogen Medien weiter abschmelzen und in der Nutzung durch digitale Medien ersetzt werden? Erneut bietet ein Blick auf die Werbeinvestitionen wichtige Erkenntnisse. Sie erinnern sich an den oben besprochenen Tipping Point, wonach schon mehr als die Hälfte aller Werbeinvestitionen in digitalen Medien getätigt werden? Wir schauen

ZERSTÖRUNG VON ANBIETERVIELFALT[8]

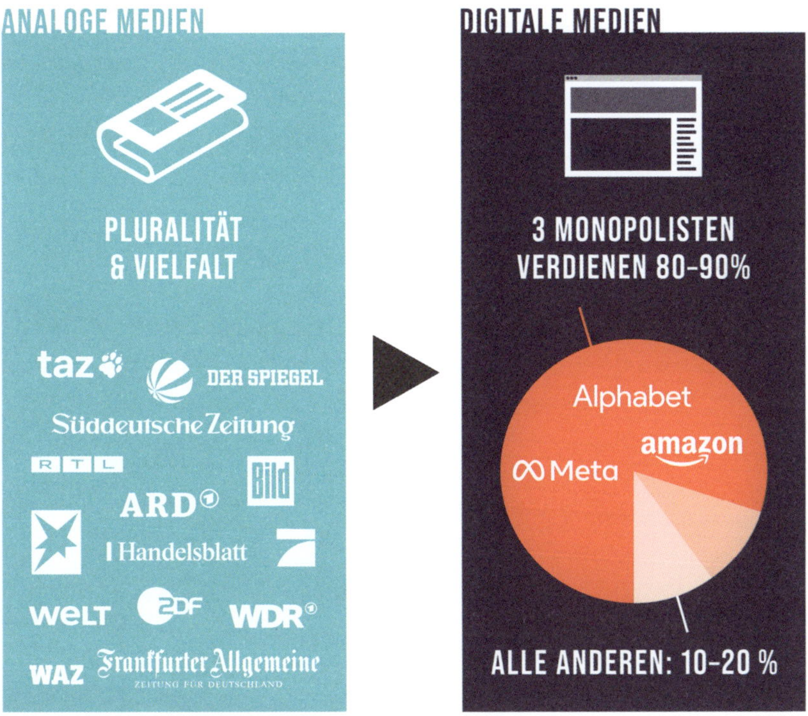

jetzt nur auf dieses digitale Universum, um herauszufinden: Wer verdient in der digitalen Zukunft dann eigentlich das Geld im Internet?

Wir können nun aus verschiedenen Publikationen ableiten, wie hoch das Anteil der Big 3 (Alphabet, Meta, Amazon) an den gesamten digitalen Werbeeinnahmen aktuell ist. Die Werte schwanken etwas je nach Land und Studie – für die Länder der westlichen Welt (also außer China) geht man von einem Korridor zwischen 80 und 90 Prozent aus. Brancheninsider schätzen den Anteil in Deutschland auf 80 Prozent, dagegen sollen es in den USA bereits 90 Prozent sein. Im Schnitt saugen diese Top-3-Konzerne also etwa 85 Prozent der Werbeeinnahmen auf – wogegen hunderttausende Anbieter von Content lächerliche 15 Prozent unter sich aufteilen müssen[8] (siehe die Abbildung auf der vorhergehenden Seite).

Wo wird in Zukunft das Geld verdient?

Erinnern Sie sich an unsere Hypothese aus dem Einstieg? Dass die Konzentration der Mediennutzung auf ganz wenige Anbieter unweigerlich die redaktionellen Medien zerstören wird, die immerhin mehrere Jahrzehnte das Fundament unserer Mediendemokratie dargestellt haben? Unsere Überprüfung der Verteilung der Werbeinvestitionen liefert hier eine wichtige Nagelprobe aus anderen, unabhängigen Datensätzen. Denn tatsächlich fällt die Unwucht bei der Monetarisierung sogar noch deutlicher aus als bei der Mediennutzung selbst.

Mit dem Traffic des Internets verdienen aktuell nämlich fast nur die Digitalkonzerne eine Menge Geld, die anderen gehen weitgehend leer aus. Die Plattformen der Digitalkonzerne funktionieren also wie schwarze Löcher mit einer unüberwindlichen Sogwirkung, die immer mehr Traffic anziehen und das freie Internet dadurch systematisch trockenlegen. Wir füttern die Plattformen nicht nur durch unsere Aufmerksamkeit (die sie durch Werbung monetarisieren) und durch unsere Daten – wir liefern ihnen zusätzlich auch noch gratis die Inhalte, die ihre Feeds füllen. Wir machen die ganze Arbeit – und sie kassieren ab.

4. Die Opfer: Journalismus, Blogger, globale Konzerne, öffentlich-rechtlicher Rundfunk

Die eingangs beschriebene Bedrohung unserer Gesellschaft gewinnt allmählich an Kontur: Die digitalen Medien werden in Zukunft das Fundament unserer Demokratie darstellen. Aber genau dieses Fundament wird in wenigen Jahren nahezu vollständig einer Handvoll US-amerikanischer Digitalkonzerne gehören – wodurch wir die Kontrolle über unsere demokratische Öffentlichkeit verlieren werden. Wenn unsere Medien den Digitalkonzernen gehören, dann werden sie automatisch auch unsere Demokratie beherrschen.

Wir haben das Ausmaß der Dominanz aus verschiedenen Perspektiven betrachtet und sind immer zu demselben Ergebnis gekommen: Die angebliche Vielfalt von Anbietern im Netz ist eine Fata Morgana. Denn der Traffic konzentriert sich auf nur ganz wenige Angebote. Es ist so wichtig, diese Erkenntnis immer aufs Neue zu wiederholen, weil sie in einem so eklatanten Widerspruch steht zu der offensichtlichen Tatsache, dass so viele verschiedene Inhalte irgendwo im Netz stehen. Denken wir nur an die vielen Treffer bei banalen Google-Suchen. Auf die Suchanfrage zu »Internet Statistics« liefert die Suchmaschine beispielsweise 2 Milliarden 420 Millionen Treffer (Abfrage 4.12.2022).

Genau hier liegt die Wurzel des wahrscheinlich schlimmsten und gefährlichsten Irrtums über die digitale Medienrealität. Die Anbietervielfalt ist eine Illusion. Und diese Illusion von Vielfalt ähnelt übrigens Mechanismen, die bei der Selbststabilisierung von autokratischen Regimes zu beobachten ist. Diese sind heutzutage in vielen Ländern gerade deshalb so erfolgreich, weil sie nach außen eben nicht als brachial-diktatorische Gewaltherrschaft auftreten, sondern sich ein buntes Gewand aus verschiedenen Parteien, Institutionen und Strömungen überwerfen. Rein diktatorische Systeme erzeugen so immer wieder neue Phantasmen aus Vielfalt und Pluralismus. Sie inszenieren sogar aufwändig durchgeführte Wahlen, obwohl der Gewinner stets vorab feststeht.

Warum erwähne ich dieses Beispiel? Weil wir bei den Diktaturen gelernt haben, solche Illusionen von Vielfalt konsequent als Bullshit zurückzuweisen. Wenn autokratische Regimes solche Inszenierungen orchestrieren, durchschauen wir das sofort. Wenn Google uns auf unsere Suchanfragen Millionen oder Milliarden von

JOURNALISMUS/NACHRICHTEN: TOP-ANGEBOTE[9]

Relative Bedeutung – schematisierte Darstellung

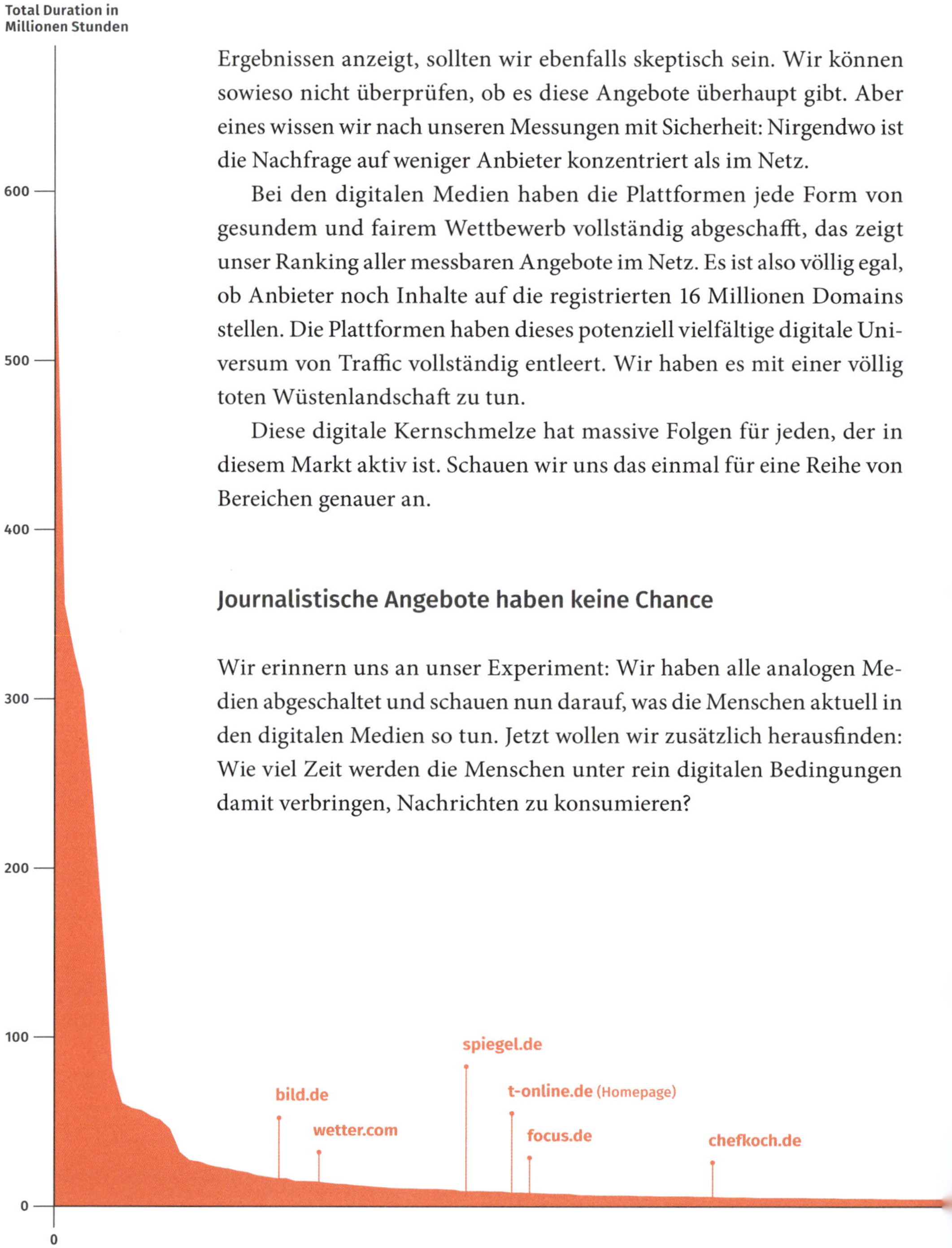

Ergebnissen anzeigt, sollten wir ebenfalls skeptisch sein. Wir können sowieso nicht überprüfen, ob es diese Angebote überhaupt gibt. Aber eines wissen wir nach unseren Messungen mit Sicherheit: Nirgendwo ist die Nachfrage auf weniger Anbieter konzentriert als im Netz.

Bei den digitalen Medien haben die Plattformen jede Form von gesundem und fairem Wettbewerb vollständig abgeschafft, das zeigt unser Ranking aller messbaren Angebote im Netz. Es ist also völlig egal, ob Anbieter noch Inhalte auf die registrierten 16 Millionen Domains stellen. Die Plattformen haben dieses potenziell vielfältige digitale Universum von Traffic vollständig entleert. Wir haben es mit einer völlig toten Wüstenlandschaft zu tun.

Diese digitale Kernschmelze hat massive Folgen für jeden, der in diesem Markt aktiv ist. Schauen wir uns das einmal für eine Reihe von Bereichen genauer an.

Journalistische Angebote haben keine Chance

Wir erinnern uns an unser Experiment: Wir haben alle analogen Medien abgeschaltet und schauen nun darauf, was die Menschen aktuell in den digitalen Medien so tun. Jetzt wollen wir zusätzlich herausfinden: Wie viel Zeit werden die Menschen unter rein digitalen Bedingungen damit verbringen, Nachrichten zu konsumieren?

Dafür haben wir eine Kategorie gebildet, die alle Formen der Nutzung von Nachrichten und Informationen beinhaltet.[9] Zum Glück ist die Reichweite riesig, alle Online-Nutzer in Deutschland verwenden solche Angebote. Aber selbst die Nutzungszeit aller Angebote zusammengenommen ist sehr niedrig und beträgt nur winzige sieben Stunden im Monat – was knapp 14 Minuten am Tag entspricht.

Die Abbildung zeigt, dass es kein existierendes Angebot schafft, vorne da mitzuspielen, wo die Plattformen mit ihren riesigen Traffic-Akkumulationen stehen. Und das, obwohl wir hier nur die Besten der Besten zeigen. Schauen wir uns spiegel.de an, eines der erfolgreichsten journalistischen Angebote in Deutschland mit einer beeindruckenden Reichweite (49 Prozent, also etwa 29 Millionen Nutzer). Das Problem besteht in der geringen Nutzungszeit: Die Leser verbringen hier gerade einmal 18 Minuten – nicht am Tag, sondern im Monat. Also etwa eine halbe Minute täglich. Genau deshalb liegt spiegel.de im Gesamtranking dann auch nur auf Rang 45 (siehe Abbildung). Und das ist ja schon eines der stärksten Angebote. Schauen wir uns dagegen einmal die *Süddeutsche Zeitung* an: Das Angebot schafft bei den Nutzern erneut eine gute Reichweite (25 Prozent), aber nur noch knapp 9 Minuten im Monat (17 Sekunden am Tag). Der totale Kollaps des Journalismus unter digitalen Bedingungen wird deutlich, wenn wir diese Zahlen mit einer klassischen Zeitungslektüre vergleichen, die man etwa bei 40 Minuten täglich ansetzt, oder etwa 19 Stunden im Monat (und hier reden wir nur von einem einzigen genutzten Medium!).

Die gesamte digitale Nutzung von Nachrichten und Informationen ist bei näherem Hinsehen übrigens noch deutlich geringer als es auf den ersten Blick erscheint. Denn in den 14 Minuten Nutzung pro Tag (alle Angebote zusammengerechnet) sind viele Inhalte enthalten, die wir gar nicht klassisch zum Journalismus zählen würden – wie etwa wetter.com, die Startseiten der großen E-Mail-Anbieter oder Chefkoch (siehe Abbildung).

Wenn wir also die analogen Medien ausknipsen, ist der Journalismus in der digitalen Welt aus unserer Mediennutzung weitgehend verschwunden.

GAME OVER.

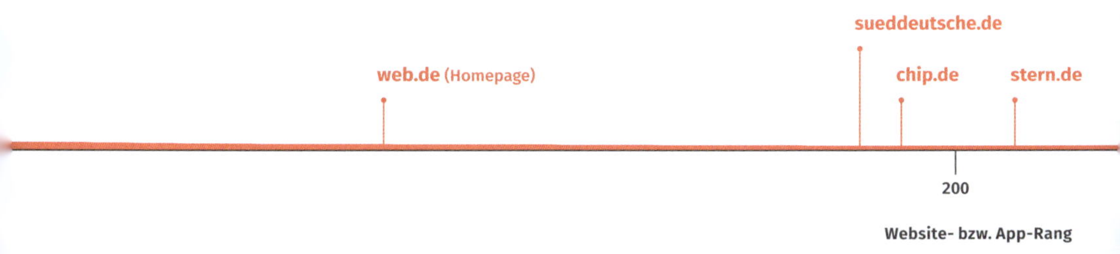

BLOGS: TOP-ANGEBOTE[11]

Relative Bedeutung – schematisierte Darstellung

Blogger haben keine Chance

Erinnern wir uns noch einmal an Chris Anderson und seine These vom guten Robin-Hood-Internet, das den Reichen nehmen und den Schwachen geben würde. In derselben Zeit träumte man von den demokratischen Potenzialen des Internets.[10] Dieses werde vermeintlich von exakt derselben Dynamik entfesselt. Denn jede Person, die etwas zu sagen hatte, konnte dies im Netz direkt veröffentlichen – und zwar unter Umgehung jener Hierarchien und Institutionen, die früher über die Publikation entschieden hatten – im Fall des Journalismus also Verlage oder Redaktionen.

In der Branche begeisterte man sich über der Ankunft einer neuen Ära, in der jeder Blogger seine Ideen direkt einem Millionenpublikum mitteilen konnte. Man freute sich über eine ganz neuartige Form von kollaborativem und partizipatorischen Journalismus, dem »Citizen Journalism«.

Seitdem sind zehntausende von Bloggern den verschiedenen digitalen Verheißungen gefolgt und publizieren Beiträge und Content im Netz. Deswegen ist es umso wichtiger, nach mindestens zwei Jahrzehnten einmal einen Zwischenstand zu gewinnen, um zu beurteilen: Wie steht es denn um diese Aktivitäten? Ist es den Bloggern gelungen, mit ihren Domains eine relevante eigene Öffentlichkeit aufzubauen, die ein Gegengewicht bildet zwischen den redaktionellen Angeboten der Digitalpublisher auf der einen Seite und den Plattformen auf der anderen?

Wir haben über Recherchen hunderte der erfolgreichsten deutschen Blogs zusammengefasst und das gesamte Bündel vermessen.[11] Um es direkt zu sagen: Selbst über drei Monate hinweg erreichten nur fünf Blogs eine Nettoreichweite von mehr als einem Prozent.

FUN FACT: 86 % aller Deutschen nutzen niemals Blogs

Noch ernüchternder sind die Nutzungszeiten. Unter den größten Blogs in Deutschland finden sich gerade einmal sechs, bei denen die Nutzer mehr als eine Minute im Monat (!!) auf der Seite verbringen.

Die Messungen belegen, dass es zwar eine riesige Zahl von Blogs gibt. Aber in der Realität der Mediennutzung spielen sie so gut wie keine Rolle. Die gesamte aggregierte Nutzungsdauer aller Blogs in Deutschland beträgt zusammengenommen etwa sechs tausendstel Prozent der gesamten digitalen Mediennutzung. Und die Nettoreichweite aller Blogs in Deutschland zusammengenommen beträgt auch über einen Zeitraum von drei Monaten nur 14 Prozent – was im Umkehrschluss bedeutet: Die ganz große Mehrheit aller Deutschen, nämlich 86 Prozent, liest niemals einen Blog.

Kritiker mögen einwenden: Die erfolgreichen Blogger sind doch heute auf YouTube oder Instagram! Sie haben recht – dorthin sind sie zwangsläufig umgezogen, weil die Digitalkonzerne den Traffic in die Plattformen gesaugt haben. Und dort verdienen jetzt auch die Digitalkonzerne mit ihren Inhalten.

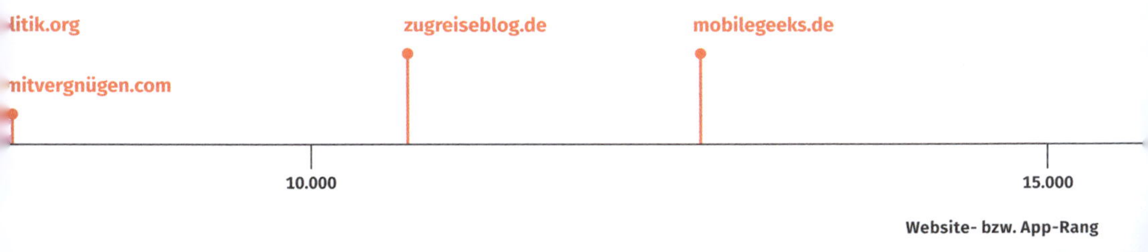

GLOBALE MARKEN: TOP-ANGEBOTE[12]

Relative Bedeutung – schematisierte Darstellung

Globale Markenkonzerne haben keine Chance

Nun könnte man denken: Die Blogger sind ja nun auch typischerweise Idealisten, denen kaum finanzielle Mittel zur Verfügung stehen. Kein Wunder, dass ihre Angebote so schlecht laufen. Aber weit gefehlt. Unser nächstes Beispiel zeigt, dass auch sehr finanzstarke globale Konzerne keine Chance haben, sich gegen die schwarzen Löcher der Plattformen zu behaupten, die den Großteil des Traffics aufsaugen.

Die global agierenden Markenkonzerne wurden spätestens um die Jahrtausendwende auf die riesigen Potenziale eigener Markenseiten aufmerksam. Das ist ja auch nachvollziehbar. Erstens war schon vor zwanzig Jahren klar, dass die Zukunft der Mediennutzung im Netz liegt. Das Engagement auf eigenen Markenwebseiten ermöglichte den Marken aber nichts weniger als eine Form von Gratiswerbung. Denn dieser »Touchpoint« muss von den Herstellern nicht bezahlt werden. Jeder Besuch dieser Seiten durch die Verbraucher liefert intensive Kontaktpunkte mit der Zielgruppe, ohne dass man hierfür Werbebudget ausgeben muss. Was könnte für einen Konsumgüterkonzern schöner sein als Gratiswerbung?

Und hier hatten die Markenartikler auch unschlagbar starke Ausgangsbedingungen. Erstens sind ihre Marken schon bekannt. Man muss Nutzer nicht erst über Name und Leistung des Produkts aufklären. Zweitens stehen die Konzerne allein über die Verwendung der Produkte täglich mit dutzenden von Millionen Verbrauchern in direktem Kontakt. Genau deshalb hat man die Namen der eigenen Domains schon früh auf die Produkte selbst aufgebracht (»mehr Informationen finden Sie auf *www.markenname.de*«). Zuletzt konnte man die digitale Werbung mit den eigenen Präsenzen verlinken. Und auch in der TV-Werbung konnte man Hinweise auf die eigene Domain einsetzen.

Genau aus dieser Motivation ergab sich die Geburtsstunde des Content Marketing. Diesen Ansatz kann man wie folgt zusammenfassen: Grundannahme ist hier, dass Werbung der alten Machart die Leute sowieso nervt. Dass die Nutzer in den neuen digitalen Kanälen jetzt selbst die Macht haben, zu entscheiden, was sie schauen wollen. Genau das markiert den Unterschied etwa von Streaming zum Fernsehen, bei dem man immer gezwungen war, lästige Werbeblöcken zu ertragen, wenn man den Rest der Sendung schauen wollte.

Die Verheißung des Content Marketing hieß: Relevante Inhalte. Der Plan ist so einfach wie einleuchtend. Man lockt die Nutzer über relevante Inhalte auf die eigene Domain. Und erst über das Eingehen auf ihre Interessen und die fachgemäße Beantwortung ihrer Fragen leitet man sie behutsam im zweiten oder dritten Schritt zu den eigenen Produkten. Wir können davon ausgehen, dass alle großen Konsumgüterkonzerne etwa seit der Jahrtausendwende auf dieses Pferd gesetzt haben. Wir haben in einer Analyse alle großen Markenartikelwebseiten vermessen und zeigen hier die wichtigsten.[12] Die größten hier agierenden Konzerne werden über diese zwei Jahrzehnte viele hunderte von Millionen Euro allein in Deutschland investiert haben, auch um starke eigene Online-Präsenzen aufzubauen.

Wenn wir uns die größten Angebote in unserer Abbildung anschauen, sind die gezeigten Ergebnisse angesichts dieser Investitionen wohl eher als Witz zu bezeichnen. Das liegt schon daran, dass nur zwei Domains (Nivea, Nestlé) mehr als 10 Prozent Nettoreichweite erzielen. Noch schwächer ist die Nutzungsintensität. Die wenigen Menschen, die solche Seiten nutzen, bleiben nur ganz kurz. Nur sechs Markendomains in Deutschland schaffen eine Nutzungszeit über zwei Minuten – im Monat! Deshalb steht das nutzungsintensivste Angebot (Nivea) im Gesamtranking auch nur auf Platz 840 (siehe Abbildung).

FUN FACT: Auch finanzstarke globale Konzerne haben gegen die Plattformen keine Chance.

Wie mikroskopisch klein dieser Wert ist, wird auch dadurch deutlich, dass viele werbetreibende Unternehmen ja ihre Online-Werbung mit diesen Seiten verlinken. Und trotz millionenschwerer Investitionen, trotz jahrzehntelanger Bemühungen,

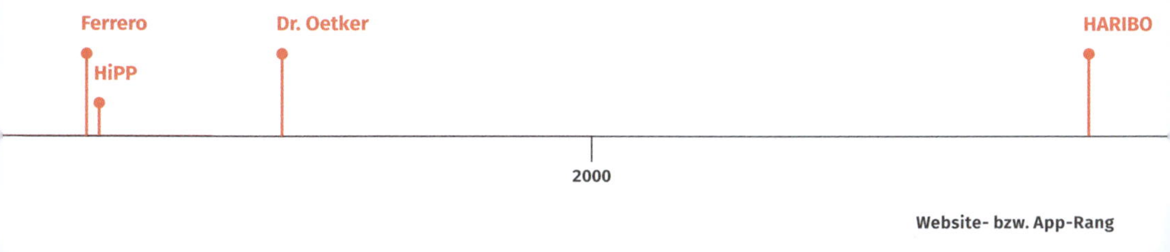

trotz geballter digitaler Expertise und der Zusammenarbeit mit exzellenten Partnern und Agenturen bringen auch globale Markenkonzerne so gut wie nichts zustande.

Es ist bizarr: Die Webseiten von Milliardenkonzernen sind im Netz ähnlich unbedeutend wie die der Blogger. Die tödliche Dynamik der Traffic-Konzentration trifft alle – egal, ob sie arm oder reich sind.

Der öffentlich-rechtliche Rundfunk hat keine Chance

In der digitalen Welt lieben wir die »Disruption«: Neue innovative Ideen erobern den Markt und lösen alte Platzhirsche ab. Die Blogger stellten eine solche Disruption des klassischen journalistischen Geschäftsmodells dar. Es handelte sich um digital versierte Kreative mit fantastischen Ideen und Exekutionen. Das Beste war: Im Gegensatz zu den etablierten Redaktionen mussten sie sich nicht mit belastenden Kostenfaktoren herumschlagen, wie etwa für Personal, Büros, für Herstellung oder Produktion. Es handelte sich um digitale Hochleistungsmaschinen, Startup-Style: Schnell, innovativ, und gnadenlos effizient. Aber wie wir gesehen haben, konnte ihr Frontalangriff auf die Redaktionen kein wirklich nachhaltiges alternatives Nachrichtensegment hervorbringen.

Doch nicht nur Disruptoren wie die Blogger haben die digitale Dynamik schnell verstanden und ernstgenommen. Dasselbe gilt ja auch für die verschiedenen etablierten Marktteilnehmer da draußen. Alle diese Unternehmen wissen ebenfalls seit der Jahrtausendwende, dass die über Jahrzehnte als krisensicher eingestuften Geschäftsmodelle einem nie dagewesenen digitalen Angriff ausgesetzt sind. Wir haben hier zwei Beispielkategorien beleuchtet, die Nachrichtenmedien und die Konsumgüterbranche. Aber obwohl wir sicher sein können, dass sowohl die Redaktionen als auch die Markenkonzerne gleichermaßen seit zwei Jahrzehnten einen enormen Aufwand an Investitionen, Entwicklung und organisatorischer Anstrengung auf sich genommen haben, um erfolgreiche eigene Online-Präsenzen aufzubauen, haben auch sie keine beeindruckenden Erfolge erzielt.

Wie wir sehen werden, ist es beim öffentlich-rechtlichen Rundfunk nicht anders. Nur ist dieser für unsere Demokratie von besonderer Bedeutung und als Teil des sogenannten »dualen Systems« aus privatem und öffentlich-rechtlichem Rundfunk auch verfassungsrechtlich durch eine Reihe von Urteilen verankert.

Wir können aufgrund unserer Messungen nun alle digitalen Angebote des öffentlich-rechtlichen Rundfunks aggregieren.[13] Große Angebote des öffentlich-rechtlichen Rundfunks wären etwa die ARD Mediathek mit einer Reichweite von 17 Prozent (Nutzungsdauer: circa 43 Minuten im Monat), ZDF.de mit einer Reichweite von 26 Prozent (Nutzungsdauer: circa 18 Minuten im Monat) oder tagesschau.de bei einer Reichweite von 29 Prozent (Nutzungsdauer: circa 20 Minuten im Monat). Auch hier ergibt sich also ein ähnliches Bild wie bei den Nachrichtenmedien, den Bloggern, den Markenartiklern. Würde man diese größten Angebote nämlich in unser Gesamtranking eintragen, würden selbst diese ebenfalls nur weit hinter den Giga-Angeboten der Plattformen rangieren, auf Plätzen zwischen 30 und 40.

Wenn man die größten Bewegtbildangebote des öffentlich-rechtlichen Rundfunks zusammenführt und die gesamte Nutzungsdauer in Relation setzt zur Gesamtheit aller digital genutzten Bewegtbildangebote (die größten Anbieter sind hier YouTube, Amazon Prime und Netflix), erzielen alle Inhalte des öffentlich-rechtlichen Rundfunks zusammengenommen einen Anteil von nur etwa 4 Prozent.

Das ist dramatisch. Denn wir können diesen Wert vergleichen mit dem Anteil des öffentlich-rechtlichen Rundfunks am klassischen Bewegtbild, will sagen: Fernsehen. Dort erzielten in derselben Zeitperiode alle Angebote des öffentlich-rechtlichen Rundfunks einen Anteil von 48 Prozent, liegen also fast gleichauf mit den privaten Sendern.

ÖFFENTLICH-RECHTLICHE VS. PRIVATE MEDIEN[A/14]

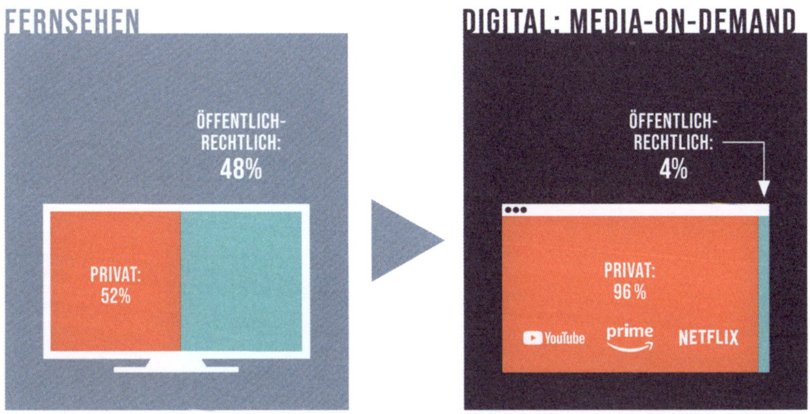

FUN FACT: **Durch die Plattformökonomie wird der öffentlich-rechtliche Rundfunk digital trockengelegt – und das »duale System« annuliert.**

Das führt zu einer ebenso eindeutigen wie erschreckenden Schlussfolgerung. Allen gängigen medienpolitischen Argumentationen zufolge spielt der öffentlich-rechtliche Rundfunk eine zentrale Rolle für die politische Meinungsbildung für unsere Demokratie. Er spielt diese Rolle aber nur unter analogen Bedingungen. Wenn wir jedoch den Bedingungen unseres eingangs genannten Gedankenspiels folgen und alle analogen Medien abschalten, um herauszufinden, was uns die Zukunft in wenigen Jahren bringen wird, dann ist der öffentlich-rechtliche Rundfunk quasi verschwunden. In der digitalen Sphäre erzielen dessen Angebote nur einen winzigen Anteil von 4 Prozent an Media-on-Demand (der Anteil an der gesamten digitalen Mediennutzung ist logischerweise sogar noch viel geringer und beträgt nur etwa 1 Prozent).

Auch hier mag man einwenden, dass die Inhalte der öffentlich-rechtlichen Sender doch auch auf den Plattformen wie etwa YouTube oder Instagram zu sehen sind. Aber erstens ändern die mageren Views dort wenig an den schwachen digitalen Ergebnissen. Und hier arbeiten die Redaktionen der öffentlich-rechtlichen Sender dann für die Plattformen, und dies (im Gegensatz zu den Bloggern) auch noch gebührenfinanziert.

5. Fairer und freier Wettbewerb wurde vollständig abgeschafft

Bestürzend ist die Gleichförmigkeit des Scheiterns: Die Nachrichtenmedien schaffen es nicht, die Blogger schaffen es nicht, die globalen Markenkonzerne schaffen es nicht, der öffentlich-rechtliche Rundfunk schafft es nicht. Obwohl es sich um hunderte von exzellenten Unternehmen und Armadas aus brillanten Köpfen handelt, die seit vielen Jahren Expertise und Investitionen auf diese Aufgabe angesetzt haben, schafft das keiner? NICHT EINER???

Wir könnten weitere Felder oder Branchen anschließen und würden immer wieder aufs Neue zu demselben Ergebnis kommen: Niemandem aus diesen Kategorien gelingt es, den Sog der Monopole nachhaltig zu überwinden. Anders ließen sich die haarsträubenden Messergebnisse für den Gesamtmarkt auch nicht erklären. Natürlich gelten unsere Messergebnisse nur für Deutschland. Aber wir könnten jenseits der Landesgrenze nach Beispielen suchen und würden feststellen: Auch in den USA schafft es niemand. In Großbritannien niemand. In Frankreich niemand, in Italien niemand, in Spanien niemand.

Die einzige logisch zwingende Schlussfolgerung liegt auf der Hand: Freier und fairer Wettbewerb ist auf dem Feld der digitalen Medien vollständig abgeschafft. Die konkurrierenden Unternehmen auf diesem Markt haben nicht die geringste Chance gegen die dominanten Positionen der Tech-Riesen. Es spielt keine Rolle, ob sie innovativ sind, bessere Produkte oder Services anbieten: Für Wettbewerber ist jedes einzelne Rennen immer schon verloren, bevor es auch nur begonnen hat.

Auf dem Feld der Medien müssen Monopole tabu sein

Es geht hier also nicht um einen einzelnen Detailaspekt oder einen kleinen Defekt, den man einmal »kritisch prüfen« sollte, um die Sprache unserer untätigen Behörden und Bürokraten zu verwenden. *Es geht vielmehr darum, dass der Totalschaden auf dem Feld der digitalen Medien längst eingetreten ist.* Dieses Mediensystem wird aktuell von einer Handvoll US-amerikanischer Monopolisten beherrscht. Wie jeder Laie weiß, schädigen solche Monopole die gesamte Gesellschaft. Schließlich handelt es sich hier nicht um einen Markt für x-beliebige Konsumgüter. Verbraucher könnten bei marktbeherrschenden Stellungen im Fall von Keksen oder Müsliriegeln zähneknirschend entweder Wucherpreise hinnehmen oder aber problemlos auf andere Kategorien wechseln. Unsere Medien sind aber kein beliebiges und austauschbares Gut. Das Mediensystem ist die Grundlage unserer Demokratie. Die Medien konstituieren unsere Öffentlichkeit. Die Bürger in unserem Land informieren sich hier zu allen erdenklichen Themen, um auf dieser Grundlage ihre Haltungen und Meinungen auszubilden.

Genau deshalb müssen marktbeherrschende Stellungen in unserem Mediensystem ein absolutes Tabu darstellen. *Kein privates Unternehmen darf jemals einen dominanten Zugriff auf wesentliche Bestandteile unserer Öffentlichkeit erlangen.* Wo solche Vormachtstellungen existieren, gehören sie konsequent abgeschafft. Wir werden später sehen (☞ IV), dass unser deutsches Medienrecht exakt eine solche antimonopolistische Philosophie vertritt. Es ist rechtlich irrational und demokratieschädigend, diese Philosophie nicht auch ebenso konsequent auf dem Feld der digitalen Medien umzusetzen.

KEIN FAIRER WETTBEWERB UNTER DIGITALEN BEDINGUNGEN!

6. Ist es wirklich so dramatisch?

Wenn ich auf öffentlichen Vorträgen die aktuelle Dominanz der Tech-Plattformen präsentiere, sind viele Menschen im Publikum oft verblüfft, wie stark die Positionen der GAFAM bereits sind. Den meisten Zuhörern leuchtet die grundsätzliche Argumentation ein – dass den Digitalkonzernen durch die fortschreitende digitale Transformation unser Mediensystem in den Schoss fallen wird. Zweifel werden mitunter in zwei Richtungen geäußert. Manche Menschen weisen auf andere Studien hin, die gar nicht alarmierend sind in Bezug auf den Aspekt der Marktkonzentration. Andere sind skeptisch, ob die Transformation wirklich so schnell vonstatten geht, wie es hier beschrieben wird.

Der erste Punkt ist berechtigt. Tatsächlich sind auch viele Experten unsicher in Bezug auf die Dramatik der digitalen Konzentration. Der Grund für diese Unsicherheit ist ebenso einfach wie tragisch: Fast alle öffentlich publizierten Studien

basieren auf Befragungen. Befragungen kosten oft nur wenige tausend Euro, Realnutzungsmessungen, wie wir sie durchgeführt haben, sind sehr kostspielig. Natürlich mag jede Befragung durchaus ihren jeweiligen Sinn haben. Aber Befragungen taugen nichts, aber auch gar nichts bei der Beurteilung von Marktkonzentration.

Warum? Zunächst einmal sind Befragungen unzuverlässig. Laut Befragungen lesen Menschen erstaunlich viele Bücher und schauen erstaunlich wenig Pornos. Auf unser Thema übertragen: Die Nutzer sagen dann etwa in Befragungen, dass sie sich über Politik vor allem durch Inhalte des qualitativ hochwertigen Journalismus informieren. Komisch nur, dass auf den journalistischen Inhalten im Netz ihren Aussagen zum Trotz kaum Traffic ankommt.[15]

Irreführende Studien zeigen Anbietervielfalt, die nicht existiert

Zweitens zeigen solche Studien fast immer Angaben über Reichweiten – und das oft nur auf Grundlage subjektiver Einschätzung. Wir sehen aber, dass diese Reichweiten auf Grundlage von Befragungen oft um ein Vielfaches höher sind als die echten Reichweiten. Dazu ein Beispiel: Die »Arbeitsgemeinschaft Media-Analysen« (agma) veröffentlicht regelmäßig Zahlen über die angeblichen Reichweiten von Zeitungen und Zeitschriften. Nach diesen Befragungen müsste etwa die *WELT* 850.000 Leser erreichen, aber wir wissen, dass die *WELT* nur eine Auflage von etwa 85.000 verkauften Exemplaren besitzt.[16]

Man versteht diese Ergebnisse nur, wenn man selbst solche Befragungen durchführt. Die Nutzer behaupten hier oft Dinge über sich selbst, die schlicht nicht stimmen. Extrem problematisch ist natürlich, dass solche großen Zahlen toll klingen – 850.000 hört sich eben viel besser an als 85.000. Versetzen wir uns auch in die schwierige Lage der Medienbranche, die seit vielen Jahren gegen die kontinuierliche Erosion kämpft und deren Überleben davon abhängt, vor Werbekunden gut dazustehen. Da ist es nachvollziehbar, dass solche Zahlen gerne in der Außendarstellung verwendet werden. In unseren Messungen zeigen wir dagegen keine subjektive Einschätzung aus Befragungen, sondern Realnutzung. Das ist die wirklich »harte« Währung. Aber jetzt kommt eine Überraschung: Sogar bei Realnutzungsmessungen ist es irreführend, Reichweiten zu analysieren. Der einzig entscheidende Indikator ist die aggregierte Nutzungsdauer.

Warum? Weil schon ein Besuch von wenigen Sekunden als Reichweite zählt. Wie stark sich ein Angebot im Wettbewerb durchsetzt, erkennt man aber erst durch seine Fähigkeit, die Aufmerksamkeit der Nutzer über längere Zeit zu fesseln. Das nennt man auch »stickiness«: Wie lange bleiben die Nutzer an den Inhalten »kleben«, wie viel Zeit verbringen sie auf diesen Domains? Hier zeigt sich ein ganz entscheidender Befund: Viele der stärkeren Angebote besitzen eine tolle Reichweite, aber die Nutzungszeit ist ernüchternd. Wir haben es oben am Beispiel von spiegel.de schon gesehen: 29 Millionen User sind beeindruckend – 18 Minuten im Monat erschreckend wenig.

Faszinierend ist, dass wir diese Differenz an unseren eigenen Zahlen auf verblüffende Weise verdeutlichen können. Wir können nämlich zum Beispiel ein Ranking der stärksten 100 Angebote zeigen, einmal nach aggregierter Nutzungsdauer und einmal nach Reichweite. Wohlgemerkt: Es handelt sich um exakt dieselben Messungen! Nur dass die aggregierte Nutzungsdauer *beide* Aspekte miteinbezieht, also: Wie viele Menschen nutzen ein Angebot und wie lange bleiben sie dort?

Sehen Sie den riesigen Unterschied? Versetzen Sie sich einfach in die Perspektive eines Entscheiders, etwa eines Medienpolitikers. Solange Sie nur Reichweiten-

WARUM ENTSCHEIDER DAS PROBLEM NICHT ERKENNEN: NUTZUNGSDAUER VS. REICHWEITE[A]

Top-100-Angebote – schematisierte Darstellung

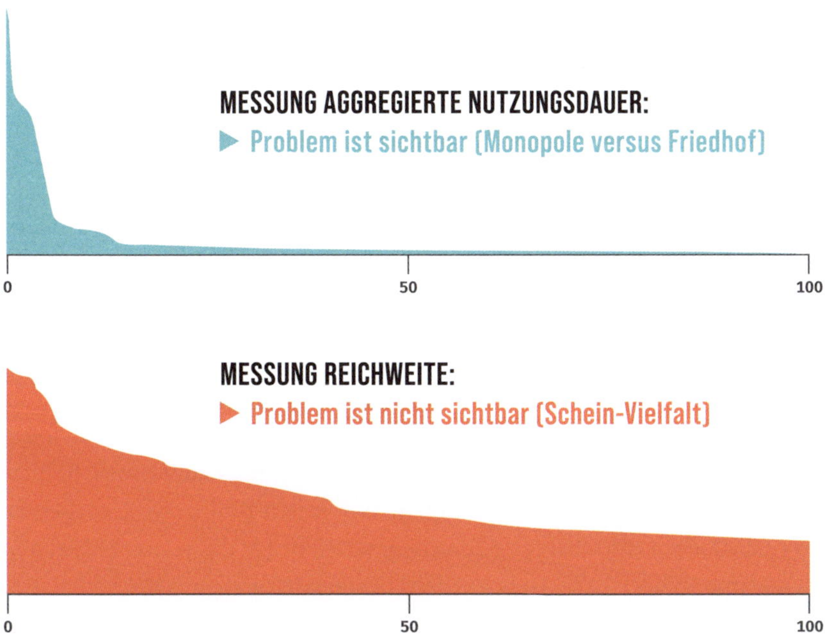

betrachtungen anschauen, erkennen Sie gar nicht, dass es irgendwo ein Problem gibt. Alles sieht super aus. Dass es nicht nur ein Problem ist, sondern eine riesige Katastrophe, lässt sich nur an der Auswertung der aggregierten Nutzungsdauer erkennen.

Ebenso wird klar, dass die meisten Angebote bei einer Reichweitenbetrachtung viel besser dastehen, als sie in Wirklichkeit sind. Es bedeutet jedoch überhaupt nichts, wenn sehr viele Menschen ein Angebot aufsuchen, dort aber kaum Zeit verbringen. Und tragischerweise basieren fast alle existierenden Studien auf Reichweitenbetrachtungen.

Die Frage nach der Methode der Datenerhebung ist also keine wissenschaftliche Haarspalterei. Sie bestimmt, was man aus Studien überhaupt ablesen kann. Und jetzt machen Sie einmal kurz einen Selbstversuch. Versetzen Sie sich in einen beliebigen Anbieter jenseits der Tech-Riesen, der eine Studie in Auftrag gibt. Hand aufs Herz: Wenn Sie in einem solchen Unternehmen etwas zu sagen hätten, welche Methode würden Sie für Ihre Studie wählen? Die sehr günstige Methode (Befragung), bei der Sie richtig klasse dastehen? Wo alles super aussieht? Oder würden Sie es auf sich nehmen, eine extrem aufwändige und teure Methode zu wählen, bei der herauskommt, dass Ihre eigenen Angebote völlig unbedeutend sind? Durch die Sie und Ihre Organisation auch noch öffentlich in einem schlechten Licht dastehen? So dass Sie sich in alle Richtungen rechtfertigen müssen?

Politische Entscheider werden in die Irre geführt

Und halten Sie sich dann noch die massiven politischen Implikationen vor Augen. Wie sollen denn politische Akteure, Behörden, Institutionen entscheiden, denen hunderte solcher Studien zur Verfügung stehen, die das zentrale Problem aber gar nicht zeigen können, weil die gewählten Methoden der Marktbeobachtung dafür nicht geeignet sind? Entscheider, die in immer neuen Untersuchungen eine Phantomvielfalt von Anbietern sehen, die es de facto gar nicht gibt.

Es ist tragisch: Alle verantwortlichen Akteure verfügen über volle Kalender, viele Verpflichtungen, kurze Aufmerksamkeitsspannen. Sie sind keine Experten in digitaler Medienforschung und empirischen Methoden. Keiner von diesen Akteuren hat Zeit, sich mit lästigen und komplexen Details zu wissenschaftlichen Forschungsmethoden herumzuschlagen. Wie sollen politische Entscheider zu einer realistischen Einschätzung kommen, wie weit die digitalen Medien bereits von Quasimonopolen beherrscht werden? Und dasselbe gilt am Ende auch für uns Nutzer: Wie soll jemals gesellschaftlich bekannt werden, in welchem katastrophalen Zustand unser Internet ist?

Wahrscheinlich liegt darin ein weiterer Grund, warum unsere Messungen bei den Digitalkonzernen auf Widerstand gestoßen sind, wie ich es eingangs geschildert habe. Seitdem sind bereits Dutzende von neuen, befragungsbasierten Studien publiziert worden, in denen das Problem wieder nicht auftaucht – weil es durch das Beobachtungsinstrument gar nicht erfasst werden kann. Die von uns gemessenen Fakten werden also sehr bald verschwinden in diesem einlullenden Feed immer neuer Studien, in denen das Problem nicht sichtbar ist. Bis es zu spät ist und wir gegen die Übernahme des Internets nichts mehr ausrichten können.

Erfolgt die Transformation wirklich so schnell?

Die andere Frage vieler Zuhörer lautet oft: Wird die beschrieben Übernahme unseres Mediensystems durch die Digitalkonzerne wirklich so schnell erfolgen? Der oben genannte Kipppunkt (2029) beruht auf einem Vergleich der Werbeinvestitionen zwischen analogen und digitalen Medien. Die Annahme ist, dass die analogen Medien jenseits eines Gewichts von einem Viertel zu klein sein werden, um gegen die digitale Übermacht noch etwas auszurichten. Die verwendeten Zahlen basieren auf den gängigen und publizierten Statistiken. Es gibt allerdings drei Gründe, die dafür sprechen, dass diese Kippbewegung eher noch schneller stattfinden wird als hier beschrieben. Diese zusätzliche Dynamik wird getragen von zwei Bevölkerungsgruppen, die faszinierenderweise unterschiedlicher nicht sein können: den ganz jungen und den ganz alten Menschen.

Fangen wir an mit der jungen Bevölkerung. Unsere Messungen zeigen, dass die Konzentration der Nutzung auf nur ganz wenige Apps und Domains bei den jungen Nutzern massiv *stärker* ausgeprägt ist als bei der Gesamtbevölkerung. Der Blick auf die jungen Nutzer liefert uns aber auch Einblicke in die Zukunft der Mediennutzung – und die wird zusätzlich zum höheren Online-Anteil zugleich auch noch viel stärker auf wenigen Plattformen konzentriert sein.

Eine zweite Dynamik wird durch ältere Nutzer verursacht, die im höheren Alter neu ins Netz wandern[A] – wir können davon ausgehen, dass dies für etwa 1,0 bis 1,5 Millionen Menschen im Jahr gilt. Diese neuen digitalen »Einwanderer« gehen natürlich in erster Linie auf die großen Player – also auf Google, Facebook, WhatsApp oder Amazon, und weniger auf abgelegenere Nischenangebote. Und so wird auch am anderen Ende der demografischen Pyramide eine zusätzliche Dynamik aufgebaut, welche die Kippbewegung zugunsten der Digitalkonzerne noch verstärkt und beschleunigt.

Erste Nagelprobe: Werbetreibende Unternehmen investieren in digitale Medien

Sie erinnern sich noch daran, wie wir zu Beginn die Bedeutung der digitalen Medien anhand der Werbeinvestition ermitteln haben? Wenn die vielen Befragungen Recht hätten, es also den analogen Medien so schlecht gar nicht geht und auch die Konzentration der digitalen Angebote unkritisch ist – warum in Gottes Namen sollten die werbetreibenden Unternehmen dann so dumm sein und erstens so viel Geld in digitale Kanäle investieren und das zweitens zu etwa 85 Prozent bei den großen drei Digitalgiganten Alphabet, Meta und Amazon?

Die Antwort ist natürlich: Sie sind nicht dumm. Sie investieren ganz einfach dort, wo die Aufmerksamkeit des Publikums ist. Werbeinvestitionen sind ein »harter« Indikator, weil Menschen und Entscheider erfahrungsgemäß dann intensiver nachdenken, wenn sie sich dafür oder dagegen entscheiden, größere Summen an Geld auszugeben.

Zweite Nagelprobe: Kapitalmärkte investieren in digitale Medien

Genauso lässt sich die Richtigkeit unserer Ergebnisse aus der Perspektive der Kapitalmärkte bestätigen. Würden Finanzanalysten und Investoren horrende Summen in florierende Digitalunternehmen investieren, wenn doch genügend »attraktive« Unternehmen aus der analogen Medienbranche viel günstiger zu haben wären? Die Kapitalmärkte, deren Rationalität der Gegenwart meist um einige Jahre vorauseilt, haben sich hier schon vor Jahren entschieden und die analogen Medien längst abgeschrieben. Wie dramatisch die Situation ist, zeigt ein einfaches Beispiel. 2021 erzielte Alphabet einen Gewinn von 67 Milliarden Euro. Bertelsmann erzielte 2,3 Milliarden (darin ist auch RTL enthalten), die anderen gezeigten deutschen Konzerne schafften Werte deutlich unter 1 Milliarde Euro (ProSieben Sat.1 0,5; Axel Springer 0,4; Holtzbrinck 0,3; Gruner & Jahr 0,1).[17]

Im selben Jahr wurde der traditionsreiche Hamburger Medienkonzern Gruner & Jahr (mit Zeitschriften wie *Stern*, *Brigitte* oder *Geo*) von Bertelsmann beziehungsweise RTL für einen Preis von 230 Millionen Euro übernommen. Setzen wir das ins Verhältnis: Alphabet, der Mutterkonzern von Google, hat 2021 insgesamt 67 Milliarden Euro an Gewinn erzielt – in nur einem einzigen Jahr! Das heißt: Alphabet könnte nur aus den Gewinnen knapp 280 Medienkonzerne in der Größe von Gruner & Jahr kaufen – und das jedes Jahr.

Natürlich würde Alphabet das niemals tun, es interessiert sich kein bisschen für Gruner & Jahr. Das sind Unternehmen, die aus Sicht der Kapitalmärkte seit

Jahren dahinsiechen und keine Zukunft haben. Wir wissen alle, was aus Gruner & Jahr seitdem geworden ist. Alphabet investiert dagegen in Produkte und Technologien, mit denen es die marktbeherrschenden Stellungen und Monopole des Konzerns in den digitalen Medien weiter ausbauen kann (☞ II.4).

Zentral ist für Investoren bei solchen Vergleichen der sogenannte *Umsatz-Multiple*. Zu deutsch: Um wie viel höher (oder niedriger) ist der Wert eines Unternehmens im Verhältnis zu dem Umsatz, den es jedes Jahr erzielt? Dieser Wert gibt eine gute Indikation dafür, wie positiv (oder negativ) die Kapitalmärkte die zukünftigen Potenziale eines Unternehmens einschätzen. Je höher der Wert, desto optimistischer schätzen die Finanzmärkte die Zukunft des jeweiligen Unternehmens ein.

Schauen wir uns das einmal für unser Beispiel an. Im Jahr 2021 lag die Bewertung von Alphabet bei fast 2 Billionen US Dollar (1.917), und dies bei Umsätzen von 257 Milliarden (257,64) – der Umsatz-Multiple liegt also bei etwa 7,4 oder, vereinfacht ausgedrückt, das Unternehmen ist mehr als sieben Mal so viel wert, wie es jährlich an Umsätzen erzielt.

Schauen wir uns dagegen Gruner & Jahr an: RTL hat 230 Millionen Euro für den Konzern bezahlt und dafür einen Umsatz von etwa 500 Millionen Euro übernommen – womit der Umsatz-Multiple eigentlich gar keiner mehr ist. Gruner & Jahr war also nur weniger als die Hälfte von dem wert, was es jährlich an Umsatz erzielt hat. Direkter Vergleich: Alphabet = 7,4, Gruner & Jahr = 0,46.

Es geht hier gar nicht darum, analoge Medien schlecht zu reden. Vielmehr bestätigt der Umsatz-Mutiple als »harter« Indikator für finanzielle Investitionen einmal mehr das Ergebnis unserer Untersuchung. Diese Bewertungen sind nur dann rational, wenn die überwiegende Zahl der Marktteilnehmer von einer schnellen Übernahme unseres Mediensystems durch die Digitalkonzerne ausgeht. Analysten und Investoren der Finanzmärkte überlegen sehr genau, wo sie ihr Geld anlegen. Dementsprechend drastisch schätzen die Kapitalmärkte ganz offensichtlich die Übermacht der Digitalkonzerne und die Geschwindigkeit ihres Vormarsches ein. Aus Sicht der Finanzmärkte sind die redaktionellen Medien längst weg.

Dritte Nagelprobe: Ranking der Medienkonzerne

Wir erkennen dasselbe Bild, wenn wir uns einfach das Ranking des Medienforschers und Journalisten Lutz Hachmeister anschauen, das die größten Medienkonzerne der Welt zeigt – einmal für das Jahr 1995, einmal für 2020 (siehe übernächste Seite). Wir sehen, dass 1995 noch drei deutsche und fünf andere europäische Konzerne zu den weltweiten Top 20 gehörten.

Im Jahr 2020 hat sich das Bild völlig gewandelt. Wir haben es hauptsächlich mit US-amerikanischen Konzernen zu tun. Fünf der Top Ten sind Plattformen. Deutsche oder europäische Unternehmen spielen so gut wie keine Rolle mehr. Bertelsmann, 1995 noch der zweitgrößte Medienkonzern der Welt, liegt auf Platz 19, es finden sich lediglich zwei weitere Anbieter aus Europa. Wir können diese Entwicklung leicht in die Zukunft extrapolieren: Europäische Anbieter verschwinden relativ gesehen immer mehr vom Markt. Das redaktionelle Modell ist in Auflösung begriffen, US-amerikanische Plattformen werden den europäischen Medienmarkt übernehmen.

Neue Technologien wie ChatGPT werden diese Entwicklung massiv beschleunigen. Denn jede generative KI ist immer nur so gut wie das Corpus aus Texten, Bildern, Videos, mit denen man solche selbstlernenden Systeme füttert – die daraus dann nach Belieben automatisch millionenfach neue Inhalte und Beiträge erzeugen können. Und wer hat die größten existierenden Datenmengen – dank unserer aktiven Unterstützung und Mitarbeit? Die Plattformen natürlich. Wie sollen alternative Wettbewerber gegen diese Übermacht von Big Tech auch nur die geringste Chance haben? Die Digitalkonzerne müssen jetzt nur noch den Sack zumachen.

MEDIENKONZERNE: MACHTVERHÄLTNISSE[17]

DER UNTERGANG DER EUROPÄISCHEN MEDIEN[18]

Top-20-Ranking der größten Medienkonzerne (weltweit)

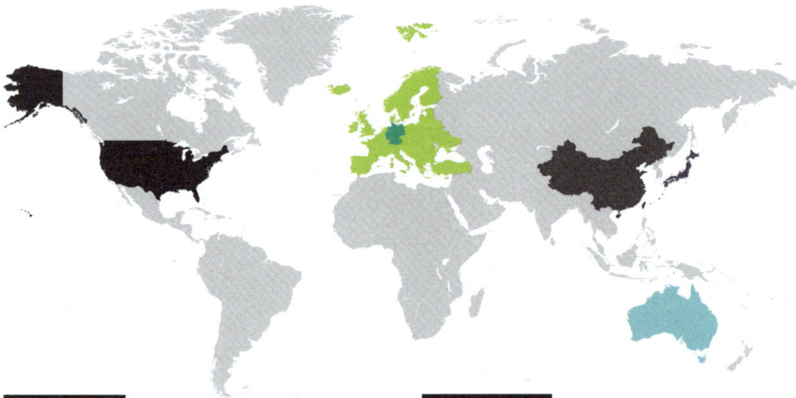

1995

1.	TIME WARNER INC.	USA
2.	BERTELSMANN AG	D
3.	THE WALT DISNEY COMPANY	USA
4.	VIACOM INC.	USA
5.	THE NEWS CORPORATION LTD.	AUS
6.	SONY ENTERTAINMENT	J
7.	HAVAS S.A.	F
8.	ARD	D
9.	NIPPON HOSO KYOKAI (NHK)	J
10.	LAGARDÈRE GROUPE	F
11.	POLYGRAM N.V.	NL
12.	TCI COMMUNICATIONS INC.	USA
13.	REED ELSEVIER	GB
14.	MCA INC.	USA
15.	ADVANCE PUBLICATIONS INC.	USA
16.	ASAHI SHIMBUN	J
17.	REUTERS HOLDING PLC	GB
18.	GANNETT CO. INC.	USA
19.	NBC	USA
20.	KIRCH-GRUPPE	D

2020

1.	ALPHABET INC.	USA
2.	COMCAST CORPORATION	USA
3.	META PLATFORMS INC.	USA
4.	TENCENT HOLDINGS LTD.	CN
5.	THE WALT DISNEY COMPANY	USA
6.	APPLE INC.	USA
7.	CHARTER COMM. INC.	USA
8.	SONY ENTERTAINMENT	J
9.	BYTEDANCE LTD.	CN
10.	WARNERMEDIA	USA
11.	SHANGHAI MEDIA GROUP	CN
12.	MICROSOFT CORPORATION	USA
13.	ALTICE EUROPE N.V., ALTICEUS INC.	NL
14.	VIACOMCBS INC.	USA
15.	AMAZON.COM INC.	USA
16.	NETFLIX INC.	USA
17.	LIBERTY/QURATE RETAIL INC.	USA
18.	NEWS CORP./NEW FOX	USA
19.	BERTELSMANN SE & CO. KGAA	D
20.	VIVENDI S.A.	F

KAPITEL II

DAS ENDE DES FREIEN INTERNETS: Wie haben die Tech-Riesen das hinbekommen?

1. Gefangen in den Traffic-Silos der Plattformen

Eine Handvoll US-Konzerne beherrscht unser digitales Mediensystem und hat freien und fairen Wettbewerb vollständig abgeschafft – eine massive Schädigung der Medien- und Pressefreiheit für unsere Demokratie. Wir haben im ersten Kapitel gesehen, dass dieses Szenario schon erschreckend nahe gerückt ist. Nun soll es darum gehen: Wie haben die Digitalkonzerne es so weit gebracht?

Versetzen wir uns noch einmal in die Anfangszeit der Plattformen und schauen uns an, was seitdem passiert ist. Wir können es uns als eine Abfolge aus einzelnen Schritten vorstellen – also in etwa so:

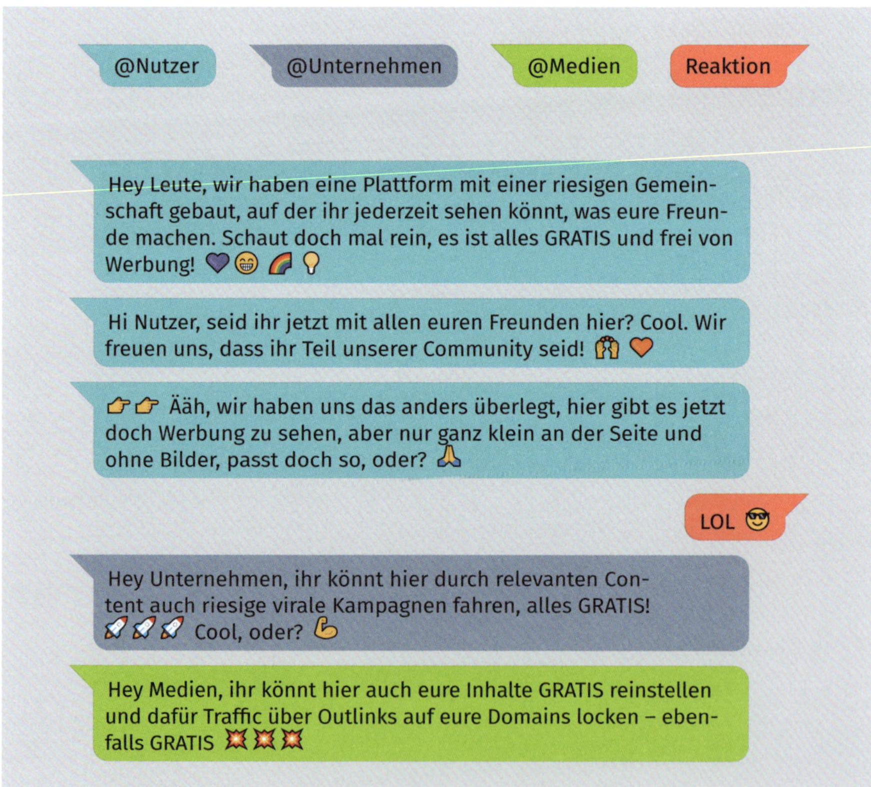

Hey Unternehmen, ihr habt jetzt riesige Content-Marketing Abteilungen aufgebaut, die von morgens bis abends Inhalte für uns erstellen? Yay! Ihr rockt das! 💪

Ääh, übrigens, die Werbung stellen wir ab jetzt auch in den Feed. 🙏

😱😐

Hey Unternehmen, investiert doch mal in bezahlte Werbung, funktioniert top! 🚀🚀🚀

Hey Medien, seid ihr jetzt schön abhängig von unserem Traffic? Super. ✅

👉 Ach Nutzer, übrigens, wir überwachen euch schon seit längerem und sammeln eure Daten – wir hatten ganz vergessen, euch das zu sagen. 🤗

🙈⚠️💩

👉 Hey Nutzer, wir zeigen euch jetzt immer weniger, was eure Freunde machen. Wir zeigen euch lieber andere coole Sachen, von denen wir denken, dass ihr die interessant findet, ok?

🙈

Ups, Medien und Unternehmen, ganz vergessen: Wir haben die Regeln geändert und reduzieren jetzt mal die Sichtbarkeit für Outlinks (Links nach draußen) für eure Beiträge. Könnt ihr noch kurz euren Content-Abteilungen Bescheid sagen? Danke. 💪💪💪

Sorry, da hat jemand von uns seit 4 Jahren eure Daten an den amerikanischen Geheimdienst weitergegeben – tut uns aber echt voll leid jetzt, sorryyyyy! 🤗🤣😋

💣🧛⁉️

Hey Unternehmen, es gibt jetzt doch keine organischen Reichweiten mehr für Euch, sorry. Uns wäre es eh lieber, wenn ihr bei uns bezahlte Kampagnen bucht – schaut mal, wie cool die Performance ist. Was ihr mit euren Content-Marketing-Abteilungen machen sollt? Gute Frage, da müsst ihr jetzt mal eine Lösung finden. 🤩🚀💪

Ach, völlig vergessen: Wir haben Outlinks im Feed jetzt ganz abgeschafft ⛔ – sorry, Medien und Unternehmen. 🙏

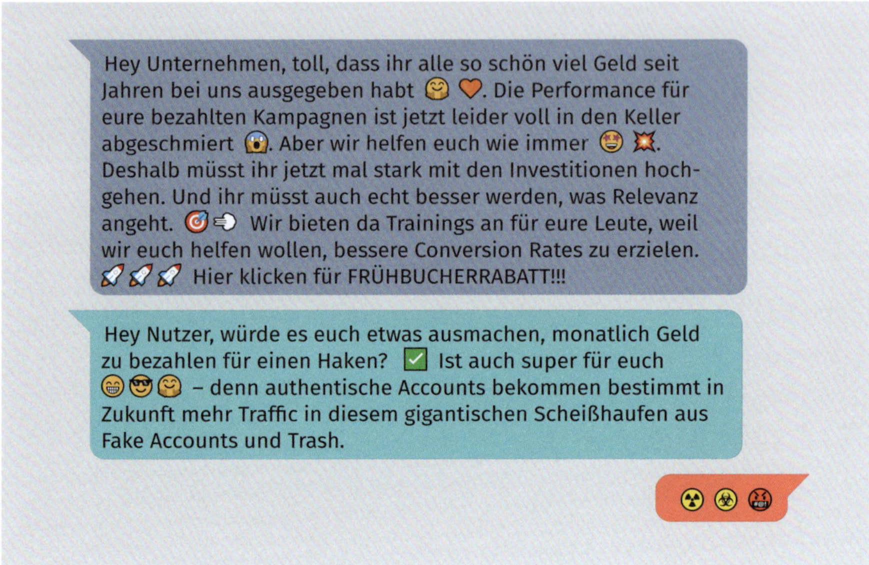

Wir erkennen sofort, was hier passiert: Wir alle sind in die Falle gegangen. Die Digitalkonzerne haben uns anfänglich mit einer Reihe von Anreizen auf ihre Plattformen gelockt. Sobald der Lock-in einsetzt und wir in den Plattformen gefangen sind, ändern sie immer weiter die Spielregeln, um dadurch immer mehr Geld aus der Plattform zu ziehen. Die Plattformen sitzen dabei an einer Art Mischpult, dessen Regler sie nach Belieben bedienen können. Natürlich werden sie stets so an den Reglern herumdrehen, dass sie dadurch alle Teilnehmer (die Nutzer, die werbetreibenden Unternehmen, die Medien) sukzessive immer mehr ausbeuten. Die Nutzer können sich dagegen kaum wehren, weil sie keinen Zugang zu den Reglern besitzen. Cory Doctorow nennt das passend »Enshittification«: Die Plattformen werden immer mehr mit Scheiße geflutet – und wir alle von den Digitalkonzernen verscheißert.[1] 💩💩💩

Mark Zuckerberg hat sich schon als Student gewundert, wie blöd die Nutzer der Plattform sind, dass sie ihm vertrauen. »Dumb Fucks« hat er seine Nutzer genannt (siehe den Text in der Box). Wir können sicher sein, dass die Tech-Riesen genau das ständig denken – nicht nur über ihre Nutzer, sondern über alle Personen und Institutionen, die nicht merken, dass sie am laufenden Band hintergangen werden, egal ob das Politiker, Behörden, Institutionen oder Experten sind: »Dämliche Schwachköpfe.«[2]

Wir können also die Geschichten, die uns Big Tech erzählt, wenn es um eigene Erfolge geht, komplett zurückweisen. Die Digitalkonzerne erklären ihre Vormacht am liebsten durch ihre angeblich überlegene Innovationskraft und die unschlagbaren Superbrains ihrer Gründer und Entwickler. Wir haben schon gesehen, dass diese Argumentation nicht trägt. Denn im Gegenteil operieren die Tech-Riesen auf Feldern, die schon seit vielen Jahren nahezu vollständig vom Wettbewerb befreit sind. Deswegen haben wir auch schon lange keine echten Innovationen mehr aus den Häusern der GAFAM gesehen.

Aber wie genau haben sie es geschafft, ihre Monopole und Oligopole so unangreifbar zu machen? Hängt das vielleicht doch mit der überragenden Qualität ihrer Produkte zusammen (so erklären es die Tech-Riesen) oder sind auch hier unfaire Methoden im Spiel gewesen? Und vor allem: Wie in Gottes Namen sind sie damit durchgekommen? Um das herauszufinden, müssen wir zunächst verstehen, wie genau uns die Digitalkonzerne auf ihren Plattformen eingesperrt haben. Wie wir sehen werden, haben sie dabei etwa ein Dutzend Tricks und Kniffe angewendet, wie etwa den Einsatz von Netzwerkeffekten, Monopolmissbrauch, Killer-Akquisitionen von möglichen Wettbewerbern und viele mehr.

Aber beginnen wir mit einem weniger bekannten Beispiel dafür, welche Methoden die Tech-Riesen einsetzen, um uns auf ihren Plattformen einzusperren. Stellen Sie sich einmal vor, Sie gehen in ein Kaufhaus, bummeln dort umher und stellen dann irgendwann fest: Sie kommen nicht mehr heraus. Alle Wege und Rolltreppen führen immer nur tiefer in das Kaufhaus hinein – und die Rückwege zurück nach draußen sind versperrt. Ganz ähnlich verhält es sich mit der Abschaffung von Outlinks auf vielen Plattformen. Outlinks, das sind »Links nach draußen«,

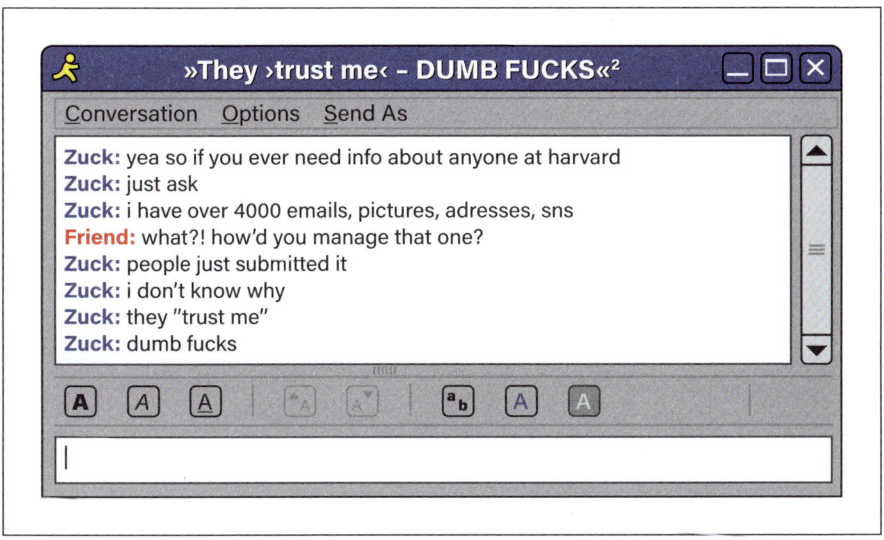

durch die Nutzer auf Angebote außerhalb der genutzten Domain weitergeleitet werden. Plattformen wie Instagram oder TikTok erlauben gar keine Outlinks mehr auf ihren normalen Posts. Aber sogar aus Plattformen wie Facebook findet man in der Nutzungsrealität kaum mehr heraus. Warum? Weil sie zu etwa 80 Prozent auf mobilen Geräten über Apps konsumiert werden. Diese Apps nutzen wiederum einen sogenannten In-App-Browser – und die sind extra so gestaltet, dass man auch bei dem Aufruf des Outlinks die Plattform nicht verlässt. Der externe Beitrag wird aufgerufen und *innerhalb* der Nutzungsoberfläche der Plattform geladen.

Die Motive der Plattformen für diese Blockaden und Barrieren liegen auf der Hand. Um immer mehr Geld zu verdienen, versuchen sie, möglichst viel Aufmerksamkeit des Publikums zu binden. Je besser und effizienter sie also die Nutzer auf der Plattform einsperren, desto länger werden die Nutzungszeiten der einzelnen Sitzungen, die sie dann in Form von Werbung monetarisieren können.

Wenn Sie denken, unser Kaufhausbeispiel sei übertrieben, machen Sie gerne einmal selbst die Probe. Gehen Sie auf Instagram und wählen Sie einen beliebigen Post aus, beispielsweise von einem großen Digitalpublisher wie *Spiegel*, *Zeit*, *FAZ* oder dergleichen. Die Publisher veröffentlichen diese Beiträge gratis auf Plattformen wie Facebook oder Instagram. Warum? Wir haben es im ersten Kapitel gesehen: Weil der ganz überwiegende Teil des Web-Traffics auf den Plattformen ist.

Die Lage der Publisher im Kampf um Traffic ist nämlich verzweifelt: Wenn sie winzige Brotkrumen von Traffic ergattern wollen, bleibt ihnen nichts anderes übrig, als kurze Teaser ihrer Inhalte auf den Plattformen auszustellen, quasi als Lockvogel, der die Menschen dazu bringen soll, auf die eigene Plattform zu wechseln.

Nehmen Sie sich einmal aus Spaß einen solchen Beitrag vor und versuchen Sie, den Weg zurück zur ursprünglichen Domain des Publishers zu finden. Wir haben dazu auf der folgenden Doppelseite mal eine Art Gebrauchsanleitung illustriert.

Das ist nur eine einzige der vielen Hürden und Tricks, welche die Tech-Riesen erfunden haben, um uns Nutzer auf ihren Plattformen einzusperren. Klar – die Nutzer haben natürlich immer noch die Freiheit, die App vollständig zu verlassen, ihren normalen Web-Browser zu öffnen und dort jede beliebige Domain neu aufzurufen. Aber das entspricht nicht der Nutzungsrealität digitaler Medien. Diese sind geprägt von sehr kurzen Sitzungen, hunderten von Impressions, riesigen Content-Fluten. Die Feeds der Plattformen werden von Nutzern in atemberaubender Geschwindigkeit heruntergescrollt. Hier ist es schon schwierig genug, in dem Ozean des Angebots überhaupt herauszustechen, damit der wischende Daumen des Users einen Moment innehält (man spricht auch von Inhalten, die »thumbstopping« sind). In der digitalen Medienrealität mit ihren hart umkämpften, winzigen Aufmerksamkeitsspannen von Zehntelsekunden sind solche meilenweiten Umwege (Link in Bio!) geradezu unüberwindbare Mauern.

Dagegen wirkt unser Kaufhaus-Vergleich keineswegs übertrieben. Im Übrigen wären derartige Barrieren in einem Kaufhaus selbstverständlich nicht erlaubt. Menschen auch indirekt zum Konsum zu »zwingen«, verstößt gegen das sogenannte »Gesetz gegen den unlauteren Wettbewerb« (UWG).

Als Laie denkt man da doch sofort: Krass, das ist Monopolmissbrauch, was die Tech-Riesen hier machen. Schließlich nutzen sie ihre marktbeherrschenden Stellungen dazu, die User innerhalb der Plattformen quasi einzumauern. Klarer Fall für das Bundeskartellamt, richtig? Falsch. Erstaunlicherweise wäre für diesen konkreten Fall der Outlinks in Deutschland weder das Kartellamt noch irgendeine andere Behörde zuständig. Im Gegensatz zu anderen Ländern hat man solche Praktiken des unlauteren Wettbewerbs der Zuständigkeit von Behörden entzogen. Das UWG wird in Deutschland über mögliche Klagen von Konkurrenten oder privaten Verbänden durchgesetzt. Wer aber sollte da klagen? Vielleicht TikTok, das selbst die Outlinks abgeschafft hat? Oder Verbände von Publishern, die selbst von den Digitalkonzernen abhängig sind? Dass Behörden in Deutschland bei solchen Praktiken nicht direkt eingreifen können, ist auf unserem Feld fatal. Denn – ich kann es nicht oft genug betonen – hier handelt es sich nicht um einen x-beliebigen Markt wie für Kekse oder Socken, sondern um unsere Medien. Es steht die Grundlage unserer Demokratie auf dem Spiel. Und doch ist diese zweifelhafte Praxis dem direkten Zugriff kontrollierender Aufsichtsbehörden entzogen.

Weil die Plattformen die Outlinks so stark heruntergeregelt haben, hat sich übrigens ein neuer Trend entwickelt, und zwar »ZeroClick Content«. Hier gibt es gar keine Klicks mehr, was bedeutet: Der Traffic bleibt dann vollständig auf den Plattformen. Das kennen Sie schon von den Google »Snippets« (Schnipsel): Bei Suchanfragen sieht man Auszüge von Webseiten, etwa mit Bildern, Preisinformationen oder Bewertungssternen, als Graph oder als Liste von Stichpunkten. Google ermuntert die Content-Fabriken dazu, den Quellcode ihrer Seiten entsprechend zu gestalten. Nach einer Untersuchung des Suchmaschinen-Experten Rand Fishkin endeten 2021 zwei von drei Suchanfragen bei Google selbst und führten zu gar keinem Klick mehr[3]. Für alle, die Inhalte erstellen, muss das eine Katastrophe sein. Sie liefern die Beiträge, Google verdient das Geld. Nativ, praktisch, gut. Und der Traffic bleibt so vollständig in den Silos der Plattformen.

Wie wir sehen werden, sind die Outlinks nur eine von etwa einem Dutzend unfairer, fragwürdiger Praktiken, welche die Digitalkonzerne einsetzen, um ihre Monopole zu schützen und freien Wettbewerb auszuschalten. Erinnern Sie sich an unsere Beispiele aus dem ersten Kapitel – an die Digitalpublisher, die Blogger, die Markenartikler, den öffentlich-rechtlichen Rundfunk? Ihnen allen wird hier gleichermaßen der Traffic-Hahn abgedreht. Ihre Chancen sinken immer weiter, durch relevante Inhalte User dazu zu bringen, die eigenen Seiten anzusteuern.

GEFANGEN IN PLATTFORMEN – BEISPIEL INSTAGRAM

Wenn Sie auf Instagram einen interessanten Artikel lesen und versuchen, zu dem Artikel selbst zu gelangen, wird Ihr Weg meist folgende Schritte durchlaufen:

Sie sind im Feed auf dem Beitrag. Sie suchen darin jetzt irgendeinen Hinweis auf einen Link nach draußen. Sie tippen den vollständigen Artikel an.

Wenn Sie jetzt denken, Sie hätten es nach all diesen Schritten endlich geschafft, hätten also Instagram endlich verlassen, unterliegen Sie einem Irrtum. Denn selbst jetzt sind Sie immer noch auf einem Fenster des In-App-Browsers von Instagram – wenn Sie das Fenster oben links wegtippen, sehen Sie, dass Sie sich *immer noch* innerhalb von Instagram befinden.

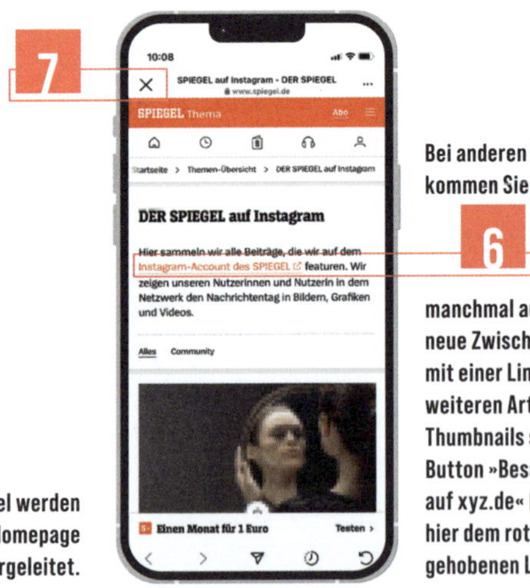

Bei anderen Anbiete kommen Sie jetzt manchmal auf eine neue Zwischenseite mit einer Linkliste a weiteren Artikeln al Thumbnails sowie ei Button »Besuche un auf xyz.de« (entspri hier dem rot hervorgehobenen Link).

Schließlich sind wir auf der eingebetteten Webseite des Publishers angelangt (spiegel.de).

In unserem Beispiel werden wir direkt auf die Homepage von spiegel.de weitergeleitet.

Sie finden dort meist ganz unten im Fließtext den Hinweis »Link in der Bio« (der übrigens selbst nicht klickbar ist). Wenn Sie etwas Ahnung haben, verstehen Sie diesen Hinweis.

Warum übrigens »Bio«?
Die Urheber nutzen hier eine Notlösung: Typischerweise handelt es sich bei den Instagram Profilen ja um Personen, und unter der Rubrik der biografischen Angaben können private Nutzer ebenfalls Outlinks einstellen, etwa zu ihrer persönlichen Webseite – deshalb nutzen die Publisher diese Option und schreiben »Link in Bio«!

Sie müssen jetzt das Instagram-Profil des SPIEGEL anwählen, etwa indem Sie auf die Schrift »spiegelmagazin« tippen.

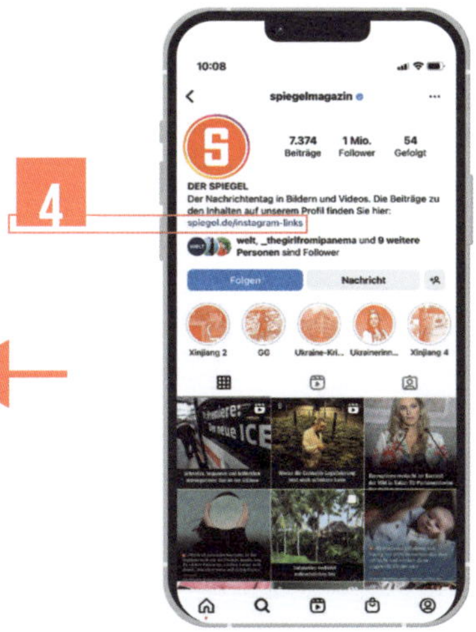

Das Profil von »spiegelmagazin« öffnet sich. Sie finden unter den Angaben in der vierten Zeile einen Link (spiegel.de/instagram-links) – der hier farblich hervorgehoben und klickbar ist (im Gegensatz zu der nicht klickbaren Angabe im Beitrag).

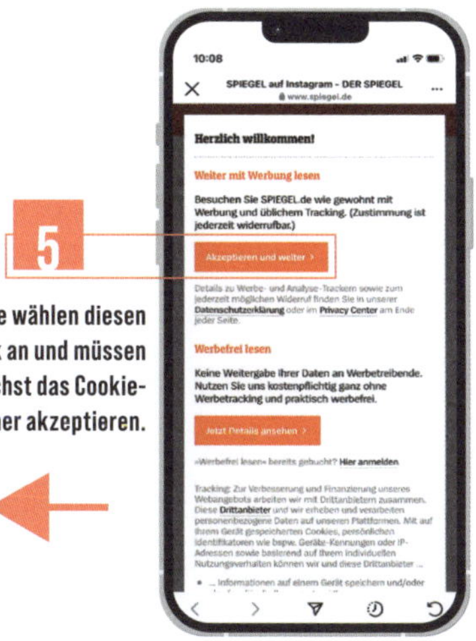

Sie wählen diesen ink an und müssen ıächst das Cookie- ınner akzeptieren.

2. Wenn Medien zu Privatbesitz von Unternehmen werden

Stellen Sie sich einmal vor, Johannes Gutenberg hätte im 15. Jahrhundert durch den Einsatz cleverer Netzwerkeffekte das Kunststück vollbracht, den Zugang zu seinen beweglichen Lettern so zu kontrollieren, dass bis in die heutige Zeit Gutenberg und seine Nachkommen an jeder Anwendung dieser Innovation verdienen würden. Sein Unternehmen, die »Gutenberg Inc.«, wäre zum größten und mächtigsten globalen Konzern der westlichen Welt aufgestiegen. Egal was wir täten, wo immer es um Informationsaustausch ginge, immer liefe es über diesen Giga-Konzern, der deshalb auch an allem mitverdiente: Schulbücher, Straßenschilder, Zeitungen, Speisekarten, Webseiten, Bankgeschäfte, Produktverpackungen, Versicherungen, Verträge, Banknoten, Hausnummern, Verwaltungsvorgänge, Aktiengeschäfte, Wegweiser, Aufkleber, Nummernschilder, Etiketten, Brötchentüten, Erbschaften, und so fort – weil alles mit dem System der Gutenberg Inc. genutzt würde.

Gutenberg Inc. hätte auf diese Weise jeden Menschen in unserer Gesellschaft in einem lebenslänglichen Würgegriff. Wir alle wären zum kontinuierlichen Frondienst für dieses fürchterliche Unternehmen verurteilt. Denn bei jedem Einsatz von Gutenbergs Idee der standardisierten Buchstaben, also bei jeder Transaktion, bei jeder Nutzung, und sei sie auch noch so klein – immer müssten wir an Gutenberg Inc. zahlen, hier 10 Prozent, dort 30. Es gäbe keinen Ausweg. Dieser Mega-Konzern wäre für immer frei von jedem Wettbewerb und könnte von uns beliebige Preise verlangen. Zusätzlich würde die Gutenberg Inc. auch noch darüber bestimmen, welche unserer Dokumente wie oft veröffentlicht und gedruckt würden.

Wenn wir darüber klagen würden, das sei unfair, würde uns die Gutenberg Inc. stets erwidern, wie nützlich und heilbringend die standardisierten Buchstaben doch seien, die sie zum Wohl der Menschheit erfunden und freundlicherweise mit uns allen geteilt hätten. Ganz neue Formen der Interaktion und Partizipation seien dadurch möglich. Dass wir Nutzer selbst Ursache des Problems darstellten, weil wir ja nun einmal diejenigen seien, die diese standardisierten Buchstaben ständig verwendeten, eine Erfindung, die ja leider ihnen gehöre. Dass dies alles nun einmal unsere eigene, freie Entscheidung sei. Es stehe ja jedem Menschen offen, eigene Lösungen zu finden, also Bildchen auf Kartoffelstempel zu schnitzen zum Beispiel oder Informationen handschriftlich zu verbreiten, was auch immer. Es liege nicht an der wunderbaren Gutenberg Inc. und ihrem überragenden Produkt, sondern einfach an unserer verdammten Faulheit und mangelnden Innovationskraft. Wir seien selbst schuld.

Medien tendieren allgemein zu Netzwerkeffekten – das gilt für den Buchdruck ebenso wie für YouTube. Netzwerkeffekte stellen sich immer dann ein, wenn der Nutzen für eine Anwendung überproportional mit der Zahl der Anwender steigt: Je mehr Menschen ein Telefon besitzen, desto mehr Wert besitzt ein Telefonanschluss.

Das gilt auch jenseits der Medien. So ist es naheliegend, sich in einer Gesellschaft auf ein einheitliches Format für ein Schienennetz zu verständigen. Dessen Nutzen ist umso größer, je mehr Menschen es verwenden. Oder umgekehrt formuliert: Es ist wenig sinnvoll, viele verschiedene miteinander konkurrierende Formate für Schienen zuzulassen, weil dann die Loks und Waggons nicht überall einsetzbar wären. Ebenso ist es auch sinnvoll, dass alle Menschen ein und dasselbe Telefonmedium verwenden. Wir werden sehen, dass das auch für YouTube oder WhatsApp gilt.

Medien erzeugen üblicherweise sehr starke Netzwerkeffekte. Wenn alle dasselbe Format verwenden, dann können wir nicht einfach so ein eigenes danebensetzen, weder in der Kommunikation noch in der Informationsverbreitung. Es sind Standards, die sich durchgesetzt haben, weswegen wir auch nicht frei sind zu wählen. Wir sind quasi lebenslänglich zur Nutzung dieser Medien verurteilt. Aber das ist bei den herkömmlichen Medien auch kein Problem, weil die Medien selbst für alle Menschen zur freien Verfügung stehen.

Man zahlt zwar häufig für eine Verbindung, einen Anschluss (zum Beispiel beim Telefon) oder für ein Abspielgerät (zum Beispiel beim Radio oder einem CD-Player). Oder man zahlt Gebühren für Inhalte, etwa für ein Zeitungsabonnement. Aber wir zahlen keine Lizenz oder Gebühr *für das Medium selbst* – diese Medien »gehören« niemandem, weswegen hier auch niemand Nutzungs- oder Lizenzgebühren einfordern kann.

Wie haben die Digitalkonzerne die Kontrolle über Medien erlangt?

Versetzen wir uns einmal in die Position eines Menschen, der gerade eine neue Medientechnologie erfunden hat. Nehmen wir an, dieser Erfinder hätte den Plan, maximal viel Geld mit dieser neuen Idee zu verdienen. Stellen wir uns also einen solchen »Darth Gutenberg« vor. Seine Zielsetzung wäre, erstens alle Menschen in der Gesellschaft zur Nutzung seiner standardisierten Technologie zu bewegen und zweitens dafür zu sorgen, dass sie ihm und seinen Nachkommen für die Nutzung seiner Idee bis in alle Ewigkeit Geld dafür bezahlen müssen. Welche Optionen hätte er?

Tatsächlich sind die Möglichkeiten für Darth Gutenberg sehr eingeschränkt. Die einzige Möglichkeit, aus einer solchen Erfindung Kapital zu schlagen, würde für ihn darin bestehen, ein geistiges Eigentum zu reklamieren, wofür man heute typischerweise ein Patent anmelden würde. Diese Möglichkeit, ein Patent im modernen Sinne zum Schutz des eigenen geistigen Eigentums anzumelden, hatte Gutenberg im 15. Jahrhundert noch nicht.

Aber es ist ohnehin fraglich, ob die Anmeldung eines Patents bei der Erfindung neuer Medientechnologien immer so viel bringt. Denn als Erfinder der Medientechnologie verfolgt man ja das Ziel, möglichst schnell möglichst viele Menschen zur Nutzung des neuen Mediums zu überreden. Da wären Nutzungsgebühren für das Patent ziemlich kontraproduktiv. Gerade zu Beginn der Durchsetzung einer neuen Medientechnologie ließe sich der Patentschutz also kaum nutzen. Und dann dauerte die Einführung neuer Medien zumindest in der vordigitalen Zeit mehrere Jahre oder Jahrzehnte. Bis sich eine allgemeine Verwendung etabliert hätte, wäre der Patentschutz immer schon abgelaufen gewesen. Denn jeder Patentschutz ist zeitlich eingeschränkt, übrigens aus einem sehr einfachen Grund (Zwinker, oder: Wink mit dem Zaunpfahl!): Der Gesetzgeber will unter allen Umständen *Wettbewerb* ermöglichen und für Anbietervielfalt sorgen. Sonst könnte man Patente auch zeitlich unbegrenzt schützen.

In der Mediengeschichte gab es immer wieder Fälle, wo Erfinder von Medientechnologien solche Patente angemeldet hatten. Aber oft haben sie diese für alle Menschen frei verfügbar gemacht. Für die Fotografie öffnete Daguerre sein Patent frei zur Nutzung (er erhielt hierfür eine Rente von der französischen Regierung). Besonders instruktiv ist die Erfindung des Telefons – denn Alexander Graham Bell beziehungsweise AT&T hatte tatsächlich starke Patente angemeldet. Aber die US-Regierung war damals der Meinung, es handele sich bei dem neuen Medium um ein Gemeingut, eine »public utility« – weswegen sie entschlossen intervenierte und eine Einigung herbeiführte, durch die Bells Erfindung auch für Wettbewerber frei verfügbar wurde und nicht in der Hand von AT&T blieb.

> *»Zu keiner Zeit hat es eine Gesellschaft erlaubt,*
> *dass ein Gut, welches man für die Existenz benötigt,*
> *durch ein privates Unternehmen kontrolliert wird.«*[4]
>
> Theodore Vail, Präsident von AT&T

Zum Glück sahen das damals auch die Manager von AT&T so. Big Tech könnte sich ein Beispiel an ihnen nehmen. Wir erkennen: Seit prähistorischer Zeit nutzt der Mensch Medien als Werkzeuge, um mit anderen Menschen zu kommunizieren. Aber in der gesamten Menschheitsgeschichte besaßen die Erfinder von Medientechnologien kaum jemals eine Möglichkeit, ihre Erfindungen so zu schützen, dass man dieses geistige Eigentum dauerhaft für sich reklamieren konnte, um auf diese Weise das jeweilige Medium für immer zu kontrollieren. Wenn es der Fall war, fanden Regierungen Regelungen mit den Patentinhabern, die Medien frei verfügbar zu machen. In diesem Sinne stellten Medien bis in die heutige Zeit stets Gemeingüter dar – es handelte sich immer um Güter von allgemeinem Interesse.

Durch die Plattformökonomie hat sich diese Situation auf eine fundamentale Weise geändert. Denn die großen Plattformen, welche die Medien der Zukunft darstellen, gehören jetzt Privatunternehmen, und diese Plattformen stellen nicht nur Medienangebote dar, ihre Monopole umfassen oft ganze Mediengattungen. Dieser Unterschied ist tatsächlich entscheidend – und er ist uns vielleicht am deutlichsten aufgefallen, als Elon Musk als Privatperson das Netzwerk Twitter kaufte. Twitter gehört jetzt einer Person, die das Netzwerk seitdem nach eigenen Interessen umbaut und neu gestaltet.

In der Mediengeschichte gab es zwar auch früher schon alle möglichen Formen von Schutzrechten. Gerade im Fall des Buchdrucks existierten staatliche Privilegien. Aber da ging es meist weniger um die Rechte des Erfinders, sondern um die andere dunkle Seite der Macht, nämlich um staatliche Kontrolle und Zensur. Auch bei den elektronischen Massenmedien wie Radio oder Fernsehen spielte der Staat oft eine zentrale Rolle, was wiederum damit zu tun hatte, dass hier anfänglich meist hohe Investitionen erforderlich waren. Aber der Staat stellte hier nur die Infrastrukturen zur Verfügung und griff nicht auf die Inhalte durch. Natürlich hat es Fälle in der Vergangenheit gegeben, wo staatliche Macht im Durchgriff auf die Medien *missbraucht* wurde, wie etwa im Nationalsozialismus. Aber genau dies ist ja der Fall, der in einem demokratischen Verständnis der Medien *unter allen Umständen verhindert werden soll.*

Unter demokratisch-freiheitlichen Umständen muss der Staat hier absolute Neutralität wahren. Wenn der Staat also eine Verfügungsgewalt über solche Infrastrukturen besitzt, soll er diese unter demokratischen Bedingungen nutzen, um etwa für eine ausgewogene Programmgestaltung zu sorgen oder eine pluralistische Zulassung wie im Fall des Privatfernsehens zu ermöglichen.

In der ganzen Geschichte ihrer Existenz »gehörten« die Medientechnologien in der Regel also niemandem – weder einzelnen Personen noch Unternehmen. Und die Medien der Vergangenheit wurden nur durch *nützliche* Netzwerkeffekte geschaffen: Telegraf, Radio, Phonograph, Funk, Fernsehen, CD, Telefon, Fax-Gerät,

Mobiltelefon und so fort. Sie alle haben ihren echten gesellschaftlichen Nutzen erst mit ihrer allgemeinen Verbreitung entfaltet. Es ist auch schwer vorstellbar, wie sich Medien ohne diese allgemeine Verbreitung gesamtgesellschaftlich hätten durchsetzen sollen. Bis heute profitieren alle Menschen von den vielen Medien, die innovative Pioniere früher einmal erfunden haben – ohne dass diese Medien privaten Personen oder Unternehmen gehörten und von ihnen kontrolliert würden.

Interessant wird es nun in Bezug auf die aktuelle Situation der Plattformen. Facebook und Instagram, YouTube, Google oder WhatsApp besetzen offensichtlich die wichtigsten Mediengattungen der heutigen Zeit. Ist es überhaupt statthaft, dass Mediengattungen, die von der gesamten Bevölkerung genutzt werden, in unserer digitalen Zeit einer Person oder einem Unternehmen »gehören«, welches diese Medien dann auch vollständig kontrollieren kann?

Bei den analogen Vorgängermedien würden wir die Idee, dass einer einzelnen Person oder einem Unternehmen eine Medientechnologie gehört, intuitiv ablehnen. Niemandem gehört bis heute das Fernsehen oder das Radio. Doch bei den Plattformen ist genau dies der Fall. Im Gegensatz zu den Vorgängermedien gehört das Netzwerk den Eigentümern. Tatsächlich stellt das *Netzwerk* auch den eigentlichen Wert für diese Unternehmen dar. Das sagt Big Tech sogar selbst, in den Worten von Andy Rubin von Google: »*Wir monetarisieren nicht die Dinge, die wir erschaffen.[…]. Wir monetarisieren die Leute, die sie benutzen*«[5]

Aus dem Eigentumsrecht erwächst ein virtuelles Hausrecht, durch das die Plattformen recht beliebig die Bedingungen der Nutzung festlegen können (☞ IV.3). Deswegen besitzen sie einen vollen Durchgriff auf die Inhalte, bis hin zu Löschungen und Sperrungen missliebiger Inhalte oder Nutzer.

Digitale Übernahme: Wie offene durch geschlossene Standards ersetzt wurden

Wir erkennen sofort, wie Big Tech das Internet übernommen hat, wenn wir auf das ursprüngliche Medium der heutigen Netzkultur zurückblicken, das *World Wide Web*. Tim Berners-Lee und die idealistischen Erfinder des World Wide Web haben noch nach den Prinzipien der »wohltätigen« Medientechnologien gehandelt, die keinem Erfinder gehören und die allen Menschen für alle Zeit frei zugänglich sein sollen. Das lässt sich vor allem in der langen Entstehung der Internetstandards erkennen. Hierbei handelt es sich um Normvorschriften, die für alle Teilnehmer festlegen, auf welche Weise die Daten bei ihrem Fluss durch das Netz strukturiert sein sollen. Es sind *offene* Standards: sie gelten für alle Marktteilnehmer und ermöglichen eine freie Zirkulation von Daten. Weil sie allen Akteuren zur Verfügung stehen, ermöglichen sie einen freien Markt von vielen konkurrierenden Anbietern. Denn die offenen Standards stellen die sogenannte Interoperabilität her: Nutzer können von einem zum anderen Anbieter problemlos wechseln.

Zu diesen offenen Standards für das Internet gehören das »Internet Protocol« (IP) – es gibt die Struktur der IP-Adresse vor –, das »Transmission Control Protocol« (TCP) – definiert die Prozesse des Datenaustauschs –, die »Hypertext Markup Language« (HTML) als Format für die Webinhalte des Browsers und so fort. Die »Internet Engineering Task Force« (IETF) versteht sich als gemeinnützige Organisation und wacht akribisch über diese und andere offene Standards des Internets.

Diese freie Natur des Internets wurde jedoch nach der Jahrtausendwende frontal angegriffen und zerstört – und zwar durch die Entstehung neuer Plattformen. Die Logik war ebenso schlau wie hinterhältig: Wie wäre es, wenn man Plattformen mit massiven, unwiderstehlichen Netzwerkeffekten *über* die Knotenpunkte des World Wide Web bauen würde und den Traffic aus dem demokratischen Netz heraus nach oben, in die Traffic-Silos dieser Plattformen absaugen würde?

Es handelt sich buchstäblich um eine feindliche Übernahme des Internets – *Über*nahme, weil sich diese neuen Medien *über* das alte freie Netz legten. Denn natürlich befindet sich eine Plattform wie *www.facebook.com* immer noch auf einer spezifischen Domain. Sie nutzt eine spezifische Adresse (URL) im Internet, besetzt also einen konkreten Knotenpunkt in diesem Netz. Aber sie nutzt das Netz eben nur als unterliegende Infrastruktur.

Der gerissene Trick bei der Übernahme des Internets bestand nun darin, mit der Philosophie der offenen Standards zu brechen und stattdessen auf geschlossene Standards zu setzen. Gerissen vor allem deshalb, weil dieser entscheidende Unterschied *für die User bei der Nutzung ja gar nicht erkennbar war.* Denn auch diese Plattformen waren gratis zu nutzen, genau wie das Internet und die Medien davor.

Das scheinbar altruistische Gratisangebot der neuen Plattformen spülte schnell massenhaft riesige Mengen von Nutzern in das jeweilige Netzwerk. Nur dadurch konnten sie in so kurzer Zeit eine große Verbreitung und damit auch die gewünschten Netzwerkeffekte erzielen. Hier handelte es sich aber ebenfalls um eine Camouflage, welche die Gefangennahme der Nutzer in den Plattformen verschleierte. Denn wie gefangen sie in diesen geschlossenen Standards sind, bemerken die Menschen erst viel später, wenn sie zum Beispiel eine Plattform verlassen wollen – und alle Inhalte, alle Follower, den gesamten Traffic verlieren und wieder bei null anfangen müssen.

Dagegen erkennt man offene Standards immer daran, dass erstens ein Wechsel von einem Unternehmen zum anderen kein Problem darstellt und zweitens Wettbewerb herrscht. Das können wir am Beispiel des Internets schnell zeigen: Wer eine Webseite besitzt und nicht mehr zufrieden ist mit dem Webhosting, kann problemlos auf einen alternativen Anbieter wechseln. Durch die offenen Standards ist gewährleistet, dass er die gesamte Webseite einfach »mitnehmen« kann und auch, dass der über Jahre aufgebaute Traffic auf der Domain vollständig erhalten bleibt.

Auch im Fall der E-Mail hatte man sich bereits Anfang der 1980er Jahre auf ein sogenanntes offenes Protokoll geeinigt, und zwar das SMTP (Simple Mail Transfer Protocol). Es handelt sich dabei um ein allen Wettbewerbern frei zugängliches Format, in das alle E-Mails fortan »verpackt« wurden, was erklärt, warum (bis heute!) immer dieselbe Kommunikationsform (E-Mail) von ganz unterschiedlichen Anbietern, aber übrigens auch gänzlich unterschiedlichen Geschäftsmodellen (E-Mail-Programme, Webmail beziehungsweise Freemail von E-Mail-Providern et cetera) genutzt wird. Konkurrenten stehen zwar im Wettbewerb untereinander, tun dies aber auf der Grundlage eines offen für alle Teilnehmer verfügbaren Standards. Und auch hier findet sich eine Vielzahl von Anbietern und funktionierender Wettbewerb.

Im Gegensatz dazu setzen die großen Social-Media-Angebote auf *geschlossene* Standards, um gezielt Wettbewerb auszuschalten und die Nutzer auf den Plattformen einzusperren. Während Sie etwa eine E-Mail von Microsoft Outlook an Gmail und dann an web.de versenden können, ist das bei den Social-Media-Plattformen nicht möglich. Sie können keine Nachricht von ihrem Facebook-Profil an jemanden bei LinkedIn schicken, oder Posts über Netzwerke hinweg kommentieren, teilen oder auch nur sehen. Das verhindert, dass zusätzliche Wettbewerber auf der Grundlage desselben offenen Protokolls etwa mit Facebook konkurrieren.

Übrigens können wir den Zusammenhang zwischen offenen Standards und positiven Wirkungen auf Wettbewerb auch in unseren Messungen des Online-Traffics klar erkennen: So bildet unter den riesigen Monopolen der Markt für E-Mail-Dienstleister eine wohltuende Ausnahme. Hier können starke deutsche Anbieter wie web.de oder GMX seit Jahren mit Gmail konkurrieren (was fast ein Wunder ist, weil Gmail natürlich durch plattformübergreifende Netzwerkeffekte von der Stärke der anderen Alphabet- beziehungsweise Google-Angebote profitiert, ☞ II.3).

Geschlossene Standards führen also dazu, dass ein Marktteilnehmer einen eigenen, proprietären Standard definiert und die anderen Marktteilnehmer aktiv davon ausschließt, um planvoll und systematisch monopolistische Strukturen zu schaffen. Was wiederum besonders schlimme Folgen auf dem Feld der Medien hat, weil diese Monopole unsere Grundrechte der Meinungs- und Pressefreiheit beschädigen. Denn in diesen abgeschotteten Traffic-Silos haben die Hausherren die Kontrolle und nicht mehr die Menschen, die diese Medien hervorbringen.

Dass es um die planvolle Ausschaltung des Wettbewerbs und den gezielten Aufbau von Medienmonopolen ging, haben die Manager der Tech-Riesen übri-

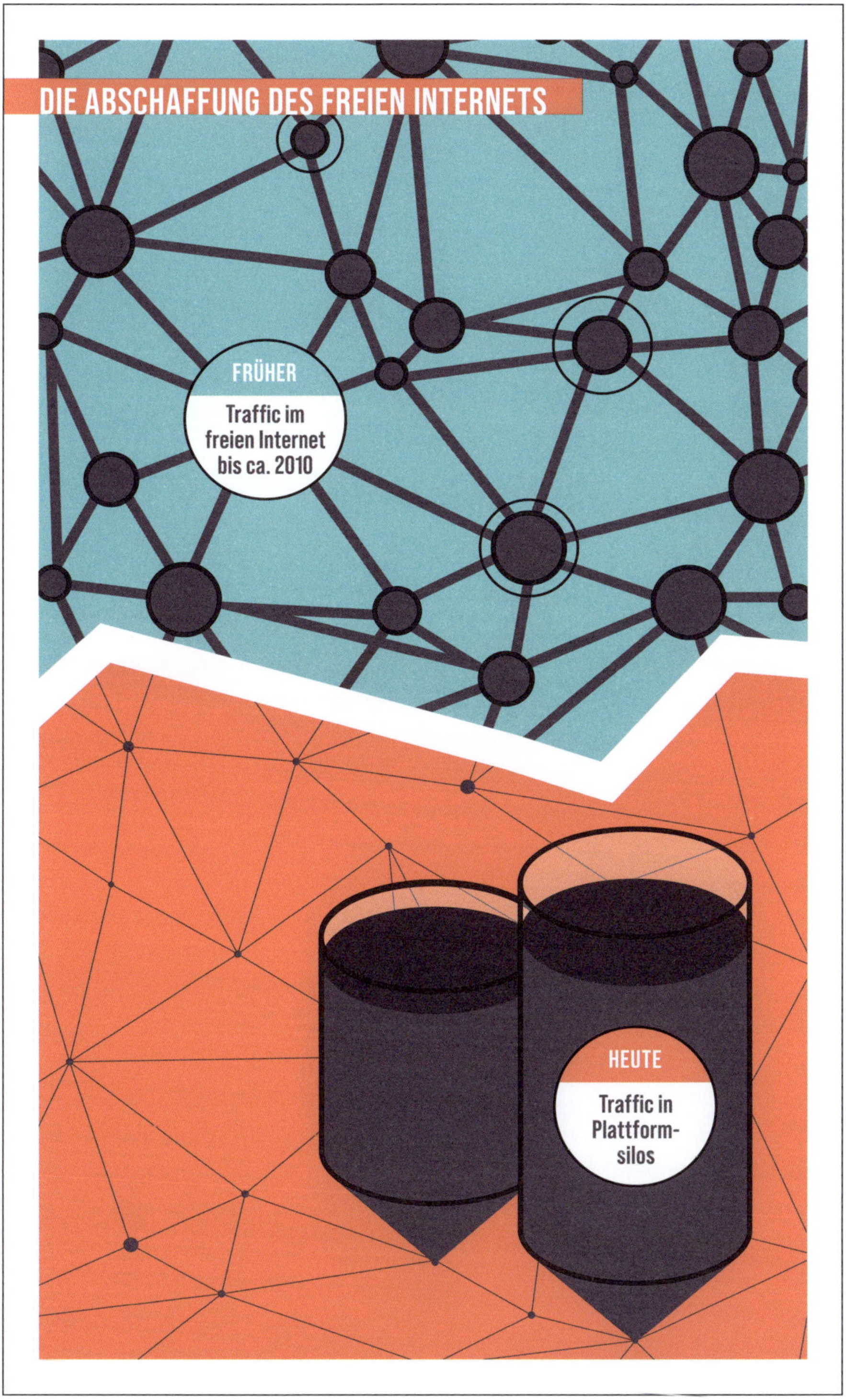
DIE ABSCHAFFUNG DES FREIEN INTERNETS
FRÜHER
Traffic im freien Internet bis ca. 2010
HEUTE
Traffic in Plattform-silos

gens vielfach offen zugegeben. Hier kann man ihnen nicht einmal vorwerfen, im Geheimen zu agieren. Tatsächlich kennen die Digitalkonzerne selbst am besten die tödliche Auswirkung von Netzwerkeffekten auf freien Wettbewerb in Medienmärkten. Den eindeutigsten Beweis dafür liefert die Akquisition von WhatsApp durch Facebook im Jahr 2014 für den sagenhaften Betrag von 22 Milliarden US-Dollar. Warum in Gottes Namen soll ein Digitalkonzern so idiotisch sein, eine sehr banale Technologie zu kaufen, die man einfach für wenige hunderttausend Dollar hätte kopieren können – zumal Facebook ja schon seit 2011 selbst einen eigenen Messenger besaß? Es kommt hinzu, dass Facebook im Jahr 2014 ja schon weit mehr als eine Milliarde Nutzer hatte.

Man sollte annehmen, dass kaum eine bessere Ausgangsposition für einen eigenen Messenger vorstellbar gewesen wären, weil Facebook die eigenen Nutzer doch einfach auf den eigenen Messenger hätte konvertieren können. Aber unter den Bedingungen der Netzwerkeffekte gibt es nur einen Faktor, der entscheidend ist: Wer setzt sich als erster durch? Das war in diesem Fall WhatsApp. Und sobald der Netzwerkeffekt einmal durchschlägt, hat niemand auch nur die geringste Chance. Auch ein Unternehmen mit der Power und Finanzstärke von Facebook nicht. Es gibt in einem solchen Fall nur ein Ziel, und zwar die Inbesitznahme des Medienmonopols um jeden Preis – buchstäblich *um jeden Preis*. Und genau deshalb war die Akquisition unternehmerisch gesehen richtig. Die Folgen für unsere Mediendemokratie sind aber leider katastrophal, weil Meta heute Monopolist in zwei Mediengattungen ist (Social Media und Messenger).

Nach der jahrtausendelangen Evolution der Medien erleben wir heute einen entscheidenden Paradigmenwechsel. Nie zuvor in der Menschheitsgeschichte haben allgemein genutzte Mediengattungen einzelnen, privaten Unternehmen gehört, die über ihre Eigentumsrechte sehr weitgehend über deren Kanäle und Inhalte verfügen können. Allein dieser Umstand führt zu einer erheblichen Einschränkung der Medienfreiheit. Denn Medienfreiheit bedeutet nicht nur eine Unabhängigkeit etwa von staatlicher Zensur. In ihrem innersten Kern bedeutete die Freiheit der Medien immer auch, dass Medien nicht einzelnen Personen oder Unternehmen gehören durften, sondern stets Gemeingüter sein mussten: Sie gehörten den Gemeinschaften, die sie durch ihre Verwendung überhaupt erst entstehen ließen. Nun aber haben die Tech-Konzerne durch ihre geschlossenen Standards den westlichen Gesellschaften die freien Medien entwendet.

Das Ende der freien Medien

Was wird uns die Zukunft bringen, wenn unsere Medien schon in wenigen Jahren weitgehend digitalisiert sind? Schauen wir uns einmal kurz die »analogen« Kanäle an:

- Die Mediengattung Zeitung gehört niemandem – und es gibt eine Vielzahl konkurrierender Anbieter.
- Die Mediengattung Fernsehen gehört niemandem – es gibt private Sender, den öffentlich-rechtlichen Rundfunk und klare Regeln, die Vielfalt sichern.
- Die Mediengattung Radio gehört niemandem – es gibt private Sender, den öffentlich-rechtlichen Rundfunk und klare Regeln, die Vielfalt sichern.

Für alle analogen Medien gilt: Es gibt für keine einzige der existierenden Mediengattungen einen zentralen Eigentümer, der kontrollierenden Zugriff auf die Inhalte besitzt. Und bei allen diesen Medien herrscht eine strikte wirtschaftliche Trennung zwischen Übertragungsweg und den übermittelten Inhalten. Wie sieht es dagegen in der Ära der Plattformen aus?

- Für gratis Video-on-Demand gibt es hauptsächlich ein Angebot (YouTube), das einem US-Unternehmen (Alphabet) gehört.
  Es existiert neben TikTok kein ernstzunehmender Wettbewerb.
- Für Social Media gibt es zwei relevante Angebote (Facebook und Instagram), die beide demselben US-Unternehmen gehören (Meta).
  Es gibt keinen ernstzunehmenden Wettbewerb.
- Für Messenger gibt es hauptsächlich ein Angebot (WhatsApp), das einem US-Unternehmen (Meta) gehört, welches zugleich Social Media beherrscht.
  Es existiert kein ernstzunehmender Wettbewerb.
- Für Audio-on-Demand gibt es ein Duopol (Apple und Spotify).
  Es existiert kaum ernstzunehmender Wettbewerb.

Für alle diese digitalen Mediengattungen gilt: Sie gehören jeweils einem einzelnen, privaten Unternehmen. Durch ihr virtuelles Hausrecht besitzen die Eigner der Plattformen eine weitgehend unbeschränkte Kontrolle über alle Inhalte (☞ IV.3). Sie können in Zukunft nach Belieben über die Sichtbarkeit von Personen und Beiträgen in den Medien entscheiden (»boosting« versus »dimming«, wir kommen später darauf zurück, ☞ III.5).

Das lässt sich alles so in wenigen Sekunden hinschreiben, aber die Implikationen sind gewaltig. Zunächst haben wir es geschehen lassen, dass vor unseren Augen das freie Internet abgeschafft wurde. Tim Berners-Lee und seine Mitstreiter hatten eine unabhängige Struktur geschaffen, die einer unendlichen Vielfalt von Angeboten ein Zuhause geboten hatte, ohne dass diese Struktur selbst einen Zugriff auf diese Inhalte besaß.

Jeder Inhalt im Internet war früher prinzipiell gleichwertig. In den Worten von Tim Berners-Lee: »Jeder Knoten, jedes Dokument – wie auch immer man es nennen mag – würde auf eine fundamentale Weise gleichberechtigt sein.«[6] Genau dies wird von der Kernmetapher des Netzes (*net* beziehungsweise *web*) illustriert: In einer Netzstruktur stehen alle Knotenpunkte auf derselben hierarchischen Ebene. Sie werden durch eine Vielzahl von Verbindungen miteinander verknüpft. Im Internet konnte man an jedem Ort in dieses Netz aus Angeboten einsteigen, fand dort Hyperlinks, die man anwählen konnte, um wieder zum nächsten Knotenpunkt zu gelangen, und dies immer weiter – eine Navigationsbewegung, die früher einmal als »surfen« bezeichnet wurde.

Schon die analogen Medien waren und sind bis heute frei, weil sie nie jemandem »gehörten«. Und in diesem Sinne war das Internet vielleicht das letzte freie Medium. Denn die Struktur des Internets selbst gehört bis heute niemandem, weswegen das Internet zum Beispiel kein Unternehmen ist, keine Milliardenumsätze erzielt, keinen CEO hat und wir auch keine Nutzungsbedingungen akzeptieren müssen. Die »Internet Engineering Taskforce« (IETF) als oberstes Aufsichtsgremium, welche auch über die Internetstandards bestimmt, ist eine offene Gruppe von Freiwilligen ohne Rechtsform. Die Internet Society (ISOC) kümmert sich um Fragen der Infrastrukturen und ist eine Nichtregierungsorganisation. Die zentrale Stelle für die Verteilung von Domainnamen und IP-Adressen, die »Internet Corporation for Assigned Names and Numbers« (ICANN) ist eine Non-Profit-Organisation. In den Worten von Berners-Lee: »Es gab keinen Zentralcomputer, der das Web ›kontrollierte‹, die Gültigkeit der Protokolle war nicht auf ein einzelnes Netzwerk beschränkt, es gab nicht einmal eine Organisation, die das Netz ›betrieb‹«.[7]

Wir haben jetzt ein vertieftes Verständnis von den massiven Folgen der digitalen Netzwerkeffekte und können unser Experiment aus dem ersten Kapitel wiederholen: Knipsen wir nochmals die analogen Medien aus – das Fernsehen bleibt schwarz, das Radio verstummt, es gibt keine Printmedien mehr.

KNIPS

In diesem Augenblick haben wir eine digitale Medienwelt, die von Plattformen dominiert wird. Erinnern wir uns: Schon jetzt bündeln die Top-Ten-Angebote (die in der Hand von nur sieben Konzernen liegen) mehr als 50 Prozent des deutschen Web-Traffics. Von diesen Top Ten handelt es sich bei neun Angeboten um Plattformen mit Sitz im Ausland. Nur ein einziges Angebot (web.de) ist keine Plattform, basiert auf offenen Standards und stammt aus Deutschland (ist es wirklich ein Zufall, dass diese drei Faktoren zugleich zutreffen? Ich denke nicht…). Es erzielt allerdings nur 1,5 Prozent der Nutzungszeit – die anderen zusammengenommen bündeln etwa 49 Prozent der aggregierten Nutzungsdauer.

Die genannten neun Plattformen mit geschlossenen Standards zeichnen sich dadurch aus, dass sie in den meisten Fällen eine Mediengattung monopolisieren. Sie konkurrieren nicht mehr in einem Markt – *sie sind selbst dieser Markt.* Über ihr virtuelles Hausrecht besitzen sie die volle Kontrolle über die jeweilige Mediengattung.

Was das bedeutet, können wir erkennen, wenn wir uns einmal vorstellen, dies sei in den analogen Medien der Fall. Es wäre in etwa so, also würden einzelnen US-Konzernen ganze Mediengattungen in Deutschland gehören. Der eine Konzern DARTH würde über das gesamte Fernsehen verfügen (öffentlich-rechtlicher Rundfunk wäre abgeschafft). Einer zweiten Firma FAT würde das Radio gehören. Eine dritte Firma EVIL würde alle Zeitungen und Zeitschriften in Deutschland besitzen.

Es ist offensichtlich, dass wir in diesem Szenario keine freien Medien mehr hätten. Es wäre auch völlig absurd, sich die Frage zu stellen, ob das denn überhaupt schlimm wäre, sinngemäß: »Die Leute von DARTH, FAT und EVIL sind supercool und auf Partys immer voll gut drauf. DARTH, FAT und EVIL haben nur gute Intentionen. Sie sagen stets, sie wollen immer nur das Beste für alle Menschen.« Ebenso gut könnte man auch unterstellen, dass Franz Josef Strauß im Jahr 1962 nur gute Intentionen hatte, als er in die Büros des *Spiegel* einmarschieren ließ.

Eine solche Situation ist medienpolitisch inakzeptabel. Sie bricht vollständig mit den freiheitlichen Grundsätzen unserer liberalen Mediendemokratie. Denn entscheidend ist, dass diese Unternehmen die Kontrolle über die jeweiligen Mediengattungen besitzen. Wie frei die Unternehmen als Hausherren über die Medieninhalte verfügen können, hat sich nicht zuletzt bei Elon Musks Twitter-Übernahme gezeigt. Vielleicht ist dies wenigstens ein positiver Effekt, dass ab jetzt offen für alle sichtbar ist, was die Zukunft bringen wird. Unsere Medien werden von einzelnen Personen und Unternehmen gesteuert, die damit weitgehend machen können, was sie wollen.

BOYKOTT!

Medien kann man nicht boykottieren

BERÜHMTE BOYKOTTVERSUCHE 2017–2022

- **Twitter-Boykott**: Ende 2022; nach Übernahme der Plattform durch Elon Musk
- **Social-Media-Boykott**: Anfang 2021; von Premier League Clubs
- **Facebook-Boykott:** 2020; *#StopHateForProfit*
- **Amazon-Boykott:** Anfang 2020; *#MakeAmazonPay*
- **Amazon-Boykott:** Mitte 2019 am Prime Day
- **Facebook-Boykott:** Anfang 2018; *#DeleteFacebook* nach Cambridge-Analytica-Skandal
- **Google-Boykott:** Anfang 2017; *#AdBoycottYouTube*
- **Snapchat-Boykott:** 2017; #UninstallSnapchat // #BoycottSnapchat

CELEBRITY BOYKOTTVERSUCHE

- **Elton John, Jim Carrey, Shonda Rhimes u. a.:** Ende 2022; gegen Twitter
- **Neil Young:** Anfang 2022; gegen Spotify
- **Kim Kardashian, Leonardo DiCaprio, Jennifer Lawrence u. a.:** Mitte 2020; gegen Facebook (#StopHateForProfit)
- **Rihanna:** März 2018; gegen Snapchat

Hach, was haben wir sie doch alle boykottiert! Seitdem die GAFAM das Internet mit ihren Plattformen übernehmen, hat es immer wieder Boykotte gegeben. Den Boykottierenden ging es beispielsweise um die Schaltung von Werbung im Umfeld von Fake News, Hetze, Diskriminierung (vor allem bei #StopHateForProfit), um die schlimmen Arbeitsbedingungen der Beschäftigten, um die Weitergabe von Daten, um die Überwachung von Nutzern sowie rassistische Inhalte und so fort. Hier zeigt sich das ganze bunte Kaleidoskop der totalen moralischen Verrottung von Big Tech[8].

Unser letztes Aufbegehren gegen die Tech-Riesen erfolgte im Anschluss an die Übernahme von Twitter durch Elon Musk. Eine riesige Welle der Empörung schwappte durchs Netz – angeblich verließen die Opinion Leader massenhaft das Netzwerk und wechselten auf die Open-Source-Alternative Mastodon. Dumm nur, dass es keinen Effekt hatte, ebenso wenig wie die vielen früheren Digitalboykotte. Nach einem wochenlangen vermeintlichen Exit stellte sich heraus, dass kaum Nutzer verschwunden waren. Von der winzigen Zahl der 140.000 Nutzer, die überhaupt mit Exit gedroht hatten, waren nur 1,6 Prozent (!) wirklich gegangen.[9]

Das ist allerdings kaum verwunderlich – denn man kann vielleicht einzelne Medieninhalte boykottieren (also zum Beispiel nicht die Fußball-WM schauen). Dagegen ist es kaum möglich, die Medien selbst zu boykottieren – es sei denn, man will die eigene soziale Existenz zerstören. Die digitalen Kanäle sind eben die Medien unserer Zeit. Ein Boykott ist also etwa so einfach wie ein lebenslanges Schweigegelübde oder die konsequente Selbsteinbunkerung in ein Kloster. Und genau deshalb sind alle Boykotte von digitalen Medien aussichtslos.

Umgekehrt heißt das, dass wir Menschen selbst nicht schuld sind an der Misere, weil wir doch »Alternativen nutzen« könnten. Genau das können wir nicht – denn unsere Freunde und Netzwerke sind auf den Plattformen gebunden, wir hängen alle gemeinsam in diesen digitalen Medien fest. Ein Grund mehr, warum Medien Gemeingüter sein sollten.

3. Wie Big Tech seine Monopole ausweitet

Aus Sicht eines Digitalkonzerns ist ein Monopol natürlich toll – aber noch toller wäre es doch, wenn man das Monopol auf weitere Märkte ausweiten könnte. Deswegen haben viele marktbeherrschende Stellungen die Tendenz, auch zu plattformübergreifendem Monopolmissbrauch zu führen. Das ist doppelt schlimm: Erstens wird die Dominanz des Netzwerkeffekts für das ursprüngliche Produkt verstärkt, zweitens werden neue, angrenzende Felder von dem Sog der einmal etablierten Monopole erfasst. Ein früher Sündenfall spielte sich in den frühen Neunzigerjahren des 20. Jahrhunderts ab, als es Microsoft gelang, durch Lizenzdeals mit PC-Herstellern seinem Betriebssystem *Windows* zum Durchbruch zu verhelfen.[10]

Wie stets argumentieren die Treiber solcher Effekte mit dem Nutzen für die Verbraucher, die sich in diesem Beispiel nicht mehr mit mühsamen Installationen herumplagen mussten, weil das Betriebssystem schon zusammen mit dem Rechner erworben wird – praktisch, nicht wahr? Durch den kollektiven Erwerb erhielten dann alle Nutzer ein »besseres« und »günstigeres« Produkt.

Sofort tritt der gewünschte Netzwerkeffekt ein – immer mehr Menschen nutzen etwas, weil andere Menschen dasselbe tun. Ein Produkt wird so zu einem allgemeinkompatiblen Standard. Microsoft verwendete Windows deshalb als trojanisches Pferd, um andere Märkte zu erobern. Ab November 1989 wurde der hauseigene Textprozessor Word umgestellt auf »Word for Windows«. Durch die massive Benachteiligung des damaligen Marktführers WordPerfect, der keinen Zugang zu den Programmierschnittstellen von Windows besaß, startete Microsoft seinen Siegeszug bei Textprozessoren. Nach kurzer Zeit begann Microsoft dann, Excel nachzuziehen und Wettbewerber wie Lotus123 und Quattro auszuschalten – unter anderem durch eine preisgünstige Bündelung mit Word.[11]

Microsoft verfuhr auch auf dem Feld der Internet Browser nach demselben, erfolgserprobten Schema des Monopolmissbrauchs, indem es seinen Kunden seinen Browser Internet Explorer als »Feature« von Windows gratis dazugab, was letztlich zum Niedergang des Netscape Navigators führte. Wenige Jahre später erfolgte das Bundling von Windows mit dem Media Player. Auch hier wurde stets betont, man handele im Sinne des Verbrauchers. Die Bündelung von Produkten spare Kosten und Zeitaufwand, die Produkte harmonisierten in der Anwendung reibungslos miteinander, die verschiedenen Module seien perfekt aufeinander abgestimmt, in vielen Fällen seien Programme bereits vorinstalliert und so fort.

Auf diese Weise entstehen zunehmend geschlossene Ökosysteme, so dass Wettbewerber keine Chance mehr haben: WordPerfect stagnierte aufgrund mangelnder Kompatibilität mit Windows immer weiter, bis heute besitzt Microsoft Office einen Marktanteil von 85 Prozent in deutschen Unternehmen.[12] Microsoft wurde sowohl in den USA als auch in Europa wegen Monopolmissbrauch verklagt, konnte aber in den USA durch geschicktes Manövrieren erfolgreich Berufung einlegen. Dagegen musste es über die Jahre in Europa kumuliert etwa 2 Milliarden Euro Strafe zahlen – im Verhältnis zu der Größe der übernommenen Märkte ein lächerlicher Betrag.

Damit hatte Microsoft ein erfolgreiches Muster der Übernahme digitaler Märkte geschaffen. Die Digitalkonzerne gingen stets maximal aggressiv vor und schufen einfach Fakten, sie kümmerten sich wenig um mögliche Gesetzesbrüche und nahmen willig mögliche spätere Strafzahlungen in Kauf. Entscheidend war allein die vollständige Besetzung ganzer Märkte. Zusätzlich nutzte man Regulierungslücken aus sowie die schneckenhafte Langsamkeit und Lethargie der Behörden, die von der Geschwindigkeit der digitalen Transformation bis heute völlig überfordert sind. Solche Verfahren konnten mitsamt den möglichen Berufungen vor den verschiedenen Instanzen oft zehn Jahre oder länger dauern – Zeiträume, in denen man die betroffenen Wettbewerber längst lustig aus dem Markt gekegelt hatte. Gleichzeitig betrieb man massives Lobbying und beteuerte öffentlich, man handele stets nur im Interesse der Nutzer.

Im Zeitverlauf führte dies dazu, dass die Monopole in drei Dimensionen munter weiterwuchsen: Erstens wurde das ursprüngliche Monopol stabilisiert (hier: Windows), zweitens wurde das Monopol in neue marktbeherrschende Stellungen angrenzender Märkte ausgedehnt (hier: die Office-Angebote sowie Internet Explorer), drittens profitierten alle Angebote des Ökosystems von der fortschreitenden digitalen Transformation, also dem rein organischen Marktwachstum. Diese Dynamik sorgte für die sagenhaften Dimensionen an Umsätzen und vor allem Gewinnen, die wir sehen. Denn je stärker eine marktbeherrschende Stellung ausgeprägt ist, desto beliebiger wird der Preis, den das Unternehmen für das Produkt abrufen kann. Genau deshalb »lohnt« sich die Etablierung marktbeherrschender Stellungen für Big Tech gleich doppelt.

Die Epidemie der Monopole

Alle anderen Digitalkonzerne verfahren bis heute nach exakt demselben Muster, mit dem schon Microsoft erfolgreich war. Schauen wir uns dazu nur verschiedene prominente Urteile der Europäischen Union an:

- Im Jahr 2016 leitete die EU gegen Google ein Verfahren wegen Selbstbevorteilung ein – unter anderem war die Google-Suche bei Android-Smartphones bereits vorinstalliert. Den Herstellern der Smartphones und den Betreibern von Mobilfunknetzen waren durch Google offenbar Bedingungen diktiert sowie Beschränkungen auferlegt worden. Das Verfahren läuft seit 2016, im Raum steht eine Strafe von 4,3 Milliarden Euro.[13]
- Ein weiteres Verfahren richtete sich gegen AdSense, ein Produkt von Google, mit dem Webseiten Anzeigen von werbetreibenden Unternehmen schalten können. Google hatte hier Ausschließlichkeitsklauseln genutzt, um Konkurrenten auszuschalten. Vereinfacht dargestellt: Eine Webseite, die AdSense verwendet, darf keine Anzeigen von AdSense-Wettbewerbern beziehen. Erneut eine massive Selbstbevorteilung; im Raum steht eine Strafe von 1,49 Milliarden Euro.[14]
- Seit 2017 läuft ein Verfahren zu Google Shopping, dem Preisvergleichsportal von Google. Google hatte dessen Ergebnisse mit der charakteristischen Einblendung von Produktfotos, Preisen und Links auch in seiner normalen Suche über den Standardergebnissen gezeigt und auf diese Weise seine marktbeherrschende Stellung bei der Online-Suche ausgenutzt, um andere Preis- und Produktvergleichsplattformen auszustechen; die Strafe wurde auf 2,42 Milliarden Euro taxiert.[15]
- Seit Juni 2020 läuft ein Verfahren gegen Apple und die Anwendung Apple Pay, weil die zugrundeliegende Near-Field-Communication-Technologie (»tap and go«), welche die Nahfeldkommunikation zwischen Smartphone und dem Kassensystem ermöglicht, nur durch Apple Pay und nicht durch konkurrierende Anbieter genutzt werden kann.[16]
- Aufschlussreich ist ferner eine Beschwerde von Spotify gegen Apple – denn bei Spotify-Abschlüssen auf dem iPhone behält Apple 30 Prozent der Erlöse für sich. Damit erhält sein eigenes Musikstreamingangebot Apple Music einen uneinholbaren Vorteil gegenüber Spotify. Insgesamt wird schon seit langem debattiert, ob Apple in seinem App Store die eigenen Apps besser positioniert als die Angebote von konkurrierenden Anbietern. Die Beschwerde ging schon im März 2019 ein, die Frage ist also seit etwa vier Jahren ungeklärt.[17]
- Auch gegen Amazon liefen Prüfungen der EU. Beanstandet wurde hier ebenfalls Selbstbevorteilung – Amazon werte systematisch die nicht-öffentlichen Daten seiner tausenden Händler aus, die auf dem Amazone Marketplace eigentlich Konkurrenten von Amazon seien. Amazon lenkte Ende 2022 ein, weswegen das Verfahren eingestellt wurde.[18]

Die Mechanik ist also immer dieselbe: Konzerne gelangen durch Netzwerkeffekte zu marktbeherrschenden Stellungen, die sie dann zugleich absichern und auf benachbarte oder neue Märkte übertragen. In vielen Fällen ist dieses Vorgehen kriminell. Der Missbrauch der eigenen marktbeherrschenden Stellung verletzt geltendes Recht und erfolgt sogar intentional, das heißt, die Tech-Riesen brechen die Gesetze, obwohl sie sich völlig bewusst sind, dass ihre Handlungen strafbar sind. Das Gericht der Europäischen Union stellte etwa fest, »›dass das Verhalten von Google eine besonders schwere Zuwiderhandlung‹ gegen das Kartellrecht darstelle und ›absichtlich‹ erfolge.«[19]

Jeder dieser Fälle beschäftigt hunderte von Fachleuten und Juristen, eine differenzierte Einschätzung auf der Ebene einzelner Verfahren liegt jenseits meiner Fachkompetenz. Eines ist jedoch klar: Aus der Perspektive unserer Messungen lassen sich die Ergebnisse der GAFAM-Machenschaften zweifelsfrei als das interpretieren, was sie sind: die systematische und flächendeckende Abschaffung von fairem und freiem Wettbewerb. Deshalb sind alle diese Märkte mittlerweile von Monopolen und Oligopolen besetzt. Der Totalschaden ist längst eingetreten, das belegen unsere Messungen bis ins letzte Detail. Wir können das Ausmaß der Katastrophe noch besser erahnen, wenn wir auf der Ebene einzelner Unternehmen die plattformübergreifende Ausbildung marktbeherrschender Stellungen beziffern. Schauen wir uns das einmal am Beispiel von Alphabet an.

Die Übersicht auf der folgenden Seite ergänzt noch einmal unsere Darstellungen aus dem ersten Kapitel und gelangt zu demselben Ergebnis aus einer neuen Perspektive: Jede Form von freiem und fairem Wettbewerb ist auf diesen Märkten vollständig eliminiert[20]. Alphabet hat es »geschafft«, aus seinem Kernmonopol, der Suchmaschine, marktbeherrschende Stellungen in etwa zehn weiteren Märkten aufzubauen. Faszinierend ist lediglich die Ausnahme Gmail. Wir verstehen jetzt auch, warum: Weil das Medium der E-Mails durch offene Standards gegen durchschlagende Netzwerkeffekte geschützt ist.

Regelrecht obszöne Verhältnisse finden wir in Alphabets »Ad Tech Stack« vor, den verschiedenen Dienstleistungen, die Google den unterschiedlichen Parteien für die Vermittlung von Online-Werbung anbietet. Die Zusammenhänge sind so komplex, dass selbst Fachleute häufig nicht durchblicken. Vereinfacht dargestellt: Damit Werbetreibende und Anbieter von Webinhalten, typischerweise Websites, zueinanderfinden, benötigen beide Seiten verschiedene Tools – beispielsweise ganz banal einen Ad Server, über den die einzelnen Werbeanzeigen ausgespielt werden, ferner etwa eine »Supply Side Platform« (SSP), wo eine Vielzahl von Publishern ihre Inhalte anbieten können, oder eine »Demand Side Platform« (DSP), auf der werbetreibende Unternehmen ihre Bedarfe für Online-Werbung anbieten können.

MONOPOLWELTMEISTER IST … ALPHABET?

Schätzung Marktanteile auf Grundlage verfügbarer Studien[20]

	MARKTANTEIL DEUTSCHLAND	MARKTANTEIL WELTWEIT
SUCHMASCHINE Google Search	Desktop 81 %, Mobil 97 %	Desktop 80 %, Mobil 88 %
GRATIS VIDEO-ON-DEMAND YouTube	78 %	Info nicht verfügbar
ONLINE-KARTENDIENST Google Maps	46 %	Info nicht verfügbar
E-MAIL Gmail (E-Mail Clients)	15 %	28 %
BROWSER Chrome	Desktop 46 %, Mobil 49 %	Desktop 66 %, Mobil 65 %
BETRIEBSSYSTEM Android	68 %	72 %
APP MARKETPLACE Play Store	Info nicht verfügbar	nach Umsatz 36 %, nach Downloads 78 %
AD SERVER FÜR WERBETREIBENDE Google Campaign Manager, Google Ads	40–60 %	70–90 %*
AD SERVER FÜR PUBLISHER Google AdManager, DoubleClick for Publishers	80–100 %	70–80 %*
WERBENETZWERKE Google Display Network	80–90 %	70–80 %*
DEMAND SIDE PLATFORMS (DSPS) Google Display & Video 360, Google Ads	60–70 %	60–70 %*
SUPPLY SIDE PLATFORMS (SSPS) Google AdExchange, AdMob, AdSense	60–80 %	50–60 %*
TRACKING-TOOLS Google Analytics	70–80 %	80–90 %*

*Europäischer Wirtschaftraum und UK

Alphabet beziehungsweise Google besitzt auf allen Ebenen dieser Vermittlungsleistungen marktbeherrschende Stellungen. Das bedeutet, dass Alphabet sowohl die Nachfrage als auch das Angebot über alle diese Märkte kontrolliert.

Es ist tatsächlich auf eine so monströse Weise absurd, dass ich es hier an einem ebenso absurden Beispiel veranschaulichen möchte. Stellen Sie sich vor, Sie möchten eine Wohnung kaufen, aber die meisten Wohnungen gehören einer Firma namens IMMOSUCKER. Für die Suche von Wohnungen gibt es Vermittlungsplattformen, aber die gehören auch IMMOSUCKER. Die wenigen verbliebenen Anbieter von Wohnungen, die es gibt, können ihre Angebote ebenfalls nur über eine IMMOSUCKER-Plattform anbieten. Und fast alle Makler im Markt arbeiten – na, was denken Sie? – bei IMMOSUCKER.

Ich wünsche Ihnen also viel Spaß beim Wohnungskauf ☺. Was glauben Sie, wie Ihre Chancen aussehen, hier einen fairen Deal hinzubekommen? Sie sind auf Gedeih und Verderb angewiesen auf IMMOSUCKER, die an allen Ecken und Enden fröhlich mitkassieren. Sie können nichts dagegen machen. Verkäufer und Käufer werden gleichermaßen nach Belieben kontrolliert und das über jede einzelne Stufe dieser verschiedenen Transaktionen hinweg. So auch im Markt der Online-Werbung: Google herrscht über alle Aspekte dieser Prozesse, also über Angebot und Nachfrage (!), und kann »alle Marktseiten nahezu beliebig zum eigenen Vorteil gegeneinander ausspielen«, so das Resümee der einschlägigen Studie von Thomas Höppner und Tom Piepenbrock.[21]

Jedem, der mit Online-Werbung vertraut ist, dürfte klar sein, dass Google hier massive Asymmetrien und Hebeleffekte für sich ausnutzen kann, vor allem durch den privilegierten Zugang zu Daten sowie die vielfältigen Möglichkeiten der Selbstbevorteilung. Zumal die entsprechenden Systeme so komplex sind, dass jedes betroffene Unternehmen niemals ohne Not die entsprechenden Tools wechseln wird (daher die Tendenz der Branche zum sogenannten Singlehoming).

Ist es wirklich so schlimm, wie ich es hier gerade darstelle? Das ist es. Lesen Sie gerne einmal die »Sektoruntersuchung Online Werbung« des Bundeskartellamts. Hier wird dieser vollständige Totalschaden im Ad-Tech-Markt über 232 Seiten bis ins letzte Detail minuziös beschrieben, bevor die fachkundigen Verfasser achselzuckend zu dem Befund kommen, Google könne den Wettbewerbsprozess zu seinen Gunsten gestalten. Und nichts passiert (☞ IV.1).

Wer denkt, das alles sei noch nicht absurd genug, sei noch daran erinnert, dass die Behörden längere Zeit wegen möglicher illegaler Wettbewerbsabsprachen zwischen Alphabet und Meta ermittelten – die Vereinbarung namens »Jedi Blue« hatte angeblich zum Inhalt, »dass Google Facebook eine Vorzugsbehandlung in Bezug auf Anzeigentarife, Platzierungen und den Zugang zu Daten gewähren würde, wenn Facebook sich im Gegenzug von einem alternativen programmatischen Anzeigensystem, dem sogenannten Header Bidding, distanziert, das die Kassen von Google belastet hätte.« Die EU stellte die Ermittlungen jedoch ein, möglicherweise aufgrund von Mangel an Beweisen.[22]

DIGITALE WERBUNG UND DIENSTLEISTUNGEN – DOMINANTE POSITIONEN VON ALPHABET

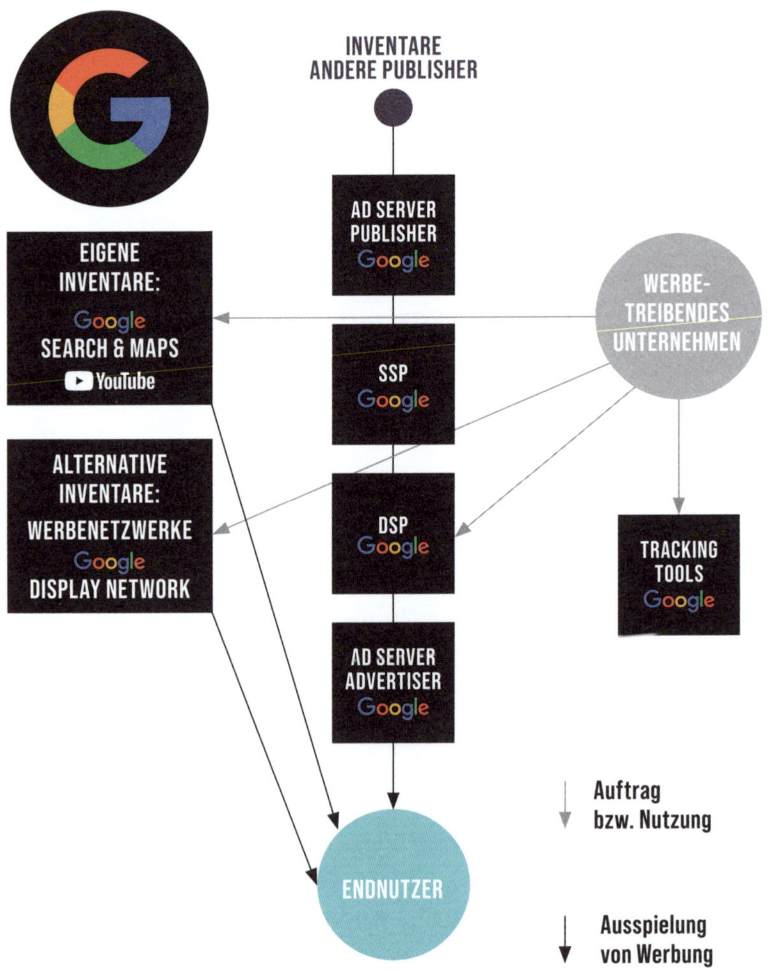

4. Killer-Akquisitionen

Der einfachste Weg, marktbeherrschende Stellungen zu verteidigen, auszubauen oder aber neue Kategorien zu besetzen besteht darin, sich existierende Wettbewerber oder Technologien auf dem Weg von Unternehmensakquisitionen einfach zu kaufen. Solche Übernahmen nennt man auch »Killer-Akquisitionen«. Big Tech war auf diesem Gebiet auf eine schwindelerregende Weise »erfolgreich«. Bei den folgenden Zahlen handelt es sich um Schätzungen, die aus den verschiedenen publizierten Informationen zusammengetragen und aggregiert wurden, denn zu vielen Deals sind nicht alle Details bekannt.[23] Nach Sichtung der zugänglichen Berichte können wir davon ausgehen, dass GAFAM zusammengenommen insgesamt etwa 850 Unternehmen gekauft und dafür die astronomische Summe von insgesamt 227 Milliarden US-Dollar investiert hat.

Wenn wir auf die Anzahl der zugekauften Unternehmen schauen, liegen Alphabet und Microsoft vorn mit jeweils etwa rund 250 Zukäufen, es folgen Apple, Amazon und Meta. Interessanterweise ergibt sich ein anderes Bild, wenn wir die Anteile nach der Höhe der Investitionen ausweisen (siehe Abbildung auf der folgenden Seite). Hier ist Microsoft Spitzenreiter und wahrscheinlich für etwa die Hälfte aller getätigten Investitionen verantwortlich.

Der Blick auf die von GAFAM akquirierten Zukäufe kann die Selbstdarstellung der Digitalkonzerne als innovative Erfinder schnell als völligen Unsinn entlarven. Schauen wir uns beispielsweise die beiden Listen der größten und bedeutsamsten Akquisitionen an. Sofort fällt auf, dass Big Tech marktbeherrschende Stellungen in vielen Fällen einfach eingekauft hat oder aber als Grundlage für eigene Markteroberungen genutzt hat. Am bekanntesten sind sicherlich die Übernahmen von WhatsApp und Instagram durch Meta beziehungsweise Facebook. Dank WhatsApp besitzt Meta jetzt ein Quasimonopol bei Messengern, durch Instagram bleibt Meta Quasimonopolist auf dem Feld der Social Media (etwa 83 Prozent Anteil)[24]. Die Übernahme von Oculus VR dürfte eine zentrale Bedeutung für Metas Initiativen im Metaverse werden, diese Motivation erklärt auch weitere Zukäufe auf dem Feld der Virtual Reality. Insgesamt dienten die meisten Übernahmen dem Zweck, die Vorherrschaft in den sozialen Medien zu festigen. Zuletzt sind auch Übernahmen in der Werbeindustrie bedeutsam, wie etwa Atlas, ein Planungstool für Online-Kampagnen (2013) und die Supply Side Platform LiveRail (2014), die es Publishern ermöglicht, Videoanzeigen zu schalten.

Google hatte früher einmal selbst eine Videoplattform, war aber wie so oft völlig erfolglos bei der Umsetzung. Das war aber kein Problem, denn es kaufte sich mit YouTube die Plattform, die heute ein Quasimonopol für gratis Video-on-Demand darstellt. Weitere Akquisitionen waren Android, es liefert die Grundlage für die dominante Position auf dem Feld der Betriebssysteme für mobile Endgeräte. Durch die Übernahme von DoubleClick erlangte Google eine ideale Ausgangsbasis für sein quasi-monopolistisches Ökosystem auf dem Feld von AdTech. Durch FitBit besitzt es einen führenden Player auf dem zukunftsträchtigen Feld der Wearables. Die meisten »Innovationen« von Google erweisen sich bei näherem Hinsehen als Amalgam aus verschiedenen zugekauften Produkten und Technologien – wie etwa Google Maps, Google Text & Tabellen, Goole Earth, Google Docs (Writerly), Google Slides (Tonic Systems).

Ein wichtiger Schwerpunkt von Alphabet bestand in der systematischen Übernahme von Patenten, was zum Beispiel eine Kernmotivation bei der Übernahme von Motorola gewesen sein dürfte. Ebenso von zentraler Bedeutung für die verschiedenen datengetriebenen Geschäftsmodelle des Konzerns ist der Bereich der Künstlichen Intelligenz, wo seit 2007 mindestens 30 Unternehmen zugekauft wurden.

Microsoft erwarb durch Hotmail die Grundlage für seine marktbeherrschende Stellung für E-Mail-Software mit Outlook, ferner kaufte es mit LinkedIn das weltweit führende soziale Netzwerk für berufliche Kontaktpflege. Mehr als die Hälfte der Akquisitionen liegen auf dem Feld der Software, weitere wichtige Sektoren sind Cybersecurity, aber auch Gaming (ZeniMax Media, Mojang, eventuell noch Activision Blizzard). Außerdem hält Microsoft Anteile an OpenAI (Chat GPT).

Amazon erwarb durch Akquisitionen ein mächtiges Ökosystem auf dem Feld der Medien – unter anderem 2011 durch Lovefilm, einer schon fast vergessenen Online-Videothek, die dann die Grundlage bildete für den Ausbau zu Amazon Prime, durch den Kauf von Twitch, des führenden Video-Streaming-Portals für Gaming, sowie der riesigen Filmproduktion Metro-Goldwyn-Mayer. Sein Handelsimperium baute Amazon durch den Kauf der Supermarktkette Whole Foods und weitere Zukäufe wie Zappos (Schuhe) und andere E-Commerce-Anbieter aus. Seit 2012 hat Amazon stark seine M&A-Aktivitäten im Bereich Cloud-Computing verstärkt, wo es eine marktbeherrschende Stellung einnimmt.

Apple nutzt Übernahmen, um seine dominante Position auf dem Feld von Hardware weiter auszubauen, und investiert in Sektoren wie KI-Infrastruktur. Übernahmen auf dem Feld der Bilderkennung konnte Apple für Gesichtserkennungsanwendungen etwa auf dem Smartphone nutzen (PrimeSense). Auch die per Fingerabdruck authentifizierte Zahlungslösung Apple Pay wurde durch eine Übernahme ermöglicht (AuthenTec).

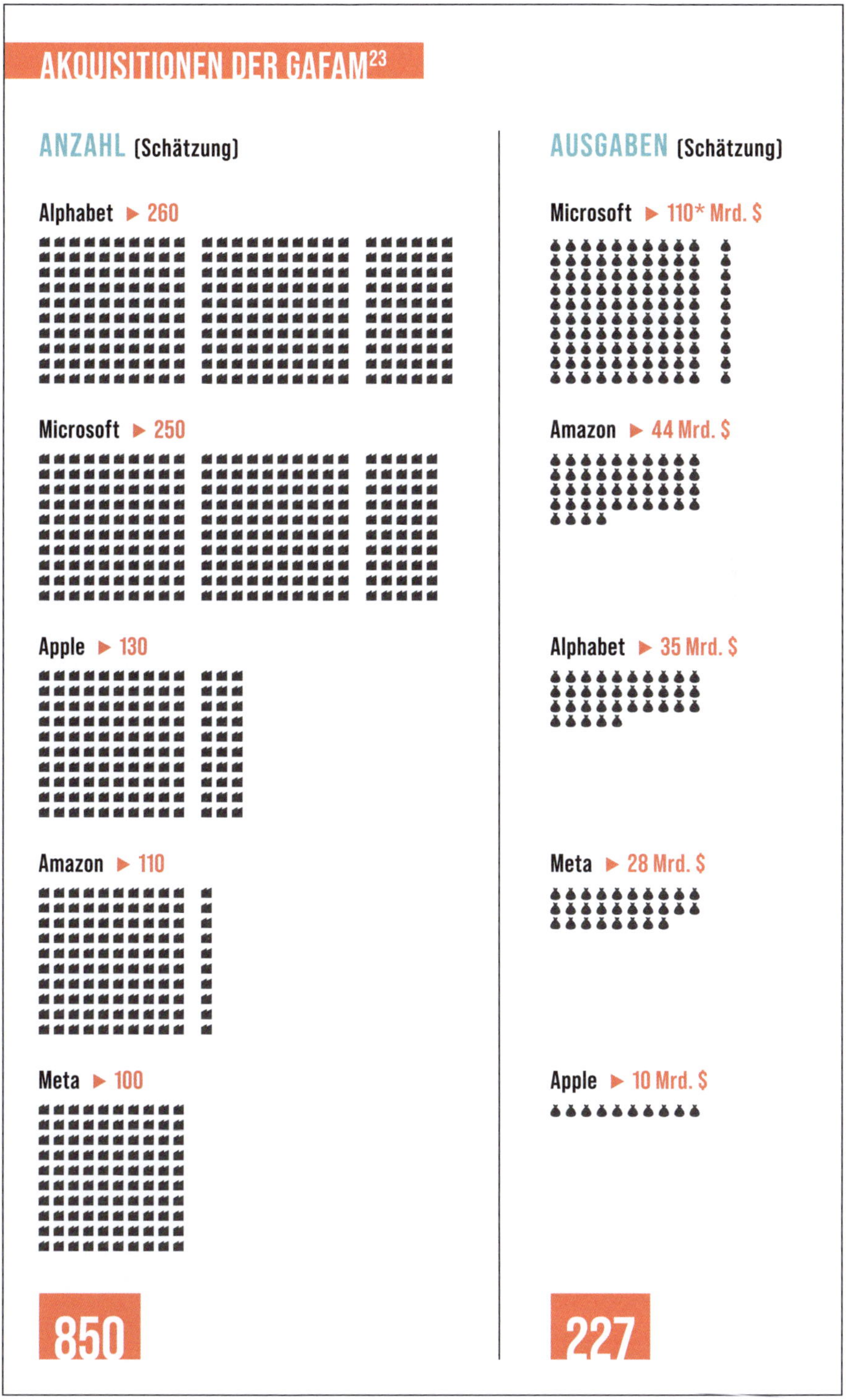

* exkl. Microsoft und Activision Blizzard – angekündigt, aber noch nicht vollzogen

TOP-10-AKQUISITIONEN NACH WERT*[23]

	1	2	3	4	5
Käufer	Microsoft	Meta	Microsoft	Amazon	Alphabet
Jahr	2016	2014	2022	2017	2012
Wert	26.200.000.000 $	22.000.000.000 $	19.700.000.000 $	13.700.000.000 $	12.500.000.00
Übernommen	LinkedIn (Social Media)	WhatsApp (Messenger)	Nuance Communications (KI)	Whole Foods (E-Commerce)	Motorola Mobility (Telekommunikati

* exkl. Microsoft und Activision Blizzard – angekündigt, aber noch nicht vollzogen

WEITERE WICHTIGE AKQUISITIONEN[23]

Käufer	Alphabet	Apple	Alphabet	Meta	Alphabet
Jahr	2008	2014	2021	2014	2006
Wert	3.100.000.000 $	3.000.000.000 $	2.100.000.000 $	2.000.000.000 $	1.700.000.00
Übernommen	Double Click heute: AdSense (AdTech)	Beats Electronic (Hardware)	Fitbit (Wearables)	Oculus VR heute: Reality Labs (Wearables)	YouTube (Video-on-Dema

6	7	8	9	10
Amazon	Microsoft	Microsoft	Microsoft	Microsoft
2022	2011	2021	2018	2014
00.000.000	8.500.000.000	7.500.000.000	7.500.000.000	7.200.000.000
Metro- ldwyn-Mayer (Media)	Skype (Telekommunikation)	ZeniMax Media (Gaming)	GitHub (Software)	Nokia (Handysparte) (Telekommunikation)

Apple	Meta	Amazon	Microsoft	Alphabet
2019	2012	2014	1997	2005
00.000.000 $	1.000.000.000 $	970.000.000 $	500.000.000 $	50.000.000 $
tel (Modems) ekommunikation)	Instagram (Social Media)	Twitch (Media)	Hotmail heute: Outlook (E-Mail)	Android (Software)

Wir sehen schon, dass sich die vermeintliche Exzellenz von Big Tech auf dem Feld der Innovationen als ebenso aggressive wie konsequente M&A-Tätigkeit erweist. In Wirklichkeit ist der Track Record von Big Tech bei Innovationen erbärmlich. Doch das ändert nichts am Status Quo, und der ist vor allem deshalb so deprimierend, weil die Behörden solche Übernahmen kartellrechtlich recht einfach hätten stoppen können. Hätten die Kartellbehörden engagiert und entschlossen eingegriffen, hätte immerhin verhindert werden können, dass ohnehin monopolistische Anbieter ihre Vormachtstellungen völlig ungehindert in eine Vielzahl benachbarter Areale verlängern. Jetzt im Nachhinein gibt es rechtlich gesehen kaum Optionen, Big Tech wieder zu entflechten.

Fatal an diesen Akkumulationen ist vor allem, dass sie zu einer selbstverstärkenden Dynamik führen. Die Digitalkonzerne können jetzt etwa plattformübergreifende Netzwerkeffekte nutzen, sie können ihre verschiedenen Produkte bündeln, sie können ihre eigenen Portale und Gateways zur Bevorteilung ihrer eigenen Produkte nutzen, sie können die Daten aus den verschiedenen Produktkategorien synergetisch verwenden, sie können ihre Nutzerreichweiten für die Skalierung ihrer Umsätze ausspielen, sie können überall Synergien in Bezug auf Kosten heben, sie können das Knowhow aus den verschiedenen Kategorien kombinieren, sie können Profitabilität über verschiedene Ebenen der Wertschöpfungskette optimieren – und so fort.

Die ebenso vielfältigen wie massiven Hebel- und Synergieeffekte sind offensichtlich. Jeder Laie kann nachvollziehen, dass Wettbewerber hier systematisch ausgeschlossen werden und es kaum vorstellbar ist, auf welche Weise neue Anbieter gegen eine derartige Übermacht auch nur die geringste Chance haben sollen. Doch die Kartellbehörden tun nichts (☞ IV).

5. Selbstbedienung beim Internet-Traffic

Wir haben über präzise Analysen herausgearbeitet, dass Anbietervielfalt im Netz nicht existiert, und wir haben einige Methoden der Tech-Riesen dargelegt, um zu zeigen, auf welche Weise es ihnen gelungen ist, die freien Medien als Grundlage der westlichen Demokratien bereits sehr weitgehend zu zerstören. Erinnern Sie sich an unseren Vergleich aus dem ersten Kapitel, wonach die Struktur der Internetvielfalt dem Schauspiel von autokratischen Regimen gleicht, die bei kritischen Rückfragen stets in bester Laune die Existenz vieler Parteien vortäuschen, freie Wahlen inszenieren und den verblüfften Zuschauern treuherzig erklären, es liege einfach nur an der überragenden Leistung ihrer tollen Politik, dass sie stets so herausragende Wahlergebnisse einfahren? Die cleveren Autokraten würden ihre überragenden Wahlsiege stets durch Verweise auf ihre hohe Beliebtheit, auf die Unterstützung der Bevölkerung, auf ihre großartigen Parteiprogramme begründen und behaupten, dass es ihnen doch immer nur um das Allgemeinwohl gehe. Exakt genauso interpretieren die Tech-Riesen die Dominanz ihrer Produkte als Beliebtheit – sie sind einfach so gut, dass alle Menschen sie verwenden wollen.

Solche Schauspieler müsste man in flagranti erwischen, um ihnen ihr schädliches Tun zu beweisen. Wir sollten nicht nur *behaupten*, dass die Autokraten ihre Wahlen nur vortäuschen, wir müssen es wissenschaftlich präzise messen und belegen. Wir brauchen *Beweise*. Bei Wahlen in autokratisch regierten Ländern ist das nicht einfach. Man müsste zum Beispiel vor sehr vielen Wahllokalen sehr mutige Wissenschaftler aufstellen, die sehr viele Menschen befragen, welche Partei sie wählen möchten. Und die müssten dann vergleichen, was das Regime dann bei denselben Menschen als Wahlergebnis herausgibt – um die Wahlmanipulation direkt und lückenlos zu beweisen.

Eine solche wissenschaftliche Studie in diktatorisch regierten Ländern durchzuführen, ist kaum realistisch. Nicht anders sieht es bei den Digitalkonzernen aus. Keiner der Big Tech würde es jemals gestatten, dass wir ihnen in die Karten schauen, um die Traffic-Ströme innerhalb der Black Boxes ihrer eigenen Ökosysteme zu überprüfen, denn sie spielen konsistent mit gezinkten Karten. Alle Anfragen, die ich in meinem eigenen Forscherleben an die Digitalkonzerne gestellt habe, wurden stets abschlägig beschieden (was die Konzerne natürlich nicht davon abhält, gleichzeitig über »Sharing« oder »Transparency« zu reden).

Trotz der Intransparenz der Digitalkonzerne ist es uns jedoch dank einer sehr aufwändigen Beobachtungsapparatur gelungen, genau diesen Beweis der Traffic-Manipulation durch eigene Nutzungsmessungen zu liefern. Diese »Apparatur« muss ich kurz erklären. Hierzu muss man wissen, dass die großen Plattformen zwei Rollen im digitalen Nutzungsverhalten ausfüllen. In erster Linie stellen sie riesige Akkumulationen von Content dar, welcher von den Nutzern auf den Plattformen konsumiert wird. In diesem Aspekt sind die Plattformen vergleichbar mit den analogen Massenmedien. An die Stelle des Fernsehens tritt etwa YouTube, an die Stelle der Printmedien treten etwa Instagram oder Facebook und so fort. Zweitens fungieren die Plattformen über ihre Suchfunktionen und Verlinkungen zugleich als sogenannte *Gateways*, also gewissermaßen digitale Verteilerstellen, die den Traffic der Nutzer im Netz organisieren. Die Google-Suchmaschine ist sicherlich das größte dieser Gateways. Auch Amazon wird immer mehr als Suchmaschine für Produkte verwendet, und große Netzgiganten wie Facebook oder Instagram stellen allein aufgrund ihrer riesigen Nutzerzahlen solche Gateways dar.

Wie unfassbar groß die Content-Anhäufung schon ist, haben wir im ersten Kapitel festgestellt. Wir können jetzt einen entscheidenden Schritt weitergehen, um den zweiten Aspekt zu beleuchten: die Gateway-Bedeutung. Denn die bereits dargestellten riesigen Traffic-Konzentrationen sind ja gewissermaßen statisch: Sie zeigen »nur« einen reinen Querschnitt. Über unsere Untersuchungsapparatur können wir jedoch auch Traffic-*Ströme* im Zeitverlauf darstellen. Wir können also nicht nur messen, wie groß ein Angebot zu einem Zeitpunkt X ist – wir können auch sehen, auf welche Angebote die Menschen weitergeleitet werden, *nachdem* sie auf einer bestimmten App oder Webseite waren. Wo also befinden sie sich zum Zeitpunkt Y, *nach* der Nutzung von Big-Tech-Plattformen? Die gewonnenen Ergebnisse hierzu sind noch haarsträubender als die gemessene Marktmacht.

Schauen wir uns das an einem Beispiel an. Die Grafik auf der nächsten Seite zeigt eine solche Gephi-Analyse für das größte Gateway des Internets, die Google-Suchmaschine, erneut auf einer repräsentativen Grundlage von insgesamt etwa 300 Millionen Impressions.[25] Wir erinnern uns, dass die Angebote von Alphabet etwa 18 Prozent der gesamten Nutzungsdauer ausmachen – davon entfallen etwa 5 Prozent auf Google und 13 Prozent auf YouTube.

Diese Werte sowie die Größen aller anderen Wettbewerber geben uns einen Maßstab. Sie entsprechen den natürlichen Vorlieben, welche die Menschen besitzen, *bevor* sie quasi das Wahllokal des autokratischen Regimes betreten, um es in der Logik unseres Vergleichs zu erklären. Würde das autokratische Regime die Stimmen fair verteilen, so sollten wir davon ausgehen können, dass *maximal etwa 18 Prozent der Stimmen auf Alphabet-Angeboten landen müssten,* dagegen sollten 82 Prozent zur Konkurrenz gehen.

SELBSTZUTEILUNG BEIM TRAFFIC – BEISPIEL ALPHABET/GOOGLE[A/25]

Nutzungsdauer und User je Verbindung

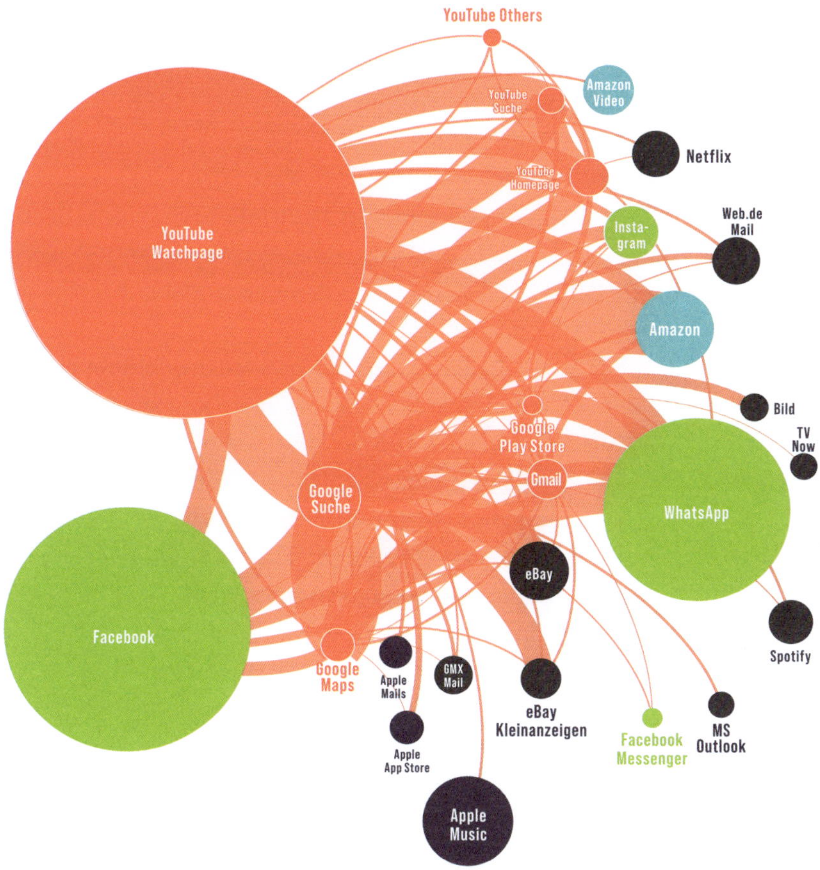

= 10 Mio. Stunden   = 50 Mio. Stunden

Alphabet
Amazon
Apple
Facebook
Andere

Die Bubble-Größe repräsentiert die gesamte Nutzungsdauer des Angebots.

Die Linienstärke zeigt die Anzahl der Nutzer.

Nach der Nutzung der Google-Suchmaschine landen aber nicht 18 Prozent, sondern sage und schreibe 35 Prozent aller Nutzer auf einem der verschiedenen Angebote des Alphabet-Konzerns. Was fast einer Verdoppelung entspricht. Mysteriös, nicht wahr? Übrigens können wir ähnliche überproportionale Selbstzuteilungen auch erkennen, wenn wir YouTube oder Google Maps als Ausgangspunkt des Traffic-Stroms verwenden. Schauen wir uns denselben Versuchsaufbau bei Meta an, erhalten wir fast dasselbe Ergebnis. Metas Anteil an der gesamten Online-Nutzung liegt hier bei 16 Prozent – allerdings liegt der Anteil der Nutzer, die *nach* der Nutzung von Facebook auf andere Angebote im eigenen Ökosystem weitergeleitet werden, sogar bei 36 Prozent.

Merken Sie, was hier vor sich geht? Erinnern wir uns an die verschiedenen Opfer der Digitalmonopole, die wir im ersten Kapitel exemplarisch genannt haben: Die Digitalpublisher, die Blogger, die globalen Markenkonzerne, der öffentlich-rechtliche Rundfunk; sie alle sind ja abhängig von diesen Gateways. Von morgens bis abends rackern sie sich ab, stellen ihre Inhalte ins Netz und hoffen, durch die Relevanz der Beiträge Traffic zu ergattern.

Wenn wir uns die Ergebnisse dieser Messungen ansehen, bedeutet das: Es ist fast egal, wie relevant ihre Mediatheken sind. Es ist verhältnismäßig irrelevant, wie packend sie ihre Beiträge schreiben, es spielt kaum eine Rolle, wie aufmerksamkeitsheischend der Aufmacher ist. Sie haben langfristig gesehen nicht die geringste Chance. Denn jenseits der ohnehin schon massiven Netzwerkeffekte spielen die Plattformen obendrein noch mit gezinkten Karten. Die hier gezeigten Wirkungen zeigen nicht einige wenige Prozent Selbstbevorzugung, sondern eine Verdoppelung! Diese riesigen, massiven Umleitungen von Traffic lassen sich durch keinen Netzwerkeffekt der Welt erklären. Folglich müssen wir annehmen, dass es sich hier um absichtliche Manipulationen und reine Selbstzuteilungen von Traffic handelt.

Erinnern Sie sich an die vielen Fälle von kriminellem Monopolmissbrauch, die wir am Beispiel der verschiedenen kartellrechtlichen Verfahren der Europäischen Union oben dargestellt haben? Wo es zum Beispiel um die Selbstbevorteilung im App Store ging? Wir erkennen jetzt: Diese schlimmen Praktiken, die von solchen Gerichtsverfahren erfasst werden, stellen nur die sichtbare Spitze des Eisbergs dar. Der Monopolmissbrauch der Digitalkonzerne ist offenbar systematisch und durchdringt wohl die gesamte Wirklichkeit der digitalen Traffic-Ströme. Denn die GAFAM können sich nach Belieben einfach selbst den digitalen Traffic zuteilen, *weil sie vollständig über die Gateways herrschen.* Es sind zielgerichtete Eingriffe in den Traffic-Flow, um eigene Angebote zu stärken und Wettbewerber aktiv auszuschließen.

Erinnern Sie sich an die vielen Belehrungen, die wir seit Jahrzehnten von den Tech-Riesen erhalten haben, wonach Erfolg im Netz ganz einfach und nur eine

Frage der »Relevanz« unseres Contents sei? In Googles eigenen Worten: »Interessante Websites werden von selbst bekannter.« Also voll easy das alles. Und weiter: »Nützlicher und fesselnder Content wird wahrscheinlich eure Webseite stärker beeinflussen als alle anderen Faktoren […]. Erzeugt neuen und einzigartigen Content!«[26] Wir müssten nur einfach tolle, faszinierende und packende Inhalte erschaffen und der Rest erledigt sich dann quasi von selbst? Eine glatte Lüge. Unsere Messungen zeigen das, und die Digitalkonzerne wissen das. Denn sie sind es, die sich den Traffic einfach selbst zuteilen.

Big Tech hat das freie Internet schon längst zerstört, und für uns alle gibt es kaum noch Auswege. ZeroClick Content ist keine echte Möglichkeit, da arbeiten wir alle schön gratis für die Plattformen. Aber sie bieten uns ja auch noch eine andere Lösung: Wir können auch gleich auf eigene Domains verzichten und direkt auf die Plattformen gehen, was ja auch das Gros der Marktteilnehmer längst genau so praktiziert. »Gar kein Problem«, raunen uns die lässigen autokratischen Digitalherrscher freundlich zu. »Schenke uns deine Inhalte einfach direkt. Zieh am besten gleich in unser wunderschönes quietschbuntes Gefängnis ein. Hier bei YouTube haben wir zum Beispiel schon eine tolle Zelle für dich eingerichtet. Alle deine Freunde sind schon da – viele coole Leute hier, Influencer, Blogger, Kreatoren, eine sehr hippe Community. Setz dir die Basecap falschrum auf und schon bist du Teil unserer lustigen Gang. Ist natürlich klar, dass du dann nicht mehr frei bist und in Zukunft für uns arbeitest. Aber das wird viele Vorteile für dich haben. Denn wir haben für euch alle immer nur das Beste im Sinn.«

Die normalen Anbieter von Inhalten werden bei dieser Dynamik systematisch ausgeschaltet und »trockengelegt«. Diese Entwicklung ist mehr als offensichtlich für die vielen betroffenen Medienschaffenden, die sich seit langem oft wirtschaftlich kaum noch über Wasser halten können. Ohne Traffic sterben sie einen qualvollen Erstickungstod. Das können wir seit vielen Jahren im Markt beobachten.

6. Übernahmebeschleuniger: Generative KI

Die Monopole von Big Tech sind das Ergebnis eines planvollen und systematischen strategischen Vorgehens: In einer ersten Phase lockt man die User an, erzielt so maximale Netzwerkeffekte, und sperrt die Nutzer dann zunehmend ein (Lock-in), indem man die Barrieren nach draußen immer unüberwindbarer macht. Man erschafft geschlossene Standards und andere technologische Hürden wie etwa die Eliminierung von Outlinks. Das setzt eine sich selbst verstärkende Dynamik in Gang, bei der die Plattformen alle Regler in Händen halten: Sie können sich durch ihre eigenen Gateways nach Belieben selbst den Traffic zuschaufeln, und sie können über ihre verschiedenen Produkte hinweg plattformübergreifende Netzwerkeffekte erzeugen. Der grenzenlosen Ausbeutung steht dann nichts mehr im Weg. So werden aus den Plattformen extrem profitable Geschäftsmodelle, was wiederum bedeutet, dass die Firmen gigantische finanzielle Mittel ansammeln, die sie in Akquisitionen stecken können. Und die bringen dann neue plattformübergreifende Netzwerkeffekte und Hebelwirkungen hervor. Hierbei spielt auch die Akkumulation großer Datenmengen eine zentrale Rolle, denn die massive Nutzungssteigerung spült durch die digitalen Rückkanäle immer größere Datenmengen in die Plattformen, welche sie über immer neue Schichten der verschiedenen Geschäftsmodelle, Angebote und Services miteinander verknüpfen und anreichern können.

Man erkennt, wie nahezu aussichtslos es für neue Wettbewerber ist, mit innovativen Produkten oder Features erfolgreich zu sein. Die wenigen, die es schaffen, werden fast immer durch Killer-Akquisitionen aufgekauft (wie etwa im Fall von Instagram oder WhatsApp). Und wenn die Eigentümer nicht verkaufen wollen, wie etwa im Fall der äußerst innovativen App SnapChat, werden alle Inhalte einfach über Jahre hinweg gnadenlos kopiert und so der Wettbewerber schließlich in die Knie gezwungen, weil der Kampf gegen diese vieldimensionale Übermacht in den meisten Fällen mittel- und langfristig aussichtslos ist.

Wir könnten noch eine Menge weiterer Aspekte nennen, wie etwa die konzentrationsfördernde Navigation über große Gatekeeper und Aggregatoren, vor allem aber Suchmaschinen, die eine Begünstigung starker Marktführer zuungunsten der kleinen Anbieter bewirkt.[27] Es entsteht ein sich selbst verstärkender Sog hin zu Winner-takes-all-Märkten. Ferner findet durch die Nutzung der Marktführer ein »kognitives Lock-in« statt: Die Nutzung eines Angebots wird zu einer Gewohnheit, ein Wechsel bedeutet überproportionalen Aufwand für den Nutzer. Der

WIE DIE PLATTFORMEN FAIREN WETTBEWERB ABGESCHAFFT HABEN

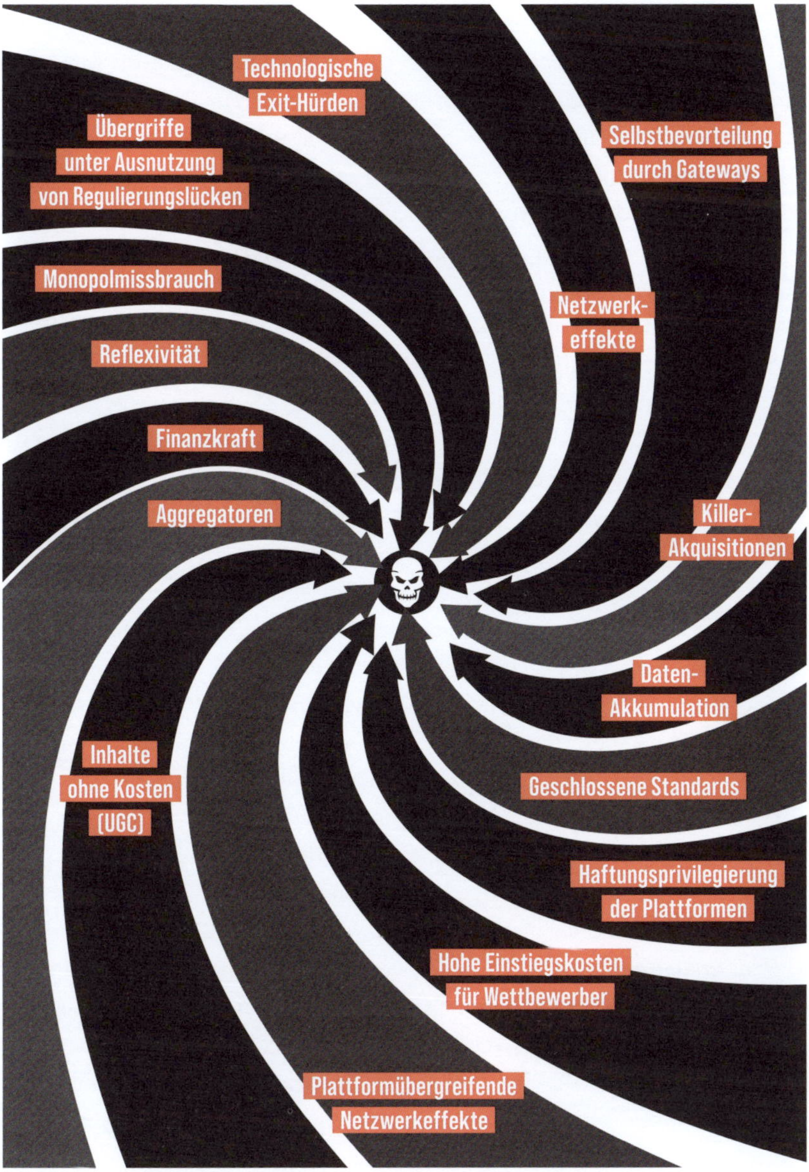

amerikanische Medienwissenschaftler Matthew Hindman hat mit dem Mythos der angeblich niedrigen Eintrittsbarrieren digitaler Märkte aufgeräumt und belegt, dass große Player gigantische Summen in ihre technologischen Infrastrukturen investieren, was den Markteintritt potenzieller Wettbewerber häufig aufgrund schwer einholbarer Vorsprünge im Keim erstickt.[28]

Besonders interessant ist aktuell die Entwicklung generativer KI, weswegen ChatGPT momentan die Schlagzeilen füllt. Das Engagement von Microsoft zeigt, dass auch hier Big Tech die Fäden fest in der Hand hält. Wichtig ist jedoch ein Aspekt: Eine generative KI kann immer nur so gut sein wie die Inhalte, mit denen sie »gefüttert« wurde, seien es Bilder, Videos oder andere Artefakte. Wir haben durch den Vormarsch der Plattformen in den letzten zehn Jahren eine ungeheure Erosion des Werts von Content erlebt. Und wir haben oben gesehen, dass die Struktur dieses Geschäftsmodells selbst die Vormachtstellung von Big Tech stärkt, weil sie einerseits keine Honorare für Inhalte zahlen und andererseits keine Haftung für die Inhalte übernehmen müssen. Die Technologien der generativen KI (ChatGPT und andere) werden diese Dynamik zusätzlich erheblich beschleunigen. Denn durch unser Einverständnis haben wir in den Nutzungsbestimmungen der Plattformen die Rechte an unseren Inhalten an die Plattformen abgetreten, die diese Inhalte jetzt nach Belieben nutzen können, um verschiedene Applikationen generativer KI damit anlernen zu können. Hier gilt: Je größer die verfügbaren Corpora sind, desto besser wird die Leistung der dazugehörigen KI werden. Erneut bietet der Größenvorteil der Plattformen und der nahezu unbegrenzte Zugang zu Daten eine unschlagbare Ausgangsposition für Big Tech.

Schauen wir uns einmal an, was das bedeutet: Fake News zum Beispiel werden aktuell immer noch in den meisten Fällen von menschlichen Autoren erzeugt. Ein Mensch braucht je nach Inhalt vielleicht etwa einen halben Tag, um einen derartigen Beitrag herzustellen. Eine generative KI kann dagegen potenziell unendlich viele solcher Texte erzeugen. Dieser zukünftigen KI wird es »egal« sein, ob sie einen Text pro Tag oder aber hundert Texte pro Sekunde fabriziert. Schon jetzt sind die Feeds der Plattformen bis zum Bersten gefüllt mit Beiträgen. Stellen wir uns eine Situation vor, in der die Menge aller Inhalte auf Social Media um den Faktor von, sagen wir, zehntausend vervielfältigt wird – und das bei Kosten, die gegen Null tendieren. Stellen wir uns Plattformen vor, die die Wirkung dieser Beiträge in ihren Ökosystemen testen können, was wiederum die Performance jedes einzelnen Beitrags immer weiter »verbessert«. Nicht zu vergessen: Die Plattformen können jeden individuellen Beitrag dann tatsächlich personalisieren und targetieren. In wenigen Jahren wird jede Plattform wohl über eigene Technologien generativer KI verfügen, so dass die KI sogar personalisierte Beiträge abfassen kann. Und das alles ohne Verbreiterhaftung. Es bleibt also spannend, um es vorsichtig zu formulieren.

KAPITEL III

FEINDLICHE ÜBERNAHME: Warum diese Übermacht die gesamte Gesellschaft angeht

1. Todesfalle: Das Denkmuster der schutzbedürftigen Medien

Stellen Sie sich einmal vor, irgendwo in Deutschland würde eine kommunale oder regionale Regierung in irgendeiner Form repressiv gegen ein beliebiges Medium, sagen wir eine recht unbedeutende Lokalzeitung, vorgehen – also etwa eine Razzia durchführen, Recherchematerialien beschlagnahmen oder gar Journalisten verhaften. Völlig zu Recht würde jede Handlung, die eine solch unrechtmäßige Übergriffigkeit von Staat, Regierung oder Politik gegenüber den freien Medien anzeigt, zu einem Skandal führen, es gäbe öffentliche Proteste, Rücktrittsforderungen, staatsanwaltliche Ermittlungen und Regierungsvertreter, die sich eilig distanzieren und höchst entrüstet geben. Wir können uns glücklich schätzen, dass die Menschen in unserem Land solche Übergriffe auf die freien Medien auch heute noch mehrheitlich ablehnen und dass die Meinungs- und Pressefreiheit bei uns geschützt wird. Das war zum Glück auch schon 1962 der Fall, als der Ermittlungsrichter am Bundesgerichtshof Anordnungen erließ, die dazu führten, dass am 26. Oktober die Büros des Hamburger *Spiegel* von der Polizei wegen angeblichem »Landesverrat« besetzt und durchsucht wurden. Mehrere Journalisten des *Spiegel* wurden damals verhaftet. Auslöser war ein Bericht gewesen, in dem ausführlich dargelegt wurde, dass die damalige Bundeswehr aufgrund mangelhafter Ausstattung kaum in der Lage wäre, auf mögliche militärische Aggressionen aus Russland zu reagieren. »Bedingt abwehrbereit« lautete der Titel des Beitrags, in dem auch der damalige Verteidigungsminister Franz Josef Strauß kritisiert wurde.

Es erfolgte ein öffentlicher Aufschrei, Studenten und Journalisten demonstrierten auf den Straßen. Die bundesdeutsche Presse protestierte energisch. Im Verlauf der Aufarbeitung des Falls sowie der vollständigen Rehabilitation des *Spiegel* waren eine Vielzahl politischer Ämter und Institutionen involviert, wie etwa die Bonner Staatsanwaltschaft, der damalige Hamburger Innensenator Helmut Schmidt, es erfolgte eine Befragung des Bundeskanzlers im Bundestag. Mehrere Minister protestierten und legten ihr Amt nieder, Franz Josef Strauß musste gehen, eine Regierungskrise war die Folge. Der Bundesgerichtshof entschied zugunsten des *Spiegel*, es folgte das sogenannte »*Spiegel*-Urteil« des Bundesverfassungsgerichts, welches die Bedeutung der freien Presse für den Prozess der demokratischen Willensbildung bestätigte. Im Kielwasser der Affäre wurden weitere gesetzgeberische Maßnahmen umgesetzt und so fort.

Wir haben bereits gesehen, dass die Bedrohung unseres Mediensystems durch digitale Plattformen ebenso real wie akut ist. Die Fakten des ersten Kapitels sind bis ins letzte Detail empirisch erforscht, die zweifelhaften Methoden zur systematischen Ausschaltung des Wettbewerbs aus dem zweiten Kapitel sind wissenschaftlich ebenso umfangreich beschrieben. Warum sind wir bei möglichen Einschränkungen der freien Medien zu Recht sensibel, wenn es um staatliche Eingriffe geht – und kümmern uns überhaupt nicht um die Bedrohung der freien Medien durch die Tech-Riesen?

Wir könnten ja sogar argumentieren, dass die aktuelle Bedrohung um ein Vielfaches gefährlicher ist als das, was sich im Jahr 1962 in Hamburg abspielte. Schließlich betraf es damals mit dem *Spiegel* nur einen winzig kleinen Teil der damaligen Medienlandschaft, wogegen durch den Vormarsch der Tech-Riesen unser Mediensystem als Ganzes bedroht ist. Und immerhin handelten die staatlichen Akteure demokratisch legitimiert und aus einer Rationalität der staatlichen Verantwortung (nämlich dem Schutz Deutschlands gegen eine mögliche militärische Bedrohung durch die Sowjetunion). Heute aber geht es nicht um eine einzelne Zeitschrift oder eine Zeitung. Es geht nicht um einen einzigen Fernseh- oder Radiosender, der in seiner Freiheit eingeschränkt würde. Es geht um unser Mediensystem als Ganzes. Dieses Mediensystem wird hier nicht von bundesdeutschen Institutionen angegriffen, sondern von einer Handvoll US-amerikanischer Konzerne. Und während im Fall der *Spiegel*-Affäre im Jahr 1962 sofort demokratische Prozesse und Strukturen wirksam wurden, welche die Übeltäter glücklicherweise schnell zur Verantwortung zogen, lässt sich aktuell keinerlei ernsthafte Gegenwehr der verantwortlichen Behörden erkennen. Es interessiert tatsächlich niemanden.

Wie kommt das? Womit können wir diese erstaunliche Ungleichbehandlung erklären? Ganz einfach: Die sich abzeichnende Übernahme unseres Mediensystems durch die Tech-Riesen ist in der Geschichte beispiellos. Und genau deshalb verfügen wir über keine mentalen Rahmen, Strukturen, Archetypen, die uns Orientierung bieten. Was vor uns liegt, ist für uns im wahrsten Sinne des Wortes unvorstellbar und unerklärlich.

Dagegen ist die gesamte Geschichte der Massenmedien im Allgemeinen und der Presse im Besonderen von ein und demselben, in immer neuen Variationen und Härtegraden auftretenden Thema geprägt: *Der kontinuierlichen Bedrohung der Presse- und Meinungsfreiheit durch die Macht des Staates.* Seit der Publikation der frühen Zeitungen im 17. Jahrhundert musste die Unabhängigkeit der Presse der obrigkeitsstaatlichen Bevormundung über Jahrhunderte hinweg regelrecht abgetrotzt werden.

Das zeigt sich auch in der facettenreichen Geschichte des Presserechts – denn dessen Gegenstand war über einen langen Zeitraum hinweg eben nicht die Presse-

freiheit, sondern ihr genaues Gegenteil. Das Presserecht war ein obrigkeitsstaatliches Unterdrückungsinstrument, »eine Handhabe der Herrscher, um Druckschriften zu *verhindern*« und hatte »zunächst polizeiliche Aufgaben«.[1] Selbst bis in die Zeit der Weimarer Republik war die Pressefreiheit nicht verfassungsrechtlich gesichert. Und wir wissen alle, was danach geschah: Durch die Gleichschaltung der Medien im Nationalsozialismus wurde die Unabhängigkeit der Presse vollständig ausgelöscht. Die Redaktionen wurden zum verlängerten Arm der staatlichen Propaganda. Alle Medien waren der Kontrolle des Staates unterworfen. Presse wie auch Rundfunk unterstanden der NS-Zensur.

Nach Jahrhunderten der Unterdrückung, Einschüchterung und Drangsalierung der Presse, in denen viele Journalisten mit Verfolgung, Gefängnisstrafen und Tod bedroht waren, ist es völlig verständlich, dass wir heute als Gesellschaft erkannt haben, wie sehr die Medien eines wirksamen Schutzes vor der Staatsgewalt bedürfen. In dieser Erkenntnis begründen sich auch die vielen Facetten unseres freiheitlich-demokratischen Medienrechts sowie die Garantie der Pressefreiheit.

Meinungs- und Pressefreiheit

Grundgesetz, Artikel 5 Absatz 1:

»Jeder hat das Recht, seine Meinung in Wort, Schrift und Bild frei zu äußern und zu verbreiten und sich aus allgemein zugänglichen Quellen ungehindert zu unterrichten. Die Pressefreiheit und die Freiheit der Berichterstattung durch Rundfunk und Film werden gewährleistet. Eine Zensur findet nicht statt.«

Den Medien kommt also eine freiheitlich-demokratische Funktion zu. Sie erschaffen überhaupt erst unsere demokratische Öffentlichkeit, einen freien Markt aus Informationen und Meinungen. Denn nur, wenn es den Bürgern möglich ist, sich aus einer Vielzahl von unabhängigen Quellen zu informieren, kann der Prozess einer politischen Willensbildung einsetzen, welcher wiederum in Wahlen unsere demokratische Repräsentation ermöglicht. Die Unabhängigkeit der Medien ist eine sogenannte dienende Freiheit, weil sie die demokratische Funktion der Meinungsbildung erfüllt. Genau deshalb ist das Prinzip der Staatsferne so dringend erforderlich, denn nur dann können die Medien ihre demokratische »Wachhundfunktion« ausüben.

Die Sphäre der Medien muss also unter allen Umständen vor jedem nur denkbaren Zugriff durch den Staat geschützt werden. Sie darf niemals von Politikern als Mittel zum Zweck des Machterhalts missbraucht werden. Unser Medienrecht erfüllt hier die Funktion einer Mauer, welche das Territorium der Medien vor Instrumentalisierung durch Politik und Herrschaft schützt. Innerhalb dieser geschützten Zone können sich die Medien frei und unabhängig entfalten.

Die freien Medien sind bedroht – aber diesmal nicht vom Staat

Vor dem Hintergrund der deutschen NS-Vergangenheit und der jahrhundertelangen Tradition unterdrückter, drangsalierter und zensierter Medien ist unser Denkmuster, dass Medien schwach und schützenswert sind, ebenso verständlich wie notwendig. Deshalb haben wir in unserer Demokratie die Medien hervorragend gegen Zugriffe durch politische Parteien und staatliche Beeinflussung abgesichert. Eine weitere *Spiegel*-Affäre wäre in der heutigen Zeit glücklicherweise undenkbar. Doch leider wiederholt sich zwar Geschichte zwar immer wieder einmal, aber nicht immer auf dieselbe Weise. Die Gefahr lauert eben oft nicht da, wo man sie vermutet. Wie sonst könnte es passieren, dass die eben beschriebene Invasion unseres Mediensystems am helllichten Tag stattfindet, direkt vor unseren Augen, dass die Digitalkonzerne systematisch das Territorium der Medien übernehmen, ohne dass wir es bemerken?

Das Problem ist: Wir nehmen die aktuelle Gefahr nicht wahr, weil wir keine Vorbilder kennen. Stellen Sie sich eine Burg vor, die mit allen erdenklichen Mitteln gegen einen möglichen Angriff der Feinde gewappnet ist. Sie verfügt über einen riesigen Burggraben, gestaffelte Vormauern, dicke Verteidigungsmauern. Schwerbewaffnete Soldaten patrouillieren auf den Wehrgängen und Türmen. Alles ist eingestimmt auf ein bestimmtes Feindkonzept: Der Angreifer, der aus den Wäldern heraus angestürmt kommt, um die Burg zu belagern und mit Waffengewalt zur Aufgabe zu zwingen. Doch dieses Feindbild ist veraltet. Während die Burgbewohner angestrengt auf den Wehrgängen den Horizont nach möglichen Angreifern absuchen, ist der völlig neuartige Feind schon längst unerkannt mitten am Tag zu Hunderten durch das weit geöffnete Burgtor geströmt und hat in aller Ruhe die Zimmer im Inneren der Burg bezogen.

So geht es uns mit der zukünftigen Übernahme unseres Mediensystems durch die Digitalkonzerne. Denn die wollen nicht mehr die Rolle spielen, die wir den Medien in einer Demokratie zugeteilt haben. Sie verstehen sich laut ihrer eigenen digitalen Ideologie ohnehin als Revolutionäre, die eine alte, überkommene analoge Ordnung durch ihre neue, vermeintlich »bessere« digitale Ordnung ersetzen wollen. Redaktionen, Institutionen, politische Gremien, staatliche Behörden – all das gehört in ihren Augen sowieso auf den Müll der Geschichte (☞ V.1–2). Diese neuen digitalen Medien sehen sich nicht als schwach oder dienend, schon gar nicht gegenüber dem Staat. Sie wollen selbst Chef sein, sie wollen sich à la Elon Musk von Institutionen, Behörden, von Politik oder Gesellschaft gar nichts mehr sagen lassen.

Zugleich nutzen sie unser Denkmuster, welches die schwachen und dienenden Medien schützt, zynisch aus und haben es sogar in zwei Dimensionen noch verlängert. Diese beiden Punkte tragen die Digitalkonzerne in allen gesellschaftspolitischen Debatten stets wie Mantras vor sich her:

Erstens stellen sich die Plattformen selbst sogar noch freier als die aktuellen Medien dar. Über die Jahrhunderte haben sich die Medien immer stärker von der Obrigkeit emanzipiert, wurden immer vielfältiger, diverser und demokratischer. Die Plattformen verstehen sich von Beginn als organische Verlängerung exakt desselben Prozesses. So betonen sie immer wieder, dass sie schließlich erstmals wirklich allen Nutzern eine authentische Stimme verliehen hätten. Jede auch noch so unbedeutende Person könne jetzt einem potenziellen Millionenpublikum direkt jede beliebige Mitteilung machen (was einerseits wahr ist, aber andererseits jetzt eben der Kontrolle der Digitalkonzerne untersteht). Ebenso verstehen sich die Plattformen seit jeher als Ermöglicher einer neuen und fundamentaleren Meinungsfreiheit – dies sicherlich auch, um jeder Form von möglicher inhaltlicher Regulierung entgegenzuwirken.

Das zweite Mantra der Digitalkonzerne wird von ihnen ebenso hartnäckig bei jeder passenden und unpassenden Gelegenheit wiederholt, und zwar: Sie seien eigentlich gar keine Medien oder Medienunternehmen, sondern noch weniger als das, nämlich »nur« Plattformen, sogenannte Intermediäre oder in den USA etwa »Internet Service Provider«. Hier müssen wir *sehr* genau hinhören. Die Digitalkonzerne erklären damit nämlich nicht nur, dass sie so schutzbedürftig und schwach seien wie die anderen Medien auch. Sie gehen sogar noch darüber hinaus: *Sie seien sogar noch unbedeutender als die schwachen Medien, sie seien doch »bloß« Plattform, »nur« Intermediär.* Warum sie das so oft wiederholen? Weil sie dann rechtlich nicht mehr verantwortlich für die Inhalte gemacht werden können. Weil sie dadurch nicht nur den Schutz genießen, den auch die schwachen Medien erhalten, beispielsweise vor staatlicher Zensur, sondern so *zusätzlich* zu diesem Schutz auch noch das einzigartige Haftungsprivileg genießen, das erstmals 1996 in der Sektion 230 des US-amerikanischen »Communications Decency Act« die Plattformen von jeglicher inhaltlicher Verantwortung befreit hat. Auch darauf kommen wir zurück (☞ IV.2).

Das heißt: Die größten Medienunternehmen der Welt, die Börsenbewertungen von vielen hunderten Milliarden Euro besitzen und seit zwei Jahrzehnten die exis-

DIE NEUE ÄRA DER HERRSCHENDEN MEDIEN

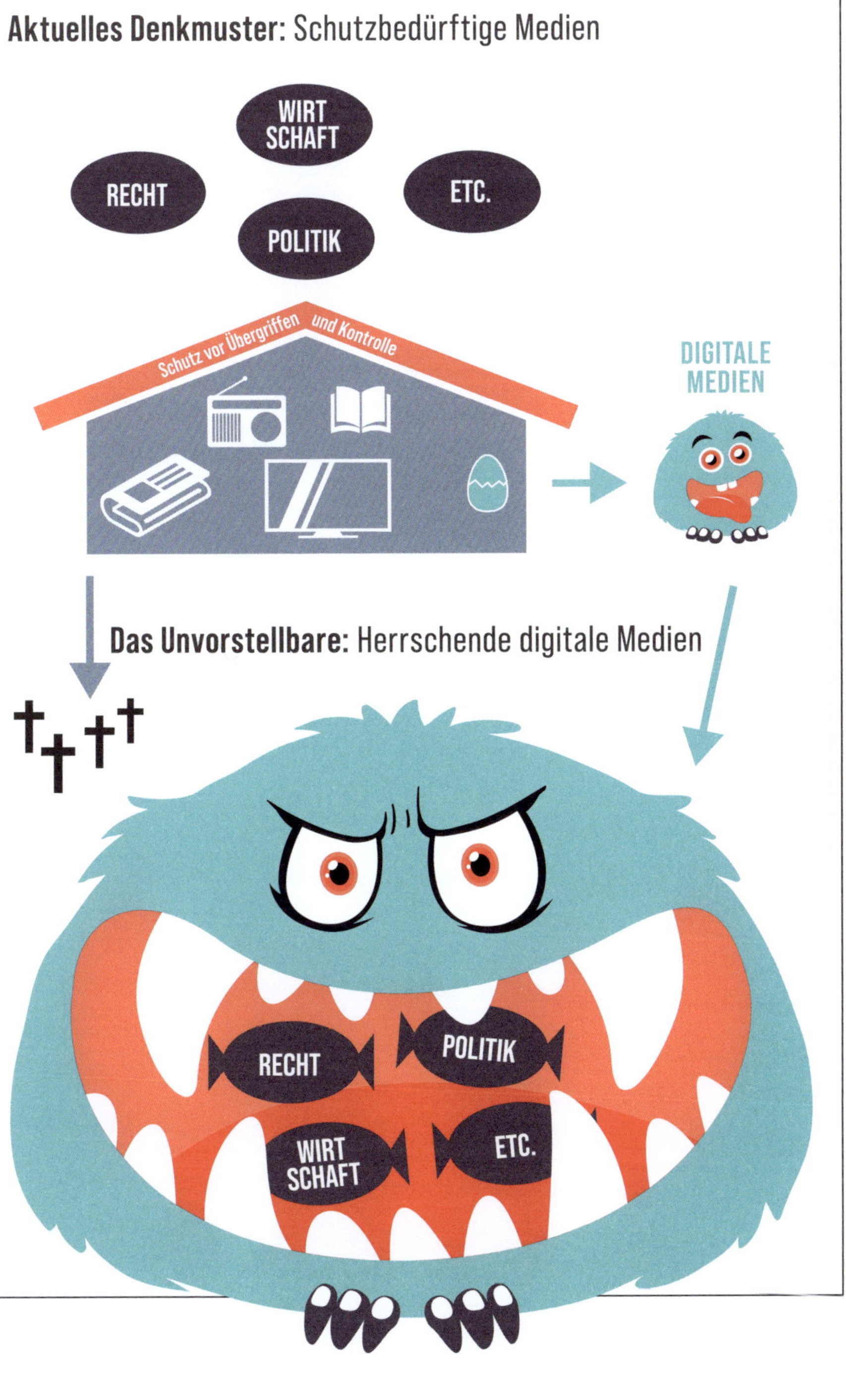

tierenden westlichen Medienunternehmen systematisch aus dem Markt drücken, behaupten von sich selbst, sie seien in Wirklichkeit gar keine Medienunternehmen. Man stelle sich vor, Volkswagen würde behaupten, kein Autohersteller zu sein, oder die Deutsche Bank würde sagen, sie sei in Wirklichkeit gar keine Bank.

Wir werden diese Behauptung auf den folgenden Seiten einem soliden Realitätstest unterziehen – und hier schon einmal der Spoiler: Wir werden feststellen, dass das genaue Gegenteil der Fall ist.

2. Wie Big Tech sich die Wirtschaft holen wird

Während die Digitalkonzerne also einerseits die vielfältigen Schutzmechanismen ausnutzen, welche in den Ländern der westlichen Welt die Unabhängigkeit der Medien sichern, behaupten sie gleichzeitig, sie seien noch nicht einmal Medien, sondern »nur« Plattformen. Das ist schon bei einer sehr oberflächlichen Prüfung Unsinn. Zunächst einmal ist offensichtlich, dass beispielsweise Social Media für

ÜBERGRIFFIGE DIGITALE MEDIEN DRINGEN IN PRIVATSPHÄRE, WIRTSCHAFT, POLITIK UND RECHT VOR

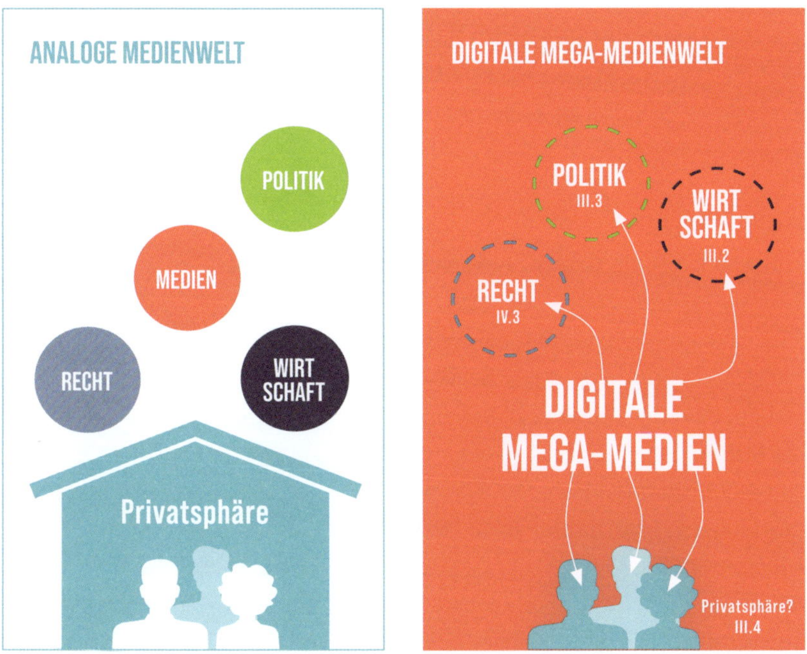

die Menschen heute wichtige Medienangebote sind, genauso wie das im 20. Jahrhundert bei Radio oder Fernsehen der Fall war. Zugleich sind, wie wir sehen werden, diese neuen Mega-Plattformen viel *mehr* als bloß Medien. Diese neuen digitalen Mega-Medien greifen sehr weit über die Sphäre dessen hinaus, was in früheren Zeiten einmal die analogen Medien waren.

Vergleichen wir erneut die analogen Medien mit den neuen, digitalen Medien, dann fällt sofort auf, dass die Sphäre der Medien früher deutlicher stärker abgegrenzt und getrennt war von anderen gesellschaftlichen Bereichen. Dies stellte zu analogen Zeiten auch immer eine Form von ausgleichender Gewaltenteilung dar, von wichtigen »Checks and Balances«. Wir können hier erneut den Begriff der »Übernahme« nutzen, um zu zeigen, auf welche Weise das Vorgehen der Plattformen unsere Welt verändert. Denn wir werden sehen, dass es den Digitalkonzernen gelungen ist, breite Teile unserer gesellschaftlichen Wirklichkeit in die Gravitationsfelder ihrer Plattformen hineinzusaugen. Sie greifen über in Felder, auf die die Massenmedien früher praktisch keinen Zugriff hatten: in die Sphäre der Wirtschaft, in die Sphäre der Politik und insbesondere in die Privatsphäre eines jeden Menschen (siehe die Abbildung auf der vorhergehenden Seite). Wie sich diese Verhältnisse nun ändern, schauen wir uns auf den folgenden Seiten genauer an.

Für unsere Gesellschaft ist sicherlich das Vordringen der Plattformen in unsere Privatsphäre von größter Bedeutung In diesem Buch geht es jedoch vornehmlich um die Zerstörung der freien Welt durch die Tech-Riesen, und in diesem Prozess ist der Übergriff der Plattformen in die ökonomische Sphäre wahrscheinlich von noch größerer Bedeutung aufgrund der unfassbaren Akkumulation wirtschaftlicher Macht. Deswegen nehmen wir hier unseren Startpunkt.

Digitale Medien als Grundlage aller wirtschaftlichen Transaktionen

Alle Tech-Riesen erwirtschaften ihre Umsätze größtenteils auf dem Feld der Medien. Vergleichen wir diese Kategorie mit anderen Wirtschaftsfeldern, so müssen wir feststellen, dass die Größe des Medienmarktes recht überschaubar ist. Sie beträgt nur 48 Milliarden Euro in Deutschland (2022). Dagegen ist etwa der Einzelhandel mit gut 589 Milliarden Euro (2021) viel größer. Die Umsätze der Automobilindustrie liegen bei 411 Milliarden Euro (2021).

Müssten wir hier nicht skeptisch werden? Nach der Grundthese dieses Buches zerstören die Digitalkonzerne angeblich Demokratie und Wirtschaft. Wie soll das gehen, wenn sie sich in einem eher unbedeutenden Wirtschaftsfeld bewegen? Wie sollen uns Unternehmen gefährlich werden, die nur in einer so kleinen Branche unterwegs sind? Selbst wenn man noch den Markt der Smartphones mit hinzunimmt, ändert das wenig (die Marktgröße der Smartphones beläuft sich hier auf 11 Milliarden Euro im Jahr 2021).

Tatsächlich müssen wir die Frage anders stellen. Wenn die Tech-Riesen lediglich in einem recht kleinen und überschaubaren Markt präsent sind, warum in aller Welt erreichen sie dann an den Kapitalmärkten derart astronomische Bewertungen, dass diese mittlerweile menschliches Vorstellungsvermögen überschreiten?

Wir können diesen scheinbaren Widerspruch schnell auflösen, wenn wir die Rolle der Digitalkonzerne in Bezug auf das Zustandekommen von Käufen, also allen möglichen Arten von Transaktionen, in den Fokus nehmen. In der analogen Welt des 20. Jahrhunderts haben Hersteller, die ihre Produkte verkaufen wollten, Massenmedien wie Fernsehen oder Zeitschriften genutzt, um für diese Produkte zu werben. Damit aber war die Rolle der Medien auch schon beendet. Zwischen den Medien und den üblichen Formen von Transaktionen lag eine unüberbrückbare Kluft. Konsumenten haben in der Sphäre der Medien Werbeanzeigen gesehen, aber ihre Käufe haben sie an völlig anderen Orten durchgeführt, im Supermarkt zum Beispiel, im Drogeriemarkt oder im Schuhgeschäft.

Durch die digitalen Medien hat sich diese Situation fundamental verändert. Dank E-Commerce finden wirtschaftliche Transaktionen (also Käufe) jetzt *in denselben digitalen Medien* statt, die auch die klassischen Medieninhalte transportieren. Und noch mehr: Der Übergang zu den wirtschaftlichen Transaktionen ist im Internet nahtlos beziehungsweise »seamless«. Wo immer ich mich im Netz aufhalte, ist die Möglichkeit einer Conversion, also einer Überführung meiner Nutzung in den *Kauf* jedes nur denkbaren Gutes, immer nur einen einzigen Klick entfernt.

Jetzt wird mit einem Schlag deutlich, warum die zukunftsorientierten Investoren an den Kapitalmärkten den Digitalkonzernen diese unvorstellbaren Potenziale zutrauen. Und es wird ebenso klar, dass wir den Markt, auf dem die Digitalkonzerne in Deutschland aktiv sind, nicht mehr mit mageren 50 Milliarden Euro taxieren sollten, sondern dass das gesamte Handelsvolumen von knapp 600 Milliarden Euro die potenzielle Beute der Digitalkonzerne ist.

Die fortschreitende digitale Transformation wird die Verhältnisse weiter massiv verschieben. Wenn wir uns die Umsatzentwicklung des momentan größten Handelsunternehmens in Deutschland anschauen (Edeka) und Amazon danebenlegen, können wir davon ausgehen, dass Amazon zwischen 2026 und 2029 das umsatzstärkste Handelsunternehmen in Deutschland werden kann (also online und offline zusammengenommen). Es ist alles nur eine Frage der Zeit.

Digitale Medien als trojanisches Pferd zur Eroberung der anderen Märkte

Die erste, entscheidende Erkenntnis lautet also: Der Medienmarkt dient den Digitalkonzernen lediglich als trojanisches Pferd. Infolge der Digitalisierung fällt die analoge Kluft zwischen Medien und Transaktionen strukturell vollständig weg. Deswegen haben die digitalen »Touchpoints« für Investoren und Kapitalmärkte einen ganz anderen Wert als die analogen. Der Markt der Medien ändert aktuell auf fundamentale Weise seine Qualität. Er ist in Zukunft nicht mehr limitiert auf die Währung der analogen Medien (»Aufmerksamkeit«), *er umfasst zunehmend die gesamte Sphäre wirtschaftlicher Transaktionen.* Damit erhöht dieser Markt massiv seinen ökonomischen Wert, und zwar automatisch mit jedem Jahr der fortschreitenden Digitalisierung – ohne dass die hier herrschenden Digitalkonzerne dafür irgendetwas tun müssten. Was wiederum ebenso automatisch den Börsenwert der Mega-Plattformen steigert.

Die Implikationen dieses Wandlungsprozesses treffen aber nicht nur den Handel, weswegen seit Jahren alle Wettbewerber des stationären Handels fieberhaft ihre E-Commerce-Präsenzen ausbauen. Die digitale Disruption erfasst gleichermaßen alle Unternehmen, die Güter herstellen, welche aktuell in den verschiedenen Kanälen des Handels verkauft werden.

Versetzen Sie sich einmal in die Situation der Produzenten. Ob Hausgeräte, Bekleidung, Möbel, Schuhe, Schokolade, Shampoo – sie alle können täglich mitansehen, wie ihre Offline-Verkäufe schneller wegschmelzen als das Eis in der Arktis und immer mehr Transaktionen online stattfinden. Sie alle wissen, dass die Musik der Zukunft in den digitalen Kanälen spielt. Die umsatzstärksten Kategorien im deutschen Online-Handel sind aktuell Bekleidung, Elektroartikel und Telekommunikation, Hardware und Software, Haushaltswaren und -geräte, Möbel, Schuhe und Bücher.[3]

Es bleibt den Produzenten nichts anderes übrig: Auch sie müssen digital mitspielen. Dazu stehen auch ihnen genau zwei mögliche Routen zur Verfügung: Entweder gehen sie dahin, wo der Traffic schon ist. Dann landen sie automatisch auf der führenden Plattform, also Amazon. Oder aber sie versuchen, eigene Online-Shopping-Präsenzen aufzubauen. Das aber ist doppelt riskant. Erstens brüskieren sie damit ihre klassischen Handelspartner, denen sie direkte Konkurrenz machen. Und zweitens werden sie hier derselben »Winner-takes-all«-Dynamik ausgesetzt, die wir schon zuvor für den gesamten Online-Traffic analysiert haben (☞ I).

Merken Sie, was hier geschieht? Strategisch stehen diese riesigen Konzerne nämlich vor exakt der gleichen Wahl zwischen Pest und Cholera, die auch schon den Bloggern in unserem ersten Kapitel zu schaffen machte: Entweder sie versu-

ÜBERNAHME DER WIRTSCHAFT [2]

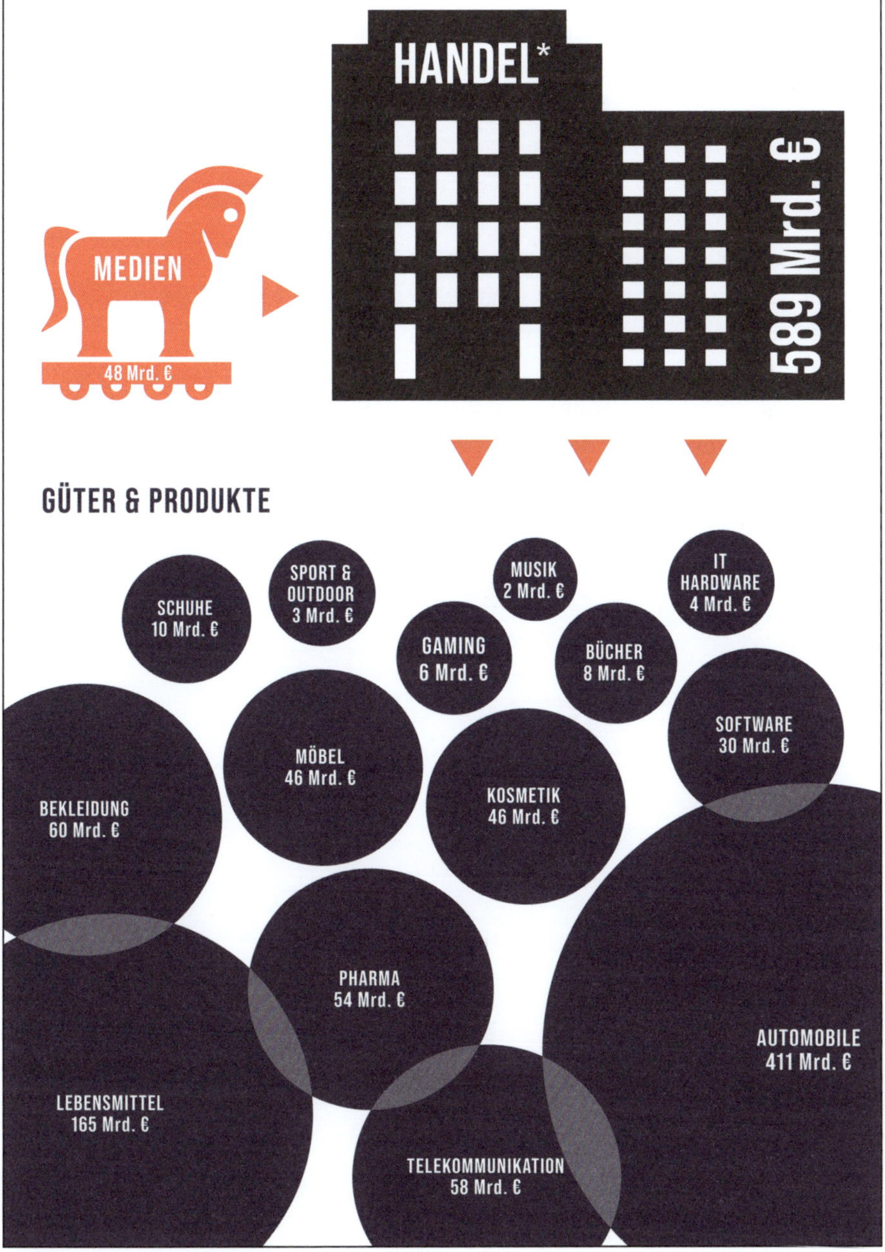

*Handel: Einzelhandel im engeren Sinne (inkl. E-Commerce)

chen, sich im Netz selbst durchzuschlagen, was angesichts der Traffic-Konzentration extrem aufwändig ist. Denn auch hier landen fast alle solche Versuche in dem gigantischen Friedhof, den wir schon kennen (☞ I.3). Oder sie kapitulieren und gehen genau dahin, wo der Traffic schon ist. Bei den Bloggern ist das zum Beispiel YouTube, bei den Konzernen ist es Amazon. Nur dass sie dann eben wieder von den Plattformen abhängig sind, die einseitig alle Geschäftsbedingungen diktieren können. Und je erfolgreicher sie hier sind, desto stärker wird ihre totale Abhängigkeit von der Plattform. Wer über viele Jahre hinweg mühsam Traffic, Follower, Transaktionen bei einer Mega-Plattform aufgebaut hat, der ist quasi eingesperrt und darf sich auf keinen Fall mit einer solchen Plattform anlegen. Das Risiko, dadurch die eigene Existenzgrundlage zu verlieren und wieder bei Null anfangen zu müssen, ist viel zu groß.

Wer nun denkt, diese Form der Abhängigkeit sei schon asymmetrisch genug, der muss jetzt tapfer sein, denn es geht noch weiter. Zunächst einmal stellt sich für die Hersteller das zusätzliche Problem des Datenzugangs. Erneut schlägt die Mechanik von Pest und Cholera voll durch. Wenn die Hersteller nämlich den einfachen Weg einschlagen und ihre Waren dort anbieten, wo der Traffic schon ist (bei Amazon), dann bleibt ihnen der Zugang zu den Daten verschlossen. Denn alle Transaktionen ihrer Produkte erzeugen zwar eine Unmenge an nützlichen Daten,

AKQUISITIONEN DIGITALER INNOVATOREN DURCH OFFLINE-PLAYER

UNILEVER	PUIG	DR. OETKER	HENKEL	COTY
1.000 Mio. $	1.500 Mio. $	1.000 Mio. €	300 Mio. €	600 Mio. $
Dollar Shave Club	Charlotte Tilbury	Flaschenpost	Banana/HelloBody	Kylie Cosmetics
Jahresumsatz: 150 Mio. $	Jahresumsatz: 140 Mio. $	Jahresumsatz: 200 Mio. €	Jahresumsatz: 100 Mio. €	Jahresumsatz: 125 Mio. $
Umsatz-Multiple 6,7	Umsatz-Multiple 10,7	Umsatz-Multiple 5,0	Umsatz-Multiple 3,0	Umsatz-Multiple 4,8

Quelle: AMP Digital Research, eigene Recherchen und Schätzungen auf Grundlage öffentlich publizierter Informationen aber diese verbleiben bei– na wem wohl? Genau, bei Amazon. Alle Hersteller, die ihre Produkte dort verkaufen, mehren mit ihren eigenen Aktivitäten nur weiter den Datenschatz von Amazon.

Da bleibt als Alternative wieder nur der eigene Online-Shop mit all seinen Nachteilen und der Gefahr, ähnlich wie die Blogger im unendlichen Friedhof der vor sich hin modernden ungenutzten Online-Angebote zu enden. Viele globale Konsumgüterkonzerne haben aufgrund der dramatischen Bedrohung ihrer Geschäftsmodelle in den letzten Jahren astronomische Summen investiert, um kleinere Online-Unternehmen aufzukaufen, die es geschafft hatten, erfolgreiche Geschäftsmodelle mit direktem Online-Sales aufzubauen (D2C, also »Direct-to-Consumer«).

Trotz der riesigen Investitionen ist meines Wissens kaum ein Hersteller mit der Entwicklung dieser Unternehmen nach der Integration zufrieden.[4] Denn auch die in diesen Fällen eingeschlagene Route, die eigenen Online-Präsenzen nicht selbst über Jahre aufzubauen, sondern per Akquisition einzukaufen, kann den Sog der digitalen Monopole nicht stoppen. Um es immer wieder zu betonen: Auf eine tragische Weise ist die Situation für einzelne »kleine« Blogger dieselbe wie für riesige, global agierende Konzerne.

Jetzt, da wir das Ausmaß des Problems erkennen, können wir die verschiedenen Fäden zusammenführen und zeigen, auf welche Weise die Digitalkonzerne in den kommenden Jahren die riesigen Potenziale ausnutzen können, die ihnen dank der unangefochtenen Stellung ihrer Monopole durch die Dynamik der fortschreitenden digitalen Transformation in den Schoß fallen werden, *ohne dass sie sich dazu in irgendeiner Form anstrengen müssten.* Sie werden einfach nur in aller Ruhe den Sack zumachen müssen.

Die Dominanz der Digitalkonzerne auf dem Feld der Online-Werbung ist das trojanische Pferd, mit dessen Hilfe sie in den kommenden Jahren immer größere Teile unserer Wirtschaft einnehmen werden. Um zu verstehen, wie genau das funktioniert, werden wir kurz das Modell des sogenannten Sales Funnels erklären.

Die Angebote der Tech-Riesen beherrschen den Sales Funnel

Jeder potenzielle Käufer eines Produkts durchläuft eine Art Trichter, den wir hier nach dem gängigen AIDA-Modell erklären können (Attention – Interest – Desire – Action). Ganz oben in diesem Trichter ist die Aufmerksamkeit des Verbrauchers noch diffus, werbetreibende Unternehmen versuchen hier lediglich, Kernbotschaften wie etwa den Produktnamen und grobe Leistungsmerkmale zu kommunizieren (»Attention«). Idealerweise gelingt es dann, den Nutzer für das Produkt zu interessieren. Auf dieser Ebene erfolgt durch den Kontakt mit weiteren Werbeanzeigen bereits eine vertiefte und intensivere Beschäftigung mit dem Produkt (»Interest«), welche dann immer mehr in einen Kaufwunsch überführt wird (»Desire«), der im Idealfall schlussendlich zu einer Conversion führt (»Action«).

Das Modell wird deshalb durch die Metapher des Trichters illustriert, weil jeder Anbieter natürlich »oben«, auf der Ebene oberflächlicher Aufmerksamkeit, sehr viele Menschen ansprechen muss, ganz einfach deshalb, weil auf dem Weg durch den Trichter nach »unten« bis hin zur Transaktion immer mehr potenzielle Verbraucher abspringen. In vielen Fällen muss man oben zehntausende Kontaktpunkte generieren, aus denen nur ein einziger Käufer hervorgeht.

Je mehr wirtschaftliche Transaktionen auf Online-Kanälen stattfinden, desto stärker wird die *überproportionale Verlagerung der Werbung auf digitale Medienkanäle* – und zwar aus einem sehr einfachen Grund. Im Gegensatz zu analogen Kanälen ist es für werbetreibende Unternehmen digital möglich, potenzielle Käufer gezielt anzusprechen (Targeting) und zusätzlich durch ein genaues Tracking (zum Beispiel durch Pixel oder UTM-Parameter) systematisch immer weiter im Trichter nach unten zu ziehen, bis schließlich ein Kauf erfolgt.

Hersteller können beispielsweise im oberen Trichter Verbraucher auswählen, die eine Videoanzeige verhältnismäßig lange angesehen haben (was ein Indikator für bestehendes Interesse darstellt) und diese durch Retargeting (also das erneute Ausspielen von exakt abgestimmten Anzeigen, die etwa zusätzliche Kaufargumente enthalten) in Richtung eines Kaufs bewegen, der dann direkt per Klick möglich ist. Dieser Kreislauf verstärkt sich selbst immer weiter: Die steigende Tendenz hin zu Online-Transaktionen führt zu einer *überproportional steigenden Verlagerung von Werbeinvestitionen in digitale Kanäle* und diese wiederum zu mehr Online-Transaktionen.

Die werbetreibenden Unternehmen können dieses Targeting beziehungsweise Retargeting immer nur auf Grundlage anonymisierter und aggregierter Daten der Plattformen durchführen. Die Plattformen selbst (Facebook, Instagram, YouTube oder Google) besitzen dagegen zu jedem einzelnen Werbekontakt einen weitreichenden Datenzugang im Hinblick auf alle erdenklichen Aspekte des individuellen Nutzungsverhaltens. Jede einzelne Kampagne der Unternehmen vermehrt wieder nur die Datenakkumulation der Digitalkonzerne, natürlich auf Kosten der werbetreibenden Kunden, die den Tech-Riesen dafür ja sogar noch zusätzlich Geld bezahlen.

Jeder einzelne der Digitalkonzerne entwickelt seine jeweiligen »Galaxien« in diesem Funnel sozusagen aus den Gravitationszentren der jeweiligen Kernkompetenz heraus. Angebote wie Streaming, Video-on-Demand und Social Media liegen tendenziell eher im »Upper Funnel«. Dagegen ist die Google-Suchmaschine

DIE FUNNEL-INVASION

Marktbeherrschende Stellungen von Big Tech im Sales Funnel

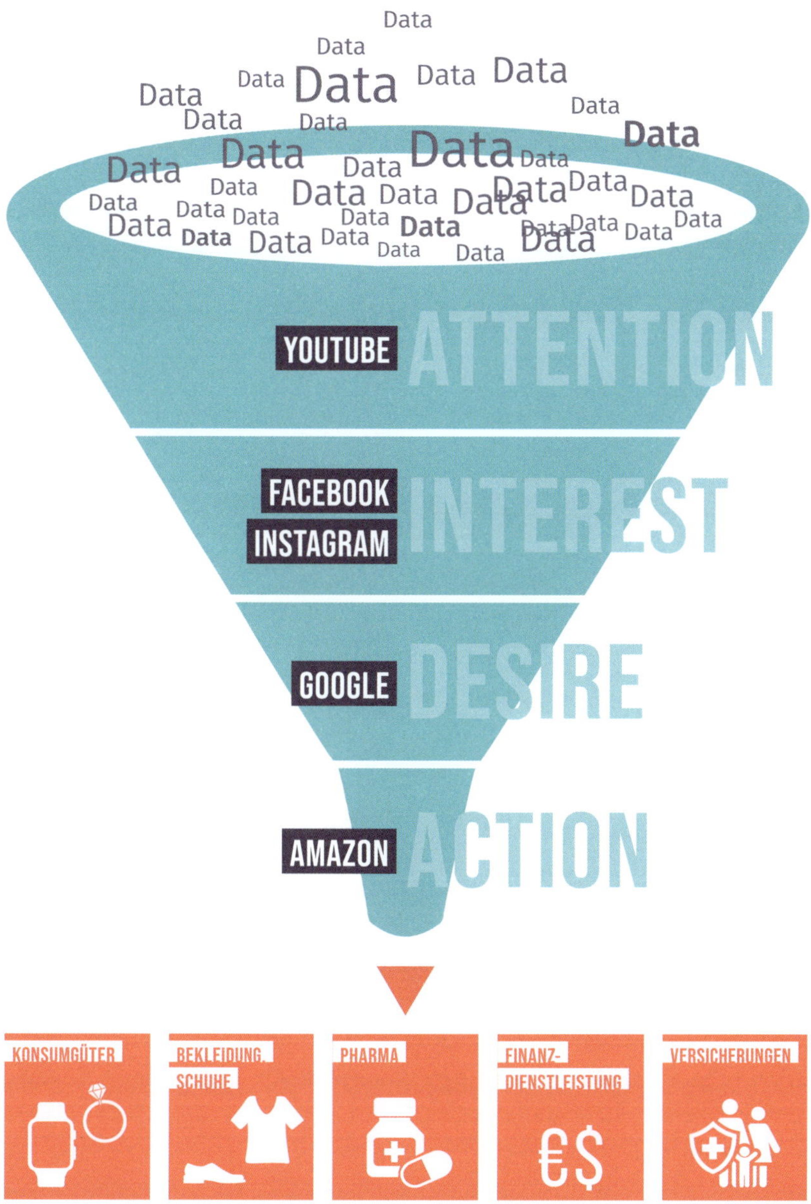

der zentrale Touchpoint im unteren Trichter. Wenn zum Beispiel ein Nutzer bei Google als Suchanfrage »Wasserkocher kaufen« eingibt, steht er bereits kurz vor einer Transaktion. Es ist ebenso klar, dass die Kosten für eine Anzeige umso höher werden, desto näher diese mit einem Kauf korreliert werden kann. Ganz unten im Trichter liegt dann die Transaktion selbst – wenn man beispielsweise einen beworbenen Gegenstand bei Amazon oder einer Buchungsplattform online bestellt.

Wir können die Angebote der drei größten Tech-Riesen schnell diesem Trichter zuordnen (siehe Abbildung): Alphabet besitzt zunächst einmal ein führendes Angebot im oberen Funnel durch seine Video-on-Demand-Plattform YouTube. Des Weiteren besetzt es durch die Suchmaschine Google und die verschiedenen Verlängerungen (zum Beispiel Google Maps) auch das wichtigste Gateway am unteren Ende des Funnels. Zentral dabei ist, dass die Daten der einzelnen Nutzer von beiden großen Plattformen bei ein und demselben Unternehmen zusammenlaufen. Eine zusätzliche Verlängerung liefert das starke Standbein Gmail. Auch hier kann Alphabet aus jeder einzelnen verschickten E-Mail nutzerspezifische Informationen auslesen und mit den Datensätzen aus Google Search und YouTube aggregieren.

Das Geschäftsmodell von Alphabet setzt also voll auf Werbung. In diesem Aspekt gleicht es seinem Wettbewerber Meta, das seine Einnahmen ebenfalls fast ausschließlich hier generiert. Der Unterschied ist, dass Meta voll auf Social Media (Facebook, Instagram) setzt und zudem mit WhatsApp ein Quasimonopol auf dem Feld von Instant Messaging besitzt. Auch in der Möglichkeit der Aggregation großer personenspezifischer Datenmengen über die drei großen Plattformen hinweg ähnelt Meta dem Konkurrenten Alphabet.

In diesem direkten Vergleich ist das dritte Profil von Amazon besonders interessant, weil es völlig anders konstruiert ist. Denn im Funnel rollt Amazon das Feld von unten auf. Das Kerngeschäft besteht im Online-Shopping, hier macht der Konzern auch das Gros seiner Umsätze. Durch die Anlage der Plattform als ungeheuer reichhaltiges Content-Universum für Produkte wird Amazon aber zusätzlich immer mehr zu einer Suchmaschine für Produkte und überholt in dieser Zuspitzung Google quasi von rechts, zugleich können werbetreibende Unternehmen Anzeigen auf der Plattform buchen (»Retail Media«). Daneben baut es ein starkes eigenes Imperium im oberen Funnel auf, sowohl für gebührenfinanziertes (Amazon Prime) als auch kostenloses Video-on-Demand (IMDb, twitch.tv). Dieser Teil von Amazon hat nicht nur positive Abstrahleffekte auf das Online-Shopping, sondern generiert selbst mittlerweile einen signifikanten Anteil des Konzernumsatzes.

Jetzt haben wir alle Puzzlestücke zusammengefügt. Das Bild, das wir sehen, zeigt: Die Monopole und marktbeherrschenden Stellungen der Digitalkonzerne dominieren den gesamten Sales Funnel von ganz oben bis zum untersten Punkt, dem Kauf des Produkts. Dieser Befund ist dramatisch. *Denn durch diesen digi-*

talen Sales Funnel wird in Zukunft ein Großteil aller wirtschaftlichen Transaktionen in unserer Gesellschaft abgewickelt werden. Die Mega-Plattformen beherrschen diesen gesamten Sales Funnel schon jetzt fast vollständig.

Wie die Digitalkonzerne in Zukunft andere Wirtschaftsfelder unter ihre Kontrolle bringen werden

Diese Zusammenschau macht deutlich, in welchem Ausmaß die strategischen Ansätze dieser Unternehmen bis ins Detail ausgefeilt und optimiert sind. Zugleich wird erkennbar, wie stark jeder einzelne Digitalkonzern die Vormachtstellungen der jeweiligen Kernkategorien als Hebel einsetzt, um diese so breit wie möglich zu kapitalisieren und vertikal zu verlängern, einerseits durch plattformübergreifende Netzwerkeffekte, andererseits durch den unfairen Missbrauch der existierenden marktbeherrschenden Stellungen. Wir haben schon gezeigt, auf welche Weise Alphabet die ursprüngliche marktbeherrschende Stellung der Suchmaschine auf etwa zehn weitere angrenzende Geschäftsfelder ausgeweitet hat (☞ II.3). Exakt dieselbe Dynamik dürfen wir von allen Digitalkonzernen in Zukunft erwarten.

Alle Tech-Giganten bemühen sich, zwischen den verschiedenen Bereichen möglichst starke synergetische Abstrahleffekte zu erzielen, um auf diese Weise zusätzliche positive eigendynamische Wachstumsprozesse er erzeugen. Es ist schwer vorstellbar, dass Wettbewerber bei diesen Hebeleffekten auch nur die geringste Chance auf einen Markteintritt haben. Die Mega-Plattformen haben den zukünftigen digitalen Sales Funnel unserer Wirtschaft ähnlich systematisch besetzt, wie vor einigen hundert Jahren eine Handvoll Kolonialmächte die ganze Welt unter sich aufgeteilt hat. Die Territorien sind vergeben, wer jetzt auf den Plan tritt, kommt zwanzig Jahre zu spät.

Jetzt wird auch nachvollziehbar, warum auf die Top-3-Anbieter Alphabet, Meta und Amazon global zwischen 80 und 90 Prozent aller digitalen Werbeinvestitionen entfallen. Es ist nur logisch, denn es gibt kaum weitere relevante Konkurrenten in diesem Trichter. In Zukunft können sie deshalb nach Belieben ihre marktbeherrschenden Stellungen vertikalisieren – also entlang der Wertschöpfungskette ausweiten. Der naheliegendste und einfachste Schritt ist die Entwicklung nahtloser Schnittstellen aus den Plattformen in Richtung E-Commerce. Dieser Schritt ist längst geschehen: Plattformen von Facebook über Instagram bis TikTok verlängern ihre Angebote in den Bereich des Online-Shoppings mit Marketplaces, Shops und eigenen Bezahlmöglichkeiten.[5]

Der nächste logische Schritt besteht dann darin, dass die Mega-Plattformen ihren weitgehend exklusiven Zugang zu den Daten ausnutzen, um selbst Produkte herzustellen. Erneut werden die Daten zu Beschleunigern der Entwicklung marktbeherrschender Stellungen. Denn die Plattformen besitzen Milliarden von Datenpunkten zu jeder beliebigen Kategorie vom Aquarium bis zum Sofa. Sie kennen alle Vorlieben, alle Wünsche, alle Einstellungen. Sie wissen, welche Features am besten ziehen, sie können alle diese Daten demografisch auswerten – also etwa die passende Bratpfanne für eine bestimmte Altersklasse, eine bestimmte Region, ein bestimmtes Haushaltseinkommen und so fort empfehlen. Sie wissen sogar, welche Werbebotschaften am besten konvertieren. Je mehr Daten die Plattformen akkumulieren, desto weniger werden sie in Zukunft noch Produkte von Markenherstellern brauchen, denn sie wissen längst zu jeder beliebigen Kategorie viel mehr als die Markenhersteller, die sich ihre Expertise in Jahrzehnten aufgebaut haben, und können einfach aufgrund ihrer Daten die Bestseller kopieren, also selbst durch Lohnhersteller produzieren lassen.

FUN FACT: Amazon bietet schon etwa 140 Eigenmarken an.

Auch dieser Schritt ist keine Zukunftsvision, sondern längst eingeleitet. Die E-Commerce-Experten von Amalytix schätzen die Gesamtzahl der Eigenmarken von Amazon auf mittlerweile etwa 140 und belegen beispielsweise die exzellente Sichtbarkeit der Produktserie »Amazon Basics« auf der Plattform.[6] Amazon macht hier vor, auf welche Weise die Tech-Riesen in Zukunft den Wert der Daten vertikal in immer neuen Wertschöpfungsebenen potenzieren können.

Die Implikationen für die Zukunft der Wirtschaft sind massiv: Erstens können die Tech-Riesen jeden möglichen Vorteil klassischer Produzenten in Bezug auf Knowhow und Expertise durch ihren Zugriff auf Daten leicht annullieren. Es steht ihnen draußen im Markt ein riesiges Ökosystem an Lohnherstellern zur Verfügung, mit dem sie eigene Güter produzieren können, was wiederum den Preisdruck auf die klassischen Hersteller erhöht. All dies geschieht in einem Kontext von gesättigten Märkten, die in den westlichen Ländern schon seit vielen Jahren kaum mehr wachsen.

Es wird in den kommenden Jahren also eine massive Substitution von Wertschöpfung stattfinden. Der Soziologe Philipp Staab betont den erheblichen Preisdruck, »der sich für die Hersteller wie die unangenehme Materialisierung jener totalen Konkurrenz anfühlen muss, von der die klassische liberale Ökonomie immer träumte«. Dabei wird nicht eine größere Menge an Waren konsumiert (weil die Märkte nicht wachsen), sondern nur der existierende Konsum besser organisiert – wodurch die Wertschöpfung der Hersteller sinkt und die von Big Tech steigt. Unsere Wirtschaft wird immer mehr in eine reine Beschaffungsmaschine und Lieferkette für Big Tech umgewandelt werden. Denn die Plattformen kontrollieren immer mehr die Zugänge zum Markt und sind deshalb in der Lage, »ihre eigenen Margen im Prinzip nach Belieben zu setzen«.[7]

Erneut ist das sprachliche Bild der *Übernahme* sehr zutreffend: Big Tech hat seine Monopole *über* die klassische Wirtschaft gesetzt und kontrolliert den Sales Funnel. Die Plattformen sitzen wie gigantische Parasiten auf diesem riesigen Wirtschaftskörper, aus dem sie nach Belieben die Wertschöpfung absaugen können. Das alles findet statt, während die Mega-Plattformen für ihre Geschäftsmodelle munter den Schutz der schwachen Medien (!) beanspruchen – und bei Nachfragen gerne erklären, sie seien doch »nur« Plattform, Intermediär oder Service Provider.

3. Wieso Politiker in Zukunft von Plattformen abhängig sind

Die Konsequenzen der digitalen Medien für die Politik sind vielfältig beschrieben. Bei den meisten Kritikern herrscht Einigkeit darüber, dass wir aktuell eine alarmierende Erosion der politischen Öffentlichkeit erleben, was zu verschiedenen Ausprägungen wie Fake News, Hate Speech, Verschwörungstheorien sowie einer zunehmenden Polarisierung der verschiedenen Gruppen in unserer Gesellschaft führt. Damit zerbricht zunehmend das, was Habermas früh als inklusive und deliberative Öffentlichkeit beschrieben hat – als Grundlage der Meinungsbildung in den freiheitlichen Demokratien.[8] Doch wie gelingt es den Plattformen, gesellschaftliche Bereiche unter ihre Kontrolle zu bringen, die jenseits ihres »eigentlichen« Feldes der Medien liegen?

Nähern wir uns dieser Frage einmal aus Sicht von Politikern, welche darauf angewiesen sind, politische Inhalte oder Programme über Medien in die Öffentlichkeit zu tragen. Faszinierenderweise stehen die Politiker hier vor einem ganz ähnlichen Dilemma wie die Medienhäuser oder die Konzerne. Die meisten aktuell führenden Politiker sind in einer Zeit bekanntgeworden, in der die analogen Medien noch die Leitmedien waren. Die entscheidenden Währungen der Sichtbarkeit sind politische Berichterstattung etwa in der Presse, Interviews im Fernsehen, die Teilnahme an Talkshows und so fort. Unter analogen Bedingungen war diese Sichtbarkeit weitestgehend von den Gatekeepern in den Redaktionen abhängig.

Politiker und Medien lebten gewissermaßen voneinander, ihre symbiotische Beziehung ist wissenschaftlich sehr gut beschrieben: Journalisten geben den Politikern Sichtbarkeit im Mediensystem, im Gegenzug geben die Politiker den Journalisten exklusiven Zugang zu Informationen, die sich im Markt der Medien als »Neuigkeiten«, als »News« verkaufen lassen. Diese Symbiose ist seit jeher gefährdet – einerseits durch Versuche der Politik, die Medien zu instrumentalisieren, andererseits durch Versuche mächtiger Medien wie etwa im Murdoch-Skandal, Politiker zu beeinflussen.[9]

Auch hier bewirken die digitalen Medien einen Wandel. Denn sie ermöglichen Politikern, auf direktem Weg mit den Bürgern zu kommunizieren, also unter Umgehung der redaktionellen Medien.[10] Politiker stehen vor derselben Wahl wie die Blogger, Influencer und Unternehmen. Sie können zwar theoretisch frei und unabhängig auf eigenen Domains antreten, aber dieser Ansatz wäre nahezu aussichtslos, denn das Gros des Traffics ist in den Silos der Plattformen. Es ist also nicht verwunderlich, wenn auch sie den gigantischen Friedhof ungenutzter Webseiten meiden und stattdessen auf den Plattformen aktiv sind – also auf Facebook, Instagram und Twitter.

Politisches Agendasetting auf den Plattformen

Diese zunehmende Präsenz der Politiker auf den Plattformen bewirkt automatisch eine Erodierung der redaktionellen Medien, und dies nicht nur in Bezug auf Nutzungszeit. Denn Politiker haben ab jetzt die Wahl, Neuigkeiten auch über die eigenen Kanäle in den Plattformen auszuspielen und die Belohnung dafür in Form von Views, Likes, Followern und Shares selbst zu ernten, anstatt die redaktionellen Medien daran teilhaben zu lassen. Oder anders formuliert: Sie können den »Media Value« ihrer politischen Prominenz jetzt selbst ausspielen. Allerdings landet die monetäre Belohnung für die dadurch gebündelte Aufmerksamkeit wieder einmal bei den Plattformen, die mit den Inhalten von Politikern gutes Geld verdienen, weil sie diese wertvollen Bestandteile ihres Programms wunderbar durch Werbung monetarisieren können. Wir finden also einen ähnlich symbiotischen »Deal« wie bei den redaktionellen Medien, allerdings mit zwei wichtigen Unterschieden: Dieser Deal führt zu direkten Gewinnen für die Plattformen. Und je präsenter Politiker auf den Plattformen werden, desto stärker reduziert das den Exklusivitätsanspruch der redaktionellen Medien, denn viele »News« erscheinen zunächst direkt auf den Plattformen als unmittelbare Botschaften etwa von Politikern.

Damit gleitet den redaktionellen Medien ein weiterer Trumpf aus der Hand. In analogen Zeiten erzeugten Redaktionen ihre gesellschaftliche Autorität dadurch, dass sie es waren, durch die Themen überhaupt erst in der Öffentlichkeit lanciert wurden, was man auch als »Agendasetting« bezeichnet. Diese Themensetzung wird immer schwieriger, weil sie jetzt gegenüber den Echtzeit-News der Plattformen tendenziell immer zu spät sind. Somit geraten sie in Gefahr, immer weniger »Breaking News« anzubieten und zunehmend in die Rolle von Kommentatoren zu schlüpfen. Im Markt der Nachrichtenmedien, deren entscheidende Währung die Neuigkeit und Aktualität der Beiträge ist, verlieren sie so zwangsläufig an Bedeutung. Allerdings findet dieser Transformationsprozess so schleichend statt, dass wir ihn kaum bemerken. Für die meisten prominenten Politiker, die noch im System der analogen Medien bekanntgeworden sind, wäre ein weitgehender Bruch mit den redaktionellen Medien kontraproduktiv, für sie sind Talkshows und Fernsehinterviews nach wie vor bedeutend.

Wir haben mehrfach in diesem Buch die analogen Medien einfach »abgeschaltet«, um zu schauen: Wie sieht die zukünftige Welt der Plattformen dann aus? Hier können wir eine vertiefende Analyse von Donald Trump nutzen, aus einem sehr einfachen Grund: Wie kein anderer Politiker vor ihm hat Trump auf digitale Medien gesetzt – und den oben beschriebenen Kompromiss mit den Gatekeepern der redaktionellen Medien sehr weitgehend aufgekündigt. Es handelt sich hier um ein ziemlich dystopisches Realexperiment, das zeigen kann, auf welche Weise die Plattformen in die Sphäre der Politik übergreifen.

Schauen wir uns das im Detail an: Was genau geschieht denn, wenn die Plattformen zu politischen Leitmedien werden? Trumps Entscheidung, vor allem auf Twitter und Plattformen wie Facebook zu setzen, war zunächst eine durchaus umstrittene strategische Wette, die perfekt zu seiner inhaltlichen Anti-Establishment-Positionierung passte: Als »unabhängiger Nichtpolitiker« werde er den korrupten Politsumpf in Washington trockenlegen, versprach er seinen Anhängern.

Aus zwei Gründen konnte er sich den Bruch mit vielen klassischen Gatekeepern in redaktionellen Medien viel eher erlauben als jeder andere Politiker in der westlichen Welt vor ihm (und bislang auch nach ihm). Erstens erschien er im Verhältnis zu der konkurrierenden Polit-Elite als unabhängiger, was seiner Kampagne in den Augen seiner Anhänger zusätzliche Glaubwürdigkeit verlieh. Auch in der Wahl seiner Kanäle war er jetzt Anti-Establishment. Zweitens hatte er schon vor seiner politischen Kandidatur eine riesige Prominenz aufgebaut. Allein dieses Fundament versetzte ihn in die Lage, auf Kompromisse des klassischen redaktionellen Medienspiel des »do ut des« (Gib, und dir wird gegeben) verzichten zu können.

Egal wie widerwärtig man Trump auch findet – man muss immerhin anerkennen, dass seine strategische Wette extrem riskant war, weil er mit einem großen Teil der »mainstream media« brach. Dieses Setup versetzte Trump jedoch in die Lage, voll den Echtzeit-Kommunikationsvorteil der Plattformen auszuspielen, durch immer neue, immer haarsträubendere, immer spektakulärere Behauptungen, von denen sich immer mehr als gelogen erwiesen. Für seine Follower war das jedoch egal, für sie zählte, dass er selbst auf eine *andere* Art wahr, nämlich *echt* war. Denn eine riesige Zahl von Menschen erhielt diese Botschaften von Trump *direkt*. Erstmals in der Geschichte der Menschheit kommunizierte ein Politiker mit den Menschen wirklich »auf Augenhöhe«. Das erschien nicht als inszeniert, wie das bei den Profipolitikern der Fall war: Das war unschlagbar authentisch, wenn man mit Donald J. Trump über seine Tweets @realDonaldTrump in Kontakt war.

Aus diesem Kalkül erfolgte der ungeheure Erfolg Trumps als Kommunikator. Er war derjenige, der fortlaufend das mediale Agendasetting von seinem Twitter-Profil aus betrieb. Die klassischen Medien rannten ihm stets nur hinterher und verstärkten dann noch seine Publicity durch ihre sekundäre Berichterstattung.

Hier nutzte er gnadenlos die volatile, kurze Aufmerksamkeitsspannen im Netz für sich. Denn er erregte die unglaublichen Ausschläge kollektiver Aufmerksamkeit durch das schiere digitale Entertainment seiner Tweets – und drückte so die redaktionellen Medien in die Rolle der pedantischen, besserwisserischen Spielverderber. Diese empörten sich stets ausführlich, erhöhten dadurch noch die Reichweite seiner Botschaften und betrieben zudem fleißiges »Fact-Checking«. Nur leider sind dreiste Lügen oft wesentlich unterhaltsamer als schnöde Faktenprüfungen, weswegen Trump den Diskurs zunehmend beherrschte.

> *»Twitter ist eine wunderbare Sache für mich, denn ich kann meine Worte direkt verbreiten … Ich wäre vielleicht nicht hier und würde jetzt als Präsident zu Ihnen sprechen, wenn ich nicht eine ehrliche Möglichkeit hätte, Botschaften nach draußen zu bekommen.«*
>
> Donald Trump, 15.3.2017 [11]

Trump degradierte dadurch die redaktionellen Medien zu den Geiseln seiner Tweets, faszinierenderweise mit derselben Medienlogik, wie sie Terroristen nutzen. Kommunikatoren wie Trump leben wie auch Terroristen nämlich davon, dass sie die Medien regelrecht dazu nötigen, über sie zu schreiben. Wenn Terroristen ein Flugzeug entführen oder der US-amerikanische Präsident eine unglaubliche Lüge erzählt, *zwingt* dies die Medien dazu, darüber zu berichten – auch wenn die Medien sogar selbst wissen, dass sie dadurch die Popularität der Urheber nur steigern, dass sie letztlich eine Figur in einem abgekarteten Spiel darstellen, und dass sie sich nach Regeln bewegen, die nicht von ihnen selbst stammen. Die Logik der Medien lässt ihnen keine andere Wahl, auch wenn sie selbst die teuflische PR-Strategie, von der sie missbraucht werden, klar durchschauen.

Wir kennen alle den Ausgang dieses Spiels bei Donald Trump – um Haaresbreite ist die US-amerikanische Demokratie am 6. Januar 2021 einer endgültigen Destabilisierung entgangen, als seine Anhänger das Kapitol besetzten. Genau an diesem Punkt erkannten auch die Plattformen ihre Rolle in diesem Spiel, und es wurde ihnen angesichts der dramatischen Ereignisse offenbar doch etwas mulmig: Trumps Profile wurden gesperrt, zunächst auf Facebook und Instagram, dann auf Twitter.

Niemand steht mehr über den Plattformen

Genau daraus ergeben sich gleich mehrere Erkenntnisse für unser Thema. Denn erstens wäre Trumps Vormarsch undenkbar gewesen ohne die Plattformen: »Ich denke, dass ich ohne Twitter vielleicht nicht hier wäre«, erklärte Trump bei Fox

News.[12] Zweitens beweist das Handeln der Plattformen, dass sie das selbst auch so einschätzen (andernfalls hätten sie Trumps Profile nicht antasten müssen). Drittens zeigt die Handlung der Plattformen, wer hier wirklich Herr im Haus ist. Wer immer in Zukunft durch seine eigene Präsenz auf den Plattformen ein solches Amt erhält, untersteht letztlich dem Goodwill der Plattformen. Oder andersherum ausgedrückt: Es gibt niemanden mehr auf der Welt, der über den Plattformen steht. Wenn sie nicht mehr mitziehen, können sie *jede* politische Person nach eigenem Dafürhalten kommunikativ kaltstellen – sogar den amtierenden Präsidenten der Vereinigten Staaten.

Wenn wir uns eine Welt vorstellen, in der die redaktionellen Medien »abgeschaltet« sind und der politische Diskurs in erster Linie über die Plattformen stattfindet, werden die Plattformen diesen Diskurs vollständig kontrollieren und obendrein, um es in den Worten von Habermas zu formulieren, die inklusive, deliberative Öffentlichkeit zerstören.

Trump scheint zu einem ähnlichen Schluss gekommen zu sein, als er nach seinem Rauswurf aus den Social Media seine eigene Plattform gründete. Im Kontext seiner Präsidentschaft hatte seine erste Wette darin bestanden, auf die übliche politische Symbiose mit den redaktionellen Medien zu pfeifen und seine Politik per Twitter direkt an seine Follower zu kommunizieren. Bei seiner zweiten strategischen Wette erhöhte er den Einsatz noch einmal drastisch, indem er auf die Symbiose mit den existierenden Plattformen pfiff und an deren Stelle seine eigene Plattform, Truth Social, setzte, die er selbst vollständig kontrollieren konnte. Hier konnte ihn niemand mehr aussperren. Aktuell spricht einiges dafür, dass Trumps neue Wette in Bezug auf Truth Social nicht aufgeht. Nicht einmal seine Prominenz und sein Kultstatus unter seinen Anhängern reicht aus, um dem Sog der Megaplattformen zu entgehen. *Niemand* steht über den Plattformen und ihren Aufmerksamkeitsmonopolen – auch nicht Donald Trump.

Man sollte sich jedoch hüten, aus lauter Aversion vor Trump zu früh zu feixen oder umgekehrt zu protestieren, wenn Elon Musk den Spieß umdreht. Im Kern geht die Bedrohung unserer Politik nicht von Donald Trump aus, sondern sie erwächst naturgemäß aus der Aufmerksamkeitsökonomie der Plattformen. Politiker wie Trump nutzen nur die Potenziale dieser Plattformen im politischen Wettbewerb. Wir alle sind gerade dabei, ein Mediensystem aufzugeben, das über Jahrzehnte einen starken, unabhängigen Gegenpol zur Sphäre der Politik bildete. In dem eine pluralistische Vielzahl von Gatekeepern in einem ständigen Abgleich mit den politischen Eliten Zugänge schuf und Bühnen lieferte und die Protagonisten zugleich einordnend kommentierte. In der zukünftigen Ära der Plattformen wird die Politik immer stärker zu einem subordinierten Aspekt der Plattformen selbst, den diese sehr weitgehend kontrollieren. Dabei schien es in den letzten Jahren oft so, als seien die Plattformen selbst überrascht von der Macht gewesen, die plötzlich in ihren Händen liegt. Sie wirkten bisweilen überrumpelt, weil sie das von ihnen selbst geschaffene Monster nicht mehr beherrschten – weswegen sie im Fall von Trump panikartig den Ausschalter betätigten.

Ob die Inhaber der Plattformen auch in zukünftigen Zeiten demokratische Werte respektieren, vor allem dann, wenn radikale, demokratiefeindliche Standpunkte ihren eigenen Interessen dienen? Wir dürfen es getrost bezweifeln. Jedes einseitig beherrschte System tendiert zum Machtmissbrauch. Die Mega-Plattformen werden sich genau dahin bewegen. Und Elon Musk scheint das nächste Kapitel in dem Prozess dieser natürlichen Darth-Vaderisierung der Plattformen zu sein; eine Entwicklung, die schon deshalb unausweichlich ist, weil die Mega-Plattformen ja immerhin noch untereinander im Wettbewerb stehen. Die Logik ist seit Jahrzehnten dieselbe: Wenn wir das nicht tun und uns den Zugriff auf die Politik zunutze machen, werden die anderen es tun.

Um eine Vorstellung davon zu bekommen, wie diese zukünftige politische Welt aussieht, stellen wir uns einfach vor, ein rechter Medien-Tycoon wie Rupert Murdoch wäre im Besitz dieser Plattformen und könnte mit ihnen nach Belieben frei schalten und walten. Früher oder später wird dieses Szenario wahr werden – und maligne Eigentümer werden mit ihrer Kontrolle der politischen Öffentlichkeit durchstarten. Dann gnade uns Gott – denn wir werden keine freie Medienlandschaft mehr besitzen, auf die wir dann noch zurückgreifen könnten, um Einsprüche zu erheben oder Revisionen zu fordern.

4. Mega-Medien übernehmen unsere Gesellschaft

Die Digitalkonzerne haben seit ihrer Existenz massiv von unserem Denkmuster der schwachen Medien profitiert, die wir gegen die Macht des starken Staates schützen müssen. Genau deshalb lieben sie den Begriff der »Freiheit«. Hier können sie immer wieder auf Konzepte wie Meinungs- und Medienfreiheit verweisen. Seit vielen Jahren schon spielen sie so mit Politik und Behörden erfolgreich Katz und Maus. Und sie behaupten immer wieder, sie seien noch nicht einmal Medien, sondern »nur« Plattformen, »nur« Intermediäre, obwohl sie doch den Großteil ihrer Umsätze auf dem Feld der Medien erzielen. Wir haben gesehen, dass das genaue Gegenteil der Fall ist: Diese neuen digitalen Medien verfügen über Superkräfte, die in der jahrtausendelangen Geschichte der Medien beispiellos sind.

Aber Wirtschaft und Politik sind nicht die einzigen Bereiche, in denen die Mega-Medien von Big Tech all das in den Schatten stellen, was mit analogen Medien in früheren Zeiten möglich war. Sie dringen auch weit in die Privatsphäre der Nutzer ein, auf die die analogen Medien früherer Zeiten kaum Zugriff hatten. So entzog sich das abgegrenzte Territorium des privaten Wohnraums weitgehend dem Zugriff der Öffentlichkeit. Die Zone der Familie, der persönlichen Freundschaften, der privaten Zusammenkünfte, des Austauschs von Intimitäten befand sich jenseits des Mediensichtschutzes, ebenso wie etwa auch die Sphäre der persönlichen Ausbildung, des Berufs, der privaten Urlaubsreise, der Nachbarschaft, der Schule und so fort. Die Massenmedien waren aus diesem Bereich sehr weitgehend ausgeschlossen. Natürlich fanden auch in früheren Zeiten Massenmedien vereinzelt Zugänge zu dieser Sphäre, doch handelte es sich bei solchen »exklusiven« Einblicken fast stets um Personen des öffentlichen Lebens, und dieser Zugang war die absolute Ausnahme und nie die Regel.

Die Revolution der großen Social-Media-Plattformen bestand vor allem darin, jeder einzelnen Person zu ermöglichen, persönliche Details aus dem eigenen Leben zu publizieren. Die neuen digitalen Massenmedien erweitern also drastisch den Zugriff. Sie dringen in unsere Familien ein, in die Sphäre der Kindheit, sie sind in unserem Garten anwesend, sie sind bei jeder Party präsent, sie liefern Einblicke in intimste Details unseres Lebens von der Schwangerschaft bis zum Sterbebett. Dass dieser private Schutzzaun um unsere Existenzen wegbricht, erklärt viele Phänomene, welche uns momentan beschäftigen, etwa den Verlust der Kontrolle über unsere Privatsphäre *(post privacy)*, aber auch Hate Speech (persönliche Angriffe von Fremden auf Privatpersonen), Shitstorms oder einseitige politische Meinungsmache. Die digitalen Medien ziehen diese Privatsphäre immer mehr in ihre Medienwirklichkeit hinein. Diese Übernahme führt im Fall von Wirtschaft und Politik in erster Linie zu massiven *Macht*akkumulationen, die weit jenseits des traditionellen Zugriffs der klassischen Massenmedien liegen. Zudem wird dadurch jedes Individuum weitaus stärker von den Plattformen beherrscht, als dies zu den Zeiten der diskreteren Massenmedien der Fall war.

Die Aufmerksamkeitsökonomie der Plattformen zwingt die Menschen nicht nur dazu, auf Social Media immer aktiver zu sein und immer mehr Zeit zu verbringen. Denn hier codieren sie ihre Individualität im Austausch mit dem Kollektiv. Wer sich weigert, hier mitzumachen, riskiert den sozialen Tod. Weil persönliche, emotionale Einblicke in der Aufmerksamkeitsökonomie dieser Medien mehr zählen als unpersönliche Botschaften, erleben wir seit knapp zwanzig Jahren einen allgemeinen Überbietungswettbewerb um die Preisgabe intimster Details aus dem Privatleben. Auch hier führt die beschriebene Dynamik dazu, dass den Mega-Plattformen immer größere Areale unserer Lebenswelt zufallen, so dass unsere Freizeit zunehmend darin besteht, für die Plattformen zu »arbeiten«. Umgekehrt haben wir kaum noch Rückzugsräume, die dem Zugriff der Plattformen entzogen wären. Dabei kennen die Plattformen durch ihre überwachungskapitalistische Ausspähung unserer Privatsphäre auch noch hundert Mal mehr intime Details über uns als das, was wir selbst in den Plattformen publizieren.

Aber es gibt noch weitere Areale neben Wirtschaft, Politik und Privatsphäre, die zunehmend von Big Tech übernommen werden – wie etwa unsere *Kultur*. Durch ihre marktbeherrschenden Stellungen gehören den Digitalkonzernen ganze Mediengattungen (YouTube entspricht dann dem digitalen Fernsehen). Das gilt auch für riesige Areale der Kultur, die in früheren Zeiten eigene Ökosysteme und Industrien besaßen. Nehmen wir als Beispiel die *Musikindustrie*. Diese wird in Zukunft abgelöst durch das Duopol Spotify und Apple. Nehmen wir den Markt der *Bücher*. Hier besitzt Amazon in Zukunft eine marktbeherrschende Stellung, die so ausgeprägt ist, dass es geradezu beliebige Bedingungen gegenüber Autoren und Kreativen durchsetzen kann. Viele digitale Bücher, die man bei Amazon gekauft hat, kann man nur über Amazon lesen – auch hier nutzt Amazon gnadenlos Netzwerkeffekte aus, die Wettbewerber außen vorlassen. Ähnlich sieht es bei Hörbüchern aus (Amazon Audible). Die Podcasts liegen weitgehend in der Hand von Spotify und Apple. Die Liste ließe sich noch lange fortsetzen.[13]

Die Digitalkonzerne besitzen ferner die wichtigsten Infrastrukturen für eine zukünftige digitalisierte Gesellschaft – ob es sich nun um Serverfarmen, Cloud Computing oder Musks Satelliteninternet handelt.[14] Sie expandieren ihre marktbeherrschenden Stellungen in angrenzende Kategorien und ihre Produkte sind international verfügbar.[15] Das gibt ihnen nahezu unendliche Potenziale für wirtschaftliche Hebeleffekte, denn sie können ihre Produkte und Dienstleistungen ohne große Zusatzkosten in nahezu beliebig vielen Märkten ausspielen und auf diese Weise ihre Geschäftsmodelle skalieren. Das bietet natürlich unschlagbare Kostenvorteile gegenüber etwaigen verbliebenen Wettbewerbern. In diesem Sinne sind die Ambitionen der Tech-Riesen tatsächlich global – hier geht es im wahrsten Sinne um die »Weltherrschaft«.

Diesem universalen Anspruch der Tech-Riesen gemäß wäre auch eine globale Digitalwährung folgerichtig. Damit ließe sich eines der zentralen Hoheitsgebiete des Staates aushebeln, denn in der Eigenwahrnehmung der Digitalkonzerne sind die Nationalstaaten ohnehin veraltete Strukturen, die in der Zukunft durch eine neue, internationale Digitalordnung abgelöst werden. Der ambitionierteste Vorstoß der Tech-Riesen war der Plan von Meta, eine eigene Kryptowährung namens Libra einzuführen. Nach der Ankündigung durch Facebook im Juni 2019 wurde es den staatlichen Regulierungsbehörden dann offenbar doch etwas mulmig. Sie wollten das Totalversagen bei der Regulierung der Plattformen nicht wiederholen und den Tech-Riesen auch noch zusätzlich ohne Gegenwehr unser Geldwesen überlassen und steuerten entschlossen gegen. Nach massiver regulatorischer Gegenwehr sowie Bedenken in Bezug auf Geldwäsche, Verbraucherschutz und Befürchtungen einer möglichen Destabilisierung des weltweiten Finanzsystems musste Meta das Projekt Anfang 2022 aufgeben. Dass die Politik allmählich begreift, wie weit die Ambitionen der Tech-Riesen gehen, belegt eine Äußerung von Sylvia Garcia, einer Abgeordneten der US-Demokraten im Repräsentantenhaus: »Wir müssen Zuckerberg unmissverständlich klarmachen, dass er kein eigenes Land ist«.[16]

Wie bedrohlich die Situation zu dieser Zeit war, sehen wir auch daran, dass sogar die Europäische Union sofort aktiv wurde: »Man kann das Projekt des digitalen Euro als Gegenbewegung zu Bitcoin oder der gescheiterten Facebook-Initiative Libra verstehen, mit der privates Geld in Umlauf gebracht werden sollte.«[17] Wären die Behörden in den USA und der EU nicht aufgewacht, hätte Facebook seine mehr als 2 Milliarden Nutzer weltweit zur Verwendung der eigenen Währung animieren können, um durch die Netzwerkeffekte ein weltweites Digitalgeld einzuführen.

Dennoch bleibt die Situation bedrohlich. Die Digitalkonzerne sind auch ohne den Libra beim elektronischen Zahlungsverkehr auf dem Vormarsch. Ganze 91 Prozent der Bürger in Deutschland, die digitale Bezahlsystem nutzen, verwenden PayPal, den unangefochtenen Marktführer.[18] Auch bei der rasant wachsenden Bezahlung per Smartphone haben die Tech-Riesen die Nase vorn, hier sind Apple Pay und Google Pay die Marktführer.[19] Alphabet und Apple können ihre existierenden marktbeherrschenden Stellungen abermals in ein neues Feld übertragen und erneut Netzwerkeffekte für sich nutzen. Denn bei Währungen wie Bezahldiensten ziehen dieselben Netzwerkeffekte wie bei Medien: Je mehr Teilnehmer ein solches Produkt nutzen, desto attraktiver wird das Produkt für alle anderen Nutzer.

Unsere Übersicht auf der nächsten Seite zeigt, wie es den Tech-Riesen gelungen ist, die vielfältigen Anwendungsfälle digitaler Medien in immer neue Bereiche zu übertragen. Sie haben ihre digitalen Medien maximal expandiert. Es ist ihnen gelungen, den Zugriff ihrer Werbung bis in die Transaktionen des E-Commerce zu verlängern, ihnen »gehört« der gesamte digitale Wertschöpfungstrichter, und in Zukunft werden sie zunehmend eigene Produkte herstellen und digital monetarisieren. Sie kontrollieren fast die gesamte digitale Öffentlichkeit und dringen bis in die intimsten Geheimnisse unserer Privatsphäre vor. Diese Vormachtstellung bauen sie weltweit immer weiter aus. Vor diesem Hintergrund ist es noch unfassbarer, dass die Mega-Medien über Jahre und Jahrzehnte damit durchgekommen sind, den Schutz »schwacher« Medien vor staatlichem Zugriff für sich zu beanspruchen und sich auch noch als bloße Intermediäre zu verkaufen.[20]

Wie stark diese Mega-Medien wirklich sind, sehen wir am besten, wenn wir einmal aus der Perspektive der Eigentümer vergleichen, was man mit analogen Medien einerseits und mit digitalen Plattformen andererseits anstellen kann. Für die analogen Medien ist das eine einfache Übung: Im Wesentlichen transportieren sie Inhalte, welche das Publikum unterhalten und informieren, die gebündelte Aufmerksamkeit des Publikums verkaufen sie als Werbung.

Exakt dasselbe gilt zunächst einmal auch für die Plattformen – auch sie unterhalten, informieren und verkaufen Werbung. Aber schon hier haben sie »Superkräfte« im Vergleich zu den analogen Medien, denn durch die Akkumulation von Daten kennen sie alle Interessen, Vorlieben und Bedürfnisse der Nutzer im Detail, weswegen sie in der Lage sind, die Werbeanzeigen genau zu targetieren. Im Gegensatz zu den redaktionellen Medien können digitale Medien online verkaufen, was auch bedeutet, dass sie Anzeigen entlang des Funnels platzieren können (Retargeting). Weil ihnen zu allen Views und auch zu allen Conversions die Daten bekannt sind, können sie diese Daten auch nutzen, um eigene Produkte zu entwickeln, die sie dann in ihrem eigenen Funnel online verkaufen.

Jenseits dieser ökonomischen »Superkräfte« können die Eigentümer ihre Plattformen zudem auch dazu nutzen, unsere Demokratie von innen zu zersetzen: Einerseits sind sie in der Lage, die politische Öffentlichkeit durch Traffic-Manipulationen für ihre eigenen Ziele zu steuern. Andererseits können sie bei missliebigen Personen regelrechte geheimdienstartige Operationen durchführen, um auf diese Weise etwa Sanktionen zu ergreifen oder andere Formen der Vorteilsnahme zu betreiben. Wir schauen uns beide Aspekte anhand von konkreten Beispielen an.

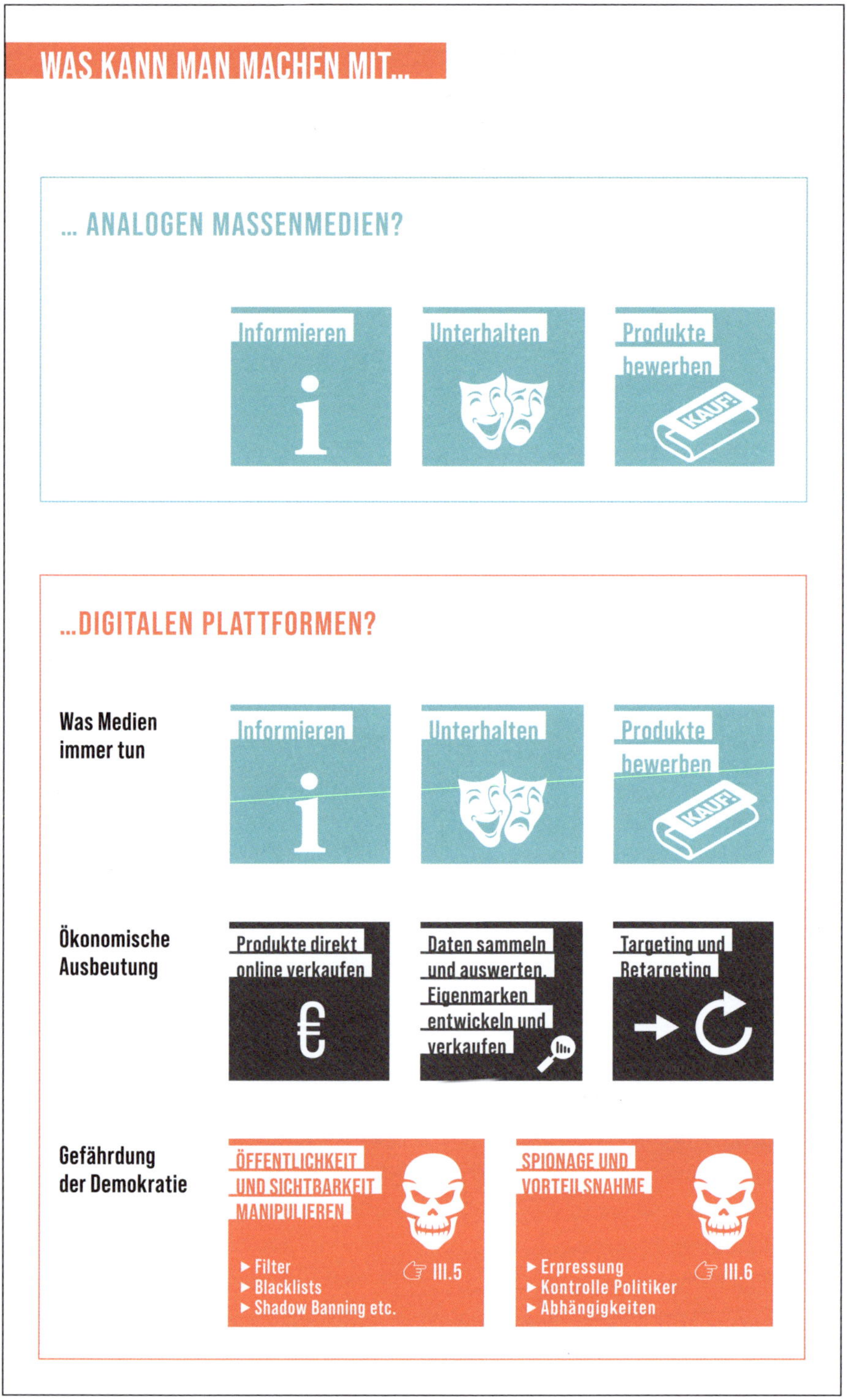
WAS KANN MAN MACHEN MIT...
... ANALOGEN MASSENMEDIEN?
Informieren
Unterhalten
Produkte bewerben
KAUF!
...DIGITALEN PLATTFORMEN?
Was Medien immer tun
Informieren
Unterhalten
Produkte bewerben
KAUF!
Ökonomische Ausbeutung
Produkte direkt online verkaufen
Daten sammeln und auswerten, Eigenmarken entwickeln und verkaufen
Targeting und Retargeting
Gefährdung der Demokratie
ÖFFENTLICHKEIT UND SICHTBARKEIT MANIPULIEREN
► Filter
► Blacklists
► Shadow Banning etc.
III.5
SPIONAGE UND VORTEILSNAHME
► Erpressung
► Kontrolle Politiker
► Abhängigkeiten
III.6

5. Digitalkonzerne manipulieren den Traffic

Als Elon Musk Twitter kaufte, konnte man gerade in der Zeit des Umbruchs durch seine wilden, erratischen Handlungen erkennen, wie umfassend die Eigentümer der Plattformen Inhalte und Nutzerzugriff steuern können. Erinnern wir uns an mehrere Aktionen Musks aus den ersten Wochen nach der Übernahme: Erst wurden die Konten verschiedener US-Journalisten gesperrt, die etwa für die *New York Times,* die *Washington Post,* für *CNN* und andere Medien arbeiteten. Deren Posts missfielen Musk – angeblich hatten sie seine Aufenthaltsorte geteilt. Twitter legte aber weder Belege für diese Vorwürfe vor, noch erhielten die betroffenen Personen eine Vorwarnung.

Dann reagierte Musk auf Prankster, die kritische oder satirische Behauptungen über Markenhersteller gepostet hatten (etwa zu Nestlé: »We steal your water and sell it back to you«; die Headline eines falschen Pepsi-Profils lautete »Coke is better«; auch Tesla blieb nicht verschont: »the 53 % drop in stock price doesn't phase us. If there's anyone who knows about crashing, it's us«), mit Einschränkungen, um die Abwanderung von Werbekunden zu stoppen.

Im Kontext der vielen Aufrufe auf Twitter, das Netzwerk zu verlassen und stattdessen Alternativen wie etwa Mastodon zu nutzen, reagierte Musk mit einem Verbot, Links auf rivalisierende Netzwerke zu setzen, auf solche Netzwerke zu verweisen oder auf die neuen Profile aufmerksam zu machen. Zusätzlich veränderte Musk offenbar auch die Direktiven im Umgang mit Hate Speech. Während sich in den ersten Wochen nach der Übernahme die Zahl der Tweets, die von Twitter als Hate Speech eingeschätzt wurde, verdoppelte, lag der Anteil wenige Wochen später, im November 2022, ein Drittel unter den Durchschnittswerten vor der Übernahme.[21]

Traffic wurde auch manipuliert, um Elon Musks Ego zu füttern – so drohte dieser seinen Mitarbeitern offenbar »mit Kündigung, wenn sie seine Tweets nicht erfolgreicher als die von Joe Biden machen würden. […] Musk hatte diese ›Bitte‹ geäußert, nachdem Präsident Joe Biden für einen Eagles-Tweet mehr Aufmerksamkeit erhalten hatte. […] Musk ließ am Sonntagabend daraufhin 80 Ingenieure daran arbeiten, dass seine Tweets ebenfalls eine große Resonanz finden würden – andernfalls würden sie ihren Job verlieren. […] Dem Bericht zufolge arbeiteten die Twitter-Ingenieure die Nacht hindurch an einem System, das es Musk ermöglichte, seine Tweets ›um den Faktor 1.000‹ höher zu bewerten als die anderer Nutzer, wie ›Platformer‹ berichtet.«[22]

Die Möglichkeiten der Plattformen, die Sichtbarkeit von Inhalten aktiv zu beeinflussen, sind nahezu unbegrenzt. Allein diese Beispiele zeigen, dass schon die Vorstellung von »Plattformen« oder »Intermediären« als vermeintlich inhaltsneutrale »Oberflächen«, »Vermittler« oder »Behälter« grundfalsch ist. Diese Neutralität existiert de facto nirgendwo, weder bei Twitter noch auf anderen Plattformen.

Wer denkt, dass diese systematischen Traffic-Manipulationen nur durch Algorithmen gesteuert würden,[23] verkennt den Ernst der Lage. Besonders interessant an dem Fall Twitter war eine zeitgleiche Veröffentlichung vormals geheimer Dokumente und Informationen aus dem früheren Twitter-Universum durch den Journalisten Matt Taibbi in den sogenannten »Twitter Files«. Diese belegen, dass Twitter vor der Übernahme durch Musk sehr eng mit US-amerikanischen Regierungsbehörden wie etwa dem FBI, der CIA oder dem Finanzministerium auf kritischen Themenfeldern kooperierte, um die Informationsflüsse im Inneren der Plattform zu manipulieren. Im Kontext von Corona sollen durch diese Maßnahmen Profile von umstrittenen Personen gesperrt worden sein. Twitter wurde für seine Kooperation sogar bezahlt und erhielt bis 2019 vom FBI 3,4 Millionen US-Dollar.

Zu den Mitteln der Traffic-Manipulation gehören Sichtbarkeitsfilter und verschiedene schwarze Listen, wie eine »Search Blacklist« oder »Trends Blacklist«. Besonders interessant ist auch ein Befehl namens »Do Not Amplify« – denn die Anweisung, spezifische Inhalte »nicht zu verstärken«, ergibt ja nur dann Sinn, wenn im Gegenzug andere, als wünschenswert erachtete Inhalte sichtbarer gemacht wurden. Taibbi und seine Kollegen haben eine Menge Indizien gesammelt, die nahelegen, dass solche Praktiken auch bei Facebook und Google üblich sind.[24] Und auch zu TikTok wurde immer wieder über Manipulation etwa durch Wortfilter berichtet. Beiträge mit Begriffen wie »homo«, »gay«, »LGBTQ«, »Nazi«, »Porno« oder »Sex« wurden gesperrt, ohne dass dies für die Urheber erkennbar war (»Shadow Banning«).[25]

Wenn Plattformen behaupten, sie seien nur neutrale öffentliche Foren, die den Menschen reine Benutzeroberflächen zur Verfügung stellen, in denen sie sich austauschen können, lügen sie. Sie manipulieren den Traffic nach ihrem eigenen Gusto, und jeder dort weiß es: » ›Wir kontrollieren die Sichtbarkeit in hohem Maße. Und wir kontrollieren die Verbreitung der Inhalte in hohem Maße. Und normale Menschen wissen nicht, wie sehr wir das tun‹, sagte uns ein Twitter-Mitarbeiter. Zwei weitere Twitter-Mitarbeiter bestätigten dies.«[26]

Von den Tech-Riesen wird der Verdacht, der in der Öffentlichkeit immer wieder geäußert wird, ebenso regelmäßig immer wieder zurückgewiesen. Dabei haben sie oftmals Tatbestände geleugnet, die sie später zugeben mussten. Im Juli 2018 erklärten Vijaya Gadde, damals Twitters Head of Legal Policy and Trust, und Kayvon Beykpour, damaliger Head of Product des Unternehmens, auf dem Twitter-Blog, sie »praktizieren kein Shadow Banning« und »verhängen ganz sicher keine Shadow Bans aufgrund von politischen Ansichten oder Ideologien.«[27] Besonders problematisch ist, dass diese Manipulationen in den Black Boxes der Plattformen stattfinden, ohne dass wir die Chance haben, dies zu bemerken. Auch die Wissenschaft hat keine Möglichkeit, diese Manipulationen zu erforschen. Wir wissen also nur eines mit absoluter Sicherheit: Wir können keiner einzigen Äußerungen von ihnen Glauben schenken, wir können ihnen keinen Millimeter vertrauen.

Dass dies bei Twitter ans Licht kam, verdanken wir nur dem zufälligen Umstand der Übernahme durch Musk. Einerseits erkennen wir die Manipulationen von Musk selbst. Andererseits ist die Publikation der Twitter Files natürlich auch eine Form von Propaganda, mit der Musk uns mitteilt: Schaut her, wie übel es schon vor meiner Zeit um Twitter stand. Hier ist sicherlich auch die Gefahr groß, aufgrund eigener politischer Präferenzen zu urteilen – wonach es etwa »gut« ist, wenn Trump aus der Plattform ausgesperrt wird, und »schlecht«, wenn es sich bei den ausgesperrten Personen um Journalisten handelt.

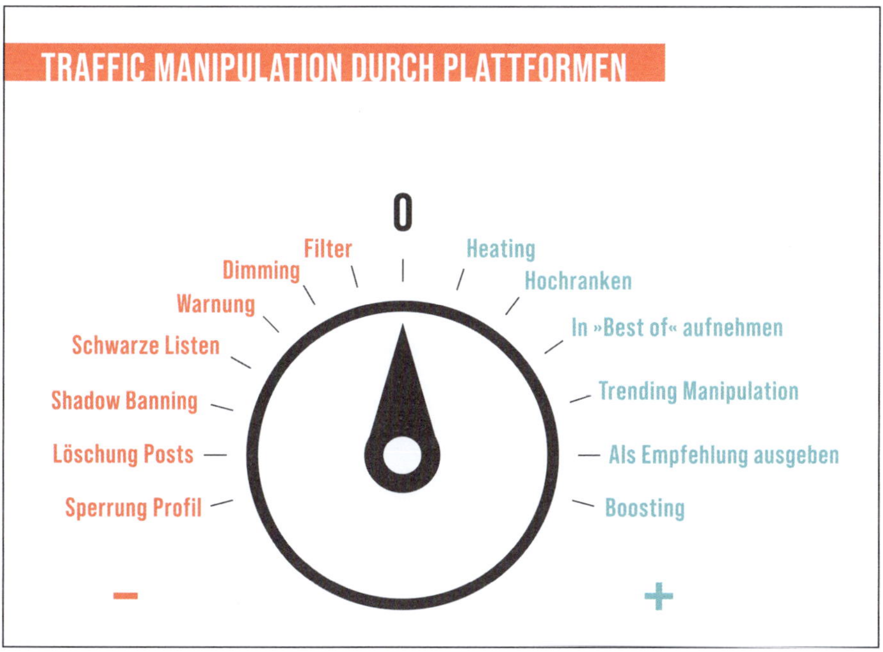

Aber die eigentliche Erkenntnis ist grundlegender. Wir erkennen nämlich, wie weitgehend die Eingriffe der Plattformen in den Traffic sind. »Anfang Mai stellten kolumbianische Instagram-Nutzer fest, dass Inhalte, die sie im Zusammenhang mit den laufenden Protesten im Land gepostet hatten, regelmäßig verschwanden. Das Gleiche geschah in Palästina und Israel, wo es Hinweise auf systematische Bemühungen gab, bestimmte Arten von palästinensischen Inhalten zu entfernen. Instagram erklärte, das ›Problem‹ sei einige Tage später behoben worden und es sei nie die Absicht gewesen, Demonstranten zum Schweigen zu bringen. Die anschließende Berichterstattung von *BuzzFeed News* zeigte jedoch, dass mehr im Spiel war und dass Moderationsteams willkürlich Gemeinschaften zum Schweigen bringen konnten (in diesem Fall betrachtete Facebook die Al-Aqsa-Moschee als terroristische Organisation).«[28]

Es ist naheliegend, dass solche Manipulationen auch zu kommerziellen Zwecken eingesetzt werden – für TikTok wurde beispielsweise nachgewiesen, dass bestimmte Influencer mit wichtigen Markenpartnern über ein sogenanntes »Heating« der Posts aktiv in Sichtbarkeit und Reichweite gepusht werden.[29] Die Mechanik erinnert an Berichte, die man immer wieder von YouTubern hört: Bis zu einem bestimmten Zeitpunkt läuft alles gut, aber dann brechen aus heiterem Himmel die Klicks ein – wahrscheinlich weil Alphabet an den Algorithmen geschraubt hat.

Hier noch eine Begebenheit aus meinem persönlichen Umfeld, die mir vertraulich erzählt wurde: Ein Freund von mir arbeitete für eine Agentur, die eine neue Online-Präsenz für ein Ministerium der Bundesregierung entwickelt hatte. Nach dem Start war der Traffic leider ziemlich schwach. Aber zum Glück war einer der Digitalkonzerne zur Stelle (wer hilft denn nicht gern, wenn es um die Bundesregierung geht?). Der Tech-Gigant schob ein wenig von hinten an, und siehe da, plötzlich war auf magische Weise auch der Traffic da. Schöner Nebeneffekt: Man gewann dann sogar einen Preis für die tolle Exekution. Lustig, nicht wahr?

Wir können nun erneut unser Experiment durchführen, die analogen Medien abschalten und uns fragen: Wer wird dann in Zukunft die Plattformen kontrollieren? Die zentrale Erkenntnis aus Fällen wie den Twitter Files führt uns zurück in den Kern unseres Denkmusters über die vermeintlich schwachen Medien, die vor starken externen Kräften (typischerweise dem Staat) geschützt werden müssen, und zwar gegen Zensur und andere Formen der Instrumentalisierung. Spätestens jetzt wird klar: Diese Gefahr droht den digitalen Plattformen heute nicht mehr hauptsächlich von außen, sondern vor allem von innen. Denn diese Mega-Medien sind es ja selbst, die zensieren, die manipulieren, die instrumentalisieren.

Exakt diese Erkenntnis hat kein geringerer als Jack Dorsey, der Gründer von Twitter, im Kontext der Twitter Files geäußert. Seine bemerkenswerte Reflexion beschreibt exakt, was gerade passiert: Wie die Gefahr einer zentralen Kontrolle, die früher einmal von Regierungen ausging, in Zukunft von den Plattformen ausgeht. Am Ende bestimmen dann einzelne Personen darüber, welche Inhalte Nutzer in den digitalen Medien ausgespielt bekommen. Die Plattformen, so Dorsey, sind »viel zu mächtig geworden«.

Jack Dorseys Statement vom 13.12.2022 zu den »Twitter Files«[30]

Unternehmen [wie Twitter, M. A.] sind viel zu mächtig geworden – das ist mir spätestens in dem Augenblick klar geworden, als wir Trumps Profil gesperrt haben. [...] Natürlich wollen Regierungen die öffentliche Meinung formen und kontrollieren, und sie werden jede Methode nutzen, die ihnen dafür zur Verfügung steht, inklusive der Medien.
Und die Macht, die Unternehmen ausüben, um genau dasselbe zu tun, wächst immer weiter. Es ist essenziell, dass die Menschen über Werkzeuge verfügen, sich dieser Macht zu entziehen, und dass diese Werkzeuge den Menschen gehören. Wenn man einer Regierung oder einigen wenigen Unternehmen erlaubt, die öffentliche Debatte zu besitzen, dann führt dies zu einer zentralen Kontrolle. [...] Unser Problem ist heute, dass es Unternehmen gibt, denen sowohl das Protokoll [hier: der geschlossene Standard, M. A.] als auch der Zugang zu den Inhalten gehört. Was bedeutet, dass am Ende eine einzelne Person darüber bestimmt, welche Inhalte zur Verfügung stehen und von den Nutzern gesehen werden.«

6. Spionagetätigkeiten durch Big Tech

Dass die Digitalkonzerne unsere Intimsphäre personengenau ausspionieren und immer größere Akkumulationen von Daten anreichern, um immer bessere Vorhersagen über unser Verhalten zu gewinnen und damit sehr viel Geld zu verdienen, ist spätestens seit Shoshana Zuboffs Standardwerk über den digitalen »Überwachungskapitalismus« bestens bekannt. Wir haben bereits das Muster der Darth-Vaderisierung beschrieben, das in immer neuen Varianten und Schattierungen immer wieder ähnlich abläuft: Unternehmen und Manager, die ursprünglich einmal nützliche Ziele aus idealistischen Motiven verfolgt haben, geraten auf die dunkle Seite der Macht. Zuboff hat exakt diesen Prozess sehr detailliert am Beispiel von Google beschrieben: Zwei junge Studenten, Larry Page und Sergey Brin, gründen 1998 das Unternehmen, welches zunächst Schwierigkeiten hat, sich über Wasser zu halten, und aus verschiedenen, unkoordiniert wirkenden Bereichen unterschiedliche Einkünfte erzielt. Als 2000 die Dotcom-Blase platzt, bezweifelten viele die Überlebensfähigkeit des Unternehmens. Etwa in dieser Zeit entdeckt Google das Potenzial der Daten, die sie dafür einsetzen, die Effizienz von Online-Werbung zu verbessern.

Obwohl die idealistischen Gründer zunächst eigentlich keine Lust auf Werbung hatten, ließen sie nun alle Skrupel fallen und entwickelten ihr neues Geschäftsmodell auf der Grundlage »widerrechtlich abgeschöpfter Ressourcen« [31] – was wiederum die extreme Geheimhaltung in Bezug auf interne Informationen erklärt: Die Öffentlichkeit soll unter keinen Umständen erfahren, dass Google Geld durch die Überwachung seiner Kunden verdient, zumal gerade Google ja stets das enge und vertrauensvolle Verhältnis zu der Nutzergemeinschaft betont hatte. Googles systematischer Verrat an seinen Kunden und die heimliche Ausspähung begannen Anfang der 2000er Jahre. Das Geschäftsmodell der Datenextraktion wurde dann von Facebook übernommen, das eine ähnliche Darth-Vaderisierung wie Google durchlief – und so fort.

Zuboff hat auch einschlägig beschrieben, welche allgemeinen Folgen die Überwachungstätigkeit der Tech-Riesen auf unsere Gesellschaft hat: Durch die unzähligen Verhaltensstupser, die wir täglich auf Grundlage dieser Daten erhalten, verlieren wir unsere Freiheit – denn wir durchschauen diese Millionen winziger Mikromanipulationen ja gar nicht. Wir bemerken nicht, wie unser Verhalten immer mehr durch Tech-Konzerne ferngesteuert wird, und verlieren zunehmend unsere individuelle Autonomie. Die Digitalkonzerne gleichen Puppenspielern, die unbemerkt immer tiefer in unser Privatleben eingreifen und uns wie Marionetten nach ihren Algorithmen tanzen lassen. Diese verstörende Wissens-Asymmetrie, auf die wir zusteuern, bringt uns zu der Frage: Wie wird die Welt aussehen, wenn die analogen Medien weitgehend verschwunden sind und den Digitalkonzernen unser Mediensystem in wenigen Jahren gehört?

Um diese Frage zu beantworten, müssen wir erst einmal herausfinden: Was genau wissen die Digitalkonzerne denn über uns? Präziser: Was können sie maximal über eine einzelne Person herausbekommen, wenn sie es wirklich darauf anlegen? Durch eine Meisterleistung des US-amerikanischen Investigativjournalismus im Unternehmen TikTok können wir das jetzt besser einschätzen. Ähnlich wie bei Musks Twitter-Übernahme können wir auch hier dank einer Panne erkennen, wie umfassend die Tech-Riesen schon jetzt geheimdienstähnliche Operationen zu individuellen Personen durchführen können. Die Geschichte dieser Enthüllung liest sich wie ein Spionagethriller. Schon im Oktober hatte das Magazin *Forbes* unter anderem berichtet, TikTok sei in der Lage, die Daten einzelner Nutzer auszuspähen. Genauso wie Twitter Traffic-Manipulationen geleugnet hatte, so leugnete auch TikTok nach den gängigen PR-Ritualen der Digitalbranche umgehend. Unter anderem hieß es in einer öffentlichen Verlautbarung: »TikTok sammelt keine präzisen GPS-Location-Informationen von US-Nutzern, was bedeutet: TikTok ist gar nicht in der Lage, US-Nutzer so zu tracken, wie dies von Forbes unterstellt wird.«[32]

Intern handelte TikTok jedoch exakt gegenläufig (zum Zynismus dieses unter Tech-Riesen verbreiteten Verhaltensmusters kommen wir später zurück in unserem »Flywheel der kollektiven Verarschung«). Man war offenbar genervt von der andauernden kritischen Berichterstattung durch *Forbes* und *BuzzFeed*, die auch noch immer wieder auf Insiderinformationen aus dem Inneren des eigenen Konzerns zurückgriffen. TikTok wusste: Irgendwo in ihrer eigenen Organisation gab es ein Leak. Wer aber waren die TikTok-Mitarbeiter, die Informationen heimlich an die Journalisten durchgestochen hatten?

Um das herauszufinden, setzte TikTok waschechte Geheimdienstmethoden ein. Natürlich kannte TikTok die Identitäten der US-Journalisten aus den Autorenangaben ihrer Berichte. Und über ihre TikTok-Accounts kannte man auch ihre Standort- und Bewegungsdaten – entgegen aller Beteuerungen, dies weder zu können noch zu tun. Mit einem Abgleich dieser Bewegungsdaten mit denen der eigenen Mitarbeiter wollten die TikTok-Spione ermitteln: Gab es irgendwann Überschneidungen? War zu irgendeinem Zeitpunkt ein TikTok-Mitarbeiter an demselben Ort wie einer der Journalisten? Wer hat sich mit wem getroffen und möglicherweise Informationen durchgestochen? Durch solche Stasi-Methoden lässt sich ein Treffen datenbasiert nachweisen und zugleich beweisen, wer in der eigenen Organisation verantwortlich ist. Dann kann man entsprechend handeln, im Klartext: die »Missetäter« feuern.

Dass TikTok offiziell zugeben musste, US-Journalisten ausgespäht zu haben,[33] ist netzpolitisch ein ähnlicher Glücksfall wie Elon als Elefant im Twitter-Porzellanladen. Denn obwohl alle Brancheninsider von den ungeheuren Möglichkeiten des personenbezogenen Daten-Trackings wissen, die den Digitalkonzernen zur Verfügung stehen, ist es dennoch selbst für Experten oft schwer einzuschätzen: Was genau wissen sie über uns? Und die Digitalkonzerne halten ihre Praktiken natürlich streng geheim.

Aus der investigativen redaktionellen Praxis ist immerhin bekannt, dass Informanten aus den Digitalkonzernen häufig Vorsichtsmaßnahmen treffen, wenn sie sich mit Journalisten treffen. Das US-Magazin *Wired* hat beispielsweise darüber berichtet, wie ein anonymer Facebook-Mitarbeiter vor einem solchen Gespräch darauf bestand, dass alle Smartphones während des Treffens ausgeschaltet sein müssen[34]– aus Angst vor exakt dem Fall, der jetzt bei TikTok publik wurde: Dass Facebook durch die Analyse von Standortdaten herausbekommen könnte, wer hier mit einem Journalisten gesprochen hat. Dass die Digitalkonzerne in solchen Fällen nicht zimperlich sind, weiß ebenfalls jeder in der Branche. Angeblich gab es bei Facebook beispielsweise ein »rat catching team«, eine firmeninterne Geheimpolizei, die dafür verantwortlich war, Mitarbeiter zu überwachen und gegebenenfalls Fehlverhalten durch Sanktionen zu bestrafen.[35]

Was können Digitalkonzerne alles über Einzelpersonen herausbekommen?

Wichtig ist, dass die Öffentlichkeit jetzt immerhin die Spitze des Eisbergs dessen erahnen kann, was den Digitalkonzernen an Optionen zur geheimdienstartigen Überwachung von Einzelpersonen zur Verfügung steht. Wir wissen nun sicher, dass TikTok in der Lage ist, standortbezogene Daten im Zeitverlauf auszuwerten. Wir wissen, dass Plattformen durch Cookies nicht nur Daten über die Zeit der Plattformnutzung selbst gewinnen können, sondern auch über die Intervalle hinweg, in der die Plattform gar nicht genutzt wird. Bei jedem Aufruf der Plattform erhält diese dann eine Art Rückmeldung, was ein Nutzer seitdem im Netz getan hat.

Digitalexperten von *TheWrap* konnten Zugang zu zwei sogenannten White-Hat-Studien von Cybersecurity-Hackern erlangen und kamen nach Sichtung der Ergebnisse zu dem Schluss, dass TikTok in der Lage ist, die »Sicherheitsvorkehrungen in den App-Stores von Apple und Google zu umgehen« und auf diese Weise einen »vollen Zugriff auf die Nutzerdaten« zu erhalten. »Der TikTok-Browser hat nicht nur Zugriff auf die Konvertierung vom Web zum Gerät, sondern auch die Möglichkeit, Dinge auf dem Gerät selbst abzufragen. Dritte und Werbetreibende können TikTok-Nutzer im Laufe der Zeit über alle Geräte und Installationen hinweg verfolgen.« Dies würde sicherlich die geheimdienstartige Nutzung im Fall der US-Journalisten erklären. *TheWrap* stellte zudem fest: »Experten weisen darauf hin, dass das Data Mining von TikTok möglicherweise nicht schlimmer ist als das von großen sozialen Netzwerken wie Facebook.«[36]

Dass die Datenflüsse infolge der Nutzung von TikTok sehr weitreichend sind, dafür gibt es mittlerweile zusätzliche Belege. TikTok ist in der Lage, die privaten Messages von Nutzern auszulesen, es kann erscheinende Objekte und Szenen identifizieren, »faceprints« und »voiceprints« erstellen, auf Standortdaten zugreifen und auch die Texte gesprochener Worte identifizieren.[37] Eine Studie von Brian Klais untersuchte Anfang 2022 ein breites Arsenal von Apps und fand heraus, dass sie alle im Durchschnitt mit 15 weiteren Domains in Kontakt stehen, von denen zwölf fremde Third Party Domains sind. Von den Social-Media-Apps hatten TikTok und YouTube die meisten solchen Kontakte. TikTok war mit 14 Domains in Verbindung, 13 davon waren Third Party Domains. Problematisch daran ist, dass Verwender kaum in der Lage sind, herauszufinden, was die angesteuerten Third Party Domains mit ihren Daten machen, die auch jenseits der Nutzungsdauer der App auf ihre Nutzungsdaten zugreifen. Sie haben eigentlich aktuell nur die Option, die App entweder zu verwenden oder nicht.[38]

Das Geständnis von TikTok beweist erstens, dass Digitalkonzerne die ihnen verfügbaren Daten offenbar zu eigenen Spionagetätigkeiten nutzen können, und zweitens, dass sie dies auch tun. Zugleich wirft die Entschuldigung des Managements eher eine Menge zusätzlicher Fragen auf, als dass sie belastbare Antworten liefert. Wir können davon ausgehen, dass solche konkreten Überwachungen von Individuen nur in extrem seltenen Fällen auffliegen, dass in den vergangenen Jahren eine Menge mehr Personen überwacht wurden, und dass solche Praktiken auch in anderen Digitalkonzernen üblich sind.

Leugnen, Lügen, PR-BlaBla

Es ist immer wieder das gleiche Verhaltensmuster wie im Fall TikTok: erst konsequent leugnen, die Öffentlichkeit obendrein noch dreist belügen, und danach eine Managementtheateraufführung mit dem üblichen PR-BlaBla, dass man ja so schockiert und entrüstet sei über die schlimmen Machenschaften angeblicher Einzeltäter, die im Widerspruch zu den hehren Werten des Unternehmens gehandelt hätten; das ganze begleitet von einer Reihe von Kündigungen dieser angeblichen Übeltäter. Wenn schon Mitarbeiter der Tech-Riesen sich davor fürchten, mit Pressevertretern vor eingeschalteten Smartphones zu sprechen, so darf man annehmen, dass auch die Top-Manager der verantwortlichen Konzerne bestens darüber Bescheid wissen, was Sache ist – einer der Sündenböcke, Song Ye, berichtete bei TikTok immerhin direkt an Konzernchef Rubo Liang.

Uns sollte mulmig werden, wenn wir uns an das Foto von Mark Zuckerberg aus dem Jahr 2016 erinnern, auf dessen Laptop die Kamera und möglicherweise auch der Mikrofoneingang mit Tape überklebt waren. Wir wissen von Uber, dass es Journalisten getrackt hat, die über das Unternehmen berichtet haben.[39] Microsoft hat 2012 in einem ähnlichen Fall den Hotmail-Account eines französischen Bloggers ausgelesen.[40] Im Fall von TikTok haben wir den eindeutigen Beweis dafür, wie einfach intimste Informationen zu einzelnen Personen für konkrete Zielsetzungen ausgewertet werden können. Diesem Beweis können wir gar nicht genug Bedeutung beimessen. Und es wäre fahrlässig, dies auf TikTok einzuschränken. Wir alle können uns ausmalen, was die Zukunft für uns bereithält, wenn Plattformen bei Bedarf unser ganzes Privatleben personengenau ausspionieren können. Wenn es um die Durchsetzung ihrer eigenen Interessen geht, könnten sie zum Beispiel bei Politikern mal genauer nachschauen – und feststellen, wenn jemand beispielsweise einen Kredit nicht mehr bedienen kann, eine Affäre hat, Pornos konsumiert, sich seine sexuelle Orientierung geändert hat und so fort. Alle diese Informationen könnten sie dann verwenden, wenn es einmal darauf ankommt: »Es wäre doch sehr schade, wenn die Öffentlichkeit davon erfahren würde, dass Sie schon seit 17 Monaten eine außereheliche, homosexuelle Beziehung haben.« Dann wären wir alle erpressbar.

Höchste Zeit, einmal genau zu prüfen: Was können die Plattformen eigentlich maximal über uns herausbekommen? Und vor allem: Wollen wir ihnen das wirklich erlauben?

7. Das Prinzip der maximalen Übernahme

Wir haben eine Menge Stationen in diesem Kapitel durchlaufen: Unser Startpunkt war das dominante Denkmuster der schwachen Medien, das redaktionelle Medien vor den Zugriffen des übermächtigen Staates beschützt. Seine gesellschaftliche Dominanz ist ebenso verständlich wie gerechtfertigt und rührt aus der Zensur der frühen Zeitungen durch den Obrigkeitsstaat. Die Medien- und Pressefreiheit, wie wir sie heute kennen, musste über Jahrhunderte dem Zugriff der staatlichen Macht mühsam entrissen werden.

Diese weitreichenden Schutzmechanismen für die tatsächlich schützenswerten und leicht angreifbaren redaktionellen Medien haben die Digitalkonzerne sich für ihre Mega-Plattformen zu Nutze gemacht. Ständig tragen sie den Schutz der Meinungs- und Medienfreiheit wie ein Mantra vor sich her und behaupten zugleich, nicht einmal Medien zu sein, sondern »nur« Plattform, »nur« Intermediär, weswegen sie auch nichts mit den Inhalten zu tun haben möchten, die durch die Plattformen transportiert werden.

Unser umfangreicher Realitätstest hat bewiesen, dass die Plattformen tatsächlich Mega-Medien sind, die in vielerlei Hinsicht die Kapazitäten der analogen Massenmedien sprengen: Sie umfassen zusätzlich die Privatsphäre, man kann wirtschaftliche Transaktionen über sie abwickeln, sie ermöglichen die direkte Ausspielung politischer Kommunikation. Die Plattformen übernehmen auf diese Weise immer größere Bereiche der Politik, der Wirtschaft und auch der individuellen Privatsphäre – Felder, auf welche die analogen Massenmedien niemals in dieser Form Zugriff besaßen. Doch der Markt der Medien ist für die Tech-Riesen sowieso nur ein trojanisches Pferd, über das sie in Zukunft immer weiter in die restliche Wirtschaft eindringen werden – zunächst über den Handel und dann bis hin zur Produktion und dem Vertrieb eigener Produkte.

Es sind also Mega-Medien mit ungeheurer Macht und Möglichkeiten. Und trotzdem ist es ihnen gelungen, damit durchzukommen, nur als Intermediäre behandelt zu werden. Stellen Sie sich vor, in Deutschland wäre der Besitz von Schusswaffen verboten, und dieses Verbot gälte für Pistolen, Revolver, Flinten, Gewehre und so fort, aber nicht für Maschinengewehre. Ja, Sie haben richtig gelesen. Das Tragen von Schusswaffen wäre strengstens verboten, da drohen schwere Strafen. Aber Maschinengewehre: Kein Problem. Denn, wie uns die Hersteller von Maschinengewehren erklären, seien Maschinengewehre gar keine Schusswaffen, sondern nur Inter-Munitionäre, welche die Munition lediglich ergebnisneutral übertragen. Die Kugeln würden auch gar nicht individuell durch den Nutzer, sondern automatisch durch das Werkzeug ausgeworfen, das nur ein Service Provider sei. So sind dann auch Maschinengewehrhersteller natürlich keine Waffenfirmen und brauchen sich auch nicht um nervige rechtliche Regelungen zu scheren, die nur ihre boomenden Geschäfte stören könnten. Wann immer jemand vernünftig zu erklären versuchte, dass Maschinengewehre doch auch zum Schießen genutzt würden, dass sie sogar viel gefährlicher seien als die anderen, verbotenen Schusswaffen, dass auch die Todesstatistik ganz eindeutig beweise, dass Maschinengewehre für die meisten Morde und Unfälle in unserem Land verantwortlich seien, würden die Maschinengewehrkonzerne nachdenklich ihre Stirn in Falten legen und denjenigen dann ebenso freundlich wie bestimmt darauf hinweisen, dass das doch schon seit vielen Jahren im Gesetz klar festgeschrieben sei: Maschinengewehre sind keine Schusswaffen. Es sind nur Inter-Munitionäre, und deshalb braucht man auch keine Regeln. Basta.

Übrigens ist der Begriff »Intermediär« selbst ja nur eine Art Umschreibung des Begriffs »Medium«. Medienwissenschaftler definieren ein Medium im Kern als »Mittler« beziehungsweise »Vermittelndes«.[41] Das »Medium« stellt man sich vor als eine Art Werkzeug, das zwischen (»inter«) zwei Polen der Vermittlung steht. Das macht den Unsinn dieser Haltung vollends klar: »Soziale Medien sind keine Medien, sondern etwas ganz anderes.« Nämlich was? »Intermediäre«. Aha. Und »Intermediär« ist eine Umschreibung für was? Genau, für Medien.

Seit Jahren erzählen uns die Digitalkonzerne, dass sie keine Medien seien, und Politiker und Behörden nehmen das treuherzig hin. Was für Idioten wir doch sind, denken sich die Tech-Riesen, dass wir uns derartig die Sinne vernebeln lassen. Oder, wie der neunzehnjährige Mark Zuckerberg meinte: »Dumb Fucks«.

Das Flywheel der kollektiven Verarschung

Den Plattformen stehen also Zugriffsmöglichkeiten offen, von denen die analogen Medien stets nur träumen konnten. Wie wir anhand mehrerer Beispiele gesehen haben, können die Eigentümer der Plattformen den Traffic zu ihren eigenen Zwecken manipulieren und sind sogar in der Lage, einzelne Personen auszuspionieren, um sich auf aggressive Weise Vorteile zu verschaffen. Weil es im Regelfall extrem schwer ist, in die Blackboxes der Tech-Riesen hineinzuschauen (zumal ihre internen Richtlinien jede Preisgabe von Informationen brachial bestrafen), können wir davon ausgehen, dass die Dunkelziffer ähnlicher Tatbestände hundertfach größer ist als die Fälle, die in der Öffentlichkeit bekannt geworden sind.

Shoshana Zuboff hat am Beispiel von Google ein Modell ausgearbeitet, das sie den »Enteignungszyklus« nennt. Er zeigt, wie die Tech-Riesen systematisch digitale Landnahme betreiben. Zunächst dringen sie in ein ungeschütztes Gebiet ein und beanspruchen es als ihr Eigentum. Hier brechen sie oft wissentlich Gesetze: »Gegen Google sind Hunderte von Klagen von Ländern, Gruppen und Einzelpersonen anhängig, und es gibt noch viel mehr Fälle, von denen die Öffentlichkeit nie etwas hört. [...] Es geht fast ausnahmslos darum, dass der eigenmächtige Übergriff auf Widerstand stößt.« [42]

Zuboffs Auflistung von Beispielen für Google allein erzeugt Schwindelgefühle:

- »Digitalisierung von Büchern [ohne Erlaubnis der Urheber]
- Sammeln persönlicher Daten durch Street View
- Erfassung verbaler Kommunikation
- Umgehung von Datenschutzeinstellungen
- Manipulation von Suchergebnissen
- Umfassende Speicherung von Suchdaten
- Übermittlung von Standorten per Smartphone, Wearables und Gesichtserkennung
- Heimliches Horten von Schüler- und Studentendaten für kommerzielle Zwecke
- Konsolidierung von Nutzerprofilen über das ganze Spektrum von Google-Geräten und -Diensten hinweg«

In der ersten Phase des Enteignungszyklus greift ein Digitalkonzern eigenmächtig auf ein spezifisches Gebiet zu und nimmt es in Besitz. Das wird von der Öffentlichkeit irgendwann bemerkt, nun startet die zweite Phase. Hier beginnen meist Gerichtsprozesse empörter Opfer, welche die Besitznahme anfechten. Diese dauern aufgrund der langsamen Verfahren, der verschiedenen Revisionen und Instanzen regelmäßig so lange, dass die Tech-Riesen eine Menge Zeit gewinnen, in der sich das jeweilige Produkt durchsetzt und die gewünschten Netzwerkeffekte eintreten. Was als feindliche, oft widerrechtliche Übernahme begonnen hat, geht allmählich über in einen Prozess der gesellschaftlichen Gewöhnung. Menschen finden es irgendwann »normal«, dass sie 24 Stunden am Tag von einer Social-Media-Plattform ausspioniert werden. Es folgt die letzte Phase, in der die Tech-Riesen typischerweise kleinere Anpassungen vornehmen und auch kommunikativ nachsteuern, meist indem sie den Menschen erklären, dass die bereits erfolgte Übernahme für sie eigentlich eine prima Sache sei, weil sie unser aller Leben verschönere, die Welt verbessere und dergleichen mehr.

Wir haben Zuboffs Modell hier leicht weiterentwickelt zu unserem »Flywheel der kollektiven Verarschung«. Es soll erstens verdeutlichen, dass dieser Prozess nie abgeschlossen ist. Denn die absichtlichen und wiederholten Gesetzesübertretungen, die Lügen und Leugnungen finden nie ein Ende. Es laufen sogar meist mehrere Flywheels parallel: Auf dem einen Feld wird gerade aktiv vertuscht und betrogen, auf dem anderen erfolgen zur gleichen Zeit Entschuldigungen, man habe schwer Mist gebaut, so etwas werde nie wieder passieren und so fort.

Fraglich ist nur noch, wie weit die Digitalkonzerne in Zukunft gehen werden – vor allem in einer Welt, in der die analogen Medien weitgehend verschwunden sind und ihnen die politische Öffentlichkeit quasi »gehört«. Was umgekehrt bedeutet, dass es kaum noch Instanzen der medialen Kontrolle gibt. Würde man die Chefs der Tech-Riesen heute dazu befragen, würden sie sich natürlich »schockiert« geben darüber, dass man ihnen solche schlimmen Missetaten wie Traffic-Manipulation, Spionage und Erpressung überhaupt zutraut. Sie würden mit dem üblichen PR-Talk die angeblichen »Werte« ihres Unternehmens beschwören (Fairness, Transparenz, Vertrauenswürdigkeit, Nachhaltigkeit, Diversität und so fort, suchen Sie sich was aus).

Wir können solche Beteuerungen zurückweisen. Die Tech-Riesen können sogar gar nicht anders, als auf ihrem Weg der Machtakkumulation immer weiterzugehen. Ihr Problem ist, dass sie zwar derzeit auf ihren Gebieten Monopole betreiben und der Wettbewerb dort schon abgeschafft ist. Aber wenn wir eine Ebene höher gehen, dann stehen immer noch die GAFAM in einem Wettbewerb untereinander. Sie werden also stets auch getrieben von den Ergebnissen ihrer Peers. Und weil es sich um börsennotierte Unternehmen handelt, sind sie auf dieser Ebene nicht autonom.

Daraus ergibt sich zwangsläufig das Prinzip der maximalen Übernahme: Die einzelnen Digitalkonzerne stehen unter einem mächtigen Druck, alle nur möglichen (und auch widerrechtlichen) Mittel zu ergreifen, ihr Wachstum zu maximieren. Wenn man also in der Lage ist, durch die systematische Manipulation des eigenen Traffics wirtschaftliche Vorteile zu erzielen, wird man es tun. Es wird niemandem auffallen, es wird niemals irgendwo in der Öffentlichkeit auffliegen. Und man wird innerhalb der Plattformen davon ausgehen, dass die Wettbewerber ohnehin dasselbe tun.

Das gilt genauso für die Einflussnahme auf Politiker oder Entscheidungsträger. Es wird dann naheliegend sein, bevorzugte politische Kandidaten heimlich zu boosten – ihre Beiträge zu pushen, ihre Posts beim »Trending« zu stärken. Ebenso wird es ein Leichtes sein, Politiker davon zu überzeugen, diese und nicht jene Entscheidung zu treffen. »Wie viele Impressions erzielen Sie noch mal durchschnittlich per Post – 1,8 Millionen? Eine stattliche Zahl, stark! Vielleicht überlegen Sie sich ja noch mal, wie Sie kommende Woche über das Thema Datenschutz entscheiden. Wäre doch schade, wenn Ihre Performance hier einbrechen würde.«

Natürlich braucht es diese Konversation in Zukunft eigentlich gar nicht mehr. Denn wenn Sie dann Politiker sind, werden Sie wahrscheinlich sowieso nach wichtigen Entscheidungen an Ihren digitalen Ergebnissen direkt erkennen können, ob sich die Tech-Riesen über Ihre Entscheidung gefreut haben oder ob Sie die Digitalkonzerne verärgert haben. An wen wenden Sie sich dann eigentlich, wenn

DAS FLYWHEEL DER KOLLEKTIVEN VERARSCHUNG

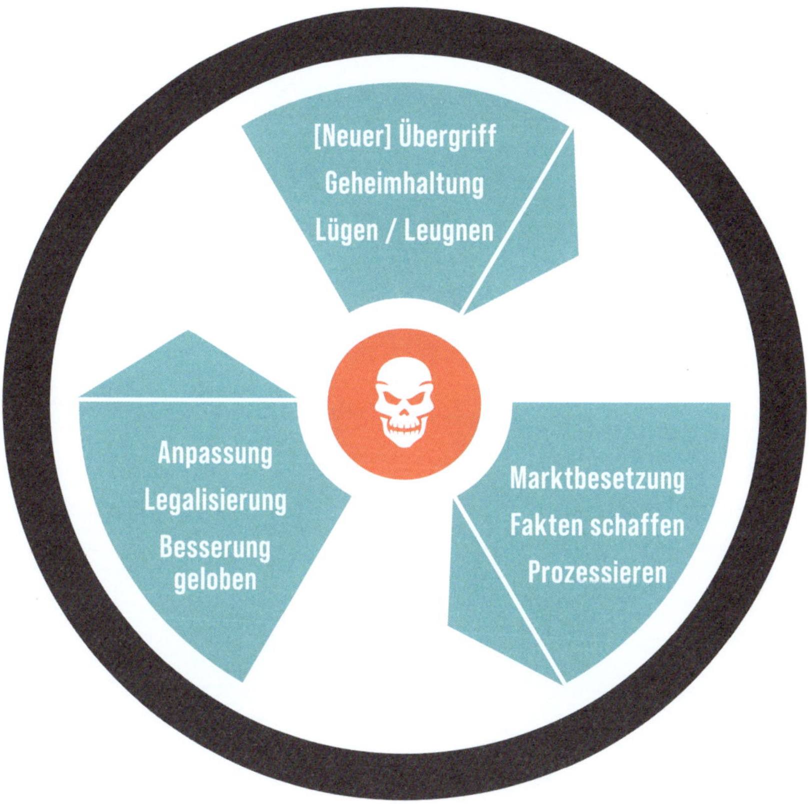

Ihre Sichtbarkeit als Politiker einbricht? Rufen Sie bei der Facebook-Zentrale in Deutschland an? Oder probieren Sie es bei einer US-amerikanischen Hotline?

Es ist also glatter Unsinn, bei Plattformen auf ethische Beteuerungen und positive Intentionen zu hören. Schließlich lautet doch sogar ein Mantra der Tech-Branche selbst: Wenn es möglich ist, eine Technologie zu entwickeln, so wird es jemand tun. Widerstand dagegen wäre quasi zwecklos. Man nennt diese Ideologie auch »Inevitabilismus«. Dasselbe gilt aber auch für den Missbrauch der unendlichen Macht, die den Digitalkonzernen schon jetzt zur Verfügung steht, und die bald von uns nicht mehr kontrolliert werden kann: Alle diese Szenarien sind möglich. Und allein, weil es möglich ist, werden die Tech-Riesen es tun. Es folgt aus dem Prinzip der maximalen Übernahme: Sie werden es tun, um ihren eigenen Machtzuwachs zu maximieren. Und weil sie annehmen: Wenn wir es nicht tun, so tun es die anderen. Dass es sich bei diesen Plattformen nicht um »schwache« Medien handelt, sollte inzwischen klar sein.

Wenn die Menschen in hundert Jahren auf diese Zeit zurückblicken, werden sie rätseln, wie das nur geschehen konnte: Eine Handvoll Mega-Plattformen konnte über Jahrzehnte hinter einem Schutzwall für vermeintlich »schwache« Medien zu Monstern heranwachsen – ohne dass wir es registriert haben. Wir haben sie über all die Jahre wacker umhegt, privilegiert, umsorgt, geschützt. Wir haben sie sorgsam gehätschelt und täglich gefüttert. Die Tech-Riesen haben sich insgeheim über uns totgelacht und sich dabei gedacht: »Warum merken die nichts? Dämliche Schwachköpfe.«

Als wir den Kategorienfehler erkannten, war es zu spät.

KAPITEL IV

MONOPOLE, FAKE NEWS, HATE SPEECH:

Ist das alles eigentlich legal?

1. Vakuum des Rechts: Unzureichende Gesetze gegen Monopole

Monopole stehen in einem krassen Widerspruch zu unseren demokratischen, liberalen und pluralistischen Grundwerten. Denn in der Geschichte besitzt jede Form von Macht die Tendenz, ein ethisch fragwürdiges Eigenleben zu entwickeln, also auf Wahlen, auf Parteiprogramme, auf Politiker, auf Rechtsprechung überzugreifen. Deshalb besitzen die »Checks and Balances« eines fairen Wettbewerbs, bei denen unterschiedliche Unternehmen, Gruppierungen und Parteien auf Augenhöhe miteinander konkurrieren, immer eine ausgleichende und stabilisierende Wirkung auf Demokratien und Diskurse. Wir müssen dafür Sorge tragen, »dass wir die ökonomischen Strukturen kontrollieren – bevor sie uns kontrollieren«, so der US-amerikanische Rechtswissenschaftler Tim Wu.[1] Und gerade auf dem Feld der Medien müssen Monopole ein Tabu sein.

Da unser Land eine freie, auf Wettbewerb basierende Wirtschaftsordnung besitzt, müsste man schon auf der Grundlage des gesunden Menschenverstands davon ausgehen, dass Monopole in Deutschland, der EU und eigentlich auch in den USA illegal sein müssten. Allein deshalb, weil sie in einem fundamentalen Gegensatz zu unserem freiheitlichen, pluralistischen und liberalen Wertesystem stehen. Und tatsächlich – schauen wir in die Vergangenheit, so finden wir in den USA eine klare rechtliche Position gegen Monopole, die sich nicht nur in Worten zeigte, sondern auch im Handeln. Senator John Sherman brachte diese Haltung 1890 in dem berühmten »Sherman Act« zum Ausdruck: »Jede Person, die in einem beliebigen Teil des Gewerbes oder des Handels entweder ein Monopol errichtet oder auch nur versucht, ein Monopol durchzusetzen, macht sich strafbar.«[2]

Diese Rechtsphilosophie der Entflechtung von Monopolen zur Wiederherstellung von Wettbewerb fand in den USA über viele Jahrzehnte Anwendung. Berühmt sind die Zerschlagungen von Standard Oil (John D. Rockefeller) sowie American Tobacco (James Buchanan Duke) im Jahr 1911. Die Erfahrungen des deutschen Nationalsozialismus bestärkten die US-Regierung in ihrem Vorgehen. Die engen Verstrickungen zwischen extremer wirtschaftlicher Machtkonzentration (Krupp, Siemens, I.G. Farben) und dem nationalsozialistischen Regime waren ein abschreckendes Beispiel für die massiven gesellschaftlichen Gefahren unkontrollierbarer Machtakkumulation. Berühmte Fälle aus den Jahrzehnten nach dem Zweiten Weltkrieg waren etwa die Entflechtung des Hollywood-Studiosystems im Jahr 1948 (ich komme darauf zurück) sowie die Zerschlagung von AT&T 1982. Dann aber wendete sich das Blatt. Obwohl in den USA Monopole prinzipiell immer noch zerschlagen werden können, wurde diese Praxis dort im Laufe der Jahrzehnte bis etwa zur Jahrtausendwende weitgehend zurückgefahren.

In Deutschland und in der EU existieren dagegen nicht einmal rechtliche Möglichkeiten zur Entflechtung von Monopolen – was bedeutet: In der westlichen Welt gibt es aktuell keine Handhabe mehr, um wirtschaftsschädigende Monopole zu zerschlagen. Und auch der neue »Digital Markets Act« ist gegenüber der Macht der Digitalkonzerne nicht mehr als ein zahnloser Tiger. Die EU kann Monopolisten allenfalls Verhaltensvorgaben machen – was angesichts der hoffnungslosen Unterlegenheit der europäischen Behörden in Bezug auf digitale Expertise kaum eine Änderung des Status Quo bewirken wird.

Monopole sind in der westlichen Welt aktuell also völlig legal. Man spricht übrigens auch nicht von einem »Monopolrecht«, sondern von »Kartellrecht«, ein Begriff, der das Kernproblem der Gesetzgebung wunderbar in sich anzeigt. Bei einem Kartell versuchen mehrere Unternehmen, durch Absprachen einen bestimmten Markt zu kontrollieren, dort also den fairen Wettbewerb zu untergraben oder eine marktbeherrschende Stellung zu erlangen. Auf der Grundlage des Kartellrechts besitzt der Staat zahlreiche Möglichkeiten, um Firmenzusammenschlüsse, Trusts oder Absprachen von Wettbewerbern zu verbieten und zu verhindern, dass ein Monopol zustande kommt. Sogar reine Preisabsprachen zwischen Wettbewerbern werden durch drakonische Strafen sanktioniert. Doch gegen bereits existierende Monopole kann der Staat erschreckend wenig ausrichten.

Die Suchmaschine von Google ist ein perfektes Beispiel für ein Monopol, das auf natürliche Weise entstanden ist. Für solche Fälle gilt: Auf Grundlage geltenden Rechts können wir Monopole oder Quasimonopole kaum angreifen.[3] Sanktionen sind zwar bei missbräuchlichem Verhalten möglich, das ist jedoch oft schwer nachzuweisen.

FUN FACT: Wenn ein Unternehmen etwa durch die Übernahme eines Wettbewerbers ein Monopol herstellen will, schreiten Behörden ein. Wenn das Monopol dagegen auf natürliche Weise zustande kommt (wie etwa bei der Google-Suchmaschine), gibt es keine Sanktionen.

Der gesunde Menschenverstand sagt uns: Diese Unterscheidung ist völlig irrational. Denn wenn wir uns einig sind, dass die völlige Auslöschung von Wettbewerb durch Monopole nicht nur aus ökonomischen, sondern auch aus gesellschaftlichen und politischen Gründen inakzeptabel ist, dann sollte es völlig egal sein, auf welche Weise ein Monopol zustande gekommen ist und zu welchem Zeitpunkt die staatliche Intervention erfolgt – also vor oder nach der Etablierung eines Monopols.

Die schiefe Logik dieser Gesetze erklärt das strategische Vorgehen der Digitalkonzerne. Man muss als Tech-Unternehmen mit allen Mitteln versuchen, eine marktbeherrschende Stellung zu erreichen. Sobald man das geschafft hat und kein Wettbewerb mehr existiert, ist man sicher und niemand kann einem mehr etwas anhaben. Denn eine Entflechtung ist nicht vorgesehen und es sind allenfalls Verhaltensvorgaben denkbar. Genau dies erklärt auch das aggressive Vorgehen der Digitalkonzerne bei Killer-Akquisitionen, wenn sie nämlich Innovatoren oder Wettbewerber einfach aufkaufen (☞ II.4).

Noch schlimmer ist: Wenn Behörden bei solchen Übernahmen schwerwiegende Fehlurteile unterlaufen, wie im Fall von Facebook erst bei der Übernahme von Instagram und danach bei WhatsApp, ist das Ergebnis dennoch irreversibel.[4] Ein Unternehmen wie Meta hat aufgrund dieser irrationalen Rechtsprechung gut lachen, sobald die Akquisition vollzogen ist. Ist der Deal einmal abgeschlossen, können wir nicht mehr einschreiten.

Sind die Digitalkonzerne so böse oder wir so doof?

Diese Rechtsprechung ist bizarr, weil sie grundlegende Normen ignoriert, die normalerweise bei Sachverhalten greifen, welche durch Gesetze geregelt sind. Ein Diebstahl ist ein Diebstahl, völlig unabhängig davon, ob er von einer Person oder von mehreren Personen begangen wird, die sich zu diesem Zwecke zusammenfinden. Bei einem Diebstahl ist es auch nicht nötig, dass er verhindert wird, bevor er ausgeführt wird. Man stelle sich vor, ein Dieb könnte sich nach einem Einbruch genauso freuen: Tja, die Bank ist längst ausgeraubt, jetzt ist es zu spät.

Hinzu kommt, dass die Digitalkonzerne durch diese Rechtsprechung ihre überlegene digitale Expertise gegenüber schwach aufgestellten Behörden ausspielen können, die oft gar nicht erkennen, welche wirtschaftlichen Potenziale in der Zukunft hinter der jeweiligen Akquisition stecken. Außerdem gehen die kartellrechtlichen Behörden innerhalb ihrer regulatorischen Bubble meist normativ vor. Das bedeutet: Die Frage, wie schlimm eine marktbeherrschende Stellung für die Gesellschaft ist, interessiert sie gar nicht. Sie gehen nach Prinzipien vor, nicht jedoch nach Relevanz oder auf Basis empirischer Befunde. Nur so lässt sich erklären, warum das deutsche Kartellamt oft bei völlig unbedeutenden Fällen tätig wird, während fast nichts gegen die Digitalgiganten unternommen wird, die gerade dabei sind, unser digitales Mediensystem zu übernehmen .

Wer meint, das sei übertrieben, der schaue sich bitte die Pressemitteilung des Bundeskartellamts vom 28.9.2021 an: »Das Bundeskartellamt hat den Erwerb der alleinigen Kontrolle an den Verlagsgesellschaften der *Ostthüringer Zeitung* durch eine Gesellschaft der Funke-Mediengruppe untersagt. Funke ist Herausgeberin der *Thüringischen Landeszeitung*, deren Verbreitungsgebiet sich mit dem der *Ostthüringer Zeitung* teilweise überschneidet. Mit dem jetzt untersagten Zusammenschluss wären *Ostthüringer Zeitung* und *Thüringische Landeszeitung* unter der alleinigen Kontrolle der Funke-Mediengruppe zusammengefasst worden.«[5]

Das ist keine Satire, sondern ernst gemeint. Solche Beispiele zeigen den ganzen Wahnwitz des existierenden Rechts, den die Behörde hier exekutiert. Zusammenschlüsse können vorab gestoppt werden (das ist bei der *Ostthüringer Zeitung* ja der Fall), bei Monopolen wie Googles Suchmaschine können wir nichts machen. Achselzucken. Ist halt so. Da fragt man sich doch: Sind die Digitalkonzerne eigentlich so böse oder sind wir so doof? Wir haben Regeln wie »Hunde an die Leine nehmen«, lassen aber die Wölfe frei herumlaufen und wundern uns dann, wenn Wölfe tun, was sie eben üblicherweise machen.

Eigentlich nutzen die Digitalkonzerne nur auf kreative Weise die Lücken in unserem Recht, und wir schauen seit zwei Jahrzehnten tatenlos zu. Wenn wir nur die Bildung von Monopolen durch Zusammenschlüsse sanktionieren, aber nicht die Monopole selbst, ist es völlig logisch, dass die Digitalkonzerne Monopole um jeden Preis realisieren, weil sie diese dann bis in alle Ewigkeit auf Kosten der betroffenen Gesellschaften ausbeuten können, ohne dass wir noch irgendetwas dagegen machen können.

»Wettbewerb ist für Loser«

Übrigens wird das planvolle Vorgehen bei der Herstellung von Monopolen als Kernelement erfolgreicher unternehmerischer Strategie in den Ökosystemen der Digitalkonzerne ganz offen proklamiert. Kein geringerer als Peter Thiel, Gründer von PayPal und Palantir sowie einer der ersten Investoren bei Facebook, erklärte schon 2014 in Stanford: »Wettbewerb ist für Loser«.[6] Und wir sollten direkt ergänzen, was das impliziert: Vielfalt, Chancengleichheit und Demokratie sind dann ebenfalls für Loser.

In seinem Buch *Zero to One* erklärt er dann auch allen Lesern, die nicht das Glück haben, ihr Berufsleben bei einem Monopolisten zu verbringen, wie wunderbar die Welt ist, wenn man sich nicht mehr mit lästigem Wettbewerb herumschlagen muss: »Während ein Unternehmen in einer Konkurrenzsituation zum Marktpreis verkaufen muss, beherrscht ein Monopolist den Markt und kann die Preise fast nach Belieben festsetzen. Da es keine Wettbewerber gibt, kann es das Verhältnis von Angebot und Nachfrage so regulieren, dass es die größten Gewinne macht.«[7]

Thiel verrät nicht nur, wie die Digitalkonzerne ihre Monopole errichtet und die Konkurrenz ausgeschaltet haben, nämlich (Surprise!) durch Netzwerkeffekte und Größenvorteile (☞ II). Er erklärt auch dem verblüfften Publikum, warum die Tech-Riesen so ungern über das Thema sprechen: »Monopolisten erzählen Märchen, um sich selbst zu schützen. Sie wissen, dass sie mit Prahlereien über ihre Monopolstellung nur die Aufmerksamkeit der Wettbewerbshüter auf sich ziehen. Da sie ein Interesse daran haben, auch weiter ungestört Gewinne abzuschöpfen, tun sie alles, um ihre Monopolstellung zu verbergen – in der Regel, indem sie die Macht der (nicht existierenden) Konkurrenz übertreiben.«[8]

Wir könnten ein zweites Buch füllen mit den verschiedenen Strategien der Tech-Riesen, diesen Zusammenhang zu verschleiern. Eine zentrale Technik besteht darin, einfach die Darstellung des Marktes solange beliebig zu vergrößern, dass der Anteil des Monopols darin immer kleiner wird. Thiel selbst zitiert den früheren Google-CEO Eric Schmidt: »Wir agieren auf einem hart umkämpften Markt, auf dem Verbraucher eine Vielzahl von Möglichkeiten haben, um an Informationen zu gelangen.«[9]

Besonders beliebt ist die Behauptung, die eigene Marktposition könnte jederzeit von anderen Disruptoren zerstört werden. Der US-Wissenschaftler Matthew Hindman erforscht seit 2010 die systematische Zerstörung der freien Marktwirtschaft durch die Tech-Riesen und kennt diese Nebelkerze nur zu gut: »Google hat Regulierern immer wieder erzählt, dass es nicht nötig sei, Google zu regulieren, mit der Begründung: ›Wettbewerb ist nur einen einzigen Klick entfernt‹«.[10]

Bei Amazon gilt das »Day One«-Mantra von Jeff Bezos: Man soll jeden Tag so angehen wie den ersten Tag nach der Gründung, weil man sonst von Untergang und Zerfall bedroht sei. Bezos sagte auch: »Auch Amazon wird insolvent gehen. Wenn ihr euch die großen Unternehmen anschaut, liegt ihre Lebensdauer bei 30 Jahren plus, nicht bei 100 Jahren plus.«[11]

Das sind durchschaubare Täuschungsmanöver, um davon abzulenken, dass es sich hier um monopolistische Marktbesetzungen handelt, die in der Regel unumkehrbar sind. Riesige Territorien werden in Besitz genommen und durch ihre Besetzer mit unüberwindbaren Mauern abgesichert, zu dem einfachen Zweck, diese Gebiete für immer zu beherrschen und die darin lebenden Bewohner auf ewig und nach Belieben auszubeuten. Wer Schaubilder der Umsatzentwicklungen von Big

Tech sieht, erkennt seit Jahrzehnten nur eine Richtung: Nach oben. Man mag sich gerne einmal die Frage stellen, wo denn der Wettbewerb bleibt, der seit Jahrzehnten angeblich »nur einen Klick entfernt« sein soll. Oder wie bald denn der Bankrott von Amazon eintreten wird, den Bezos prognostiziert hat – morgen etwa?[12]

Digitale Monopole umfassen Inhalte und Übertragungsweg zugleich – und nichts passiert

Schauen wir uns noch einmal einen berühmten Antitrust-Fall aus der Vergangenheit an, der sehr gut zeigt, wie weit die westlichen Gesellschaften das ursprüngliche demokratische Ideal freier und fairer Marktwirtschaft mit pluralistischem Wettbewerb inzwischen aufgegeben haben. Im Jahr 1948, als in den USA die Philosophie des Sherman Acts noch Leitlinie des Wettbewerbsrechts darstellte, wurde das System der Hollywood-Studios durch den Fall »United States v. Paramount Pictures, Inc.« zerschlagen.

Der Fall ist deshalb so besonders interessant, weil es sich um ein Paradebeispiel für das handelt, was Ökonomen »vertikale Integration« nennen. Vertikale Integration liegt immer dann vor, wenn Unternehmen immer mehr Märkte entlang der Wertschöpfungskette besetzen. Ein erfolgreicher Produkthersteller könnte beispielsweise seine Aktivität auch auf den Verkauf ausdehnen, indem er etwa immer mehr Ladengeschäfte betreibt, um auch die Profite dieser Verkaufsstellen zu erbeuten – und so fort. Im Falle des Hollywood-Studiosystems bestand die vertikale Integration darin, dass den mächtigen Studios sehr viele Kinos gehörten. Sie konnten dadurch beeinflussen, welche Filme in den Kinos liefen, also einerseits Preise und Profite maximieren, durch »Block Booking« Kinos zwingen, ihre Filme zu zeigen sowie kleinere und unabhängige Kinos benachteiligen. Die Entscheidung im Jahr 1948 bedeutete das Ende der goldenen Jahre des Studiosystems.

Wie bei den heutigen Digitalkonzernen ging es auch hier um Medienunternehmen. Sicherlich war das Ausmaß der damaligen Bedrohung lächerlich gering im Verhältnis zu den katastrophalen heutigen Zuständen, denn es ging bloß um eine einzige Mediengattung (Kino), und es standen immerhin die »Big 5« miteinander in Konkurrenz (Paramount, Metro-Goldwyn-Mayer, Warner Bros., 20th Century Fox, RKO) sowie noch drei weitere, die »Little 3«, denen keine Kinos gehörten (Universal, Columbia, United Artists).[13] Auch das Ausmaß der vertikalen Integration war aus heutiger Sicht geradezu winzig – im Jahr 1945 gehörten nur 17 Prozent aller Kinos den betroffenen Studios, viele davon sogar nur in Anteilen. Diese 17 Prozent der Kinos generierten damals 45 Prozent der Umsätze.[14] Also Peanuts im Verhältnis zum heutigen Totalschaden auf dem Feld der digitalen Medien.

Das entscheidende Problem bestand damals darin, dass die Studios auf zwei Ebenen marktbeherrschende Stellungen besaßen. Sie hatten die Kontrolle über die von ihnen produzierten *Medieninhalte* (Filme) und zugleich über die *Übertragungswege* (Kinosäle). Nur durch diese doppelte Dominanz waren sie in der Lage, recht beliebig über die Konditionen des Filmverleihs zu bestimmen und auch die Distribution über Pakete zu erzwingen.

Der Fall markiert also *die schlimmste denkbare Situation für marktbeherrschende Stellungen auf dem Markt der Medien.* Marktbeherrschende Stellungen sind nämlich schon schlimm genug, wenn sie in einem einzelnen Markt existieren. Aber man stelle sich vor, was geschehen würde, wenn im Markt der Medien einzelne Player Monopole erschaffen würden, die zugleich die *Medieninhalte* als auch die *Übertragungswege* umfassen. Einem einzigen Unternehmen würde das Fernsehen gehören, und zwar nicht nur alle Inhalte, sondern auch die Übertragungswege.

Fällt Ihnen etwas auf? *Diese schlimmste denkbare Situation ist bei fast allen digitalen Monopolen der Fall!* Denn die meisten digitalen Monopole der GAFAM umfassen sowohl die Verbreitungswege als auch die Programminhalte. Sie sind zwar keine Telekommunikations-Infrastrukturbetreiber, gleichwohl aber in zwei unterschiedlichen Aspekten Monopolisten, weil sie die Struktur und Sichtbarkeit der Inhalte regeln und zugleich über den Kanal verfügen (Verbreitungs- und Kommunikationswege), wie es etwa bei YouTube, Facebook/Instagram, WhatsApp und so weiter der Fall ist. Das potenziert ihre marktbeherrschende Stellung im Bereich der Zugangsgewährung zu Inhalten zusätzlich. Wir bemerken unsere doppelte Abhängigkeit von diesen Plattformen genau dann, wenn etwa bei Meta ein Server für einige Stunden ausfällt und WhatsApp nicht mehr zur Verfügung steht – wir haben dann keinen Zugang zum Kanal und keinen Zugang zu den Inhalten gleichermaßen. 1948 hat die US-Regierung das Hollywood-Studiosystem aus guten Gründen abgeschafft. Gegen die aktuellen digitalen Monopole tun wir – nichts.

Und das, obwohl Mediengattungen wie Video-on-Demand (YouTube), Search (Google) oder Social Media (Facebook/Instagram) zur politischen Meinungsbildung weitaus wichtiger sind als die damaligen Kinos.

Und das, obwohl damals nur eine Mediengattung betroffen war, wogegen heute eigentlich das gesamte Spektrum der digitalen Mediengattungen durch solche Monopole kontrolliert wird.

Und das, obwohl damals unter den Studios reger Wettbewerb herrschte im Verhältnis zu den monopolbesetzten digitalen Mediengattungen.

Und das, obwohl damals der Grad der vertikalen Integration lächerlich gering war im Verhältnis zum riesigen Durchgriff der Tech-Riesen, der oft nicht nur zwei, sondern ein halbes Dutzend oder mehr Ebenen umfasst (☞ II.3).

Unterdessen machen die Digitalkonzerne lustig weiter, am helllichten Tag. Sie erzählen selbst, dass Wettbewerb für Loser ist, und lachen sich tot, dass wir so dusselig sind und nicht begreifen, was passiert. Wir alle sehen ihnen dabei zu: Die Wissenschaft, die Medien, die Politik, die Behörden, die Publizisten, die Juristen. Nichts geschieht. Aber immerhin hat das deutsche Bundeskartellamt unterdessen dafür gesorgt, dass auch in Zukunft ein wirtschaftlicher Wettbewerb zwischen der *Ostthüringischen Zeitung* und der *Thüringer Landeszeitung* am Leben erhalten wird.

EXKURS: Warum tut das Bundeskartellamt nichts?

Wenn wir als Gesellschaft die Übermacht der Digitalkonzerne brechen wollen, gibt es für uns fast nur eine Hoffnung: – und zwar die Kartellbehörden (Bundeskartellamt und EU-Kommission). In Deutschland soll das Bundeskartellamt dafür sorgen soll, dass in unserer Wirtschaft fairer und freier Wettbewerb herrscht. Denn die Behörde kann als kartellrechtliche Strafe Bußgelder in Höhe von 10 Prozent des Jahresumsatzes verhängen. Solche Sanktionen können Größenordnungen von mehreren Milliarden Euro erreichen.

Wir haben gesehen, dass die Digitalkonzerne an vielen Fronten wissentlich die Gesetze brechen. Wir können daher davon ausgehen, dass sie proaktiv genügend finanzielle Ressourcen einplanen, um problemlos dutzende oder gar hunderte Rechtsverfahren parallel zu bestreiten und auch mögliche Strafen zu zahlen, ohne dass ihnen das auch nur im Geringsten wehtut. Aber einzig und allein die kartellrechtlichen Strafen nehmen für die Tech-Giganten Dimensionen an, die mehr sind als lästige Fliegen, die man sich genervt aus dem Gesicht wischt, während man in aller Ruhe ungestört seine Monopole errichtet und die westlichen Gesellschaften ausbeutet. Wenn es also eine Institution gibt, welche die Zerstörung unserer Demokratie und unserer Wirtschaft durch die Tech-Riesen stoppen könnte, dann ist es das Bundeskartellamt.

Als das Bundeskartellamt Anfang September 2022 eine 232-seitige »Sektoruntersuchung« zur Online-Werbung vorlegte, war das an sich schon eine kleine Sensation, die uns hätte Hoffnung machen können. Wie wir bereits wissen (☞ I), wurde der freie Wettbewerb auf diesem Feld vollständig abgeschafft. Und das Bundeskartellamt ist die zentrale deutsche Autorität in Sachen Wettbewerb, niemand kennt sich hier besser aus. Spätestens bei dieser Gelegenheit hätte die unabhängige Behörde die katastrophale Situation für die Öffentlichkeit schonungslos darstellen können. Man hätte das in einem aufrüttelnden Appell im Einstieg in etwa so formulieren können:

»Als Bundeskartellamt sind wir in Deutschland für fairen Wettbewerb und Chancengleichheit zuständig. Wir müssen die Menschen in diesem Land leider darauf hinweisen, dass dieser faire Wettbewerb auf dem Feld der digitalen Medien vollständig abgeschafft wurde. Das frustriert niemanden in Deutschland mehr als uns Wettbewerbshüter in Bonn. Warum? Weil auch wir als Behörde wissen, dass der Status Quo eine riesige Gefahr für die Gesellschaft darstellt. Denn die digitalen Medien stellen nicht nur einen ökonomischen Wettbewerbsfaktor dar, sondern auch eine wichtige Grundlage unserer demokratischen Meinungsbildung. Als Bundesbehörde sind uns aber die Hände gebunden, weil uns die gesetzlichen Instrumente fehlen, hier aktiv zu werden. Denn wir können einmal etablierte Monopole nicht entflechten oder zerschlagen. Wir empfehlen der Politik daher, hier sehr schnell entsprechende gesetzliche Grundlagen zu schaffen, die uns ermöglichen würden, Wettbewerb auf diesem gesellschaftlich so wichtigen Markt wieder herzustellen – bevor es zu spät ist und unsere freie demokratische Ordnung durch Digitalmonopole unwiederbringlich zerstört wird.«

So oder ähnlich hätte die Einschätzung der Bonner Behörde klingen sollen. Doch statt des erwarteten großen Wurfs zur Online-Werbung kam – etwas ganz anderes. Denn in der Sektor-Untersuchung Online-Werbung geht es gar nicht um Online-Werbung. Es geht darin nur um »AdTech« – also um verschiedene Dienstleistungen im Umfeld von Online-Werbung, die typischerweise als Tools angeboten werden. Der Bericht verliert sich dann in den feinen Verästelungen dieser »Vermittlungsleistungen« für digitale Werbeanzeigen, also etwa AdServer, SSP (Supply Side Platforms), DSP (Demand Side Platforms), AdExchange, User Tracking, DMP (Data Management Platforms), Targeting, Brand Safety-Maßnahmen, AdFraud-Prävention, Sichtbarkeitsmessung, Anti-Adblocking-Maßnahmen und so fort. Im Detail prüft die Behörde, ob hier spezifische Märkte vorliegen und inwieweit der Wettbewerb vor allem durch die Angebote von Google dominiert wird.

Und tatsächlich nimmt Google bei vielen dieser Services marktbeherrschende Stellungen ein. Wir haben die verschiedenen Produkte von Google auf diesen Märkten bereits dargestellt (☞ II.3). Es ist offensichtlich, dass Google im gesamten Markt der Online-Werbung massive Asymmetrien und Hebeleffekte für sich ausnutzen kann – vor allem durch den privilegierten Zugang zu Daten sowie die vielfältigen Möglichkeiten der Selbstbevorteilung. Doch das Bundeskartellamt greift bei seiner angeblichen »Sektoruntersuchung« einfach nur einen winzig kleinen Ausschnitt aus diesem Sektor heraus und übersieht dabei offensichtlich den nuklearen Totalschaden im Gesamtsektor. Was ist da bloß schiefgelaufen? Wissen die Beamten im Bundeskartellamt etwa nicht, dass die Top 4 der werbetreibenden Digitalkonzerne Brancheninsidern zufolge 80 Prozent der Werbeinvestitionen in Deutschland auf sich vereinen und noch dazu stark überproportional wachsen?[15] Ist ihnen bei ihrer »Sektor-Untersuchung Online-Werbung« (das ist der von ihnen selbst gewählte Titel!) nicht aufgefallen, dass sie ausgerechnet die Online-Werbung selbst vergessen haben? Wissen sie nicht, dass diese Online-Werbung die Finanzierungsgrundlage für digitale redaktionelle Medien darstellt?

Dieser Akt selektiver Wahrnehmung ergibt sich vermutlich daraus, dass sich die Behörde im Bericht hauptsächlich mit dem befasst, wo sie im Rahmen ihrer Missbrauchsaufsicht überhaupt aktiv werden kann. Super Trick quasi. Der Rest wird irgendwie wegdefiniert und existiert dann nicht mehr. Sicherlich ist es begrüßenswert, dass das Bundeskartellamt die vertikale Integration verschiedener AdTech-Dienstleistungen in überragender Präzision ausleuchtet: Haken dran. Aber das Kernproblem ist doch ein anderes, viel größeres.

Die Wettbewerbshüter formulieren sogar selbst in ihrer eigenen Untersuchung, »dass mittelfristig die meisten, wenn nicht alle medialen Kanäle über das Internet verschmelzen werden und alle (mediale) Werbung eine Form der Online-Werbung mit ihren Möglichkeiten werden wird«.[16] Was wiederum bedeutet, dass den Tech-Riesen infolge der digitalen Transformation unser Mediensystem zwangsläufig in den kommenden Jahren in den Schoß fallen wird. Exakt an dieser Stelle duckt sich das Bundeskartellamt vor den eigenen Erkenntnissen weg und steckt sich selbst den engsten möglichen Rahmen ihrer eigenen

Kompetenz. Die Behörde hätte zeigen können, dass sie auf dem Feld der Medien ihre demokratiepolitische Verantwortung erkennt, auch wenn diese jenseits ihres direkten Zuständigkeitsbereichs liegt. Hier hätte das Kartellamt mutig sein und eine faire Ausgestaltung des werbefinanzierten publizistischen Marktes anreizen können. Leider hat die Behörde mit dem engen Zuschnitt der Untersuchung unmissverständlich dokumentiert, dass sie sich für alle diese wichtigen gesellschaftlichen und politischen Fragen nicht in der Verantwortung sieht, und noch mehr: dass sie sich für diese Implikationen nicht einmal interessiert.

Wenn man nun aus einer solchen Haltung technokratischer Mutlosigkeit heraus meint, für all das nicht zuständig zu sein, so ist es doch inakzeptabel, keine transparente »Sektoruntersuchung« vorzulegen, welche der Öffentlichkeit den Totalschaden im Wettbewerb der digitalen Medien in allen Aspekten schonungslos vor Augen stellen würde, und zwar auch in den Aspekten, die man selbst nicht kurieren kann. Diesen Zusammenhang versteht schließlich niemand besser als die Verfasser dieses Berichts. So aber entsteht in der Öffentlichkeit die trügerische Illusion, wenn das Bundeskartellamt bei AdServern oder Demand Side Platforms aktiv wird, könnte dies an der desolaten Situation etwas ändern.

Und selbst wenn man die Einschränkung auf AdTech hinnimmt: Das beschriebene Selbstbedienungssystem von Google ist seit vielen Jahren auf dem Markt, die Analysen der Sektoruntersuchung werden im Kartellamt viel Bearbeitungszeit verschlungen haben, das Urteil der Behörde ist hier eindeutig, und seitdem ist wieder viel Zeit vergangen. Als Laie würde man fragen: »Warum hat das Bundeskartellamt Google denn nicht wenigstens auf diesem winzigen Feld längst gestoppt?« Na, weil diese Sektoruntersuchung eben nur der »Diskussionsbericht« ist. Seit acht Monaten diskutieren sie also schon in Bonn. Dann kommt ein Abschlussbericht. Und dann? Wir werden sehen…

Das ist alles so schlimm, dass man vor lauter Frust den Kopf an die Wand schlagen möchte. Denn tatsächlich hätte das Bundeskartellamt die Macht, die Sachkompetenz, die finanziellen Ressourcen, vor allem aber das Ansehen und die Autorität, an der Abschaffung des Wettbewerbs durch die Tech-Riesen substanziell etwas zu ändern. Von einer Bundesbehörde darf man erwarten, dass sie in der Lage ist, über den

Tellerrand zu blicken und demokratiepolitische Implikationen ihres Handelns zu verstehen. Wenn die Behörde aber weiterhin mit dieser Haltung der Selbstverzwergung vorgeht, dürfen wir von den Wettbewerbshütern aus Bonn auch in Zukunft keine Hilfe erwarten. Die Tech-Riesen dürften sich totlachen.

Auch unser Medienrecht ist wehrlos gegen die Monopole der Digitalkonzerne

Dass wir die existierenden digitalen Monopole nicht angreifen können, liegt an den Bestimmungen des Kartellrechts. In Deutschland wird dieses Feld durch das »Gesetz gegen Wettbewerbsbeschränkungen« (GWB) geregelt, das wir bisher betrachtet haben. Es ist Bestandteil des Wettbewerbsrechts und gilt für alle möglichen Märkte, egal ob es sich um Medien, um Automobile, um Softdrinks oder um Kekse handelt. Deswegen kümmert sich eine Behörde wie das Bundeskartellamt eben auch nicht nur um den Markt der Medien, sondern um alle Märkte in Deutschland, und es handelt auf der Grundlage des GWB.

Aber schon der gesunde Menschenverstand sagt uns, dass der Markt der Medien ganz besondere Vorkehrungen gegen Monopole benötigt. Schließlich soll in diesem Markt der Medien die freie demokratische Meinungsbildung stattfinden. Der gesellschaftliche Schaden durch Monopole ist hier also um ein Vielfaches größer. Es wäre zwar bedauerlich, wenn es etwa einem Lebensmittelhersteller in Deutschland gelingen würde, ein Monopol für Kekse zu errichten und alle Wettbewerber zu killen – aber der Schaden wäre doch hinnehmbar. Im Zweifel können Verbraucher einfach auf benachbarte Kategorien wechseln, also etwa Müsliriegel oder Schokolade essen. Dagegen bildet der Markt der Medien die Grundlage unserer Demokratie und bedarf daher eines ganz besonderen Schutzes.

Tatsächlich existieren umfassende gesetzliche Regelungen, welche Sorge tragen sollen, dass eine Übernahme des Mediensystems durch dominante Wettbewerber verhindert wird. Das könnte eigentlich eine gute Nachricht sein. Aber – Spoiler – auch diese Gesetze können gegen die marktbeherrschenden Stellungen der Digitalkonzerne kaum etwas ausrichten.

Das deutsche Medienrecht ist komplex. Für Laien ist zunächst einmal überraschend, dass es sogar zwei unterschiedliche Perspektiven der Gesetzgebung gibt, die parallel gültig sind: Die Sicht auf die Medien als Infrastrukturen für die

Übermittlung von Informationen wird im Bereich individueller Kommunikation durch das »Telekommunikationsgesetz« (TKG) geregelt, die Sicht auf die massenhafte Verbreitung sowie die Inhalte der Medien vor allem im Medienstaatsvertrag (MStV), der den früheren Rundfunkstaatsvertrag (RStV) ersetzt hat.

Verwirrend ist für Nichtexperten ferner, dass die Kompetenzen für beide Aspekte auf unterschiedliche Instanzen verteilt sind: Für die Übertragungswege ist der Bund zuständig, für die Inhalte der Medien sind es die Bundesländer. Zusätzlich gibt es die schon beschriebenen kartellrechtlichen und urheberrechtlichen Bestimmungen – diese sind wiederum Sache des Bundes (oder in Teilen des europäischen Rechtsrahmens), wie die Grafik auf der nächsten Doppelseite zeigt.

Diese unterschiedlichen Zuständigkeiten lassen sich einfach begründen. Sie erwachsen aus der Intention, die Medien vor möglichen Zugriffen durch staatliche oder politische Macht zu schützen. Es handelt sich also um eine Art von Gewaltenteilung: Indem man verschiedene Aspekte in der Zuständigkeit auf unterschiedliche Instanzen verteilt, erschafft man absichtlich ein komplexes System von Checks and Balances, welches die verschiedenen Gruppierungen und Parteien zu einer aufwändigen fortlaufenden Abstimmung und Koordination der unterschiedlichen Interessen zwingt.

Auf diese Weise errichtet der Gesetzgeber einen rechtlichen Schutzwall, welcher die seit jeher bedrohten Medien in ihrer Unabhängigkeit absichert (wir erinnern uns an das Denkmuster der schutzbedürftigen Medien aus Kapitel III.1 – und dies sind die juristischen Implikationen). »Die Kompetenzaufteilung zwischen dem Bund und den Ländern [...] hat – im Sinne einer vertikalen Gewaltenteilung – machtbalancierende und damit freiheitssichernde Funktion«.[17] In Bezug auf unsere Grundfrage nach der Legitimität von Monopolen auf dem Feld der Medien sind beide Normenkomplexe (TKG/MStV) von stark antimonopolistischen Auffassungen geprägt.

Befassen wir uns zunächst mit der Dimension des Mediums als Kanal. Hier geht es also nur um die Übertragung von Informationen und Daten durch Infrastrukturen, völlig unabhängig von deren Inhalt. Das Telekommunikationsgesetz (TKG) hat zum Ziel, Wettbewerb zu fördern und auszuschließen, dass einzelne Unternehmen über »beträchtliche Marktmacht« (§ 11) verfügen – nach einer gängigen Faustregel gilt ein Marktanteil von über 40 Prozent als kritisch.[18]

Der Medienstaatsvertrag verfolgt den gesetzgeberischen Zweck, Anbieter- und Medienvielfalt zu sichern, damit plurale Meinungsbildungsprozesse in unserer partizipativen Parteiendemokratie möglich und angeregt bleiben. Für die Massenkommunikation enthält der MStV Regelungen, die den Zugang zu zentralen Inhalten regeln (zum Beispiel »Must-carry«-Regelungen für Plattformbetreiber und Rundfunkveranstalter). §§ 59, 60, 64 MStV formulieren Meinungsvielfalt als im Rundfunk zu sicherndes Interesse. Plattformbetreiber werden an dieser Stelle nicht erwähnt.

Aber wie wird dann sichergestellt, dass keine marktbeherrschende Stellung entsteht oder fortbesteht? Für die Telekommunikation existiert eine zuständige Behörde, die Bundesnetzagentur. Die Bundesnetzagentur kann bei Feststellung marktbeherrschender Stellungen auf verschiedenen Ebenen regulatorisch tätig werden. Sie kann Unternehmen dazu verpflichten, Interoperabilität herzustellen oder anderen Wettbewerbern Zugang zu den eigenen Infrastrukturen zu gewähren sowie Interoperabilität herzustellen. Eine Zerschlagung gewachsener Monopole ist in der Gesetzgebung allerdings nicht vorgesehen.

Wechseln wir nun auf die Seite der Medieninhalte. Dieser Aspekt wird durch den Medienstaatsvertrag geregelt (MStV). Er gibt vor (§ 60 MStV, vormals § 26 RStV), dass kein Wettbewerber über mehr als 30 Prozent Zuschaueranteil in einem Medienkanal verfügen soll. Werden spezifische Schwellen überschritten, kann die zuständige Landesmedienanstalt Zulassungen von einzelnen Programmen zurückziehen oder sogar die Zulassung des Unternehmens selbst widerrufen. Auch hier existieren transparente Methoden zur Ermittlung von Zuschaueranteilen sowie eine unabhängige Behörde zur Überprüfung und Beurteilung der jeweiligen Marktmacht (die Kommission zur Ermittlung der Konzentration im Medienbereich, KEK).

Die KEK kann bei Zusammenschlüssen von Medienveranstaltern Bedenken äußern und Auflagen zwecks Verminderung einer vorherrschenden Meinungsmacht vorschlagen, allerdings nur im Bereich von Inhalteanbietern. Falls keine Einigung mit dem Medienunternehmen zustande kommt, werden Maßnahmen eingeleitet, um die Dominanz des betreffenden Unternehmens zu reduzieren. In diesem Fall »sind von der zuständigen Landesmedienanstalt nach Feststellung durch die KEK die Zulassungen von so vielen dem Unternehmen zurechenbaren Programmen zu widerrufen, bis keine vorherrschende Meinungsmacht durch das Unternehmen mehr gegeben ist.« (§ 60 Abs. 4 MStV) Erneut ist aber eine Regulierung digitaler Plattformen durch diese Regelungen nicht ermöglicht.

Während also Rundfunkveranstalter mit vorherrschender Meinungsmacht für neue Programme keine Zulassung erhalten und auch die Zulassung für vorhandene Programme äußerstenfalls widerrufen werden kann, gilt all dies für die Plattformen nicht. Plattformen für sich genommen sind weder Rundfunk noch müssen sie zugelassen werden. Was nicht zugelassen werden muss, kann auch keine Zulassung verlieren. Eine Zerschlagung von Monopolen im Bereich von Plattformen ist daher nicht vorgesehen.

Wir haben diese Regelungen hier etwas detaillierter ausgeführt, weil sie zu zentralen Erkenntnissen führen. Wie wir schon erkannt haben, bieten die Regelungen des

DER DSCHUNGEL DER ZUSTÄNDIGKEITEN: MEDIENRECHT

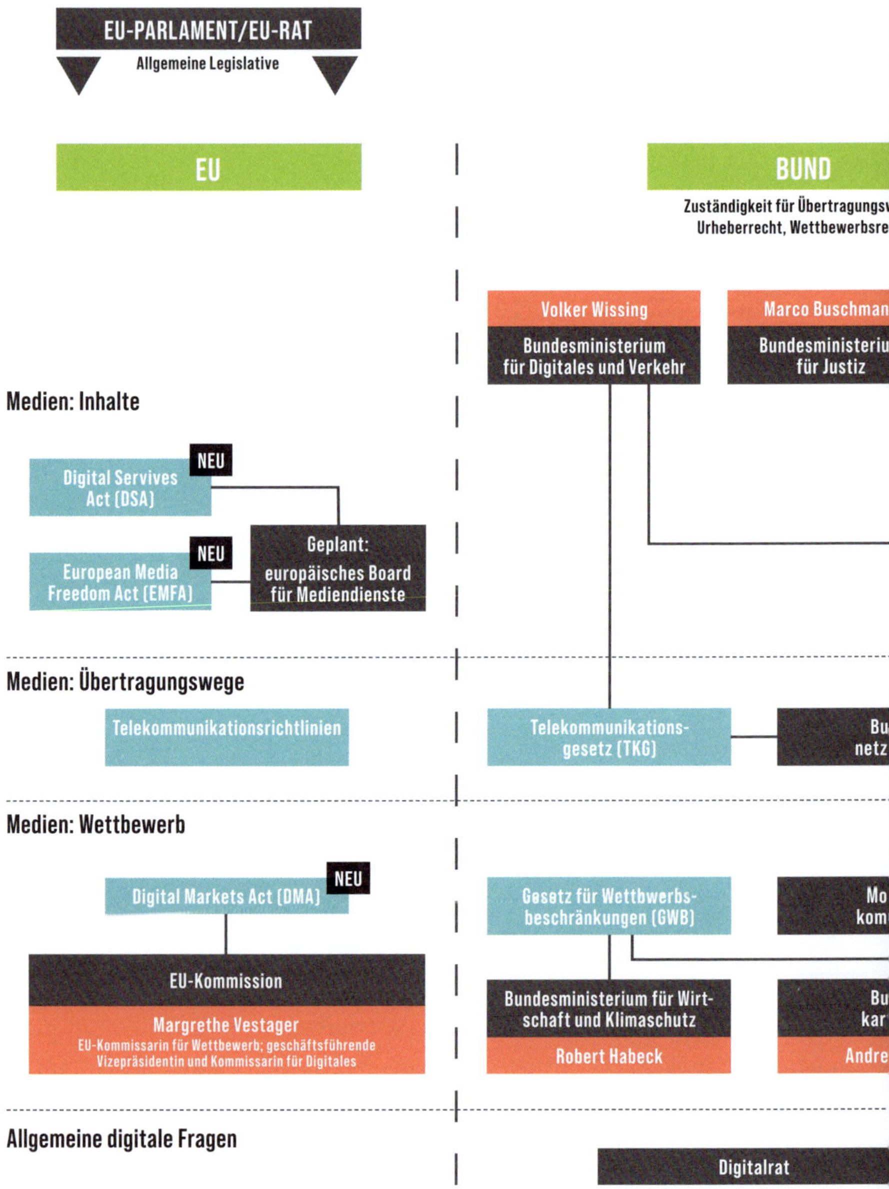

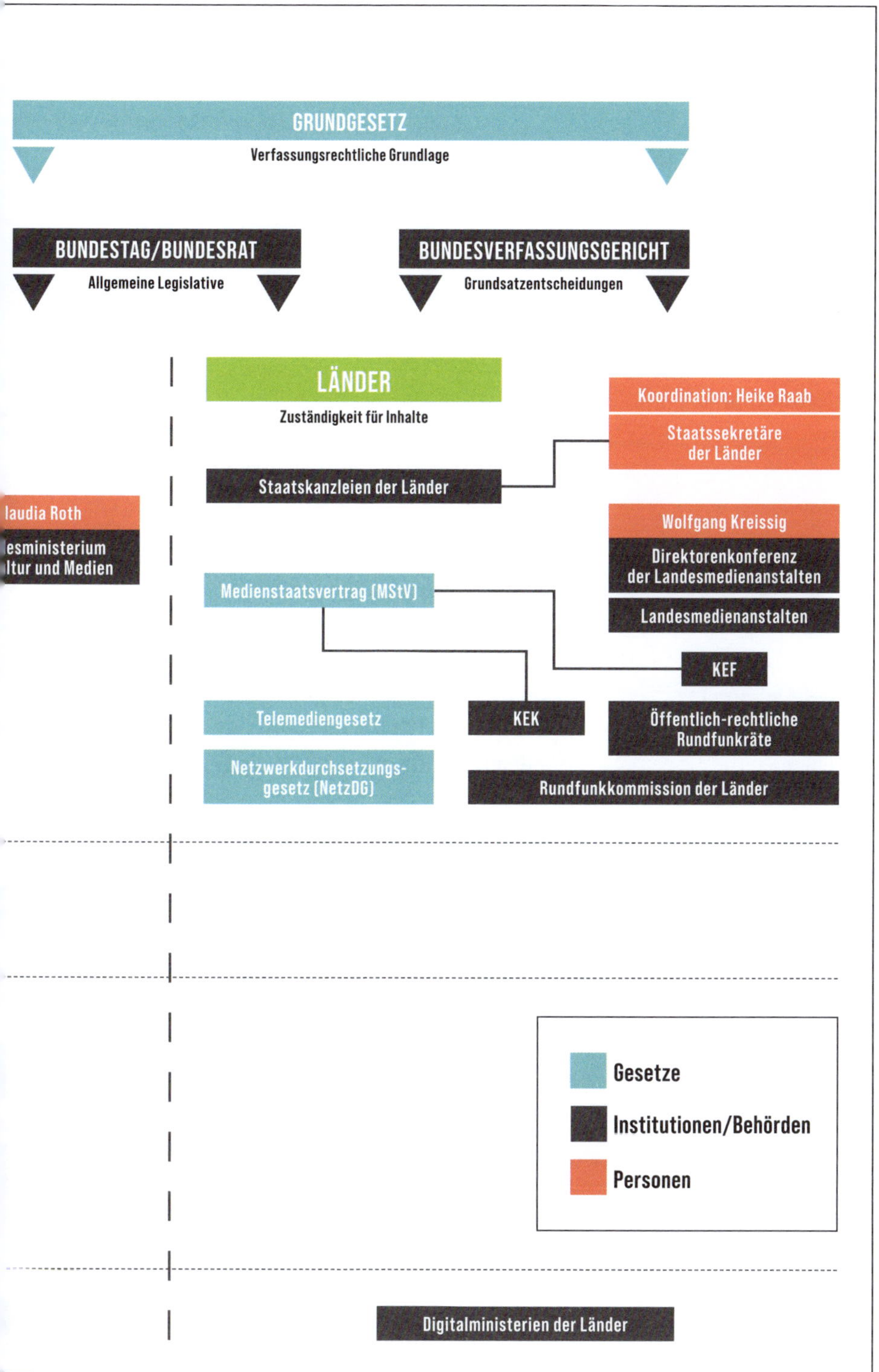
GRUNDGESETZ
Verfassungsrechtliche Grundlage
BUNDESTAG/BUNDESRAT
Allgemeine Legislative
BUNDESVERFASSUNGSGERICHT
Grundsatzentscheidungen
LÄNDER
Zuständigkeit für Inhalte
Koordination: Heike Raab
Staatssekretäre der Länder
Staatskanzleien der Länder
laudia Roth
esministerium
ltur und Medien
Wolfgang Kreissig
Direktorenkonferenz der Landesmedienanstalten
Landesmedienanstalten
Medienstaatsvertrag (MStV)
KEF
Telemediengesetz
KEK
Öffentlich-rechtliche Rundfunkräte
Netzwerkdurchsetzungsgesetz (NetzDG)
Rundfunkkommission der Länder
Gesetze
Institutionen/Behörden
Personen
Digitalministerien der Länder

Kartellrechts in Bezug auf digitale Monopole kaum Instrumente, um existierende Monopole zu entflechten. Wir haben danach die wichtigsten Gesetzeswerke des deutschen Medienrechts geprüft und finden hier eine ganz andere Situation vor. Wir erkennen ein klares und detailliert ausformuliertes Bewusstsein von der Gefahr dominanter Anbieter im Markt der Medien, bis hin zu konkreten Aspekten wie den Gefahren von Zugangsbeschränkungen oder der Vertikalisierung von Marktmacht. Wir haben spezifische Regelungen für Übertragungswege und Inhalte, es gibt verantwortliche Behörden, wir haben klare Obergrenzen für dominante Positionen, wir finden spezifische Regelungen zur wissenschaftlichen Messung dieser Marktmacht sowie klare und harte Sanktionen, welche die Behörden ergreifen können, um Vormachtstellungen soweit wie nötig einzugrenzen. Aber obwohl die wettbewerbsschädigende Dynamik der Monopolbildung das gravierendste gesellschaftliche Problem der digitalen Medien überhaupt darstellt (zumal es alle übrigen öffentlich diskutierten Themen wie Hate Speech, Fake News, Datenüberwachung et cetera nur noch verstärkt), fehlt es in den Gesetzeswerken zu digitalen Medien an entsprechenden Regelungen. So befassen sich Telemediengesetz als auch Netzwerkdurchsetzungsgesetz vorwiegend mit Informationspflichten und Haftungsfragen. Es existieren weder etablierte Behörden noch gängige Messungen zur Ermittlung von Marktmacht.

Die existierende Rechtsprechung und Regulierungswerkzeuge sind auf dem Feld der digitalen Monopole also nicht ausreichend. Zu diesem Schluss kommt aktuell auch die KEK, die einen »deutlichen Wandel in der Mediennutzung« einräumt: »Die spezifische Plattformökonomie und die damit verbundene, bereits im vergangenen Konzentrationsbericht der KEK beschriebene »Plattformrevolution« beeinflussen Entwicklungen im Medienbereich nachhaltig. Hierauf hat das gegenwärtige Medienkonzentrationsrecht praktisch keine Antworten«.[19] Auch im Vielfaltsbericht derselben Behörde wird das ungelöste Problem der digitalen Monopole klar benannt, die Autoren fahren fort: »Wenn nun auch noch aufgrund des Zugangs zu Nutzungsdaten Nutzerprofile erstellt und dadurch individuelle Ansprachen möglich werden, verstärkt dies den potenziellen Einfluss auf die Meinungsbildung nochmals erheblich. Um diesem Problem begegnen zu können, reichen die klassischen Regulierungswerkzeuge – insbesondere des gegenwärtigen Medienkonzentrationsrechts – nicht aus.«[20]

Zwischenfazit: Die ganze Misere auf einen Blick

Wenn wir nun die bisherigen Aspekte unserer Argumentation zusammenführen, kann man die aktuelle Situation nur als dramatisch bezeichnen:

- Die digitalen Medien haben die analogen überholt und sind bereits die Leitmedien, diese Transformationen wird sich auch in Zukunft weiter fortsetzen und beschleunigen (☞ I.2)
- Die Nutzung der digitalen Medien ist extrem konzentriert (☞ I) und größtenteils unter der Kontrolle einer Handvoll US-Konzerne (☞ I.3)
- Die Macht dieser digitalen Medien überschreitet die der analogen massiv. Sie dringen tiefer in unsere Privatsphäre ein, sie umgreifen immer größere Areale der Politik und vor allem besitzen die Eigentümer der Plattformen durch den Zugang zu finanziellen Transaktionen eine ungeheure wirtschaftliche Macht (☞ III)
- Durch ihr »virtuelles Hausrecht« können die Eigentümer ihre Plattformen mehr oder weniger frei für ihre eigenen Interessen nutzen. Sie können Traffic-Ströme manipulieren (☞ III.5) und sogar einzelne Personen in geheimdienstähnlichen Operationen ausspionieren (☞ III.6)
- Viele Aspekte der Plattformen sind verfassungsrechtlich bedenklich (☞ IV.4)

Trotz dieser Situation haben wir aktuell keine Möglichkeit, die Macht der digitalen Medien gesellschaftlich zu kontrollieren:

- Das Kartellrecht erlaubt kein wirksames Vorgehen gegen existierende Monopole.
- Wir besitzen zwar ein konsistent antimonopolistisches Medienrecht, aber die existierenden gesetzlichen Regelungen greifen weitgehend nur für die analogen Medien wie etwa Rundfunk oder Presse, nicht dagegen für die Plattformen.

2. Maximale Gewinne der Tech-Riesen – ohne Verbreiterhaftung

Erinnern Sie sich daran, wie Neil Young im Januar 2022 bei Spotify ausstieg? Er boykottierte die Plattform, weil diese den umstrittenen Podcast von Joe Rogan anbot. Der Boykott durchlief die üblichen Reizwellen der Medien. Über etwa zwei Wochen empörte man sich digital, danach war alles wieder vergessen, und (natürlich) hat Spotify keinen Schaden davongetragen. Denn Neil Young ist zwar ein großer Künstler, aber es verlassen seinetwegen nicht Millionen von Nutzern die Plattform. So weit reicht die Macht seiner Prominenz natürlich nicht. Auch in diesem Markt für Musik werden die wenigen Anbieter (hauptsächlich Spotify und Apple) durch starke Netzwerkeffekte geschützt. Widerstand ist hier zwecklos.

Im Kern des Falls steht aber die Frage nach der Verantwortung der Plattformen für ihre Inhalte. Genau da führt er jedoch mitten in ein grundsätzliches Dilemma. Bei oberflächlicher Betrachtung würde man denken: Was hat Spotify schon damit zu tun? Wir haben uns nach den Diskussionen zu Facebook oder YouTube schon damit abgefunden, dass Plattformen keine Verantwortung für die transportierten Inhalte übernehmen müssen, und genauso hat Spotify in der Vergangenheit auch argumentiert.

FUN FACT: Was bei RTL strafbar wäre, ist auf Plattformen legal

Tatsächlich gibt es ein rechtliches Haftungsprivileg für Plattformen: Diese müssen im Gegensatz zu redaktionellen Angeboten (zum Beispiel in Fernsehen, Radio oder Zeitungen) bis heute keine Verbreiterhaftung für kritische Inhalte übernehmen.[21] Erinnern wir uns an die Vorwürfe, die man Joe Rogan gemacht hatte. Er hatte unter anderem Ivermectin (ein Medikament gegen Parasiten) gegen Corona empfohlen, dies im Kontext seiner allgemeinen Kritik an Impfungen. Ferner hatte er immer wieder rassistische Beleidigungen geäußert. Die Gesetzgebung sieht vor, dass Plattformen wie Spotify nicht haften müssen, solange sie sich diese Inhalte nicht »zu eigen« machen.

Hier lauert ein fundamentales Problem – und zwar im Aspekt der Monetarisierung. Das wird gerade bei einem Fall wie Joe Rogan schnell deutlich. Denn Spotify hat Joe Rogan 100 Millionen US-Dollar für die exklusiven Rechte an seinen Podcasts gezahlt, um seinerseits damit Gewinne zu erwirtschaften. Die vermeintlich klare Linie, die Plattformen und Redaktionen voneinander trennt, ist in Wirklichkeit gar keine.

Buchstabieren wir das einmal aus: Wenn die Igitt-Inhalte von Joe Rogan über Spotify konsumiert werden, ist die Plattform nicht verantwortlich (obwohl sie für diese Inhalte 100 Millionen US-Dollar gezahlt hat). Würde Joe Rogan mit exakt denselben Igitt-Inhalten bei RTL im Fernsehen auftreten, müsste der Sender eine umfassende Haftung übernehmen. Diese Ungleichbehandlung und Wettbewerbsverzerrung ist sachlich nicht zu rechtfertigen, denn das wirtschaftliche Modell ist gleich. Sowohl RTL als auch Spotify machen Umsatz dadurch, dass der Konsum ihrer Medieninhalte monetarisiert wird, etwa durch Gebühren oder durch Werbung.

Die Mechanik funktioniert bei redaktionellen Inhalten gut. Stellen wir uns vor, wie die Situation gewesen wäre, wenn Joe Rogan eine Show bei RTL moderiert hätte. Sicher ist fraglich, welche Inhalte von Joe Rogan hier rechtlich angreifbar wären. Ich bin kein Jurist, würde aber vermuten, dass er mit seinen Behauptungen zu Ivermectin gegen Corona vor Gericht möglicherweise ungeschoren davongekommen wäre. Mit seinen rassistischen Beleidigungen wohl eher nicht, diese würden dann Strafen nach sich ziehen.

Ein anderer Punkt ist jedoch viel entscheidender: Verbreiterhaftung wirkt sich allgemein zivilisierend auf Diskurse aus. Wir erinnern uns etwa an die (freiwillige!) Depublizierung fragwürdiger Inhalte der Kabarettistin Lisa Fitz durch den SWR, weil es sich hier um »falsche Tatsachenbehauptungen« handelte – obwohl diese Äußerungen Lappalien waren im Vergleich zu den Inhalten von Joe Rogan.

Spotify und die Plattformen können mit strafbaren und kriminellen Inhalten Geld verdienen. Der Aspekt der Monetarisierung ist also keine Haarspalterei, sondern lauert unbeobachtet im Kern der aktuellen Debatte über die Kontrolle der anwachsenden Flut illegaler Inhalte im Netz (also etwa falsche Tatsachenbehauptung, Verleumdung, Volksverhetzung, Aufforderung zu Straftaten, üble Nachrede, Schmähkritik, Holocaustleugnung et cetera).

Plattformen sind von der Verbreiterhaftung befreit

Die öffentliche Debatte über dieses wichtige Problem wird momentan auf eine Abwägung zwischen zwei Gütern reduziert – es steht die *Kontrolle* (zum Beispiel Löschung) strafbarer Inhalte gegen die *Meinungsfreiheit*. Jede Initiative, welche eine Kontrolle oder Haftung erwägt, erzeugt jedoch reflexartige Warnrufe vor einer Gefährdung der Meinungsfreiheit und Zensur. Diese antiregulatorische Haltung stammt aus den frühen Zeiten der Netzkultur. Damals stellten die neuen digitalen Medien übrigens tatsächlich eine neue Dimension der Meinungsfreiheit dar. Erstmals versetzten die neuartigen Foren, Communities und Plattformen alle Menschen in die Lage, ihre Meinungen zu jedem Thema direkt der Öffentlichkeit mitzuteilen. Zuvor waren es die Gatekeeper der klassischen Medien gewesen, die den Zugang zur Öffentlichkeit nahezu versperrten. Diesen »Zugang« muss man bis heute als die zentrale demokratiepolitische Leistung der digitalen Plattformen anerkennen. Diese digitalen Kanäle waren damals allerdings noch unbedeutend, man verstand ihr mehrseitiges Geschäftsmodell noch nicht, sie genossen Welpenschutz, weswegen man sich nicht um diese Zusammenhänge sorgte.

Festgeschrieben wurde diese Rechtsprechung in der berühmte Section 230 des US-amerikanischen »Communications Decency Act« (CDA) aus dem Jahre 1996. Damals mehrten sich Fälle etwa in Online-Diskussionsforen, bei denen unklar war, inwieweit die Betreiber solcher Dienste auch für die dort veröffentlichten Inhalte haftbar gemacht werden sollten. Das Gesetz versteht sich explizit als Impuls zur Förderung neuer, moderner und innovativer Technologien und benennt als Zielsetzung, »die kontinuierliche Entwicklung des Internets und anderer interaktiver Computerdienste und anderer interaktiver Medien zu fördern«. Als zentrale Bestimmung wird dort festgelegt: »Kein Anbieter oder Nutzer eines interaktiven Computerdienstes darf als Herausgeber oder Sprecher von Informationen behandelt werden, die von einem anderen Anbieter von Informationsinhalten bereitgestellt werden.«[23] Dies markierte die Geburtsstunde der rechtlich unterschiedlichen Behandlung von redaktionellen Medieninhalten und Plattformen. Wohlgemerkt geschah das acht Jahre vor der Gründung von Facebook. Man versteht natürlich sofort, warum Facebook und andere Plattformen dieses Gesetz schützen wie ein Heiligtum: Es befreit sie von jeder Verantwortung für die Inhalte, sie sind komplett immun.

Jede kritische Diskussion der Verbreiterhaftung führt übrigens sofort in ein Minenfeld mit heftigen Vorwürfen, man wolle das Internet »zensieren« und die »Freiheit« abschaffen. Wir erkennen das dahinterliegende, stark verankerte Denkmuster der schutzbedürftigen Medien (☞ III.1), die tatsächlich über Jahrhunderte zensiert wurden. Dennoch muss man die Frage stellen, ob die Situation heute noch dieselbe ist wie 1996.

Erstens ist fraglich, ob man heute immer noch das Problem einer weitgehenden »Kontrolle« des Zugangs zur Öffentlichkeit vorfindet. Sicherlich haben die digitalen Medien hier einen Paradigmenwechsel eingeläutet. Ist ein mangelnder »Zugang« der Menschen zur digitalen Öffentlichkeit für die Menschen heute wirklich

KEINE VERBREITERHAFTUNG UND MAXIMALE MONETARISIERUNG FÜR PLATTFORMEN

* Prozentualer Anteil an Werbeeinnahmen geht an Creator; letzte publizierte Zahl: 55 %[22]
** Bei prominenten Autoren Zahlung von Lizenzgebühren (z. B. Joe Rogan 100 Mio. US $)

noch das Hauptproblem? Zumal in einer Zeit, wo ihnen so viele unterschiedliche Kanäle und Möglichkeiten zur Verfügung stehen? Dies war ein Problem im Jahr 1996, dagegen ist die Situation heute eine komplett andere.

Und liegt nicht die größte Gefahr der »Zensur« in der interessengeleiteten Manipulation des Traffics durch Big Tech (☞ III.5)? Aber genau zu diesen Vorgängen innerhalb der Blackboxes der Plattformen haben wir keinen Zugang mehr. Wir retten die »Freiheit« und geben sie dann in die Hände der Digitalkonzerne – und verlieren dabei unseren Zugriff auf diese Freiheit vollständig.

Zweitens sind spätestens mit der Erstürmung des Kapitols in den USA die Folgen falscher Tatsachenbehauptungen ganz offensichtlich geworden, und die Rolle der Plattformen bei deren Verbreitung rückt vermehrt ins Rampenlicht. Aktuell liegt dem Obersten Gerichtshof der USA eine Klage der Familie eines Opfers des »Islamischen Staates« (IS) vor. Die Studentin Nohemi Gonzales wurde im Jahr 2015 bei den Terroranschlägen in Paris getötet. Der Vorwurf lautet, dass YouTube bestimmten Nutzern die Videos der Terrorgruppe aktiv empfohlen habe. Wie stets schlüpft der Konzern Alphabet beziehungsweise Google hier in die Rolle eines philanthropischen Freiheitskämpfers und warnt: »Ein erwartetes Urteil in einem Fall vor dem Obersten Gerichtshof der USA zur Haftungsfreistellung für soziale Netzwerke wie YouTube, Facebook, Instagram, TikTok oder Twitter könnte ›das Internet auf den Kopf stellen‹ und zu einer weit verbreiteten Zensur führen. Sollten die Richter die Privilegien einschränken, sähen sich große Betreiber gezwungen, mehr potenziell anstößige oder schädliche Inhalte zu blockieren.«[24]

Der Fall belegt aus einer wieder neuen Perspektive, dass eine der zentralen Grundannahmen über die Plattformen grundfalsch ist – und zwar die Vorstellung, es handele sich um ›neutrale‹ digitale Durchgangsstationen. Das gesamte Geschäftsmodell der algorithmusgesteuerten Empfehlung von Inhalten ist das genaue Gegenteil dieser angeblichen Inhaltsneutralität.

Wir müssen über Geld reden

Sicherlich müssen für jede Einschränkung von Meinungsfreiheit die verschiedenen Rechte sorgsam abgewogen werden, weshalb hier eine einschlägige Behandlung allein aus Platzgründen nicht erfolgen kann. Aber es gibt noch einen dritten Aspekt, der sich im Jahr 2023 völlig anders darstellt als im Jahr 1996. Glücklicherweise betrifft dieser Aspekt keine Grundrechte, er wird nicht kontrovers diskutiert und lässt sich ebenso schnell und eindeutig klären. Es geht um den Aspekt der Monetarisierung. Wenn Google in Bezug auf die getötete Studentin einwendet, es gehe ihnen vor allem um die Freiheit der Meinungsäußerung und gegen Zensur, verschleiert das Unternehmen seine erste und wichtigste Motivation, nämlich Geld zu verdienen. Im Jahr 1996 waren die ersten Plattformen im Netz noch meilenweit entfernt von ernstzunehmenden Umsätzen. Weltweit (!) waren Ende 1996 gerade einmal 36 Millionen Menschen im Netz.[25] Natürlich war es damals sinnvoll, kleine Anbieter vor Haftungsklagen zu schützen und der völlig unbedeutenden Digitalbranche einen rechtlich »sicheren Hafen« zu schaffen, in dem die neuen Start-ups ihre neuen Geschäftsmodelle erproben konnten.

Inzwischen hat sich diese Situation in ihr genaues Gegenteil verwandelt. Die digitalen Medien sind die Leitmedien. Die Plattformen fahren geradezu obszöne Gewinne ein, wohingegen die analogen Medien mehr und mehr an Bedeutung verlieren. Und doch genießen die Plattformen weiterhin ein uneingeschränktes Haftungsprivileg. Die ungeheuren Gewinne der Digitalkonzerne verdeutlichen das Problem. Denn die Plattformen übernehmen zwar *wirtschaftlich* die Verantwortung für Content, lehnen aber zugleich jede *inhaltliche* Verantwortung für exakt denselben Content ab. Bei Konflikten verweisen sie auf die »Meinungsfreiheit«. Dabei sollten wir sehr hellhörig werden, wenn diese wenig zimperlichen Konzerne plötzlich mit Ethik argumentieren. Denn es ist offensichtlich eine Sache, die freie Äußerung von Meinungen zu ermöglichen. Es ist aber eine ganz andere Sache, mit diesen (im Zweifel illegalen) Inhalten dann Geld zu verdienen. Wie widerwärtig auch immer man die unterschiedlichen Beiträge etwa von Hate Speech im Netz beurteilen mag – es ist mindestens genauso widerwärtig, diese Inhalte als »Programm« zu benutzen und durch Werbung oder Gebühren damit Geld zu verdienen.

Je mehr man sich dem Phänomen der Monetarisierung nähert, desto schwieriger wird es, eine klare Linie zu ziehen. Ab welchem Punkt ist es sinnvoll, die Verantwortung für die Verbreitung illegaler Inhalte auszusetzen? Wenn Spotify einem Podcaster wie Joe Rogan 100 Millionen Dollar für die Inhalte zahlt, spricht einiges dafür, dass Spotify sich diese Inhalte »zu eigen« gemacht hat und folglich haften müsste wie ein Fernsehsender. Ethisch ist das so, rechtlich jedoch nicht. Und wie sieht es bei einem prominenten YouTuber aus, an den YouTube anteilig Werbeeinnahmen ausschüttet? Auch hier bezahlt letztlich YouTube den Creator für den Content, denn der Content ist es, der YouTube Einnahmen (über die Werbung) beschert. Ist YouTube dann nicht auch für den Content verantwortlich? Analog bei Facebook oder Instagram –auch hier gilt: Die Plattform monetarisiert alle übermittelten Inhalte durch Werbung. Kann man da wirklich argumentieren, das Unternehmen habe sich diese Inhalte nicht »zu eigen« gemacht?

Sicherlich, in Demokratien muss man mitunter auch radikale Stimmen tolerieren. Man mag die Inhalte widerwärtig finden, aber man kann sehr wohl argumentieren, dass Demokratien mitunter auch extreme und schlimme Äußerungen in einem pluralistischen Meinungsspektrum aushalten müssen. Aber wenn Konzerne wie Alphabet oder Meta Milliardenumsätze auf der Grundlage von »Programmen« erzielen, in denen strafbare Inhalte stecken, dann hat das mit pluralistischem Meinungsspektrum rein gar nichts mehr zu tun.

Zurückweisung von Verantwortung als Geschäftsmodell

Wir sehen hier ein besonders zynisches Verhaltensmuster der Tech-Riesen, das ganz einfach darin besteht, die Probleme, die sich zwingend aus ihren eigenen Geschäftsmodellen ergeben, zu den Problemen der Gesellschaft zu machen. Plakativ gesprochen: Erst laden die Tech-Riesen offen dazu ein, auch strafbare Inhalte auf ihre Plattformen zu stellen, an denen sie durch Werbung oder Gebühren verdienen. Wenn sich dann kritische Stimmen melden, die das hinterfragen, sagen sie: »Uff, wirklich? Krass! Wollt ihr (!) etwa freie Meinungsäußerung unterbinden? Wollt ihr (!) wirklich das ganze Internet zensieren?« Merke: Der Übeltäter ist dann derjenige, der auch nur die Erwägung anstellt, die Meinungsfreiheit in Relation zu anderen Grundrechten – etwa dem Persönlichkeitsrecht – zu setzen, und nicht der Konzern, der Milliarden mit diesem zweifelhaften Geschäftsmodell verdient.

Erneut müssen wir uns fragen, ob die Digitalkonzerne so böse sind oder wir so doof. Erst erschaffen die Tech-Riesen selbst ein riesiges Problem und dann sagen sie uns: Dieses Problem ist gar nicht unser Problem, sondern euer Problem. Könnt ihr das bitte lösen? Wie weit seit ihr denn schon gekommen mit euren Lösungen? Aber wir, die Digitalkonzerne, fänden das ethisch echt schlimm, wenn ihr uns zwingen würdet, »das Netz zu zensieren«.

Zumal es offensichtlich ist, dass es keinesfalls um ethische Bedenken, sondern um eine kalkulierte Ausnutzung einer Regulierungslücke zur Maximierung der eigenen Gewinne geht. Der Rechtswissenschaftler Karl-Nikolaus Peifer nennt das Prinzip »Distanzierung als Geschäftsmodell«. Wenn wir die Frage stellen, inwieweit man Plattformen für ihre Inhalte verantwortlich machen sollte, ergeben sich in der Beurteilung zwei Positionen. Auf der einen Seite könnte man etwa die Betreiber von Telekommunikationsdiensten sehen. Wenn Terroristen über das Telefonnetz der Telekom strafbare Inhalte miteinander austauschen, dann kann man die Telekom für diese Inhalte nicht verantwortlich machen. Haken dran. Dem gegenüber stehen die redaktionellen Medien: Sie erarbeiten die Inhalte selbst, deshalb sind sie haftbar. Haken dran.

Die Plattformbetreiber stehen auf dieser Skala ziemlich genau in der Mitte. Natürlich erzeugen sie die Inhalte nicht selbst. Aber dennoch liefern sie ihren Nutzern ein Programm aus Medieninhalten. Was früher Fernsehen hieß, geschieht heute auf YouTube. »Vermittler werden zu Verbreitern, wenn sie die passive technische Ebene verlassen und Inhalte selbst neu anordnen, präsentieren oder kontrollieren.«[26] Nur dass sie eben behaupten, genau dies nicht zu tun. Die Social-Media-Unternehmen geben quasi vor, nur Telefonnetze zu betreiben, um sagen zu können: »Wir haben mit den Inhalten nichts zu tun.« Diese »Distanzierung« hat nur einen Zweck, nämlich die Erbeutung maximaler Gewinne unter Vermeidung aller nur denkbaren Haftungskosten. Man kann es nicht treffender auf den Punkt bringen: »Aus Sicht der Rechteinhaber nutzen Vermittler gezielt Privilegien aus, die für passive und rein technische Zwecke der Kommunikationsübermittlung gedacht waren.«[27]

Dass es die Tech-Riesen geschafft haben, ihre riesigen Plattformen voller Medieninhalte quasi in der Kategorie »Telefonleitungen« unterzubringen (»Intermediäre«, wir erinnern uns), um keine Haftung übernehmen zu müssen, ist schon eine beachtliche Leistung. Sie haben das stets mit dem Aspekt der Meinungsfreiheit verteidigt. Wer dies infrage stellt, wird sofort als vermeintlicher »Zensor« abgestempelt. So haben es die Tech-Riesen hinbekommen, dass wir ihr Problem zu unserem eigenen gemacht haben. Es ist höchste Zeit, aus der vertrackten Situation zwischen »Freiheit« und »Kontrolle« auszusteigen, und zwar über einen ganz einfachen Weg: Wer die wirtschaftliche Verantwortung übernimmt, der muss auch inhaltlich die Verantwortung übernehmen. Wie das genau aussehen könnte, darauf kommen wir im letzten Kapitel zurück (☞ VI).

Rechtsradikale Plattformen im Namen der Freiheit

In jedem Fall sollten wir nicht länger tolerieren, dass die großen Plattformen im Namen der Meinungsfreiheit die westlichen Gesellschaften in Geiselhaft nehmen, um dann widerwärtige, rassistische, oft sogar kriminelle oder strafbare Inhalte zu Geld zu machen. Diese Instrumentalisierung der Meinungsfreiheit hat sich nämlich auch jenseits der sozialen Medien in ziemlich widerwärtige Ökosysteme ausgebreitet. Gutgemeinte netzpolitische Positionen, die einem Absolutismus der Meinungsfreiheit das Wort reden und jede Art von »Zensur« als Angriff auf die Netzfreiheit missverstehen, werden dann tragischerweise zu Unterstützern recht unappetitlicher Demagogen, von denen Elon Musk noch der annehmbarste ist. Wir sollten nicht vergessen, dass auch Trumps neue Plattform Truth Social eine ethische Überlegenheit für sich reklamiert, weil sie – so die propagandistische Erzählung – Nutzern die Möglichkeit bietet, ihre Meinung unzensiert zu äußern. Trump selbst lieferte nach seiner Aussperrung durch Twitter und Facebook den »Beweis« dafür, dass auf den etablierten Plattformen eine antifreiheitliche »Zensur« wüte. Mit seiner eigenen Plattform kann er hervorragend an seine Selbststilisierung als Opfer (»Hexenjagd« et cetera) anschließen. Diese Überlegenheit zu beanspruchen, ist kein Spezifikum von Truth Social, sondern verbindet viele neuen Plattformen, die rechtsradikale Positionen verbreiten, wie Parler, Gettr, gab, MeWe, Telegram und so fort. Noch tragischer ist, dass durch diese extreme Form der Privilegierung ausgerechnet die redaktionellen Medien (egal ob analog oder digital) unter die Räder geraten. Sie führen umständliche Recherchen durch, überprüfen ihre Inhalte, zahlen Honorare – und werden obendrein noch haftbar gemacht, wenn sie etwa falsche Tatsachenbehauptungen verbreiten. Auch in diesem Aspekt können sie gegen eine derartig massive Bevorteilung durch die Plattformen nicht gewinnen. Der Fall Spotify / Joe Rogan zeigt präzise die Ungleichbehandlung im geltenden Recht, durch die redaktionelle Angebote massiv wirtschaftlich benachteiligt und fairer Wettbewerb auf dem Feld der Medien verhindert wird, was die Monopole und Oligopole der Digitalkonzerne nur noch verstärkt.

3. Unsere Gefangenschaft in den Rechtsordnungen der Plattformen

Ein Bekannter von mir ist Live-Musiker. Wie man sich vorstellen kann, hat er massiv unter den Aufführungsverboten während der Corona-Pandemie gelitten. Aus Sicht der Digitalwirtschaft würde man wohl ohnehin sagen, Live-Musik stirbt aus, also schnell alles digitalisieren. Und genau das hat er getan. Um irgendwie zu überleben, hat er sich neue digitale »Geschäftsmodelle« erschlossen.

Worauf setzt man dann als Live-Musiker seine Roulettesteine? Natürlich auf Spotify und Streaming. Nun muss man wissen, dass Spotify schon seit Jahren seine marktbeherrschende Stellung ausnutzt, um den Anteil der Wertschöpfung bei den Künstlern und ihren Labels so weit wie möglich zu drücken – und zwar dadurch, dass man den Zugriff zur Musik in einem immer größeren Ausmaß über Playlists organisiert. Wir kennen alle den Trend, dass immer neue Playlists zu immer neuen Stimmungen erfunden werden (»Sunday Hangover«, »Winter Jazz« und so fort) und auch immer größere Nutzungsanteile erzielen. Das hat einen einfachen Grund: Je größer der Anteil der Musik ist, die über solche Playlists aufgerufen wird, desto geringer ist die Bedeutung der Künstler. Diese verlieren immer mehr an Markenwert und Durchzugskraft. Brancheninsider vermuten, dass Spotify an Anbieter solcher Inhalte wie etwa »Epidemic Sound« sogar deutlich niedrigere Lizenzgebühren zahlt – um auf diese Weise die eigene Profitabilität auf Kosten der Künstler zu steigern.[28]

In dieses Geschäft ist nun auch mein Bekannter eingestiegen. Um seinen existierenden Markenwert als Live-Musiker nicht zu schädigen, hat er sich verschiedene Kunstnamen zugelegt, unter denen er dort vor allem in Playlists erfolgreich aktiv ist, eine bei Künstlern übliche Praxis. Er hat es auch geschafft, dort Präsenzen aufzubauen, die mehrere hunderttausend monatliche Hörer besitzen, und konnte per Streaming Umsätze im vierstelligen Bereich erzielen. Zur Bewerbung seiner Künstlermarken, seiner Auftritte, seiner Web-Präsenzen und auch seiner Streaming-Angebote hat er jahrelang Facebook und Instagram verwendet – Kanäle, die prima für ihn funktionierten, weil er direkt auf die digitalen Inhalte verlinken und dadurch teilweise 50 neue Follower pro ausgegebenem Euro erzielen konnte.

Bis Meta aus heiterem Himmel sein Werbekonto sperrte. Bis heute rätselt mein Bekannter, wieso. Wurde seine Kreditkarte für zu viele Konten genutzt? Was hat er falsch gemacht? In einem solchen Fall ist es schon schwer genug, auf der

Domain von Meta herauszufinden, wo denn das Support Desk versteckt ist. Er hat es schließlich gefunden, sich dort gemeldet und alles versucht – er war eine Stunde im Chat, hat länger mit einem Meta-Mitarbeiter telefoniert, E-Mails gingen hin und her. Meta hat ihm nicht einmal gesagt, gegen welche Policy er verstoßen hat. Er erhielt lediglich eine Liste von sieben Policies, gegen die er verstoßen haben *könnte*. Die Mail schloss ab mit der »Final Decision« einer endgültigen Sperrung. Gegen die man nichts mehr tun kann. Es ist offenbar nicht einmal mehr möglich, auf das Support Desk zuzugreifen – die Funktion sei dann im Konto nicht mehr sichtbar.

Mein Bekannter hat mir dies alles streng vertraulich erzählt. Wie alle, die mit den Digitalkonzernen in Konflikt geraten, hat er Angst. Denn er hat in Zukunft keine alternativen Möglichkeiten, seine Inhalte zu bewerben. TikTok besitzt die falsche Zielgruppe, YouTube hat nicht die gewünschten Ergebnisse geliefert (was hier auch nicht verwunderlich ist). Meta monopolisiert den Zugang zu seinen Kunden – der ihm jetzt versperrt ist. Weswegen er mich darum gebeten hat, seinen Namen nicht zu nennen und nicht einmal das Genre, in dem er aktiv ist – aus Furcht, sich mit Meta anzulegen.

Wir haben in Kapitel III gesehen, wie die Mega-Medien der Tech-Riesen auf immer größere Areale unserer Lebenswelt zugreifen – vor allem auf unsere Privatsphäre, auf Politik und Kultur, und dann in die Wirtschaft. Immer mehr an Lebens- und Systemwirklichkeit findet jetzt innerhalb von Plattformen statt. Und immer dann, wenn wir uns in ihren digitalen Welten bewegen, gelten auch die vermeintlich privatautonomen Vertragsordnungen der Tech-Riesen. Kann das überhaupt funktionieren bei einem derartigen Ungleichgewicht der Vertragspartner? Denn wir haben zu allen diesen digitalen Lebens- und Wirtschaftswelten irgendwann einmal den allgemeinen Geschäftsbedingungen zugestimmt – in den meisten Fällen, ohne deren Implikationen zu verstehen.

Die Bedeutung dieses Sachverhalts ist immens. Denn einerseits können sich die Tech-Riesen als global agierende Unternehmen vielen Pflichten entziehen, indem sie extraterritoriale Konstrukte nutzen – die ausgeklügelten Systeme zur Vermeidung von Steuern sind uns seit vielen Jahren bekannt. Umgekehrt können die Tech-Riesen durch die Netzwerkeffekte der Plattformen immer mehr Rechte akkumulieren, die wir ständig an sie abtreten. Sie ersetzen das staatliche Recht durch ihr eigenes Recht, das im Inneren ihrer Ökosysteme gilt. Man nennt diesen Vorgang auch die »Privatisierung des Rechts«. Wir haben in Kapitel II gezeigt, dass den Digitalkonzerne bereits ein Großteil der modernen Mediengattungen gehört. Die Verwendung von Medien ist aber nie wirklich freiwillig – mächtige Netzwerkeffekte saugen die Menschen nahezu zwangsläufig in die Nutzung, was übrigens auch die vielen erfolglosen Boykotte beweisen.

Weil den Plattformen diese Medien gehören, können sie über die Nutzungsbedingungen ihre Nutzer in eine Art rechtliche Geiselhaft nehmen. Denn auf der Grundlage der geltenden Vertragsgestaltungsfreiheit können die AGBs die Menschen quasi dazu zwingen, äußerst weitreichende Abtretungen von Rechten an die Inhaber der Plattformen vertraglich hinzunehmen: »Entweder du gibst uns alle diese Rechte, oder du bist nicht mehr in der Lage, mit deinen Freunden im Austausch zu stehen – dann bist du raus.« Für meinen Live-Musiker-Bekannten hatte das sehr existenzielle Folgen.

Weil die Übergriffe der Plattformen in die verschiedenen Areale unserer Lebenswelt aber immer neue Dimensionen annehmen, bedeutet dies auch, dass die durch Marktmacht durchgesetzte Digitalselbstverwaltung eine Art zweite »Rechtsordnung« entstehen lässt, die durch die unzähligen Verträge bestimmt wird, die wir mit den Digitalkonzernen schließen.

Staatliches Recht wird immer mehr ersetzt durch das Recht der Plattformen

Diese zweite »Rechtsordnung« unterscheidet sich jedoch in jeder Hinsicht von der echten Rechtsordnung des Staates – die sich Bürger in Freiheit gegeben haben, und in der wir entsprechend respektvoll als freie Bürger behandelt werden. Wo es demokratisch legitimierte Prozesse, Verfahren, Sanktionen gibt. Wo das Prinzip der Gewaltenteilung herrscht, das sicherstellt, dass wir im Zweifel von ganz unterschiedlichen Personen, Ämtern und Institutionen beurteilt werden – und wo es Möglichkeiten gibt, Irrtümer etwa über Berufungsinstanzen, aber auch durch die gewollte Gewaltenteilung zu korrigieren. In der zweiten »Rechtsordnung« der Digitalkonzerne haben wir diese Freiheit verloren. Das musste auch mein Bekannter erleben. Die dort geltenden Bestimmungen, Prozesse, Verfahrensordnungen und Sanktionen werden einseitig durch die Digitalkonzerne festgelegt. Es handelt sich also um extrem asymmetrische Machtverhältnisse.

Schauen wir uns das an einem Beispiel an – und zwar bei Amazon. Amazon hat in der westlichen Welt nicht nur eine marktbeherrschende Stellung als führender E-Commerce-Händler. Es unterhält zusätzlich noch den »Marketplace«, das heißt, es bündelt Millionen anderer E-Commerce-Händler auf der Plattform, die dort ebenfalls ihre Produkte anbieten können. Amazon ist also Webshop und Plattform für den eigenen Wettbewerb zugleich. Allein diese Situation sollte uns alarmieren. Denn natürlich ist Amazon jederzeit in der Lage, über die verschiedenen Schichten seines mehrdimensionalen Geschäftsmodells alle Parameter der Konditionen exakt so frei festzulegen, dass es seine vermeintlichen »Partner« auf dem Marktplatz stets übervorteilt. Alle Schrauben in dieser Maschine (Gebühren,

Provisionen, Preise für Werbekostenzuschüsse, Rabatte et cetera) kann Amazon immer genau so einstellen, dass es selbst mehr gewinnt als alle anderen.

Alle anderen – das sind in Deutschland knapp 700.000 Händler, davon haben mindestens 90.000 ihren Standort in Deutschland (200.000 Händler haben keinen Standort angegeben).[29] Alle Händler können nur dann verkaufen, wenn sie zuvor Amazons Nutzungsbedingungen zugestimmt haben. Damit unterwerfen sie sich auch Amazons internem »Rechtssystem«. Experten des E-Commerce-Magazins *Etailment* haben die Situation der Händler genauer analysiert und festgestellt, dass in Amazons »Rechtssystem« im Gegensatz zu demokratischen Rechtssystemen der Konzern »Ankläger, Richter und Henker zugleich« ist. Sie vergleichen Amazon mit einem Staat: »Seller nutzen seine Infrastruktur (Lager, Finanz- und Versandsystem, das Tor zu Millionen von Kunden), zahlen Steuern (Verkaufsgebühren) – und müssen sich an seine Gesetze halten. [...] Amazon besitzt bereits so etwas wie ein eigenes Justizsystem – eines, das ebenso verschwiegen wie wechselhaft erscheint.«[30] *Etailment* berichtet, dass immer wieder Verkäufer ohne Vorwarnung deaktiviert werden. Dafür gibt es eine Vielzahl potenzieller Gründe. Die Liste ist lang und wirkt recht beliebig. Die betroffenen Händler sind existenziell von Amazon abhängig, geraten hier aber in Kontakt mit einem System, das an Franz Kafkas »Vor dem Gesetz« erinnert – langsame Reaktionszeiten, keine telefonische Erreichbarkeit, unverständliche Antworten, teilweise automatische Kommunikation. »Wie weit Amazon-Seller sich erniedrigen, um ihre Verkaufsberechtigung wiederzuerlangen, ist beachtlich. Verzweifelte Verkäufer sind schon nach Seattle gereist, andere betteln als letztes Mittel in einem ›Jeff-Brief‹ an den reichsten Mann der Welt um einen Freispruch. Wenn sie ganz großes Glück haben, erbarmt sich jemand aus Bezos' Team.«

Die Experten empfehlen den verzweifelten Betroffenen übrigens, auch dann etwas zu »beichten«, wenn sie sich selbst für »unschuldig« erachten. »Ein Schuldeingeständnis sorgt auch bei Amazon für mildernde Umstände.« In Amazons kafkaeskem Rechtssystem funktioniert es offenbar am besten, wenn man direkt Reue zeigt, gepaart mit einem »Maßnahmenplan«, der illustriert, wie der Händler eine zukünftige Besserung seines Verhaltens erzielen wird. »Ein besonnenes Vorgehen ist deshalb so wichtig, weil Berufungsanträge auch abgewiesen werden können. Ist der Maßnahmenplan erst einmal offiziell abgelehnt, ist man endgültig raus. Wie ein weltliches Gericht liest Amazon dieselbe Berufung kein zweites Mal.« Die verzweifelte Situation vieler Händler habe eine ganze Branche von Beratern hervorgebracht, die sich um solche Fälle kümmern. »Auf dem Schwarzmarkt sollen Händler noch weit größere Summen zahlen, damit ihre Amazon-Sperrung sofort aufgehoben wird. Möglich ist dies freilich nur, wenn bei Amazon jemand intern interveniert.«

Man erkennt sofort, in welchem Ausmaß eine solche zweite, digitale Rechtsordnung in unser Leben eindringt. In dieser Rechtsordnung sind wir keine freien Bürger mehr, die demokratisch legitimierte Rechte besitzen, durch die wir uns auf ein faires Verfahren, auf neutrale und unabhängige Richter, auf eine balancierte und neutrale Gewaltenteilung zwischen Ermittlung, Rechtsprechung und Sanktionen, auf Berufungsinstanzen verlassen können. Denn alle Instanzen liegen einzig und allein bei der jeweiligen Plattform, die auf der Grundlage ihrer Vertragsgestaltungsfreiheit alle Hebel in der Hand hält.[31]

4. Ist der Status Quo verfassungswidrig?

Wir haben im Verlauf der Argumentation gesehen, wie die GAFAM unser demokratisches Mediensystem übernehmen werden. Wir haben ferner die verschiedenen rechtlichen Implikationen dargestellt, die uns wenig Hoffnung machen: Monopole sind nach den Bestimmungen des Wettbewerbsrechts legal. Wir können die Monopole der GAFAM aktuell auch nicht mit den Instrumenten des Medienrechts abschaffen. Hinzu kommt: Sie müssen keine Verbreiterhaftung übernehmen, weil sie nicht als Medien gelten, sondern nur als »Intermediäre«. Sogar ihr Vormarsch bei der Durchsetzung einer eigenen »Rechtsordnung« durch die zunehmende »Privatisierung des Rechts« ist legal. Wie können wir nur so naiv sein, das so hinzunehmen?

Aber wenn schon unser Medien- und Wettbewerbsrecht nicht Schritt halten kann mit den digitalen Entwicklungen, müssen wir die Frage viel einfacher und fundamentaler stellen: Ist diese Übernahme unseres demokratischen Mediensystems überhaupt verfassungskonform? Intuitiv würde wohl jeder von uns hier mit »Nein« antworten. Doch wie sehen die Fakten aus?

Wiederholen wir noch einmal unser Laborexperiment aus den ersten Kapiteln und schalten erneut alle analogen Medien ab.

KNIPS

Das Fernsehen bleibt schwarz, das Radio stumm, es existieren keine Zeitungen oder Zeitschriften mehr. Unser Mediensystem befindet sich nun weitgehend in der Hand einer Handvoll US-amerikanischer Konzerne. Redaktionelle digitale Inhalte sind fast völlig verschwunden, es dominieren die Plattformen. In den Feeds der Plattformen kursiert in erster Linie user-generated content und bald automatisiert erzeugte Texte (etwa durch ChatGPT). Wir als Gesellschaft haben keinerlei Zugriff auf die Inhalte der Plattformen mehr. Die GAFAM können weitgehend über die Ströme und Verteilungen des Traffics in ihren Ökosystemen bestimmen.

Durch die digitale Transformation verschiebt sich unsere Medienrealität immer weiter in die beschriebene Richtung, viele junge Menschen nutzen schon jetzt sehr weitgehend digitale Medien. In diesem Szenario sind folglich Grundrechte berührt, für die in der Vergangenheit stets das Bundesverfassungsgericht seine Kompetenz reklamiert hat.

Das Kernproblem ist: Bis heute wird in der Rechtsprechung dem Fernsehen die Rolle des gesellschaftlichen Leitmediums für die demokratische Meinungsbildung zugeschrieben, unter anderen aufgrund »der hohen Reichweite, der Aktualität sowie der Suggestivkraft seiner Darstellungsformen«.[32]

Aber das ist Denken von vorgestern. Längst sind die digitalen Medien die Leitmedien (☞ I.2),[33] hier findet auch das Agendasetting statt (☞ III.3). Es ist nicht zu rechtfertigen, dass die verfassungsrechtliche Relevanz des deutschen Medienrechts für digitale Medien nicht dieselbe Gültigkeit besitzen soll wie für die analogen Medien. Dementsprechend müssen alle medienrechtlichen Regelungen, welche die Wahrung der Grundrechte in analogen Medien absichern, ausnahmslos auch auf die digitalen Medien angewendet werden.

Mangelnde Anbietervielfalt in der digitalen Sphäre

Wir haben im ersten Kapitel erkannt, dass in der digitalen Sphäre ganze Mediengattungen entweder von Monopolen oder aber durch Oligopole abgedeckt werden. Das ist besonders brisant vor dem Hintergrund der verfassungsrechtlichen Forderung nach der Anbietervielfalt. Diese Vielfalt ist eine Grundbedingung funktionierender moderner Demokratien, denn die freie Meinungsbildung der Bürger kann nur auf der Grundlage eines vielfältigen und pluralistischen Informationsangebots stattfinden.

Es ist besonders interessant, dass Anbietervielfalt auch schon in Zeiten analoger Medien ein wichtiges Thema war. Über Jahre gab es im öffentlich-rechtlichen Rundfunk zunächst nur ein Programm, dann zwei (ARD und ZDF), aufgrund der knappen Kapazitäten an Sendefrequenzen und den hohen Kosten für die Fernsehsender. Dennoch sah das Medienrecht umfangreiche und differenzierte Regelungen vor, welche sicherstellen sollten, dass die Vielfalt trotz des beschränkten und knappen Angebots immer gewährleistet war. Es wurde zur Aufgabe der öffentlich-rechtlichen Rundfunkanstalten und der Rundfunkräte, *innerhalb* der Sender für ein pluralistisches Angebot zu sorgen.

Nach der Einführung des Privatfernsehens in Deutschland 1984 übernahmen es die Landesmedienanstalten, diese Vielfalt und Ausgewogenheit auch hier herzustellen. Mit anderen Worten: *Zu keinem Zeitpunkt hat der Gesetzgeber die Wahrung der Angebotsvielfalt aus den Augen verloren, diese war stets strengen regulatorischen Kontrollmechanismen unterworfen.*

Wichtig ist, dass wir das dahinterliegende rechtliche Prinzip verstehen: Wenn aufgrund der externen Begebenheiten (damals: knappe Sendefrequenzen) keine Vielfalt der Anbieter vorliegt (fehlende »Außenpluralität«), *muss* diese durch entsprechende Maßnahmen im Inneren der betroffenen Medien gesichert werden (»Binnenpluralität«) – also etwa durch pluralistisch besetzte Gremien, die darüber wachen, dass ein vielschichtiges Programm angeboten wird, welches das gesamte Meinungsspektrum abdeckt. In der 4. Rundfunkentscheidung heißt es dazu unmissverständlich: »Um dies zu erreichen, sind materielle, organisatorische und Verfahrensregelungen erforderlich, die an der Aufgabe der Rundfunkfreiheit orientiert und deshalb geeignet sind zu bewirken, was Art. 5 Abs. 1 GG gewährleisten soll.«[34]

Die Ausgangssituationen der früheren analogen Medien und der heutigen digitalen Medien sind durchaus vergleichbar – wenn auch die Gründe ganz andere sind. Die mangelnde Anbietervielfalt der heutigen digitalen Medien wird nicht durch Beschränkungen der Medientechnologie (Sendefrequenzen, Kosten et cetera) verursacht, sondern ist aufgrund der Marktbesetzungen durch Monopole entstanden. Sie ist durch unsere falsche Regulierung vollständig menschengemacht und wäre ebenso vollständig vermeidbar. Das deutsche Medienrecht hat in seiner Evolution eine Menge an Instrumenten, Werkzeugen, Behörden und Institutionen geschaffen, deren Aufgabe es ist, die Angebotsvielfalt zu überwachen. Doch abermals spielt es den Digitalkonzernen in die Hände, dass wir Plattformen juristisch nicht als Medien, sondern als »Intermediäre« betrachten. Weil sie keine Medien sind, müssen sie auch nicht in Bezug auf Vielfalt reguliert werden. Denn »Intermediäre« sollen nur für »Transparenz« und »Diskriminierungsfreiheit« sorgen (MStV § 93 und § 94).

Erneut wird ein zentrales Problem »gelöst«, indem man es wegdefiniert – wir kennen das Muster schon aus der lustigen Behördenpraxis des Bundeskartellamts. Hier heißt das: Vielfalt ist in Medien wichtig. Plattformen sind Intermediäre und keine Medien. Also ist Vielfalt hier kein Thema. Aber was wäre denn in einer Situation, in der es nur noch »Intermediäre« gäbe? Wäre die Sicherung von Anbietervielfalt dann nicht mehr notwendig? Schalten wir erneut die analogen Medien ab:

KNIPS

Wir erkennen sofort, dass diese Regelungen nicht auf der digitalen Höhe der Zeit sind und dass es um die Konzentration der digitalen Medien viel schlimmer bestellt ist, als dies jemals zu analogen Zeiten der Fall war. Warum akzeptieren wir überhaupt einen Mangel an Anbietervielfalt, der einen klaren Bruch mit verfassungsrechtlichen Grundlagen darstellt, und dies, obwohl es hierfür heutzutage überhaupt keine medientechnologischen Ursachen mehr gibt?

Und weil nachweislich aktuell keine Anbietervielfalt gewährleistet ist: Welche Behörde kontrolliert denn die Angebotsvielfalt *innerhalb* der digitalen Medienmonopole? Welche wissenschaftlichen Standards und Messmethoden existieren, um diese Vielfalt zu beurteilen? In welchen zeitlichen Abständen werden diese Studien durchgeführt? Welche kompetenten Gremien beurteilen die Befunde dieser Studien? Wer besetzt diese Gremien? Welche Rechtsmittel stehen ihnen zur Verfügung, um diese Vielfalt auch gegen Widerstände durchzusetzen?

So unglaublich es ist – das alles existiert nicht. Es gibt keine Behörde, keine Messmethode, keine Beurteilungen durch Dritte. Es gibt keine Prozesse oder Verfahren, die den digitalen Medienmonopolen auf den Zahn fühlen. Und das wohlgemerkt, obwohl die digitalen Medien längst unsere Leitmedien sind.

Wir geben uns nicht der Illusion hin, dass es doch »unendlich viele Angebote im Netz« gäbe, dass »noch nie Menschen ihre Meinungsäußerung potenziell so vielen anderen Menschen zugänglich machen« könnten und ihnen »zu keinem Zeitpunkt für die Verbreitung mehr Kanäle zur Verfügung« stünden. Denn wir haben schon erkannt, dass die digitale Vielfalt gleich in dreierlei Hinsicht kritisch hinterfragt werden muss. Erstens lenkt uns die große Menge existierender Angebote von der Erkenntnis ab, dass nur sehr wenige von ihnen genutzt werden. Zweitens sind wir (im Gegensatz zu den analogen Medien) völlig unwissend in Bezug auf die Inhalte, welche *innerhalb* der Plattformen übertragen werden.

Am wichtigsten ist jedoch, dass die Plattformen nicht neutral sind in Bezug auf die von ihnen übertragenen Inhalte (☞ III.5). Die Plattformen modifizieren und manipulieren den Traffic an ganz unterschiedlichen Stellschrauben: durch Algorithmen, durch Filter, durch Dimming und Boosting, durch Echokammern, durch Shadow Banning, durch Sperrungen, durch Heating und so fort. Alle diese Aktivitäten haben massiven Einfluss auf die Angebotsstruktur digitaler Medien und damit auch auf die Angebotsvielfalt.

Erneut gilt: Es ist sachlich nicht zu rechtfertigen, dass die verfassungsrechtliche Relevanz des deutschen Medienrechts für digitale Medien nicht exakt dieselbe Gültigkeit besitzen soll wie für die analogen Medien.

Mangelnde Unabhängigkeit der Plattformen

Verfassungsrechtlich denkt man bei Medienfreiheit zunächst an die Freiheit der Medien von staatlicher Einflussnahme und Instrumentalisierung. Tatsächlich umfasst diese Freiheit jedoch auch den Zugriff durch andere Felder und Bereiche. Medien dürfen also auch niemals von den Interessen spezifischer Gruppen beherrscht werden, also etwa durch Wirtschaftsunternehmen oder durch religiöse Organisationen. So heißt es im ersten Rundfunkurteil des Bundesverfassungsgerichts vom 28. Februar 1961: »Art. 5 GG verlangt jedenfalls, dass dieses moderne Instrument der Meinungsbildung weder dem Staat noch einer gesellschaftlichen Gruppe ausgeliefert wird.«[35]

Diese Unabhängigkeit ist bei den Plattformen jedoch nicht gegeben. Zum ersten Mal in der Geschichte der Menschheit befinden sich ganze Mediengattungen im Privatbesitz von Konzernen (☞ II.2). Vor allem die Twitter-Übernahme durch

Elon Musk hat gezeigt, wie weitgehend eine einzelne Person über die Inhalte auf der Plattform bestimmen kann, und in welchem Ausmaß solche Manipulationen auch schon vor Musk üblich waren (☞ III.5). Ferner schieben sich die Plattformen systematisch selbst den Traffic zu (☞ II.5). Das virtuelle Hausrecht der Gemeinschaftsstandards und die allgemeinen Geschäftsbedingungen gestatten den Managern und Eigentümern der Plattformen vielfältige Möglichkeiten für interessegeleitete Eingriffe (☞ IV.3).

Besonders gefährlich ist, dass die meisten Praktiken für Beobachter von außen nicht erkennbar sind. Die Plattformen besitzen Dutzende ausgefeilter und technologisch bewährter Tricks, wie sie Manipulationen durchführen können, die selbst betroffene Nutzer oft nicht bemerken – wenn etwa Posts gesperrt werden, ohne dass dies für die Autoren erkennbar ist (»Shadow Banning«). Dasselbe gilt für die verschiedenen Optionen, Beiträge positiv zu »boosten« oder umgekehrt durch »dimming« in der Sichtbarkeit zu reduzieren. Was auch immer wir darüber wissen – es ist nur die Spitze des Eisbergs.

Die Manipulation von Traffic per Algorithmus ist ohnehin fester Bestandteil des Geschäftsmodells der Plattformen. Jeder Profi im Online-Marketing weiß, dass die Plattformen die Sichtbarkeitsregeln für Inhalte ständig optimieren – und dabei natürlich knallhart eigene wirtschaftliche Interessen verfolgen. Das gilt nicht nur für die algorithmische Bevorteilung emotionaler, reißerischer oder sogar radikaler Posts (eine Praxis, die unter anderem auch durch die Enthüllungen der Meta-Whistleblowerin Frances Haugen dokumentiert wurden).

Ein weiteres Beispiel wäre etwa die Reduzierung organischer Sichtbarkeit für Content von werbetreibenden Unternehmen. In den ersten Jahren konnten werbetreibende Unternehmen bei Facebook hohe organische Reichweiten erzielen. Das ist heute nicht mehr der Fall – weil die Plattformen die Regler der Traffic-Verteilung verstellt haben, so dass Unternehmen nun für Reichweite in bezahlte Kampagnen investieren müssen. Die Plattformen wechseln diese Einstellungen auch recht beliebig nach ihren wirtschaftlichen Präferenzen (☞ II.1).

Das Geschäftsmodell der Plattformen besteht ja genau darin, die Sichtbarkeit von Content und den Fluss des Traffics an sehr vielen Stellschrauben zu verändern, zu manipulieren, zu boosten und zu dimmen, all dies immer wieder aufs neue optimiert auf die jeweiligen Zielsetzungen der Plattform. Manipulation und Traffic-Steuerung ist also kein Epiphänomen, keine Residualgröße, wie es uns der PR-Sprech von Big Tech immer wieder weismachen will, wenn solche Fälle auffliegen: »Ein bedauerlicher Einzelfall, den wir korrigieren werden«. Sie sind geradezu das Grundprinzip der Monetarisierung von Inhalten durch Plattformen.

Mangelnde Staatsferne: Datenaustausch zwischen Tech-Riesen und US-Regierung

Staatsferne gehört zu den Grundvoraussetzungen freier politischer Meinungsbildung in modernen Demokratien. Die lange Geschichte der obrigkeitsstaatlichen Zensur sowie die Erfahrung der Gleichschaltung der Medien im Nationalsozialismus haben dazu geführt, dass wir die Freiheit unserer Medien gegen Zugriffe durch staatliche Macht unter allen Umständen geschützt haben (☞ III.1). Wenn in seltenen Fällen die Einmischung des Staates notwendig sein sollte (etwa bei der Verfolgung von Straftaten), existieren detaillierte Regelungen und Verfahren, die staatliche Akteure beachten müssen, wenn sie auf die Medien zugreifen.

Inwieweit sind die Plattformen von Zugriffen durch verschiedene staatliche Institutionen betroffen? Schauen wir uns dafür zunächst an, welcher Einflussnahme die US-Plattformen durch die US-amerikanische Regierung und ihre Behörden ausgesetzt sind. Spätestens seit den spektakulären Enthüllungen von Edward Snowden dürfen wir auf diesem Feld sehr argwöhnisch sein. Im Jahr 2013 wurde bekannt, dass die US-Regierung bereits seit 2007 weltweit riesige Datenmengen zu Spionagezwecken sammelte, die sie aus Übertragungskanälen der Telekommunikation sowie aus dem Internet extrahiert hatte. Dabei spielten auch die Digitalkonzerne eine wichtige Rolle. Die britische Zeitung *The Guardian* berichtete, dass eine Reihe von Tech-Firmen mit der NSA kooperierte: »Auf einer Folie [der enthüllten Dokumente] identifiziert die Präsentation zwei Typen der Datensammlung: Upstream und Prism. […] Prism umfasst: ›Datensammlung direkt von den Servern der folgenden US-Diensteanbieter: Microsoft, Yahoo, Google, Facebook, PalTalk, AOL, Skype, YouTube, Apple.‹«[36] Das heißt im Klartext: Diese Digitalkonzerne haben ihre Kunden einmal verraten, indem sie sie ausgespäht haben, und dann gleich ein zweites Mal, indem sie ihre Daten an den US-amerikanischen Nachrichtendienst weitergaben.

Einige US-Politiker beschwichtigten damals die erzürnte amerikanische Bevölkerung mit dem Hinweis, es seien in erster Linie ausländische Personen ausgespäht worden (Sie haben richtig gehört: zum Beispiel wir nämlich). Dass man sich nicht darum geschert hat, hierzulande eine Erlaubnis für diese Zugriffe einzuholen, versteht sich von selbst. Ferner sollen einige der Digitalkonzerne Ausgleichszahlungen in Millionenhöhe für den entstandenen Aufwand erhalten haben, denn bei der Datenerhebung sei die Schwierigkeit aufgetreten, dass die Geheimdienste nicht sauber zwischen inländischen Daten und den Informationen von Nutzern außerhalb der USA unterscheiden konnten – was eine administrative zusätzliche Mehrbelastung für die Digitalkonzerne bei der Erstellung entsprechender Zertifikate bedeutete.[37]

Die Tech-Riesen bestritten übrigens ihre Kooperation mit der US-Regierung vehement, selbst dann noch, als Präsident Barack Obama das Programm längst öffentlich zugegeben hatte. Als Reaktion publizierten sie Verlautbarungen, die alle eine erstaunliche Ähnlichkeit besaßen, was darauf hindeutet, dass es möglicherweise Abstimmungen unter den Konzernen gab. »Alle sagten, sie hätten der Regierung keinen ›direkten Zugang‹ zu ihren Systemen gewährt, alle sagten, sie hätten noch nie von dem Prism-Programm gehört, und alle plädierten für größere Transparenz.«[38] Na klar, Big Tech, Transparenz, völlig logisch.

Im Nachgang des Skandals distanzierten sich die Tech-Riesen zunehmend von der US-amerikanischen Regierung, kritisierten den amtierenden Präsidenten Obama und forderten bei verschiedenen Gelegenheiten mehr Transparenz, die es ihnen beispielsweise erlauben würde, Anfragen der US-Regierung zu publizieren.[39] Man darf jedoch fragen, was man von Unternehmen halten mag, die sich auf allen Ebenen ihres Geschäftsmodells extrem geheimniskrämerisch geben und dann in solchen Situationen vortäuschen, es sei ihnen an Transparenz gelegen.

AB WANN KOOPERIERTE BIG TECH MIT DER NSA?

Prism: Mutmaßliche Startpunkte (Originaldokument)[40]

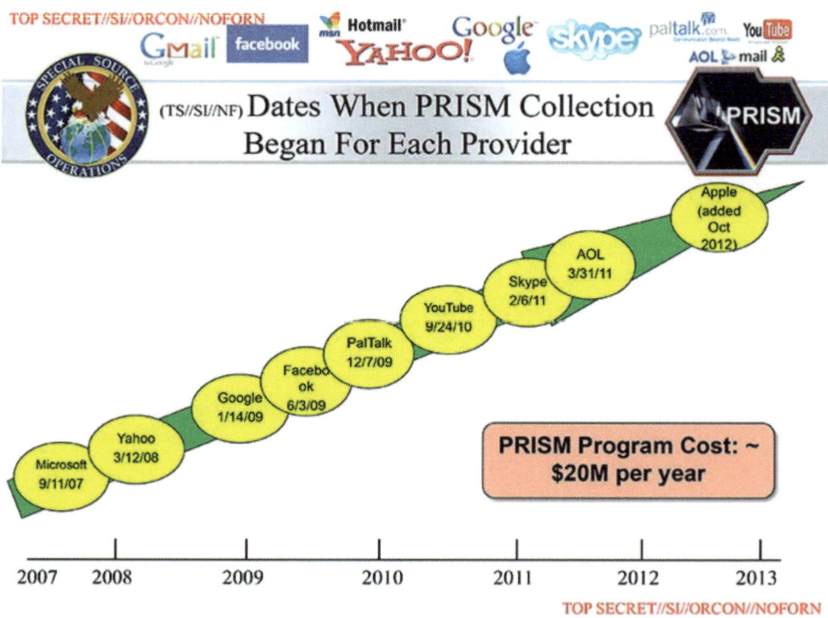

Man muss ferner mit Konrad Lischka vom *Spiegel* die Frage stellen, warum die Tech-Konzerne nicht schon lange vor dieser Enthüllung mutig für dieselbe Transparenz gekämpft haben. Es hätte ihnen jederzeit offen gestanden, sich ähnlich wie Bürgerrechtsorganisationen juristisch gegen übergriffige Aktionen der US-Regierung oder etwa gegen den Datenmissbrauch zu wehren. Nichts hätte sie davon abgehalten, sich entschlossen vor Gericht für die Rechte ihrer Kunden einzusetzen und diese gegen die Zugriffe der US-Regierung zu verteidigen.[41]

Auch hier gilt: Die Affinitäten zwischen den Digitalkonzernen und den US-amerikanischen Sicherheitsbehörden ist kein Nebenaspekt, den man vernachlässigen könnte. Shoshana Zuboff hat die tiefen und jahrzehntelangen Austauschbeziehungen zwischen dem Silicon Valley und den US-Sicherheitsbehörden detailreich dargelegt. Die tiefe Symbiose zwischen beiden Welten entwickelte sich nach dem Trauma der Anschläge des 11. Septembers 2001, als die US-amerikanischen Sicherheitsbehörden fieberhaft nach Möglichkeiten suchten, durch Datenanalysen terroristische Aktivitäten aufzudecken – weswegen etwa die CIA ein eigenes Risikokapitalunternehmen unterhielt und die Entwicklung von Technologien finanzierte.

Zuboff berichtet etwa über Google: »Im Spätsommer 2003 bekam Google einen mit 2,07 Millionen Dollar dotierten Auftrag, die National Security Agency mit seiner Suchtechnologie auszustatten […] 2003 begann Google seine Suchmaschine im Rahmen eines gesonderten Auftrags mit der CIA für dessen Intelink Management Office maßzuschneidern […]. 2004 erwarb Google Keyhole Inc., eine auf Satellitenkartografie spezialisierte Firma, deren Hauptfinanzier das CIA-eigene Venture-Capital-Unternehmen In-Q-Tel war. Keyhole sollte zum Fundament von Google Earth werden, und John Hanke, der Gründer der Firma, sollte später die Leitung von Google Maps und dessen umstrittenen Spross Street View übernehmen.«[42] Die nahe Verbindung zwischen Big Tech und den US-amerikanischen Geheimdiensten war gewissermaßen eine konstitutive Bedingung der Entstehung vieler Digitalkonzerne. Über Jahre hinweg entwickelten sich tiefe Verflechtungen zwischen beiden Welten. Man sollte die Prism-Affäre daher nicht als bedauerlichen Unfall werten. Tatsächlich ist sie die erwartbare Konsequenz dieser tiefen und langjährigen Interdependenzen.

Mangelnde Staatsferne: Traffic-Manipulation im Austausch mit der US-Regierung

Noch wichtiger für die Frage nach der Unabhängigkeit der Medien von staatlicher Instrumentalisierung ist die Frage, inwieweit der Staat Einfluss auf die Inhalte selbst nimmt. Hier haben die bereits ausführlich besprochenen Twitter Files belegt, dass US-amerikanische Regierungsorganisationen aktiv mit dem Management der Plattform im Austausch waren, um Traffic-Ströme zu manipulieren und interessengeleitet zu beeinflussen (☞ III.5).

Es lohnt sich, hier genauer einzusteigen, um Einblicke in diese Zusammenarbeit zu gewinnen: »Kapitel neun der ›Twitter Files‹ entnehmen wir, dass es im Sommer 2020 eine Konferenz von Mitarbeitern der CIA und Twitter gegeben habe, Twitter und Facebook erhielten regelmäßig Sicherheitsbriefings. Das FBI und dessen für Spionageabwehr zuständige Einheit ›Foreign Influence Task Force‹ hätten sich nicht nur regelmäßig mit Twitter-Leuten getroffen, sondern auch mit Yahoo, Twitch, Cloudflare, LinkedIn und sogar Wikimedia.«[43] Infolge des Austauschs griff Twitter aktiv in Traffic-Ströme mit dem umfangreichen Instrumentarium ein, das wir oben beschrieben haben, ähnliche Praktiken waren offenbar auch bei Facebook und Google üblich. Überdies hat Twitter für den entstandenen Aufwand Zahlungen von der US-Regierung erhalten, und zwar etwa 3,4 Millionen US-Dollar bis 2019.[44] Und – wen überrascht's – *das Twitter-Management hatte in der Vergangenheit jegliche Form einer solchen Beeinflussung konsistent geleugnet.* Wäre Twitter nicht durch Elon Musk übernommen worden, wäre diese Beeinflussung niemals der Öffentlichkeit bekannt geworden.

Mangelnde Staatsferne: Abhängigkeiten westlicher Regierungen auf dem Feld der Cybersecurity

Prinzipiell sind alle Ebenen digitaler Informationsflüsse in Bezug auf potenzielle Cyberattacken gefährdet, also einerseits schon die Infrastrukturen (zum Beispiel Server, Cloud-Speicher et cetera), Übertragungswege und Telekommunikationswege wie auch etwa W-Lan-Verbindungen, dann die Domains und Inhalte selbst, aber auch Endgeräte von Laptops bis hin zu Smartphones. Die Zielsetzungen der Aggressoren können dabei ganz unterschiedlich sein. Angreifer können beispielsweise versuchen, Software oder Hardware zu zerstören, Daten zu stehlen oder Manipulation durch Propaganda unter gefälschten Profilen zu verbreiten.

Demokratiepolitisch sind solche digitalen Desinformationskampagnen besonders gefährlich, vor allem wenn professionelle Techniken durch autokratische Regimes eingesetzt werden, wie etwa Troll-Armeen, Bots, Fake-Konten oder menschliche Click-Arbeiter zum Zweck einer systematischen Irreführung der Öffentlichkeit. Das Geschäftsmodell der Plattformen besitzt durch den Mangel an einer Kuratierung der Inhalte naturgemäß die Schwäche, dass die offenen Netzwerke als Einfallstor für solche kriminellen Fälle missbraucht werden können. Und wir sollten stets darauf achten: Es ist das Problem der Plattformen, für das wir sie zur Verantwortung ziehen sollten, anstatt wie so oft die Probleme der Plattformen zu unseren zu machen.

Die Erkenntnis, wie verwundbar westliche Demokratien hier sind, reifte in den Monaten nach der US-amerikanischen Präsidentschaftswahl Ende 2016. Facebook bemerkte wenige Monate nach der Wahl, dass die Plattform im Verlauf des Wahlkampfs von russischen Profilen zu propagandistischen Zwecken missbraucht worden war, um die öffentliche Meinung in den USA zugunsten von Donald Trump zu beeinflussen. Russische Accounts hatten auch Werbeanzeigen geschaltet. Der Skandal führte zu einer Senatsanhörung Ende Oktober 2017, wo der Republikaner Richard Burr die Tech-Riesen hart anging: »Es geht hier um unsere nationale Sicherheit […] – um eine vorsätzliche und vielschichtige Manipulation des amerikanischen Volkes durch Akteure einer feindlichen ausländischen Macht.«[45]

Bekanntermaßen führten diese Zusammenhänge zu einem massiven Ansehensverlust von Facebook[46] – und markieren zugleich den medienpolitischen Drahtseilakt der Plattformen. Einerseits müssen sie allein aus regulatorischen Gründen ständig vorgeben, »nur« Plattform zu sein und kein Medium. Wenn die Plattformen diesem Prinzip entsprechen wollen, dürfen sie eigentlich den Traffic gar nicht manipulieren. Allerdings zeigen beispielsweise die Twitter Files, dass die Plattformen erstens genau das tun, und zweitens ja das ganze Grundprinzip der algorithmischen Ausspielung von Inhalten ebenfalls eine Manipulation darstellt, die im Widerspruch steht zu der angeblichen Inhaltsneutralität der Plattformen.

Problematisch ist, dass die immensen Kollateralschäden von Cybersecurity nicht in erster Linie von den Digitalkonzernen, sondern im Normalfall von der Gesellschaft getragen werden – von betrogenen Bürgern, getäuschten Kunden, geschädigten Unternehmen. Ironischerweise versteht niemand mehr von den potenziellen Bedrohungen unserer digitalen Informationsflüsse als ausgerechnet die Unternehmen, die diese Plattformen betreiben. Und deswegen ist es auch naheliegend, dass westliche Regierungen und ihre Behörden vital angewiesen sind auf eine enge Kooperation mit den Tech-Riesen, die ihnen dabei »helfen«, die Schäden für die Gesellschaft möglichst gering zu halten. Durch den Krieg gegen die Ukraine besitzen wir nun ein Exempel, das die Rolle der Digitalkonzerne auf diesem Feld scharfstellt und vor allem zeigt, wie weitreichend die Implikationen dieses Themas sind. Russland griff die Ukraine von Anfang an nicht nur mit Panzern und Soldaten an, sondern auch in der digitalen Sphäre – durch konzertierte Attacken auf digitale Infrastrukturen.

Im Kontext dieses Cyberkriegs avancierte der ukrainische Digitalminister Mychajlo Fedorow schnell zu einer Art Heldenfigur des Widerstands gegen den digitalen Aggressor. Er war es auch, der Elon Musk in einem berühmten Tweet um Unterstützung bat – und der »half« ihm, indem er das Land über seine Star-

Link-Satelliten mit Internetkonnektivität versorgte. Die Herstellung des Zugangs erfolgte auf Grundlage einer privaten Absprache zwischen Fedorow und Musk, die entsprechende Kommunikation auf Twitter erscheint inszeniert: Fedorow bittet am 26. Februar 2022 Elon Musk um Unterstützung, und Musk antwortet noch an demselben Tag, quasi als Deus ex Machina: »Starlink-Dienste sind jetzt aktiv in der Ukraine. Mehr Terminals auf dem Weg.«

Musk kam für die Kosten von etwa 100 Millionen US-Dollar angeblich aus eigener Tasche auf. Allerdings berichtete CNN später, dass die überwiegende Mehrzahl der Terminals aus anderen Quellen finanziert worden sei, unter anderem durch die US-Regierung, Großbritannien und Polen.[47] Die Ukraine ist vor allem für die Aufrechterhaltung der Kommunikation unter den Truppen völlig abhängig vom Satelliteninternet von SpaceX. Was wiederum impliziert: SpaceX beziehungsweise Elon Musk ist Kriegspartei, und die westlichen Regierungen sind gleichfalls völlig abhängig von SpaceX. Wenn Musk das ukrainische Internet abschaltet, kann das massive Folgen auf den Kriegsverlauf haben.

Besonders erhellend ist eine ausführliche Darstellung in der *Süddeutschen Zeitung,* die auf einem Interview mit Fedorow beruht. Im Beitrag geht es weniger um die Zusammenarbeit der ukrainischen Regierung mit SpaceX, sondern diesmal mit Amazon und anderen Tech-Riesen: »Fedorow, 31, ist zur Tech-Konferenz ›re:invent‹ nach Las Vegas gekommen, um die Partnerschaft mit Cloud-Anbieter AWS [Amazon Web Services, M. A.] zu vertiefen. Dieser steckt 75 Millionen Dollar

BUDDIES IN ARMS: FEDOROW UND MUSK

(Original-Tweets)

Mykhailo Fedorov @FedorovMykhailo · Feb 26

@elonmusk, while you try to colonize Mars — Russia try to occupy Ukraine! While your rockets successfully land from space — Russian rockets attack Ukrainian civil people! We ask you to provide Ukraine with Starlink stations and to address sane Russians to stand.

3,082 25.4K 174.3K

Elon Musk @elonmusk · Feb 26

Starlink service is now active in Ukraine. More terminals en route.

27.5K 166K 805.4K

in Dienstleistungen und humanitäre Hilfe in der Ukraine. Die Partnerschaft wurde bis Ende 2023 verlängert. Es gibt sie seit Mitte 2021; zu Beginn des russischen Angriffskrieges erwies sie sich als überlebenswichtig: Nach Beginn der Invasion schaffte die Ukraine in 48 Stunden Hunderte Terabyte an Daten, davor auf Tausenden Servern in der Ukraine gespeichert, mit dem AWS-Datentransportsystem ›Snowball‹ aus dem Land und von dort aus in die Daten-Cloud. ›Steuerunterlagen, Bankinformationen, Daten zu Bildung – alles notwendig, um die Infrastruktur aufrechtzuerhalten‹, sagt Fedorow. Vereinfacht könnte man sagen: Es ist das komplette Wissen der ukrainischen Regierung und Behörden. Andere Konzerne wie IBM, Google und Microsoft halfen ebenfalls, mittlerweile befinden sich Dutzende Petabyte (ein Petabyte sind mehr als eine Million Gigabyte) in der Cloud. [...] Aus Fedorows Umfeld ist zu hören, dass in Las Vegas nicht nur ein neues Memorandum zur Partnerschaft zwischen der Ukraine und AWS unterschrieben wurde, sondern dass es auch ein Treffen mit AWS-Chef Adam Selipsky zu langfristigen Plänen gab.«[48]

Es gilt also dasselbe: Digitalkonzerne werden hier durch ihre »guten Taten« zu Kriegsparteien – und die westlichen Regierungen geraten dabei in ihre Abhängigkeit. Denn niemand wird so naiv sein, anzunehmen, dass die Digitalkonzerne für ihre vermeintlich philanthropischen Gefälligkeiten keine Gegenleistungen erwarten. »Fedorow sagt auch: ›Ihr steht uns in unserer dunkelsten Stunde bei. Dafür sind wir dankbar, und wir werden das Beste tun, dass wir jeden Cent wert sind, den ihr ausgegeben habt.‹ Sein Land habe große Pläne für die Zeit nach dem Krieg. Das ganz große Ziel sei es, die Bürger fit zu machen für die digitale Welt.«[49]

Man liest übrigens für die verschiedenen Länder der westlichen Welt immer wieder über eine rege und konstruktive Zusammenarbeit mit den Digitalkonzernen auf dem Feld der Cybersecurity. Hier nimmt Microsoft eine führende Rolle ein. Das »Government Security Program (GSP)« ist nach eigenen Informationen des Digitalgiganten in »mehr als 45 Ländern und in internationalen Organisationen [im Einsatz], die durch mehr als 90 Einrichtungen repräsentiert werden«.[50] Es existieren langjährige Verträge etwa mit der NATO oder der Europäischen Union.[51] Auch deutsche Behörden benutzen derzeit Microsoft-Software.[52] Allgemein wurde immer wieder Kritik laut, dass Regierungen sich damit ähnlichen Lock-in-Effekten aussetzen, die wir bereits beschrieben haben – weil auch hier keine offenen Standards eingesetzt werden.[53] Die fatale digitale Abhängigkeit Europas von Microsoft steht immer wieder in der Kritik[54] und wurde auch durch Studien detailreich beschrieben.[55]

Übrigens leistet auch Microsoft aktive »Hilfe« im Ukrainekrieg bei konkreten Cyber-Attacken.[56] Branchenexperten berichteten, dass Microsoft bereits »Unterstützung« im Wert von etwa 400 Millionen US-Dollar geleistet habe und 2023 weitere 100 Millionen US-Dollar bereitstellen wolle.[57] Auch in den USA wird die Dominanz als problematisch aufgefasst. Dass diese Abhängigkeit von Microsoft zusätzlich ausgerechnet noch von Google bemängelt wurde, illustriert dagegen einmal mehr die vollständige ethische Verwahrlosung von Big Tech.[58] Ähnlich protestierte übrigens Microsoft, als der US-amerikanische Nachrichtendienst NSA einen Auftrag an Amazon vergab, dessen Umfang auf 10 Milliarden US-Dollar geschätzt wurde.[59] Ebenfalls aus den USA wurde unlängst von einer »Kooperation« zwischen Big Tech (Microsoft, Google und Amazon) und verschiedenen Regierungsinstitutionen berichtet – darunter illustre Institutionen wie das Justizministerium, das FBI, die NSA (National Security Agency), die Cybersecurity and Infrastructure Security Agency (CISA), U.S. Cyber Command, das Office of the Director of National Intelligence sowie eine eigens geschaffene Behörde, Joint Cyber Defense Collaborative (JCDC).[60]

Wir erkennen auf dem Feld der Cybersecurity eine vollständige Abhängigkeit der westlichen Welt von den Digitalkonzernen, die durch den Ukrainekrieg noch potenziert wird. Auf diesem Feld kann Big Tech schon durchregieren, Regierungen sind hier auf Gedeih und Verderb auf die Digitalkonzerne angewiesen und werden von Big Tech kontrolliert. Liegt hier eine zentrale Erklärung für die erstaunliche Weigerung der westlichen Politik, das Problem der digitalen Dominanz mutig anzugehen? Man stelle sich vor, in einer westlichen Regierung würde eine starke Koalition entstehen, die sich mit echter Entschlossenheit daran machte, die Vorherrschaft von Big Tech anzugreifen und zu stoppen. Die Gespräche in den politischen Hinterzimmern dürften nur wenige Minuten dauern. Ich stelle es mir ungefähr so vor: Die Vertreter von Big Tech reagieren wie stets höflich, gut gelaunt und professionell. »Ach, das gefällt euch nicht? Na gut. Wir haben da übrigens ein paar ziemlich krasse Sicherheitslücken in euren IT-Systemen entdeckt. Schade auch um das schöne Satelliteninternet in der Ukraine. Jaja, die sind schon schlimm, die russischen Hackerangriffe, wie läuft's da so bei euch? Und wie viele Milliarden wollte Apple gerade noch bei euch im Großraum München investieren? Ja dann, einen wunderschönen Tag noch.«

Sie denken, das sei übertrieben? Während ich diese Zeilen schreibe, findet gerade die Münchner Sicherheitskonferenz statt. Diese, so lese ich bei Bloomberg, »wird von Unternehmen wie Microsoft und Google sowie von traditionellen Verteidigungsakteuren gesponsert […]. Während des Wochenendes erklärte sich Microsoft bereit, den ukrainischen Ermittlern kostenlosen Zugang zu seiner Cloud-Computing-Plattform Azure zur Verfügung zu stellen […]. Letztes Jahr fand das Treffen nur wenige Tage vor dem Einmarsch Russlands in die Ukraine statt. Seitdem ist die Rolle der Technologieunternehmen bei der Unterstützung der Ukraine in den Mittelpunkt der Konferenz gerückt. Technologie ist ›allgegenwärtig und gehört in ein Gespräch über Sicherheit‹, sagte der amtierende Nationale Cyber-Direktor des Weißen Hauses, Kemba Walden, gegenüber Bloomberg. Apple, Amazon, Microsoft, Meta und Alphabet waren alle auf der Konferenz vertreten«.[61]

Bei derart massiven Abhängigkeiten darf man sich fragen, auf welcher Grundlage westliche Regierungen überhaupt jemals politische Maßnahmen umsetzen sollen, die sich gegen die Digitalkonzerne richten, wenn dieselben Tech-Riesen diesen westlichen Regierungen auf solchen Feldern freudig »helfen« (weitere Bereiche ☞ V.4). Auch hier ist es derselbe Preis, den wir für die freundliche »Unterstützung« zahlen: Wir verlieren unsere Freiheit.

Wegfall des dualen Systems

Als wir in unserem Experiment im ersten Kapitel die analogen Medien einfach »abgeschaltet« haben, konnten wir auch die winzige Bedeutung vermessen, die die Angebote des öffentlich-rechtlichen Rundfunks in der digitalen Sphäre haben. Wir haben erkannt, dass die Rolle des öffentlich-rechtlichen Rundfunks im Verhältnis zur analogen Medienordnung massiv schrumpft – und zwar von einem relativen Anteil von etwa 48 Prozent im Fernsehen auf etwa 4 Prozent für digitales Media-on-Demand (☞ I).

In dieser rein digitalen Medienwelt wäre der öffentlich-rechtliche Rundfunk als Faktor der öffentlichen Meinungsbildung weitgehend von der Bildfläche verschwunden. Was sagt dann der Gesetzgeber über die Bedeutung einer starken Rolle dieser öffentlich-rechtlichen Inhalte als Faktor der politischen Meinungsbildung auch unter digitalen Bedingungen? Wie würden wir eine Situation beurteilen, in der der öffentlich-rechtliche Rundfunk keine Bedeutung mehr besitzt? Wohlgemerkt nicht, weil es diese Angebote nicht mehr gibt. Sie wären weiterhin gebührenfinanziert »auf Sendung«, in Fernsehen und Radio, aber faktisch nicht mehr sichtbar, weil die Mediennutzer allesamt in die digitalen Medien abgewandert sind.

Um diese Frage zu beantworten, müssen wir zuerst beachten, dass die Rolle des öffentlich-rechtlichen Rundfunks als Faktor der politischen Meinungsbildung im deutschen Grundgesetz keine Erwähnung findet. Das Leitbild ist lediglich die Presse- und Meinungsfreiheit, die durch den Gesetzgeber garantiert und gestaltet werden muss. Durch die Urteile des Bundesverfassungsgerichts lässt sich jedoch eine Bestands- und Entwicklungsgarantie für den öffentlich-rechtlichen Rundfunk ableiten.[62] Allerdings ist unter den Bedingungen der digitalen Transformation offen, wie man sich eine solche Existenzgarantie vorstellen soll (etwa bei einem Szenario, wo die Angebote des öffentlich-rechtlichen Rundfunks sowohl analog als auch digital existieren, aber analog kaum noch genutzt werden und digital im

Verhältnis zu den »echten« digitalen Medien praktisch keine Rolle spielen). Dieser blinde Fleck lässt sich wohl auch dadurch erklären, dass die aktuelle Situation einer »Trockenlegung« des öffentlich-rechtlichen Rundfunks durch Plattformen in Kombination mit der digitalen Transformation zur damaligen Zeit der Abfassung der verschiedenen Gesetze unvorstellbar war. Dennoch lassen der Rundfunkstaatsvertrag sowie die verschiedenen Urteile des Bundesverfassungsgericht bis heute klar durchscheinen, dass dem öffentlich-rechtlichen Rundfunk eine zentrale Rolle für eine mediale Grundversorgung beigemessen wird,[63] welche der »freien individuellen und öffentlichen Meinungsbildung sowie der Meinungsvielfalt verpflichtet« ist.[64] Hier stellt sich die Frage, auf welche Weise denn die zentrale Rolle des öffentlich-rechtlichen Rundfunks gesichert sein soll, wenn sich schon jetzt die jüngeren Nutzer immer mehr von den analogen Kanälen verabschieden.

Auch wenn die Inhalte des öffentlich-rechtlichen Rundfunks in den verschiedenen Mediatheken digital verfügbar sind, stehen wir doch wieder vor demselben Dilemma: Durch die Ausschaltung des Wettbewerbs in digitalen Medien konzentriert sich der Traffic in den Monopolen und Oligopolen der Tech-Riesen, und alle anderen Anbieter gehen weitgehend leer aus. Das gilt auch für die Online-Präsenzen des öffentlich-rechtlichen Rundfunks, der für diese Schwäche ebenso wenig verantwortlich ist wie die anderen Opfer der Plattformen – die Blogger, die Markenkonzerne, die Nachrichtenmedien und so fort. Aktuell ist die Durchsetzung der Angebote auf den Mediatheken viel zu gering und damit auch das Gewicht bei der politischen Meinungsbildung auf digitalen Kanälen.

Aber es wird noch schlimmer. Um überhaupt digitale Sichtbarkeit zu erreichen, spielen die Redaktionen des öffentlich-rechtlichen Rundfunks immer mehr Content auf Plattformen wie YouTube, Facebook oder TikTok aus, natürlich unentgeltlich. »751 Konten und Kanäle betreiben ARD und ZDF in sozialen Medien, die meisten davon auf den dominanten Plattformen Facebook, Instagram, Twitter, YouTube und Spotify. Rund 27,5 Prozent der Formate der Öffentlich-Rechtlichen in Deutschland wird inzwischen ausschließlich für soziale Netzwerke erstellt.«[65] Damit geraten die Öffentlich-Rechtlichen in den uns schon bekannten Teufelskreis: Sie sind immer stärker auf Plattformen wie YouTube angewiesen, um relevante Nutzungszeiten zu erzielen, und verlieren dadurch zunehmend ihre Unabhängigkeit.

Allerdings gibt es einen zentralen Unterschied zu den anderen Playern im digitalen Kosmos: Alle Marktteilnehmer füttern die Plattformen unter Aufwendung eigener Ressourcen, aber im Fall des öffentlich-rechtlichen Rundfunks wird dies auch durch den Einsatz des Rundfunkbeitrags finanziert, der von den Bürgern in Deutschland gezahlt wird. Lustig, nicht? Wir zahlen auch noch dafür, die Digitalkonzerne gratis mit Inhalten und Beiträgen zu füttern.

PEST ODER CHOLERA: ÖFFENTLICH-RECHTLICHE JOURNALISTISCHE INHALTE IM NETZ

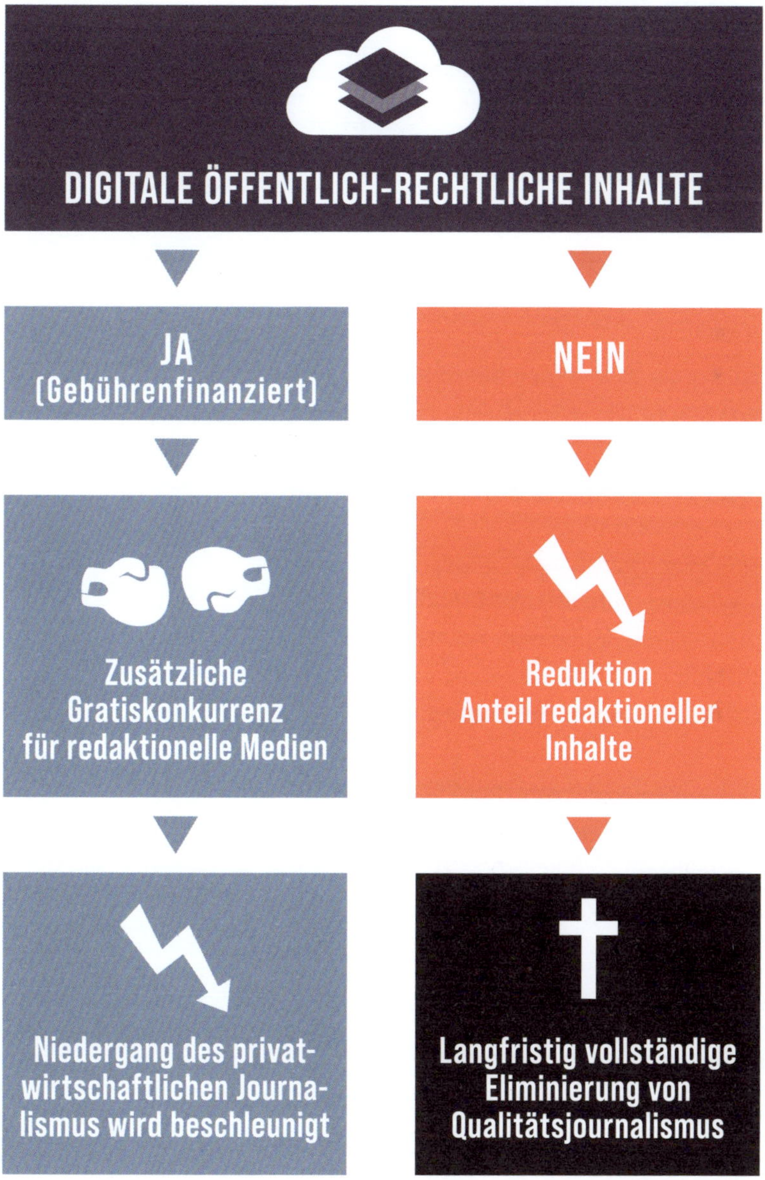

Noch einmal: Den öffentlich-rechtlichen Rundfunk trifft hier keine Schuld. Alle Redaktionen und Journalisten kämpfen mit dem immer gleichen Problem, dass die Plattformen von Big Tech weitgehend von Wettbewerb und Konkurrenzkampf befreit sind und uneinholbare Vorteile und Privilegien genießen. Wir haben gesehen, dass es die Plattformen sind, die alle Regler in Händen halten, den Traffic nach Belieben zu ihren Zwecken zu manipulieren, ohne dass diese Zusammenhänge für die Urheber der Inhalte erkennbar wären. Das gilt in Zukunft auch für die digitalen Angebote des öffentlich-rechtlichen Rundfunks. Ihre Verfügbarkeit innerhalb der Plattformen ist nicht frei, sondern untersteht der Kontrolle der Tech-Riesen.

Wegfall von Journalismus und redaktionellen Medien

Die verfassungsrechtliche Situation ist für die privat finanzierten redaktionellen Medien ähnlich wie für den öffentlich-rechtlichen Rundfunk. Auch hier wird in den verschiedenen Gesetzen und Urteilen die zentrale Rolle etwa der Presse für den Prozess der politischen Meinungsbildung betont, aber es findet sich keine Existenzgarantie für die redaktionellen Medien. Der Gesetzgeber schützt die Presse beispielsweise vor der Staatsgewalt, setzt aber ihre Existenz stets voraus. Ebenso gibt es keine rechtlichen Verteidigungsmechanismen, welche die Presse vor der »Austrocknung« durch die Plattformen schützen würden. Die aktuelle Bedrohungslage war damals für den Gesetzgeber gar nicht vorstellbar.

Im Vergleich zum öffentlich-rechtlichen Rundfunk leiden die Nachrichtenmedien wirtschaftlich besonders unter der massiven Benachteiligung. Denn Plattformen zahlen keine Honorare für user-generated content, zusätzlich werden sie auch noch vom Gesetzgeber privilegiert, weil sie keine Verbreiterhaftung für ihre Inhalte übernehmen müssen (☞ IV.2). Durch die beschriebenen Netzwerkeffekte können die Plattformen die redaktionellen Medien systematisch austrocknen, weil diese schlicht ihre Finanzierungsgrundlage verlieren. Dann wird user-generated content zur allgemein üblichen, weil einzig verfügbaren Grundlage der politischen Meinungsbildung.

5. Fazit: Demokratie und Freiheit adé

Diese kurze, naturgemäß unvollständige Übersicht verdeutlicht eine zentrale Erkenntnis: Die rasant wachsenden digitalen Medienmonopole zerstören ganze Segmente unseres Mediensystems und damit die Grundlage unserer Demokratie, weil wir fairen Wettbewerb und Chancengleichheit auf dem Feld der digitalen Medien vollständig abgeschafft haben.

Wir erkennen drastische demokratiepolitische Defizite bei den Plattformen, die sogar im Widerspruch zu den wichtigsten verfassungsrechtlichen Grundlagen unseres Mediensystems stehen. Aus meiner Wahrnehmung ergeben sich folgende Kernprobleme:

- Mangel an Anbietervielfalt
- Keine Unabhängigkeit der digitalen Medien
- Mangelnde Staatsferne
- Abschaffung der privat finanzierten redaktionellen Medien durch Wegfall ihrer Finanzierungsgrundlage, dies wiederum verursacht durch die Eliminierung von fairem Wettbewerb
- Abschaffung des dualen Systems

Die existierenden verfassungsrechtlich relevanten Gesetze oder Urteile liefern nach meinem Verständnis keine belastbaren Grundlagen, welche klar aufzeigen würden, wie diese Probleme gelöst werden könnten. Dementsprechend passen die Lösungen dieser Gesetze und Urteile längst nicht mehr zu den heutigen Problemen der digitalen Medien. Wer in Deutschland kontrolliert denn, dass die US-Plattformen den Traffic nicht zu ihren eigenen Zwecken manipulieren?[66] Auf welche Weise und durch welche Verfahren wird das kontrolliert, und von wem und wie oft? Wer stellt hundertprozentig sicher, dass die US-Regierung niemals auf die Digitalkonzerne zugreift? Welche Institutionen gewährleisten, dass Anbietervielfalt gesichert ist? Welche Prozesse sorgen dafür, dass jede Form von Interessenskonflikten zwischen Tech-Riesen und der Bundesregierung vollständig ausgeschlossen sind – etwa auf dem Feld von Cybersecurity?

Alle diese genannten Punkte wären bei Rundfunk und Presse völlig undenkbar und ausgeschlossen. Wenn aber die digitalen Medien längst unsere Leitmedien darstellen, aus welchem Grund sollte dies nicht auch für Digitalkonzerne gelten?

Während diese Fragen zu den Digitalkonzernen weiterhin ungeklärt sind, sehen wir ohne jede Gegenwehr dem Untergang der redaktionellen Medien zu. Es wäre völlig weltfremd anzunehmen, ihre Erosion könnte durch unternehmerische Ideen gelöst werden, also etwa durch Paywalls, Digital-Abos, Mediatheken, zusätzliche Dimensionen der Monetarisierung oder andere »Innovationen« der Medienhäuser. Sicherlich sind alle diese Initiativen ebenso wunderbar wie begrüßenswert. Wir können bei Gelegenheit auch gerne kritisieren, dass viele analoge Player die digitale Transformation mit mehr Entschlossenheit hätten anpacken müssen. Aber das entlässt uns nicht aus unserer demokratischen Pflicht, die redaktionellen Medien davor zu schützen, in einem aussichtslosen Kampf von den Tech-Riesen zerstört zu werden, denn alleine können sie es nicht schaffen. Wie groß auch immer ihre Anstrengungen sein mögen, die von ihnen ausgelösten ökonomischen Effekte sind viel zu gering, um gegen den gigantischen Sog der Monopole nachhaltig etwas ausrichten zu können. Durch die Eliminierung des fairen Wettbewerbs werden sie systematisch um den Gegenwert ihrer Arbeit betrogen. Der Untergang der deutschen beziehungsweise europäischen Medienunternehmen ist besiegelt, wenn wir nicht couragiert eingreifen, die Rahmenbedingungen ändern und fairen Wettbewerb wieder herstellen.

Schon jetzt steht der Status Quo unbehelligter digitaler Medienmonopole in einem offenen Widerspruch zu den Regelungszielen des deutschen Medienrechts. Weil das Medienrecht Grundrechte berührt, hat in der Vergangenheit das Bundesverfassungsgericht häufig über Grundsatzfragen entschieden.[67] Immerhin ist offensichtlich, dass zum Schutz unserer Mediendemokratie weitaus strengere Gesetze und härtere Sanktionen erforderlich wären als für Märkte, bei denen mit »normalen« Wirtschaftsgütern gehandelt wird. Da erstaunt es schon, dass die massiv benachteiligten klassischen Medienunternehmen das Bundesverfassungsgericht noch nicht angerufen haben, um diese grundsätzliche Frage zu klären.

Aus einer anderen Perspektive hat Jürgen Habermas dieselbe Frage aufgeworfen: »Es ist deshalb keine politische Richtungsentscheidung, sondern ein verfassungsrechtliches Gebot, eine Medienstruktur aufrechtzuerhalten, die den inklusiven Charakter der Öffentlichkeit [...] ermöglicht.«[68]

Eine Gesetzgebung, die das Kernproblem wirklich aufgreifen will, muss viel fundamentaler ansetzen: Monopole müssen im Bereich der Medien ein Tabu sein. In den Märkten, in denen sie existieren, müssen sie konsequent abgeschafft und Wettbewerb wieder hergestellt werden. Vor allem ist es rechtlich gesehen kaum rational, dass die aktuellen digitalen Leitmedien von den passgenauen Regulierungen nicht betroffen sind, wohingegen die ohnehin kollabierenden analogen Medien systematisch über die gesamte vertikale Wertschöpfungskette und sogar in einzelnen Untersegmenten durchreguliert werden.

PROBLEME UND LÖSUNGEN?

ANALOGE MEDIEN

PROBLEM		LÖSUNG
Mangel an Informationen	▶	»Grundversorgung«
Knappe Sendefrequenzen	▶	»Vielfaltssicherung«
Gefahr Zugriff Staat	▶	»Staatsferne«
Hierarchien Medien	▶	Kontrollgremien
Konzentration ?	▶	Behörden / Wissenschaftliche Messungen !

DIGITALE MEDIEN

PROBLEM		LÖSUNG
Traffic Manipulation GAFAM	▶	??
Mangel an Anbietervielfalt	▶	
Zugriffe US-Regierung	▶	
Abhängigkeiten Staat	▶	
Konzentration ?	▶	

Aktuelle Initiativen liefern keine substanziellen Änderungen

An den grundlegenden Defiziten ändern auch aktuelle gesetzgeberische Initiativen nichts. Die GWB-Novelle aus dem vorletzten Jahr erleichtert lediglich das Vorgehen der Behörden gegen den *Missbrauch* von Monopolen, der extrem schwer nachweisbar ist, weil kein Zugang zu den Daten innerhalb der *walled gardens* der GAFAMs besteht. Ganz ähnlich verhält es sich mit dem Digital Markets Act (DMA), dessen Zielsetzung nach der Formulierung der EU-Kommission darin besteht, in Zukunft für »faire und offene digitale Märkte« zu sorgen.[69] Marktbeherrschende Gatekeeper sollen daran gehindert werden, ihre eigenen Angebote zu bevorzugen (etwa die Nutzung von Android bei gleichzeitiger Anmeldung eines Gmail-Accounts). Sie würden gezwungen, Querverbindungen stärker für Wettbewerb zu öffnen, also beispielsweise davon abzusehen, in ihren App-Stores die Durchsetzung von Apps durch ihre Gatekeeper-Stellung zu beeinflussen und Drittanbieter zuzulassen.

Allerdings wird das Problem der *bereits existierenden* Monopole beziehungsweise Oligopole auch hier gar nicht berührt. Die Initiatoren hatten nicht einmal den Mut, geschlossene Standards ab einer gewissen kritischen Größe zu verbieten, also beispielsweise eine allgemeine Interoperabilität jenseits der Messenger konsequent durchzusetzen. Die optimistisch formulierte politische Zielsetzung der Herstellung »fairer und offener digitale Märkte« zeugt entweder von vollständiger Resignation oder aber ebenso vollständiger Unkenntnis der digitalen Wirklichkeit auf Seiten der Urheber. Wie man von »fairen und offenen Märkten« sprechen kann angesichts der mehr als offensichtlichen Realität von Märkten, in denen fairer Wettbewerb in weiten Bereichen bereits vollständig abgeschafft ist, bleibt das Geheimnis einer weltentrückten EU-Bürokratie. Weil der Kern des Problems auch hier nicht behandelt wird, wird der Status Quo infolge solcher Gesetzgebungen sogar nur noch weiter zementiert.

Noch bizarrer als die Rede von den freien Märkten ist jedoch, dass in der Berichterstattung der Medien sowohl Digital Markets Act als auch Digital Services Act durchgängig sehr positiv bewertet wurden. Sicherlich gab es vereinzelt Kritik (»man hätte hier oder dort noch mehr machen können«), aber der Tenor war zustimmend.

Auf meinen Vorträgen frage ich im Kontext dieser Gesetzgebung immer wieder mal das Plenum, ob es zufällig eine einzige Person im Saal gibt, die eine Flasche Champagner darauf wetten würde, dass die Initiativen des Digital Markets Act die marktbeherrschenden Stellungen der GAFAM in einem Zeitraum von fünf Jahren substanziell reduzieren werden. Ich habe noch nie jemanden gefunden, der diese Wette eingehen will. Das klingt wieder voll lustig, nicht? Es ist aber fatal, zumal die meisten meiner Zuhörer Experten auf diesem Gebiet sind. Alle Beteiligten wissen also offenbar, dass diese Maßnahmen wirkungslos sind und verpuffen werden, ohne dass sich etwas ändern wird. Nur dass die Politik jetzt ein schönes Alibi hat: »Was wollt ihr, wir haben doch etwas gemacht« und »Wir haben hier in Europa viel mehr erreicht als die Politiker in den USA«. Da kann man sich auch schön mal auf die eigene Schulter klopfen, oder?

Weil man aber gerade etwas getan hat und mehr als die Amerikaner (wen wundert's?), wird man in der Politik jetzt erst einmal abwarten wollen, was diese Initiativen bringen. Der Digital Markets Act gilt seit Mai 2023. Legen wir da einmal drei Jahre drauf, dann werden wir – Überraschung! – etwa Mitte 2026 feststellen, dass das alles nichts gebracht hat. Ups!

Aber da ist es dann schon zu spät. Eigentlich ist es sogar schon jetzt zu spät, viel viel viel zu spät. Vor allem, weil die gesetzgeberischen Verfahren oft viele Jahre Zeit benötigen. Das gilt nirgendwo mehr als auf dem Feld der Medien. Denn wir haben ja die vormals schutzbedürftigen Medien durch die vielen verschiedenen verantwortlichen Instanzen, durch Gewaltenteilung sowie Checks and Balances wunderbar vor schnellen Zugriffen und Hauruck-Lösungen des Staates bewahrt. Wettbewerbsrecht hier, Medienrecht dort. Der Bund verantwortlich hier, die Länder an anderer Stelle, und jetzt mischt auch noch überall die EU mit. Diese Komplexität hatte man sich früher einmal ausgedacht, um Journalisten und Redaktionen vor dem »bösen« Staat zu schützen. Jetzt führt sie dazu, dass wir gegen übermächtige und zerstörerische digitale Mega-Medien völlig wehrlos sind.

Natürlich wissen die jeweiligen Juristen, Beamten und Experten, dass es ein riesiges Problem ist. Aber weil es so ein riesiges Problem ist, ist es auch stets toll, dass man selbst nie wirklich in der Verantwortung steht. Verantwortlich ist immer jemand anderes. Die Länder können sagen, da muss der Bund was machen. Der Bund würde sagen, da müsste die EU mal ran. Alle können auch noch gemeinsam rumjammern, dass letztlich die Amerikaner ja auch mal was unternehmen müssten und so fort. Oder ist zufällig jemand da draußen, der freiwillig jetzt mal den Finger hebt und die Verantwortung für den Totalschaden übernehmen möchte?

Wenn wir jetzt bis 2026 warten, dann allmählich wach werden und erstmal mit einem Brainstorming beginnen, was man da wohl machen könnte gegen diese Digitalkonzerne – tja, dann ist die Schlacht längst vollständig verloren. Wir werden dann sagen müssen: »Schade für unsere Kinder, unsere Demokratie ist leider Hops gegangen, dumm gelaufen das. Vor ein paar Jahren hätten wir das noch leicht verhindern können.« Ist unsere Verfassung dann überhaupt noch etwas wert, wenn uns das so egal ist? Wieso gibt es nirgendwo Anzeichen, dass wir Panik bekommen: »Verdammt, die Hütte brennt!« Derweil sich die Tech-Riesen die Hände reiben und sich, wie schon seit vielen Jahren, denken: »Dumb fucks«.

KAPITEL V

ACCEPT HERE: Warum interessiert das niemanden?

1. California Dreamin': Die guten Anfänge

Das größte Mysterium an unserem Thema ist: Wie ist es möglich, dass die Tech-Riesen nicht als das wahrgenommen werden, was sie sind – als Darth-Vader-Konzerne, die alle ihre Ideale schon vor vielen Jahren über Bord geworfen haben und seitdem auf der dunklen Seite der Macht agieren? Wir finden doch die Digitalkonzerne sogar besonders lässig. Anders als bei Monsanto, BlackRock oder Tönnies schämt sich erstaunlicherweise bis heute niemand, für Facebook oder Google zu arbeiten. Wir verehren die Big-Tech-CEOs, die im Gegensatz zu den spießigen Anzugträgern der Großkonzerne seit jeher als coole Underdogs auftraten. Schon Bill Gates gab sich als kauziger Nerd, und seine wuchtige Brille unterstrich über viele Jahre sein unverwechselbares Hacker-Halo. »Ist der nicht süß?«, dachten wir, »diese kauzige Mischung aus Lausbub, Nerd und verrücktem Genie!« Steve Jobs verzauberte uns mit John-Lennon-Nickelbrille, existenzialistischem Rollkragenpullover oder Birkenstocks. Beliebt bei Zuckerberg, Musk und Co. sind ferner Requisiten, die eher aus der Hip-Hop Sphäre stammen, also Hoodie, T-Shirt und Sneaker.

Schauen wir uns etwa die Werbefilme an, die Mark Zuckerberg am 28. Oktober 2021 übers Metaverse gezeigt hat, und wie die Menschen aussehen, die in diesen Videos gezeigt werden – was für ein cooles Abenteuerland, alles divers, bunt, hip, kreativ, imaginativ, partizipativ, interaktiv. *Bringing people together* halt.

Wieso nehmen wir ihnen das ab – obwohl wir doch die schlimmen Machenschaften von Facebook kennen? Wo kommt diese digitale Ästhetik her, die wir so sehr verehren? Wir müssen bis ins kulturelle Gravitationszentrum der digitalen Welt vordringen, um zu verstehen, wie es möglich ist, dass uns diese Inszenierungen derart die Sinne vernebeln.

Linksintellektuelle Ursprünge: Whole Earth Catalogue (1968)

Kennen Sie die berühmte Rede, die Steve Jobs am 12. Juni 2005 in Stanford hielt (»stay hungry, stay foolish«)?[1] Möglicherweise handelt es sich um das wirkungsmächtigste Dokument, wenn es darum geht, herauszufinden, was das Denken von Big Tech im innersten Kern steuert. In seiner Ansprache griff Steve Jobs die Ursprünge dieser Tech-Ideologie auf. Auf dem Höhepunkt der Rede verweist er auf einen gewissen Steward Brand und dessen *Whole Earth Catalogue* von

UNDERDOG BILLIONAIRES: SO (VER)KLEIDEN SICH TECH-BOSSE

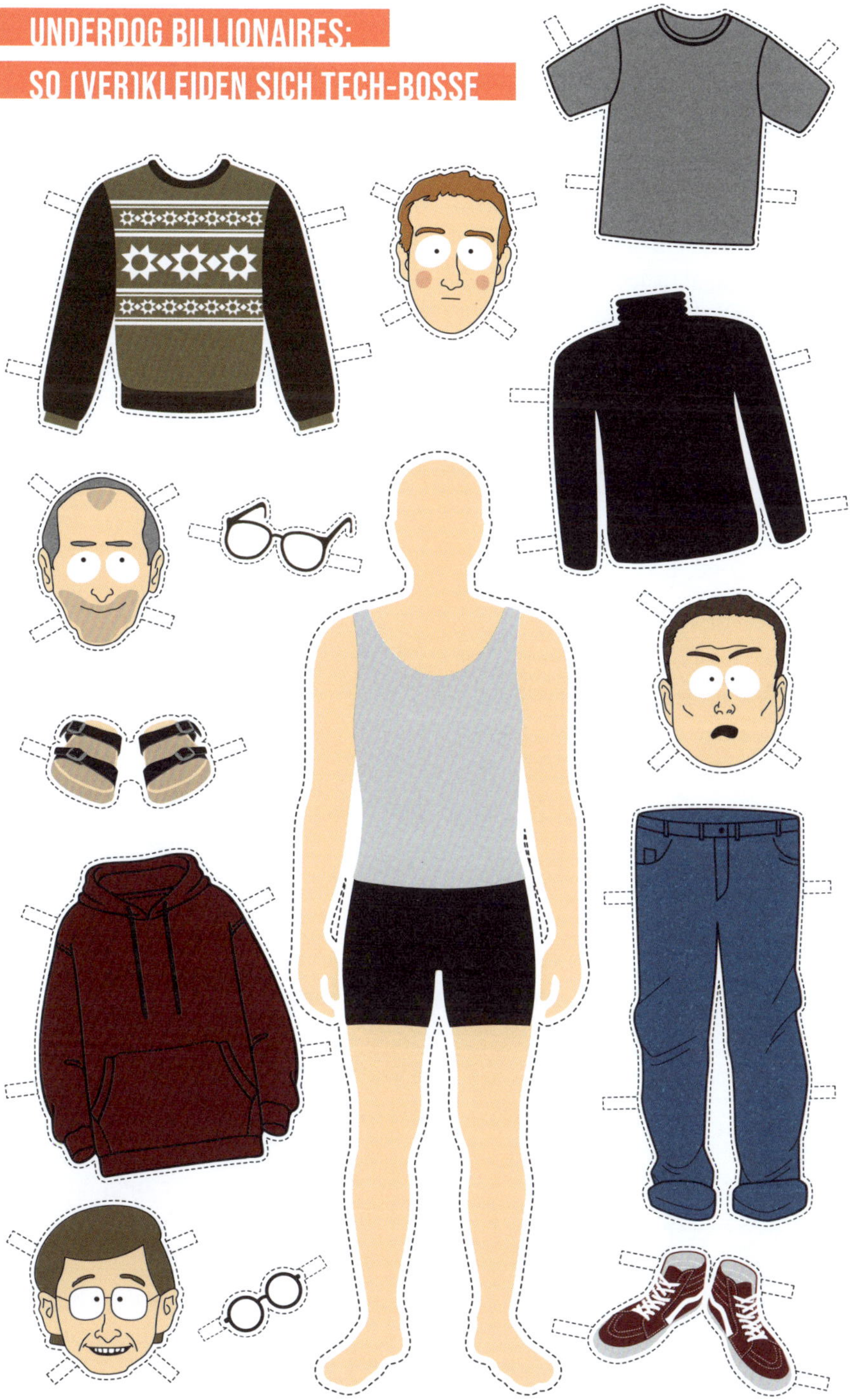

1968. Der berühmte Katalog war ein anarchisches, kreatives, linksintellektuelles Projekt, quasi ein Internet vor dem Internet. In Form einer gedruckten Collage wurde hier ein bunter Mix aus Technologie, Kunst, Architektur, Drogenkonsum, Esoterik, Kybernetik und andere Theorien zu einem anarchisch-revolutionären Cocktail kombiniert, der in seiner kreativen Gestaltung Elemente von Pop Art, Fluxus und Intermedia Art in sich aufnahm. Dieser Katalog ist im Netz als PDF erhältlich[2] – scrollen Sie einmal durch und es wird Ihnen wie Schuppen von den Augen fallen. Es ist, als sei die ganze Ideologie der späteren Netzkultur in diesem ungestümen Dokument von 1968 schon als Essenz angelegt. Bereits der Titel ist programmatisch. Es geht um einen Katalog, der die »ganze Welt« umfassen soll wie später einmal das World Wide Web. Auf dem Cover prangt das erste publizierte Foto der Weltkugel, aus dem All fotografiert – der Katalog zeigt so einerseits diese ganze Welt, dies aber auch aus der Perspektive der futuristischen Raumfahrt (denken Sie nur an Elon Musks Marsmission und die galaktischen Ambitionen der Tech-Bosse).

Die Innenseite des Umschlags ziert oben ein hervorgehobenes Textfeld mit der Überschrift »Purpose« und nimmt schon 1968 die heute populären Mission Statements vorweg, die aus der Digitalbranche mittlerweile in die meisten Unternehmen migriert sind. Der Text beginnt mit einer Selbstanmaßung, »Wir sind wie Götter …« – die an Nietzsche und seinen Zarathustra erinnert. Wir sollten schon hier mitdenken, dass derselbe Nietzsche auch Pate für das Modell der »schöpferischen Zerstörung« stand, das wir heute auch »Disruption« nennen.[3] Das Mission Statement des *Whole Earth Catalogue* ist getragen von einem revolutionären Anspruch, die alte Ordnung des Staats und der Institutionen mitsamt ihrer kommerziellen Fremdbestimmung zu überwinden. Im neuen Zeitalter werde das Individuum von diesen Fesseln befreit.

Das sollte uns zu denken geben. Es wirkt nämlich so, als hätten Zuckerbergs PR-Agenten die verschiedenen Proklamationen zum Metaversum aus ganz ähnlichen Texten zusammengebastelt. Nur dass es einen entscheidenden Unterschied gibt: Die Verfasser des *Whole Earth Catalogue* waren echte Underdog-Hippies aus linken Kommunen in San Francisco, die verschiedene Formen eines alternativen, antikommerziellen Lebensstils in einem bunten Mix aus Subkultur, Kunst, Drogenkonsum, New Age und Esoterik erprobten. Meta dagegen ist ein monopolistischer Milliardenkonzern mit ethisch inakzeptablen, demokratiegefährdenden Praktiken.

Der *Whole Earth Catalogue* lieferte 1968 den verschiedenen linken Kommunen in Kalifornien Informationen über geeignete Produkte für die verschiedenen utopischen, neuen Lebensformen, die man gerade ausprobierte. Die Herausgeber empfahlen damals bereits den Einsatz von Computern und anderen IT-Produkten zum Zweck der persönlichen Weiterentwicklung und des gesellschaftlichen

Wandels für den privaten Hausgebrauch. Damit wurde dieser Katalog zum Ausgangspunkt einer einzigartigen kulturellen Übertragungsleistung. Der *Whole Earth Catalogue* ist nämlich nichts anderes als die Keimzelle einer positiven digitalen Ideologie, die uns bis heute massiv prägt.[4] Die epochale Leistung bestand in der damals tatsächlich revolutionären Neuinterpretation von Technik, denn in früheren Zeiten hatte die kulturelle Linke Technik meist aus einer negativen ideologischen Brille betrachtet. Typischerweise wurde Technik im Allgemeinen und Computer im Besonderen jahrzehntelang als Apparate einer unterdrückerischen, kapitalistischen Ausbeutungsmaschine verstanden. Ein Konzern wie IBM galt beispielsweise damals noch als Symbol für diese Unterdrückung, und es wäre völlig undenkbar gewesen, einem solchen Unternehmen irgendeine Art von Coolness zuzusprechen. Der Technik gab man die Schuld an der zunehmenden Entmenschlichung der Lebenswelt, an der zunehmenden Bürokratisierung, an der arbeitsteiligen Hierarchisierung, an Krieg und Unterdrückung in der Moderne.

Der *Whole Earth Catalogue* schuf dagegen eine radikale Umwertung aller Werte. Ausgerechnet dieselbe Technik, die zuvor für die Entfremdung des modernen Menschen mit seiner Lebenswelt verantwortlich gemacht worden war, wurde durch die Brille dieser Logik zu einem positiven Katalysator für eine gesellschaftliche Befreiung von einem überkommenen Establishment umgedeutet. Technik erschien plötzlich nicht mehr als böse und kapitalistisch, sie verwandelte sich in das genaue Gegenteil: Sie galt fortan als *anti*kapitalistisch. Technik ermöglichte aus dieser neuartigen Perspektive Emanzipation und Befreiung, Kollaboration und Gemeinschaft, eine spirituelle Wiedergeburt des vernetzten Individuums in einem ebenso freien wie grenzenlosen Cyberspace, einer digitalen New Economy, die für Transparenz, Eigeninitiative, Vielstimmigkeit und Offenheit stehen sollte.

Jenseits des Gesetzes: Der Hacker als digitaler Outlaw

Die Hippie-Urheber des *Whole Earth Catalogues* verstanden sich damals bereits als Outlaws – was das ideologische Interface für eine ebenso faszinierende Weiterentwicklung lieferte. Denn von hier waren es nur wenige Millimeter bis zur symbolischen Figur des Hackers. Facebooks Headquarter hat die Adresse »1 Hacker Way«. Cool? Wir werden sehen.

Die Hacker verklärten sich seit jeher als Gesetzlose.[5] Ursprünglich imaginierten sie sich als verkappte Superhelden der vormals bösen IT-Branche. Hinter der unscheinbaren Fassade ihres öden Bürojobs (etwa bei IBM) brüteten die Hacker im Geheimen an genialen, übermenschlichen Aufgaben und brachen dabei nach Herzenslust Gesetze, wenn es ihrer guten Sache diente. Es lag ihnen nichts an finanziellen Anreizen, und sie markierten ihre Verachtung für alles Kommerzielle durch ihre nachlässige Kleidung. Entscheidend war für sie nur die heroische Hacker-Tat und die Anerkennung dafür in der Hacker-Szene. Im Innersten des Hacker-Narrativs steckt eine tiefe narzisstische Kränkung: Das nerdige Wunderkind, von Kindesbeinen an verachtet und gemobbt, rächt sich für alle ertragene Schmach durch eine radikale Selbstermächtigung. In seiner geheimen Hacker-Identität steht es über dem Staat und der Gesellschaft der Ahnungslosen, die alle nicht wissen, dass er der Auserwählte ist, ein unentdeckter Messias im nerdigen Karohemd. Faszinierend ist auch: Bei diesen gekränkten Egos handelt es sich fast ausnahmslos um Männer. Der Hacker bricht Gesetze, aber er tut es für eine gute Sache. Und wie der Superheld in den Marvel-Comics agiert er im Geheimen – die normalen Menschen ahnen nichts von seinen übermenschlichen Fähigkeiten.

Die Figur des Hackers wird übrigens oft zusammengedacht mit der des »Dropouts«. Erinnern Sie sich etwa daran, wie Steve Jobs das biografische Element seiner Adoption immer wieder betont hat, ebenso wie den Abbruch seines Studiums sowie die Tatsache, dass man ihn aus seiner eigenen Firma gefeuert hat? Seitdem gehört der Studienabbruch zum festen Bestandteil einer ordentlichen Digitalbiografie. So markieren die magischen Gründerfiguren ihren Bruch mit der alten Ordnung: Sie überschreiten eine Schwelle und werden dadurch zu heldenhaften Outcasts. In allen Fällen schreit eine narzisstisch gekränkte Kinderseele um Anerkennung.

The Hacker's Manifesto (Loyd Blankenship; Auszug)[6]

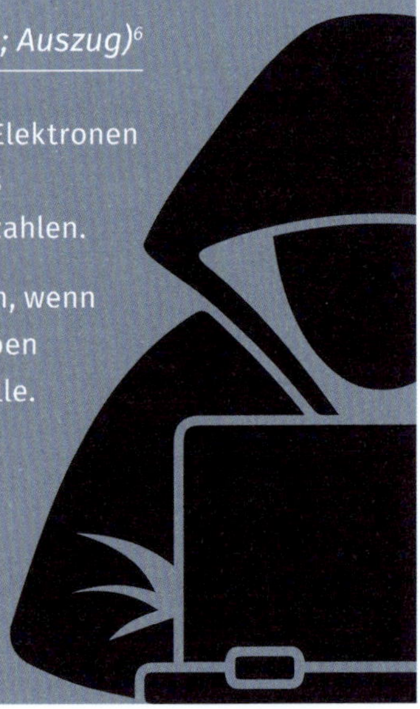

Diese Welt gehört jetzt uns ... diese Welt der Elektronen und der Schalter [...]. Wir nutzen dafür bereits bestehende Dienste, ohne dafür etwas zu bezahlen.

Denn diese Dienste könnten ja spottbillig sein, wenn sie nicht von profitgierigen Vielfraßen betrieben würden – und dennoch nennt ihr uns Kriminelle. Wir erforschen die Welt ... und ihr nennt uns Kriminelle. Wir streben nach Wissen ... und ihr nennt uns Kriminelle. Wir existieren ohne Hautfarbe, ohne Nationalität, ohne religiöse Vorurteile ... und ihr nennt uns

Kriminelle. Ihr baut Atombomben, ihr führt Kriege, ihr mordet, betrügt und belügt uns und wollt uns weismachen, das sei alles zu unserem Besten, doch wir sollen die Kriminellen sein. Ja, ich bin ein Verbrecher. Mein Verbrechen ist die Neugierde. Mein Verbrechen ist es, Menschen nach ihrer Rede und ihren Gedanken zu beurteilen, nicht nach ihrem Aussehen. Mein Verbrechen besteht darin, dass ich viel intelligenter bin als ihr, was ihr mir nie verzeihen werdet. Ich bin ein Hacker, und dies ist mein Manifest. Ihr könnt vielleicht einzelne Individuen aufhalten, aber ihr könnt uns nicht alle aufhalten … schließlich sind wir alle gleich.

2. Digitale Darth Vader verkleiden sich als Weltverbesserer

Lässige Kleidung, nonkonformistische Aussteiger, coole Hacker: Wir erkennen erste Konturen der mächtigen Digitalideologie, die unsere Gegenwart prägt, egal, ob es sich um digitale Kreative handelt, um Netzaktivisten, um die verschiedenen Facetten einer digitalen Bohème, um IT-Freaks, Agentur-Nerds oder Start-Up-Gründer. Ausgangspunkt ist immer eine alte und überkommene analoge Welt, die von einer neuen und besseren, digitalen Ordnung abgelöst wird. Genau deshalb bietet sich auch das Assoziationsfeld der Revolution an. Revolutionäre nutzen

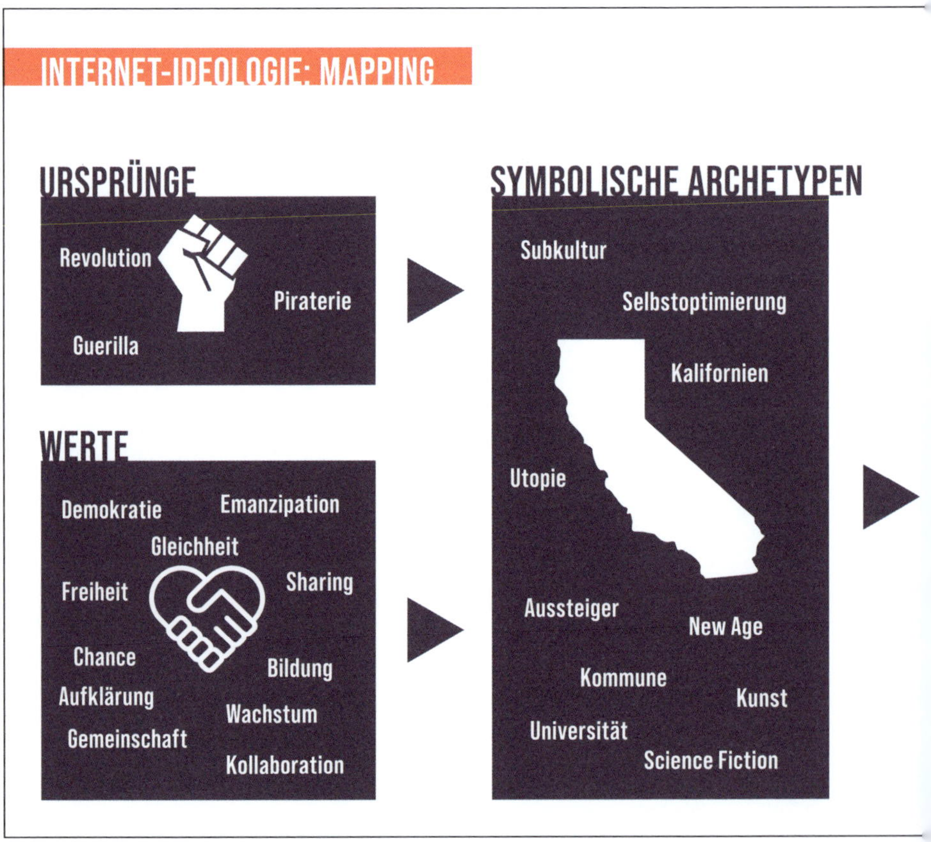

traditionsgemäß gerne die Ausdrucksform des *Manifests*. Sie lieben solche großsprecherische Erklärungen, in denen sie der ganzen Menschheit mitteilen, wie die neue und bessere Welt in Zukunft einmal aussehen wird. Bei solchen Umstürzen scheren sich die guten Revolutionäre für gewöhnlich wenig um geltendes Recht und Ordnung – das ist alles alter Plunder, der eh wegmuss. Dasselbe gilt auch für die symbolische Figur des Piraten oder Freibeuters (denken wir nur an den Namen der frühen Plattform PirateBay oder das frühe Symbol des Chaos Computer Club), die ebenfalls ihre eigene anarchische Ordnung an die Stelle alter und langweiliger Strukturen setzen. Piraten segeln bei ihren wilden Abenteuern über die Ozeane der Welt (deshalb finden wir in der digitalen Welt auch viele Worte aus dem Bereich der Navigation wie etwa Explorer, Netscape Navigator, Log-in, Port et cetera).[7] Echte Piraten nehmen sich einfach, was sie wollen. Sie fragen nicht lange um Erlaubnis, analog der heutigen Digital Piracy und den Hackern. In ihrer Welt der wilden Ad-Ventures kämpften diese verschworenen Gemeinschaften aus Piraten und Revo-

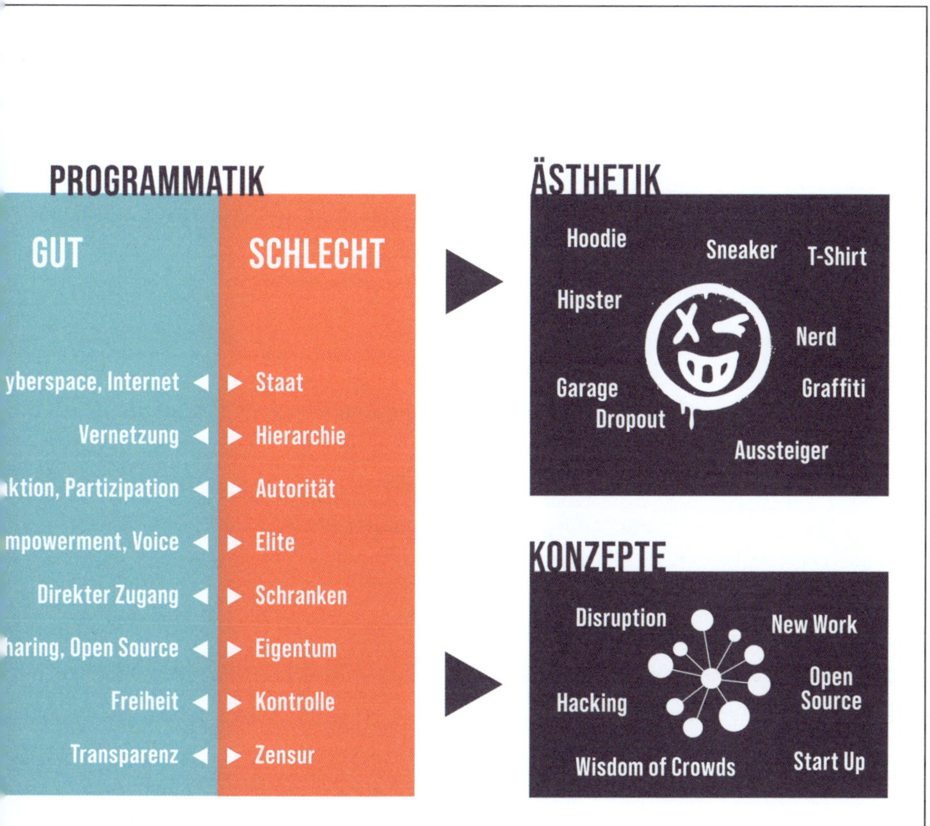

lutionären gegen etablierte, übermächtige Länder und Herrschaften, genau wie die abenteuerlichen Ventures der modernen Digitalbranche. In ihrem mutigen Kampf gegen hundertfach stärkere Gegner stilisierten sie sich auch als Guerilleros – die ihre Gegner mit unkonventionellen Taktiken und Schlichen überlisten.

Der digitale Umsturz erfolgt aus demokratisch-aufklärerischen Motiven. Man kämpft quasi für Freiheit, Gleichheit, Brüderlichkeit der neuen, besseren Ordnung, man setzt sich für die Gemeinschaft ein, für Zusammenarbeit, das Teilen von Gütern (mit antikapitalistischen Untertönen), wie etwa in der »Sharing Economy«, für die Emanzipation der Schwachen, für Chancengleichheit, Bildung und Diversity. Ja, man bricht für diese guten Zwecke immer mal wieder das Gesetz. Man tut es mit derselben Nonchalance, wie auch Piraten es tun würden, wild, anarchisch, mit großmütiger Geste (»Ach echt, das gehörte euch? Ist uns gar nicht aufgefallen …«). So kann man dann auch bei Gesetzesübertretungen sagen: »Hoppla, da gab es ein Gesetz?« oder: »War doch nur ein Spiel.«

Piraten lieben den Horizont, hinter dem die Sphäre des Unbekannten, Unentdeckten liegt. Eine ganz ähnliche Aura besitzt Kalifornien: Eine Art mythisches Eldorado, das Goldgräberland schlechthin, der Traum vom Wilden Westen, die Sphäre der Pioniere, das Land der Träumer, Idealisten, Verrückten und Utopisten, die immer Ärger mit dem langweiligen Establishment hatten. Kalifornien lieferte die ganz große Bühne der 68er: Drogen, Rock'n'Roll, Aussteiger, Hippies, Paradiesvögel, Künstler mit unterschiedlichsten Faibles für Esoterik, New Age, Selbstoptimierung, experimentelle Kommunen. Und nicht zuletzt der Tätigkeit, die man am liebsten mit Kalifornien verbindet, dem Surfen. Wer als Pirat durch die digitalen Ozeane segelte, surfte jetzt im Internet.

Jede Ideologie unterscheidet klar zwischen gut und böse. Das gilt auch für die Ideologie des Internets, deren Programmatik Freunde und Feinde ebenso klar gegeneinander abgrenzt. Schauen wir uns diese Gegensätze an: Der neue, anarchische und regellose Raum des Cyberspace – das Internet – ist toll, der Staat ist schlecht. Vernetzung ist super, Hierarchie wird abgelehnt. Auch metaphorisch steht das dezentrale Symbol dieses Netzes immer gegen Ordnungen mit Top-Down-Strukturen. Das neue digitale Gleichmachernetz wird geprägt sein von Interaktion, Partizipation, die alten Autoritäten werden abgeschafft. Die neuen Medien liefern »Empowerment« und »Voice« für die Unterdrückten, die vorher keine Stimme hatten. Durch direkten Zugang (»Access«) können sie sich jetzt am gesellschaftlichen Geschehen beteiligen. »Sharing« und »Open Source« gehört die Zukunft, sie ersetzen die Herrschaft des Eigentums und des Kapitals. Freiheit und Transparenz siegen endlich gegen Kontrolle und Zensur.

Man muss sich die symbolische Programmierung der Netzkultur also ähnlich vorstellen wie bei einem Cocktail, in dem ganz verschiedene Zutaten miteinander vermischt werden (Revolution, Pirat, Kalifornien, Underdog, Utopie, Vernetzung, Surfen und so fort). Und deshalb ist es dann nur folgerichtig, wenn auch eine spezifische Ästhetik entsteht – mit den Elementen der Gründer-Garage, des Graffitis, des Hoodies, des Nerds, des Hackers oder des Hipsters. Aus demselben ideologischen Cocktail werden auch Konzepte gemixt, die unsere heutige Arbeitswelt prägen. »Disruption« wird dann zum Synonym für digitale Revolution, Unternehmen führen »Hackathons« durch, entwickeln neue Ideen »Open Source« – bis hin zu »New Work«, den Bean Bags und Kickertischen, den »Innovation Labs« und so fort.

Wichtig ist eine zentrale Erkenntnis: Alle diese Requisiten dieser ideologischen Landkarte sind nicht »unschuldig«. Sie sind ebenso wie die Kleidung immer eine Parteinahme in einem Kampf um Herrschaft. Wir, die Guten, sitzen auf Bean Bags und gehen surfen. Ihr, die Bösen, arbeitet in Corporate Cubicles.

Wie Ideologie unsere Wahrnehmung verzerrt

Jetzt merken wir auf einmal, warum dieses Kapitel über Ideologie vielleicht das wichtigste in diesem Buch ist. Denn nur die Ideologie des guten Internets kann das Mysterium erklären, warum wir den Status quo hinnehmen und uns nicht wehren gegen die feindliche Übernahme unserer Gesellschaft durch Big Tech. Damit nicht genug – wir erlauben es ihnen sogar, sich in diesen Verkleidungen linksintellektueller Weltverbesserer oder cooler Revolutionäre zu präsentieren. Schlimm daran ist, dass diese Symbole aus Philanthropie und Counterculture auf tiefere Werte verweisen. Und die Digitalkonzerne missachten diese Werte, mit denen sie assoziiert werden wollen, in Wahrheit nicht nur, sondern treten sie sogar unablässig mit Füßen. Die Praxis ihres unternehmerischen Tuns verfolgt weitgehend das genaue Gegenteil dieser ethischen Werte, wie die Abbildung auf der folgenden Seite zeigt.

Sie kooperieren mit dem US-Geheimdienst. Sie hintergehen ihre Kunden, überwachen unsere Daten, spionieren unser Privatleben aus. Sie manipulieren den Traffic nach ihren eigenen Interessen. Sie zahlen keine ethisch adäquaten Steuern, sie zerstören auf aggressive Weise Wettbewerber. Sie lassen ausbeuterische Produktionsbedingungen zu, sie feuern auf respektlose Weise ihre eigenen Mitarbeiter, sie lügen und leugnen, sie etablieren auf aggressive Weise eigene Rechtsordnungen, sie beuten uns systematisch aus. Wollen wir es ihnen wirklich erlauben, sich trotz alledem als linke und gutmeinende Weltverbesserer zu präsentieren?

Stellen wir uns die übelsten Unternehmen des Planeten vor. Unternehmen, bei denen einem schon schlecht wird, wenn man allein ihren Namen hört. Wo niemand gerne arbeiten würde. Was mir da einfällt? Zum Beispiel Shell, Nestlé, Tönnies, BlackRock. Man müsste mich foltern, um dort zu arbeiten.

Wie würden wir das eigentlich finden, wenn sich BlackRock-CEO Larry Fink, Tönnies-Geschäftsführer Clemens Tönnies oder Nestlé-Konzernchef Mark Schneider plötzlich in coolem Hipster-Outfit präsentieren würden und in diesem verklärt-näselnden California-Slang unablässig selbstverliebt darüber faseln würden, dass es ihnen nur um Empowerment und Sharing gehe, »to make the world a better place«, um Access , darum, den Unterdrückten eine Stimme zu geben, um Freedom natürlich, »to bring people together«, um Empowerment. Wir würden uns komplett verarscht fühlen. Wir würden sie teeren und federn. Wir würden sie von allen Bühnen vertreiben, ihnen keine Redezeit mehr einräumen, wir würden sie festnageln und sie fragen, wie sie es wagen können, uns solchen Schwachsinn zu erzählen. Warum also lassen wir die Tech-Riesen damit durchkommen?

Weil ein paar frühe Gründer vor dreißig Jahren einmal als Hippies in kalifornischen Garagen begonnen haben? Weil ihnen deshalb eine gewisse Street Credibility zukommt, sich hier in der Maskerade lässiger Underdog-Kultur zu präsentieren? Weil sie diesen Style auch noch schön dekorieren mit Purpose-Washing – also hier und dort ein paar gute PR-Stories zu Themen wie Nachhaltigkeit und Diversity platzieren? Wir verehren sie so sehr, dass sie machen können, was sie wollen. Wir lieben sie einfach trotzdem. In unseren Gehirnen ist eine geheimnisvolle Kraft am Werk, *die unsere Wahrnehmung systematisch verzerrt und unser Erkenntnisvermögen beeinträchtigt. Genau das leistet Ideologie.*

Als »Ideologie« bezeichnet man unbewusste Wahrnehmungsmuster, Weltanschauungen, Einstellungen, die uns so sehr in Fleisch und Blut übergegangen sind, dass wir sie nicht mehr erkennen können. Seit Karl Marx und Friedrich Engels wissen wir, dass Ideologien seit Jahrtausenden eine wesentliche Funktion erfüllen: Sie legitimieren Macht und Herrschaft. Denn Ideologien erschaffen eine Art *systematische Täuschung,* die dazu führt, dass die unterdrückten Menschen meinen, dieser Realitätszustand der Ausbeutung sei völlig normal. Das Unglaubliche passiert: Sie nehmen die Realität so hin und fügen sich, anstatt gegen die Unterdrücker zu revoltieren. Ein untrügliches Zeichen für das Vorhandensein von Ideologie ist es, wenn unterdrückte Menschen sogar selbst die argumentative Position der Unterdrücker einnehmen. Der Zustand der Unterdrückung erscheint also *allen Mitgliedern* der Gesellschaft als völlig normal, natürlich, unvermeidlich und sogar begehrenswert, obwohl das Gegenteil der Fall ist. Denn wir hätten eine Wahl und könnten die Welt ganz anders gestalten.

Die Unterdrücker täuschen den ausgebeuteten Menschen also erfolgreich vor, dass der ganze Mechanismus der digitalen Ausbeutung für alle eine prima Sache ist. Und genau das haben die Tech-Riesen durch die Ideologie des guten Internets geschafft. Sonst wären auch die vielen populären Bestseller aus den Jahren zwischen 1995 und 2010 undenkbar gewesen, in denen entrückte Digitalevangelisten

DARTH VADER VERKLEIDEN SICH ALS WELTVERBESSERER
SEIN
SCHEIN
»They trust me – dumb fucks…«
… Freedom …
… Sharing … Open…
… Empowerment …
… Participation …
… Community …
… Transparency …

Modelle wie Schwarmintelligenz, Crowdsourcing, Peer Production und Open Source einseitig positiv als Befreiung und Empowerment anpriesen, ohne zu bemerken, dass sie damit genau nach der ideologischen Pfeife von Big Tech tanzten und dadurch die maximal denkbare Ausbeutung der vielen gratis schuftenden Digitalenthusiasten überhaupt erst ermöglichten. Angefangen bei *Being Digital* (Nicholas Negroponte, 1995) über *The Age of Access* (Jeremy Rifkin, 2000) und *The Long Tail* (Chris Anderson, 2006) bis hin zu *Wikinomics* (Tapscott/Williams 2008) oder *What would Google do?* (Jeff Jarvis, 2009).[8] Die Digitalkonzerne dürften sich schlapp gelacht haben über die Heerscharen von freiwilligen Unterstützern, die allein aufgrund der Zugkraft dieser Digitalutopien gratis für sie arbeiteten – während sie Quartal für Quartal die Gewinne dafür einstrichen.

Im Schachspiel von Big Tech spielt diese Ideologie eine absolut zentrale Rolle. Sie denken, das sei übertrieben? Dann lesen Sie mal das folgende Zitat des damaligen Google-CEOs, Eric Schmidt: »Diese mehrdimensionale Welt wird […] egalitärer, transparenter und interessanter sein, als wir uns das heute vorstellen können. In einer Art Gesellschaftsvertrag werden die Nutzer freiwillig auf einen Teil ihrer Privatsphäre und andere Dinge verzichten, die sie in der physischen Welt schätzen, um die Vorteile der Vernetzung nutzen zu können.«[9] Na klar – es ist alles nur zu unserem Besten, wenn Big Tech über uns herrscht.

IDEOLOGIE LEGITIMIERT MACHT

Die neue herrschende Klasse muss …

»… ihr Interesse als das gemeinschaftliche Interesse aller Mitglieder der Gesellschaft darstellen, d. h. ideell ausgedrückt:

ihren Gedanken die Form der Allgemeinheit geben, sie als die einzig vernünftigen, allgemein gültigen darstellen.«

Marx, Engels: Die Deutsche Ideologie

3. Die Zerstörung der Freiheit im Namen der Freiheit

»Finger weg von den digitalen Medien – eine Regulierung bringt sowieso nichts und schränkt nur digitale Freiheit ein!« Klingt einleuchtend, oder? Wir haben solche und ähnliche Sätze schon oft in netzpolitischen Debatten gehört. Wir können an diesem Beispiel zeigen, wie stark Digitalideologie auf den Status quo einwirkt – ohne dass wir es bemerken.

Es gibt unendliche viele politische Aktivitäten etwa von Netzenthusiasten, NGOs und Bloggern. Der gemeinsame Nenner besteht oft darin, die Freiheit des Internets vor staatlichem Zugriff und vor allem Zensur zu bewahren. Hier ergibt sich tatsächlich auch ein konsistenter Überlieferungsstrang – von John Perry Barlows *Declaration of the Independence of Cyberspace* über den deutschen Chaos Computer Club bis hin zum Streit um die Urheberrechtsreform. Diese Bewahrung der Netzfreiheit hat aber eine dunkle Seite – sie führt erstaunlicherweise zu einer viel fundamentaleren Zerstörung der Freiheit, ohne dass wir es bemerken. Um zu verstehen, worum es geht, müssen wir kurz über den Begriff der Freiheit nachdenken.

Zunächst einmal sollte klar sein, dass es eine Freiheit in Reinform unter rechtsstaatlichen Umständen gar nicht geben kann. Jede Freiheit wird begrenzt in dem Augenblick, wenn andere Menschen durch bestimmte Handlungen geschädigt werden. Wir können das schnell am Beispiel der Meinungsfreiheit erklären. Es ist korrekt, die Meinungsfreiheit ist in Deutschland durch das Grundgesetz gedeckt. Aber die Menschen sind deshalb nicht frei in dem Sinne, dass sie einfach alles sagen können, was sie wollen. Wenn sie beispielsweise Rufmord begehen und wissentlich falsche Tatsachen über einen anderen Menschen behaupten, die dessen Existenz zerstören, dann ist das nicht mehr witzig, und es ist deshalb auch nicht vom Recht auf freie Meinungsäußerung gedeckt. Solche Äußerungen sind dann als Verleumdung strafbar. Man darf andere Menschen nicht verhetzen, man darf sie nicht rassistisch beschimpfen. Es ist auch nicht erlaubt, den Holocaust zu leugnen oder andere Menschen zu Straftaten aufzufordern. Dasselbe Prinzip gilt übrigens für die Freiheit in der Wirtschaft. Natürlich haben wir eine freie Marktwirtschaft, aber auch hier sind die Freiheiten nicht grenzenlos. Unternehmen dürfen etwa nicht wissentlich defekte oder schädliche Produkte verkaufen, sie dürfen keinen Giftmüll in Flüsse lenken, Kinderarbeit ist verboten, man darf nicht mit Falschgeld zahlen und so fort.

Es gibt diese Freiheit also immer nur als theoretisches Ideal, und kaum ein vernünftiger Mensch würde die Nützlichkeit dieser Beschränkungen bestreiten. Unsere Gesetze stellen demokratisch legitimierte Rahmenbedingungen dar, innerhalb derer sich unser freiheitliches Handeln dann entfalten kann, ohne dass es andere Menschen schädigt. Oder andersherum formuliert: Es gibt keine Sphären in unserer Gesellschaft, die frei wären von Regeln und Grenzen der Freiheit.

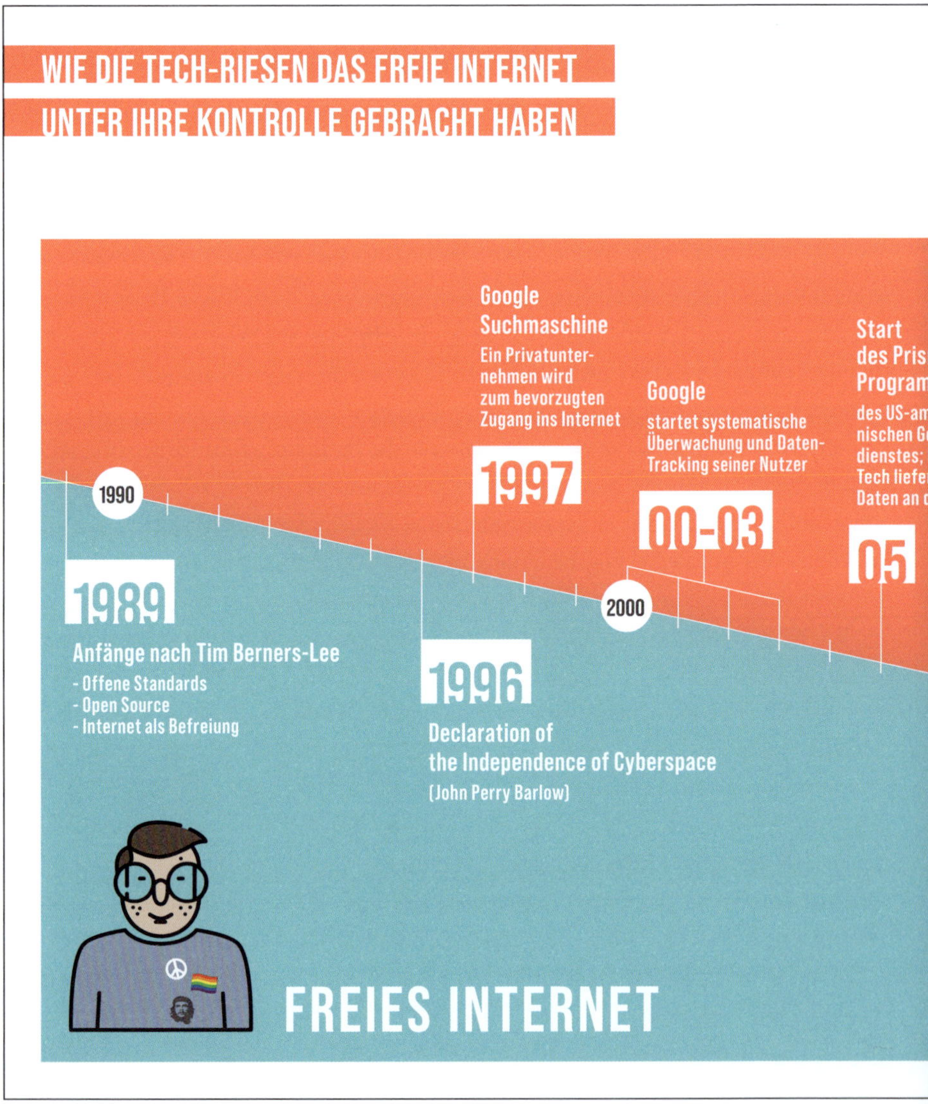

Eine besondere Situation stellten jedoch die frühen Zeiten der digitalen Transformation dar. Es gab einen weithin unregulierten, »freien«, anarchisch wilden und aufregenden digitalen Abenteuerraum. Für ganze Areale der neuen Netzwirklichkeit existierten noch keine gesetzlichen Rahmenbedingungen. Das stellte damals auch kein großes Problem dar, weil das Netz nur von wenigen digitalen Nerds verwendet wurde und noch kaum kommerzialisiert war. Ein typisches Problem war etwa die Verletzung von Urheberrechten – wenn Kreative etwa Videos aus

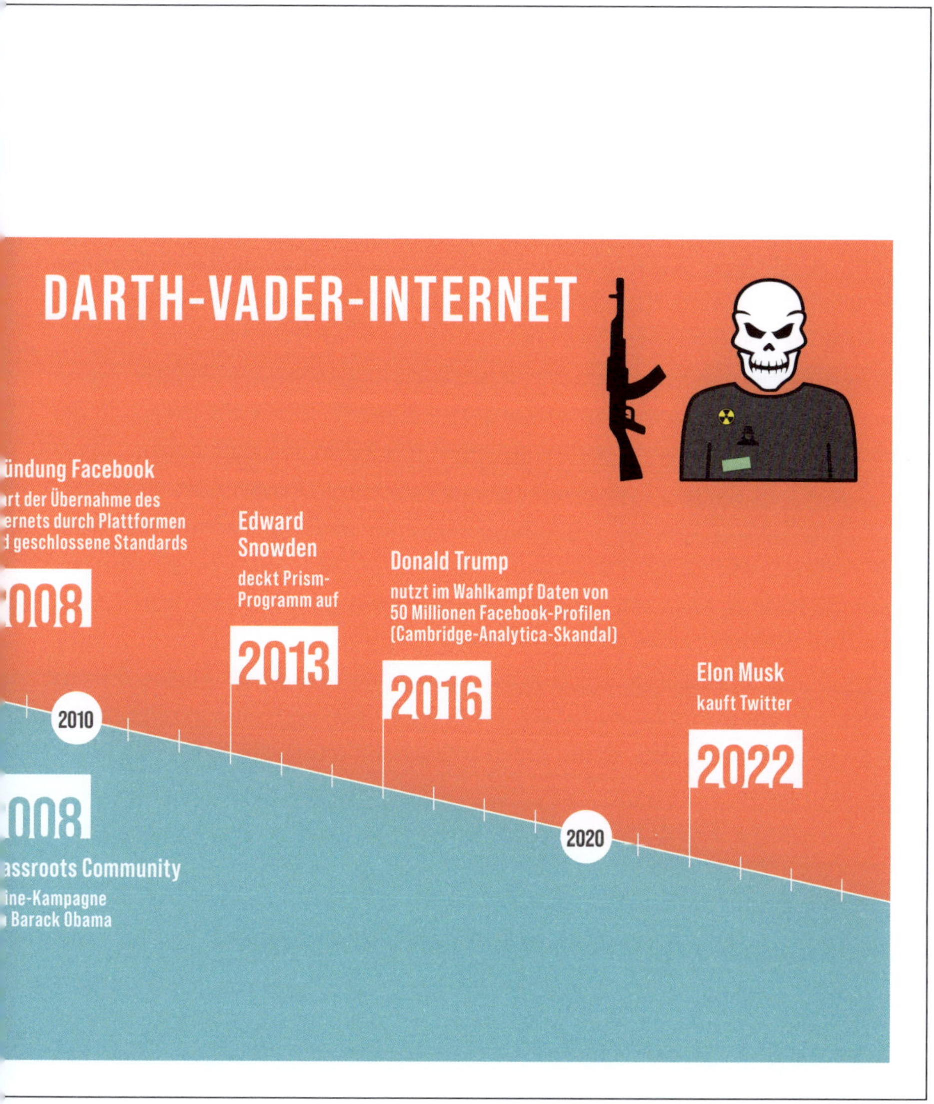

vorhandenen Materialien bastelten und dann über soziale Netzwerke veröffentlichten, dabei jedoch die Eigentumsrechte der Urheber ignorierten. Ebenso ging es um die Frage, ob etwa die Betreiber früher Chatforen verantwortlich gemacht werden konnten für kriminelle Inhalte. Wir sind diesem Aspekt schon begegnet unter dem Stichwort der Verbreiterhaftung. Es würde den Rahmen sprengen, diese Entwicklung hier im Detail nachzuzeichnen – entscheidend ist nur ein Detail: Die damaligen Initiativen zugunsten eines »freien« und weitgehend unregulierten Internets gingen sowohl von Kreativen, Hackern und Netzenthusiasten aus als auch von den frühen Digitalunternehmen, die damals auch noch (weitgehend) auf der »guten Seite der Macht« standen. Niemand konnte voraussehen, dass sich die Startups innerhalb von wenigen Jahren zu Darth-Vader-Konzernen wandeln würden.

In den folgenden Jahren erwies sich das weitgehend unregulierte Netz dann als Eldorado für die betroffenen Unternehmen, die zu den heutigen Tech-Riesen heranwucherten. Als infolge der verschiedenen Skandale von Prism bis Cambridge Analytica zunehmend kritische Stimmen laut wurden, die anmahnten, dass die Plattformen hierfür einen Teil der Verantwortung übernehmen müssten, griffen diese bekanntlich zurück auf die Position, die sie unter ganz anderen Vorzeichen erstritten hatten: Sie seien gar keine Medien und nicht verantwortlich für die Inhalte. Um ihr ökonomisches Ziel eines weithin unregulierten Internets zu erreichen, kaperten sie das Ideologem der »freien Meinungsäußerung«. Seitdem treten sie in der beschriebenen Verkleidung auf, als Freiheitskämpfer, die das Recht der Menschen auf freie Meinungsäußerung gegen jede Form von staatlichem Zugriff verteidigen, edle Ritter, die das Netz vor einer flächendeckenden Zensur bewahren wollen. Natürlich ist völlig durchschaubar, dass sich die Darth-Vader-Digitalkonzerne zu diesem Zeitpunkt längst nicht mehr für irgendwelche ethischen Fragen interessierten. Es ging ihnen nicht um Meinungsfreiheit, sondern darum, die Freiheit des maximalen Geldverdienens gegen jede denkbare Einschränkung zu verteidigen. Und das ist der Etikettenschwindel, wenn Tech-Riesen ständig das Wort »Freedom« im Mund führen. Sie tun so, als ob es ihnen um »freedom of speech« geht, dabei wollen sie nur einen weitgehend unregulierten Wirtschaftsraum verteidigen.

Wir erkennen daran, welche magischen Kräfte Ideologie besitzt. Die Digitalkonzerne erzählen uns mit großen Augen von »freedom of speech« und ihrer Furcht vor Zensur. Sie werfen die Stirn in Falten, äußern treuherzig ihre große Sorge vor zu starken staatlichen Interventionen und Regulierungen im Netz. Und was passiert? Blogger, Netzenthusiasten, Intellektuelle und Journalisten, die ansonsten *niemals* auf die Idee kommen würden, auf irgendeinem anderen Gebiet der Wirtschaft staatliche Interventionen abzulehnen oder Regulierungen infragezustellen, welche die Rechte von Verbrauchern schützen, die aggressiven

CATEGORY MISTAKE: DER KAMPF UM DIE »FREIHEIT«

DER NETZENTHUSIAST: RAINER, 44

ALTER
48

»Finger v
Medi
sowieso nic
nur digit

GAMING

NETZKULTUR

DIGITALE KUNST

AUSTAUSCH MIT ANDEREN DIGITALEN NERDS

WERTE UND ZIELE

- Politisch links und aktiv
- Schätzt Kreativität und Kunst
- Liebt grenzenlose Freiheit
- Kämpft für Minderheiten
- Setzt sich gegen Diskriminierung ein
- Tritt als Underdog und Nerd auf

SCHMERZPUNKT

- Gegen alle denkbaren Formen von Regulierung, vor allem Einschränkung von Freiheitsrechten (Urheberrecht, Meinung freiheit)
- Gegen Unterdrückung von Minderheiten
- Gegen Datenüberwachung

BERUF
Blogger

WOHNORT
Berlin

STATUS
Single

24 000

EINKOMMEN
24.000 €
pro Jahr

den digitalen
e Regulierung bringt
schränkt
heiten ein.«

TOUCHPOINTS

- Twitter ●●●●●
- Blogs ●●●●○
- Discord ●●●●○
- Twitch ●●●○○

MOTIVATION

- Positives Verhältnis zur Digitalisierung, erlebt als Aufbruch in eine antihierarchische, vernetzte und diverse Welt
- Lebensstil der digitalen Bohème
- Laissez-faire – toleriert Rechtsübertretungen für »gute Zwecke« (z. B. Kreativität vs. Urheberrecht)
- Anarchistische Tendenzen

Zugriffe von Giga-Konzernen abmildern oder die Ausbeutung der Kunden verhindern, wechseln die Seite – und sprechen sich jetzt auch entschieden *gegen* Regulierung aus. Menschen, die sonst wohl eher die Grünen wählen, die SPD oder die Piraten, argumentieren *nur wenn es ums Internet geht* plötzlich gegen Regulierung – obwohl sie auf anderen Feldern ähnliche Positionen sicherlich als recht unappetitlich zurückweisen würden. Viele schließen sich der allgemeinen Haltung an: »Der Staat sollte im Netz nicht intervenieren – Regulierungen haben noch nie etwas gebracht.«

Zum Glück erkennen immer mehr Blogger und Netzenthusiasten, wie schlimm sie von den Digitalkonzernen seit Jahren getäuscht wurden, und dies zu Zwecken, die niemandem ferner liegen als den Netzaktivisten selbst. Spätestens die Übernahme von Twitter durch Elon Musk hat klargemacht, wohin die Reise geht und wem das Netz gehört. Musk hatte sich ja ebenfalls schön verkleidet als selbsternannter »Absolutist der Meinungsfreiheit« – aber diesen perfiden Schritt der Selbstinszenierung wollten die Netzenthusiasten dann doch nicht mehr mitgehen.

So hat auch Markus Beckedahl, Deutschlands prominentester Netzaktivist und Chefredakteur von *Netzpolitik.org*, seine Bedenken geäußert, inwieweit »eine solche Machtkonzentration durch demokratische Institutionen überwacht, kontrolliert und begrenzt werden kann«.[10] Es wäre zu hoffen, dass wir hier eine netzpolitische Wende erleben. Denn unsere Gesellschaft bräuchte gerade jetzt die digitale Expertise der Netzaktivisten mehr denn je. Sie haben die Entstehung des Internets wie niemand sonst katalysiert. Sie waren es, die oft durch Open-Source-Initiativen und kostenlose Mitarbeit unser Internet erst haben entstehen lassen. Sie haben die kreativen Inhalte geliefert, sie haben unermüdlich gewerkelt und gebastelt und unser Netz durch ihre positiven Energien mitgestaltet. Die Digitalkonzerne haben all die Jahre auf ihre Kosten abgesahnt und die ganze Ausbeutungsmaschine auch noch als philanthropische Veranstaltung dekoriert.

Die Netzenthusiasten waren immer auf der guten Seite der Macht. Wenn es eine Gruppe gibt, die von sich behaupten könnte, eine Art intellektuelles »Copyright« auf das Netz zu besitzen, dann sind sie es. Wenn jemand die Autorität besitzt, den Tech-Riesen die Maske linksintellektueller Philanthropie herunterzureißen, dann die Netzaktivisten. Es ist Zeit, dass sie Front machen gegen die Digitalkonzerne und dabei helfen, das Internet von ihrer Herrschaft zu befreien.

4. Fördern versus Strafen: Gefangen im Lobbyismusnetz von Big Tech

Während Ideologie dafür sorgt, dass die feindliche Übernahme unserer Gesellschaft durch einen trügerischen Schleier aus Philanthropie und Coolness verdeckt wird, unterhält Big Tech parallel einen gigantischen Lobbyismusapparat, um diese wunderbare Inszenierung unendlich zu verstärken und zugleich jede Form von Widerstand im Keim zu ersticken. Big Tech hat hier längst die klassischen Verdächtigen aus früheren Darth-Vader-Branchen abgelöst. Laut einer Studie von Corporate Europe Observatory und LobbyControl aus dem Jahr 2021 tätigen die digitalen Unternehmen die meisten Investitionen auf diesem Feld und liegen auf dem traurigen ersten Platz, klar vor der Automobilindustrie, der Pharmabranche oder dem Bankensektor, mit Investitionen von etwa 100 Millionen Euro jährlich nur in Europa.[11] Big Tech unterhält einen Apparat von nicht weniger als 140 Lobbyisten allein in Brüssel, die versuchen, die europäische Politik im Interesse der Digitalkonzerne zu manipulieren und zu steuern. Insgesamt sind es 1.500 aktive Lobbyisten in Europa. Big Tech agiert hinter einem riesigen Netzwerk aus etwa 600 verschiedenen Verbänden, Agenturen, Thinktanks, Kanzleien, NGOs und Beratungen.[12]

Oft ist für Außenstehende auf den ersten und sogar zweiten Blick gar nicht erkennbar, ob es sich bei einzelnen solcher Organisationen um unabhängige Stimmen oder um Tarnorganisationen handelt, hinter denen in Wirklichkeit Big Tech steckt. Man denkt dann, man höre authentische Empfehlungen von Idealisten, die jedoch hinter den Kulissen von Digitalkonzernen finanziert werden. So lautete 2022 der Vorwurf von prominenten EU-Abgeordneten aus den Niederlanden, Deutschland und Dänemark: »Große US-Technologieunternehmen wie Google, Meta und Amazon haben die Gesetzgeber bei den Beratungen über die neuen Regeln für Online-Plattformen getäuscht, indem sie über kleinere Tarnorganisationen Lobbyarbeit betrieben haben. [Die Abgeordneten] drängen zugleich auf ein Verbot der Zusammenarbeit dieser Konzerne mit den EU-Institutionen.«[13]

Die Lobbyistenargumente von Big Tech sind immer dieselben: Regulierung bedroht Innovationen, nur die Digitalkonzerne kennen sich mit dem Internet aus und können für uns Nutzer tolle Lösungen liefern, dabei haben sie stets nur das Wohl der Menschheit im Auge – zudem sind ihre Angebote unsere einzige Option, eine Art Übernahme des Internets durch chinesische Technologie abzuwehren.

Noch schlimmer als der Lobbyismus sind die diversen Austauschbeziehungen zwischen Big Tech und führenden US-Regierungsinstitutionen und anderen politischen Ämtern. Jonathan Taplin liefert reihenweise Beispiele ehemaliger Big-Tech-Manager, die in der Politik anheuern und umgekehrt Politiker, die es zu Big Tech zog: »Es gab 53 solcher Drehtür-Besetzungen zwischen Google und dem Weißen Haus. Diese Besetzungen bezogen sich auf 22 Beamte aus dem Weißen Haus, die aus der Regierung zu Google wechselten, und umgekehrt 31 Google-Manager (oder Manager aus Googles angegliederten Unternehmen), die eine Tätigkeit im Weißen Haus oder in Regierungsgremien antraten.« Allein für Google nennt Taplin 28 weitere Fälle aus den US-amerikanischen Verteidigungs- und Sicherheitsbehörden und 23 Fälle für das Außenministerium.[14]

Dadurch, dass Big Tech nahezu unendliche finanzielle Ressourcen zur Verfügung stehen, konnten sie in allen Bereichen unserer Gesellschaft ein komplexes System aufbauen, auf dessen Grundlage sie Areale massiv fördern, wo es ihrer digitalen Übernahme in die Karten spielt, und auf der anderen Seite kritische Stimmen oder Parteien bestrafen. Letztlich übertragen sie damit dasselbe System des Dimming und Boosting, welches in ihren Plattformen am Werk ist, auf das Feld des Lobbyismus. Wie feingliedrig und effizient diese Systeme des Förderns und Strafens sind, lässt sich am besten an einem konkreten Beispiel illustrieren. Nehmen wir dazu erneut unser Mediensystem, zumal wir hier viele Erkenntnisse weiter vertiefen können, die wir bereits gesammelt haben.

Teile und herrsche: Wie Big Tech die redaktionellen Medien gegeneinander ausspielt

Die wesentliche Einwirkung von Big Tech auf die Medien liegt in der ausführlich beschriebenen planvollen Zerstörung der existierenden Medienunternehmen. Diese kann aber nur stattfinden, weil es ihnen politisch gelungen ist, Gesetzgebungen durchzudrücken, die fairen Wettbewerb in den digitalen Medien systematisch ausschalten. Dass die vielen gesetzlichen Plattformprivilegien trotz des riesigen Kollateralschadens nicht infrage gestellt werden, ist allein die Folge ihrer erfolgreichen Ideologiearbeit und ihrer massiven lobbyistischen Investitionen.

Aber jetzt wird es wild. Big Tech betreibt auf einer hübsch dekorierten kleinen Bühne im Vordergrund ein Förderprogramm für die Medien. Korrekt: Big Tech zerstört planvoll die redaktionellen Medien, aber gleichzeitig sind die Digitalkonzerne so dreist, sich als Förderer derselben Medien zu inszenieren. Natürlich sind die Förderbeträge lächerlich gering im Verhältnis zu den gigantischen territorialen Zugewinnen, die man parallel durch die systematische Vernichtung der redaktionellen Wettbewerber erzielt. Metaphorisch gesprochen: Dieselben skrupellosen Kolonialherren, die riesige Territorien in Beschlag nehmen, machen nach der abgeschlossenen Landnahme den ehemaligen Einwohnern ein paar nette Geschenke.

Wir können uns das am Beispiel von Google genauer anschauen, weil hierzu eine exzellente Studie von Ingo Dachwitz und Alexander Fanta existiert.[15] Zwischen 2015 und 2019 verschenkte Google durch seine »Digital News Initiative« (DNI) in Europa etwa 150 Millionen Euro an die Medien. Dabei lässt sich ein klares Muster beobachten: Bevorzugt werden in Europa die großen Länder und die etablierten, vor allem überregionalen Medien.

Das ergibt propagandistisch sehr viel Sinn. Denn die kleinen und regionalen Medienangebote sind sowieso schon schwach und angeschlagen, plakativ gesprochen sind die »eh schon weg«. Relevant im Sinne von Meinungsmacht sind noch die großen Medienmarken. Diese ziehen noch so viel Aufmerksamkeit an sich, dass sie unter allen Umständen durch Förderung im positiven Sinne »eingehegt« werden müssen. Deswegen fördert man genau diese führenden Medien, während gleichzeitig im Hintergrund ein erbitterterer Kampf ums Geld tobt – weil etwa Google schon seit Jahren die Inhalte der Verlage nutzt, ohne die Verlage dafür angemessen finanziell zu entgelten. Die Thematik des Presseleistungsschutzrechts ist kompliziert. Vereinfacht dargestellt besteht die Strategie Googles darin, die Branche zu spalten und Deals mit einzelnen, meist führenden Medienhäusern abzuschließen, die kurzfristig vorteilhaft erscheinen (»Google News Showcase«), die aber langfristig wahrscheinlich zu deutlich niedrigeren Preisen für die Branche führen werden. Ein Insider bezeichnete diese Zahlungen auch als »Schweigegeld«.[16]

Den schwachen Verlagen geht es dadurch noch schlechter (»Strafen«), die starken werden doppelt und dreifach belohnt (»Fördern«) – einerseits durch freiwillige Förderprogramme (DNI), die Zahlungen aus dem Google News Showcase, und zusätzlich durch die Schaltung von Werbung. Denn Google bedenkt »die großen Verlage überproportional mit Werbeausgaben. Allein sieben große Medienhäuser, die alle auch bei Showcase dabei sind, bekamen brutto 28 Millionen Euro (zwischen 2019 und 2021), zeigt eine Auswertung der Nielsen-Zahlen. Die DvH Medien etwa (*Handelsblatt, Tagesspiegel,* 50 Prozent der *Zeit*) bekamen zwischen 2019 und 2021 rund 8,3 Millionen Euro (brutto). Der *Spiegel* wurde mit 5,3 Millionen Euro (brutto) bedacht.«[17]

Natürlich profitiert Google doppelt und dreifach von diesem Vorgehen: Durch die Werbung präsentiert sich das Unternehmen der Öffentlichkeit in genau der Verkleidung des philanthropischen Wohltäters, die wir oben beschrieben haben. Leser, die befähigt sind, auch extrem heuchlerische Inhalte ohne heftige körperliche Reaktionen unbeschadet zu sichten, sollten einmal etwas Zeit auf die Lektüre des Google-Magazins *Aufbruch* verwenden, das häufig in der Presse als Beileger verwendet wird – hier geht es nur um die tollen Chancen der Digitalisierung, um Diversity, Sustainability, um Bildung und Teilhabe und so fort.[18]

Natürlich nutzt nicht nur Google solche Instrumente – wir könnten sie auch bei den anderen Big-Tech-Konzernen nachweisen. So hat Facebook etwa mit Springer im Jahr 2021 einen Deal abgeschlossen, der dem Unternehmen über mehrere Jahre nach undementierten Gerüchten Einkünfte im Wert eines dreistelligen Millionenbetrags einbringen soll.[19] International soll Facebook angeblich 2.600 Verlage mit mehr als 600 Millionen US-Dollar »gefördert« haben.[20] Über die Bill & Melinda Gates Foundation des Microsoft-Gründers wurden weltweit mehrere hundert Millionen Euro Unterstützung an Medien ausgegeben,[21] der *Spiegel* erhielt daraus etwa 5,4 Millionen Euro.[22] Und so könnten wir noch lange weitermachen. Dasselbe gilt für die Werbegeschenke. Neben Alphabet beglückt vor allem Meta die großen Medienhäuser mit riesigen Werbeausgaben – *Zeit, Spiegel, Süddeutsche* und *FAZ* erhielten von Alphabet und Meta zusammengenommen im Jahr 2021 jeweils etwa 4 Millionen Euro (brutto), insgesamt also etwa 16 Millionen in nur einem Jahr.[23] Die verteilten Beträge sind einander in Summe jeweils so gleich, dass man fast vermuten möchte, Alphabet und Meta hätten sich hier untereinander abgestimmt. Kann man den angeschlagenen Medienhäusern einen Vorwurf machen, weil sie diese Förderungen und Zahlungen annehmen? Die Umsätze der Branche stagnieren seit vielen Jahren, viele stehen mit dem Rücken zur Wand und haben im Kampf ums Überleben kaum eine Wahl.

Entscheidend ist ferner die Frage, ob Big Tech Gegenleistungen für die »Förderung« erwartet. Zwar sind die Journalisten unabhängig durch die strukturelle Trennung von Redaktion und Verlag. In den Interviews aus der Studie von Ingo Dachwitz und Alexander Fanta gab es keine Indizien für eine direkte inhaltliche Einflussnahme der GAFAM auf die redaktionellen Inhalte. Einzelne Journalisten äußerten jedoch die Sorge vor »korrumpierender Nähe«, was etwa dazu führen könne, »dass die Leute dann eine Art Selbstzensur üben und sagen: ›Nein, komm, die haben uns so viel Geld gegeben, das ist ein super Projekt. Lass uns da jetzt mal nicht so auf die Kacke hauen!‹«[24]

Aber glücklicherweise habe ich einen Fall ermitteln können, wo ein Digitalkonzern durch direkte Intervention nachweislich versucht hat, kritische Berichterstattung einer Redaktion zu stoppen, indem mit dem Entzug von Werbe-Budgets gedroht wurde (siehe Kasten). Wie verbreitet diese erpresserische Praxis ist, kann ich nicht sagen. Der Fall belegt jedoch klar und zweifelsfrei die Erwartungshaltung von Big Tech: Wir fördern euch, also erwarten wir von euch auch wohlgefälliges Verhalten – sonst drohen Konsequenzen, die in diesem Fall auch eintraten.

Big Tech geht gegen unabhängigen Journalismus vor und versucht, die Publikation missliebiger Inhalte zu stoppen

Erpressung einer Redaktion durch Androhung von Sanktionen

Bei meinen Recherchen erzählte mir ein Journalist folgende Begebenheit: Man plante, einen redaktionellen Schwerpunkt zu den Bedrohungen durch die Digitalkonzerne zu veröffentlichen. Zu den Werbekunden des Mediums gehörten auch zwei Tech-Riesen. Diese hörten von dem geplanten Schwerpunkt über die Ansprechpartner in der Anzeigenabteilung des Mediums.

Daraufhin versuchte einer der Tech-Riesen, Einfluss auf diese Veröffentlichung zu nehmen, indem angedroht wurde, eine bereits geplante Werbekampagne in dem Medium zu canceln, wenn man den Schwerpunkt mit Kritik gegen Big Tech veröffentliche. Um die zweite Kampagne musste zu diesem Zeitpunkt ebenfalls gefürchtet werden.

Die Redaktion ließ sich davon nicht beeindrucken und brachte den Schwerpunkt trotzdem. Tatsächlich wurde das Medium direkt nach der Publikation abgestraft: Nach der Veröffentlichung wurde die Drohung umgesetzt und die geplante Werbekampagne von einem der Digitalkonzerne abgesagt.

Der Journalist berichtete ferner von intensiven Debatten, die man innerhalb der Redaktion im Vorfeld der Veröffentlichung geführt habe. Denn man befürchtete, auch auf anderen Ebenen durch diesen kritischen Bericht Sanktionen zu erleiden, etwa bei Programmen wie »Facebook News«. Es sei naheliegend, dass Big Tech durch diese Programme besonders kooperationswillige und GAFAM-freundliche Medien bevorzuge, kritisch berichtende Medien dagegen benachteilige. Durch diese Abhängigkeit vom Traffic durch die großen Plattformen haben die Redaktionen also Angst, kritisch über Big Tech zu berichten, weil sie auch dort von einer möglichen Bestrafung ausgehen.

Das heißt: Eine betroffene Redaktion muss bei solchen Veröffentlichungen potenzielle Sanktionen durch Big Tech befürchten (ob explizit angedroht oder nicht) und lebt in der Angst, wichtige Teile ihrer Finanzierung zu gefährden – was aufgrund der schwierigen wirtschaftlichen Lage in den Redaktionen unweigerlich mindestens zu der Überlegung führt, Selbstzensur zu üben. Es ist bezeichnend, dass der Journalist mir diese Informationen nur unter der Zusicherung mitgeteilt hat, dass ich seinen Namen und den Namen des erpressten Mediums nicht preisgebe – erneut aus Angst vor möglichen Sanktionen durch Big Tech.

Lustig, das »Fördern versus Strafen«-Spiel, nicht wahr? Versetzen wir uns in die Lage einer Branche, die seit Jahren immer weiter erodiert: Redaktionen müssen aufgeben oder werden zusammengeschlossen, Auflagen sinken, Redakteure verlieren ihre Arbeitsplätze, es gibt kaum Perspektiven. Auf dem digitalen Feld ist man sowieso auf Gedeih und Verderb von den Plattformen abhängig. Man muss stets fürchten, etwa bei Google depriorisiert oder in einem Programm nicht aufgenommen zu werden (Facebook News, Google News Showcase). Innovative digitale Projekte kann man oft nur noch mithilfe von Förderungen durch die Digitalkonzerne finanzieren. Obendrein erhält man Werbe-Budgets in Millionenhöhe zugeteilt. Darüber hinaus bietet Big Tech coole Szene-Events. Big Tech kann so nach Herzenslust die letzten Reste der Verlagslandschaft in zwei Schritten zerstören: In der ersten Phase legt man die ohnehin schon darbenden regionalen Verlage trocken und bringt parallel die großen Verlagshäuser zum Schweigen, die das tolerieren, weil sie kurzfristig erheblich profitieren. In Phase zwei zieht man die Profite auch aus den großen, überregionalen Wettbewerbern – indem man massiv die Konditionen verschlechtert. Wir erkennen die verzweifelte Lage der Medienhäuser in einem Markt ohne jede faire Chance. Jeder normal denkende Mensch bemerkt sofort, dass es sich hier um den systematischen Missbrauch von marktbeherrschenden Stellungen handelt, denn die Opfer können sich kaum wehren. Vor solchen Praktiken sollen Unternehmen in Deutschland eigentlich durch den Staat geschützt werden – und das gilt besonders für die Medien. Erneut handelt es sich um die Domäne des Bundeskartellamts. Unser Beispiel ist gerade deshalb so erhellend, weil die geschädigten Parteien dort im Herbst 2020 eine Beschwerde zu genau diesem Fall des »Google News Showcase« eingelegt haben.

Tatsächlich startete das Kartellamt die Prüfung im Sommer 2021. Es handelte sich um eine der ersten Anwendungen unter dem Vorzeichen des neuen GWB-Paragrafen 19a und hätte demgemäß ein Präzedenzfall für eine neue Ära entschlossener Behördendurchgriffe bei Big Tech werden können. Weit gefehlt. Kurz vor Weihnachten 2022, also mehr als zwei Jahre (!) nach der Anrufung, gab die Behörde bekannt, das Verfahren einzustellen. Das ist deshalb besonders frustrierend, weil ja *alle* Marktteilnehmer aus den Verlagen öffentlich protestiert hatten – also interessanterweise sogar die willigen Kooperationspartner von Google! »Das bemerkenswerte an diesem Einwand ist, dass er von allen kommt – von allen Verlagen, von Verlagen, die keine Verträge mit Google besitzen, und von solchen, die Verträge abgeschlossen haben. Diese zeigen mit der gemeinsamen Stellungnahme, dass ihnen trotz der Verträge mit dem Digitalgiganten wohl doch etwas mulmig ist und dass sie befürchten, dass Google den Plan verfolgt, die gesamte deutsche Presse mit Centbeträgen abzuspeisen.«[25] Und dann stellt das Kartellamt das Verfahren ein. Big Tech wird sich schlapp gelacht haben.

Unterwanderung und Manipulation der Wissenschaft

Auch in der Wissenschaft verfährt Big Tech nach denselben bewährten Mustern. Wenn wir uns die Frage stellen, wie wir als Gesellschaft in Zukunft unser Wissen hervorbringen werden, sollte uns das schlaflose Nächte bereiten. Denn jeden Tag sammeln die Plattformen gigantische Datenmengen über alle nur denkbaren Aspekte und Bereiche unserer Welt. Allein dadurch verfügen sie über unschlagbare Vorteile, unsere zukünftige digitale Welt zu verstehen. Das hat erhebliche Konsequenzen für unsere Zukunft. Alles sieht danach aus, dass der Gesellschaft ihre eigene Welt in Zukunft nicht mehr von den Institutionen und Personen analysiert und erklärt werden wird, die bisher dafür zuständig waren (zum Beispiel Universitäten, Wissenschaftler, Publizisten et cetera), sondern vermittelt durch die Digitalunternehmen, deren Plattformen die Daten aggregieren und besitzen. Denn nur sie verstehen, auf welche Weise die Daten zustande gekommen sind. Nur sie haben den vollen Zugang zu diesen Daten. Wir werden die digitale Welt in Zukunft so verstehen, wie sie uns von den Digitalkonzernen gezeigt wird.

Als wäre das nicht genug, greift Big Tech zusätzlich auch immer tiefer in die Sphäre der Wissenschaft ein und versucht, auch sie nach ihren Interessen zu manipulieren. Ein besonders instruktiver Fall wurde durch investigative Recherchen des *Wall Street Journal* enthüllt. Durch Auswertung tausender geleakter E-Mails konnten diese Untersuchungen beweisen, dass Google über einen Zeitraum von etwa zehn Jahren systematisch US-Wissenschaftler »gefördert« und die Entstehung Hunderter Forschungsarbeiten finanziell »unterstützt« hat mit dem Ziel, »Meinungen und die öffentliche Politik zu beeinflussen« und »sich gegen behördliche Anfechtungen seiner Marktdominanz zu wehren«, so die Autoren.[26] Die einzelnen Zuwendungen lagen zwischen 5.000 und 400.000 US-Dollar, unter den geförderten Institutionen waren auch hochkarätige Universitäten wie Harvard oder Berkeley. In vielen Fällen wurde die »Förderung« der Wissenschaftler in den Forschungsarbeiten nicht angegeben.

FUN FACT: Google hat in den USA hunderte von Forschungsarbeiten finanziell unterstützt – um so die öffentliche Meinung zu regulatorischen Fragen zu manipulieren.

Google beeinflusste dabei offenbar massiv die Themenwahl. Es wurden sogar »Wunschlisten mit akademischen Arbeiten zusammengestellt, die Arbeitstitel, Zusammenfassungen und Budgets für jede vorgeschlagene Arbeit enthielten. Google suchte dann nach willigen Autoren«, berichteten ein ehemaliger Mitarbeiter und ein ehemaliger Google-Lobbyist. Die geförderten »Forschungs«-Arbeiten vertraten lustige Positionen – wonach etwa das Ausspähen der Nutzerdaten durch Google einen fairen Tausch für die Gratisverwendung der Dienste darstelle (na klar!), dass Google seine Marktdominanz nicht zur Weiterleitung auf eigene Produkte oder Dienstleistungen nutze (nee, niemals …), dass Google die Nutzung von geistigem Eigentum ohne Zahlung von Vergütungen erlaubt sein solle (was denn sonst?) und so fort. Konkrete Studien aus diesem Programm wurden »genutzt, um kartellrechtliche Anschuldigungen der Federal Trade Commission (FTC) gegen Google abzuwehren«, so die Autoren.

Die Digitalkonzerne fördern auch Universitäten, Institutionen und Thinktanks. Im Falle von Google machte etwa die »New America Foundation« Schlagzeilen, die von dem Konzern Unterstützung in Höhe von mehr als 20 Millionen US-Dollar erhalten hatte. Der damalige Google-CEO Eric Schmidt selbst war bis 2016 Vorsitzender des Aufsichtsrats dieses Thinktanks. Nachdem die Europäische Kommission eine Strafe gegen Google verhängt hatte, postete einer der Forscher dieses Thinktanks, Barry Lynn, einen positiven Kommentar hierzu auf der Webseite – und wurde kurz danach von der Präsidentin der Foundation, Anne-Marie Slaughter, gefeuert (sie heißt tatsächlich so).

»Lynn warf Frau Slaughter in einem Interview vor, sie habe dem Druck von Schmidt und Google nachgegeben und dabei die Wünsche eines Geldgebers über die intellektuelle Integrität der Denkfabrik gestellt. ›Google ist sehr aggressiv, wenn es darum geht, sein Geld in Washington und Brüssel zu verteilen und dann die Fäden zu ziehen‹, sagte Lynn. ›Die Leute haben jetzt große Angst vor Google‹. Google wies jede Andeutung zurück, dass es eine Rolle bei der Trennung von New America und Open Markets gespielt habe.«[27] Na klar.

Wir erkennen erneut: Big Tech betreibt das Spiel »Fördern versus Strafen« auf ähnliche Weise, wie es auch den Traffic durch Boosting oder Dimming manipuliert. Stimmen, die für die Durchsetzung der eigenen Positionen nützlich sind, werden »gefördert«, kritische Stimmen werden heruntergeregelt. Das zeigen auch zwei aktuelle Fälle zu Facebook.

Facebook stoppt kritische wissenschaftliche Studien

Im August 2021 wurde bekannt, dass Facebook Profile zweier Wissenschaftler der New York University sowie etwa zwei Dutzend weitere Zugänge gesperrt hatte. Schon zuvor hatte »das Unternehmen den beiden Wissenschaftlern nur wenige Wochen vor der Wahl 2020 Unterlassungserklärungen zugestellt und das Team aufgefordert, ein Opt-in-Browser-Tool namens Ad Observer zu deaktivieren und ihre Ergebnisse nicht zu veröffentlichen.«[28] Es handelt sich um ein Tool, welches Forschern ermöglicht, herauszufinden, auf Grundlage welcher Mechanismen Facebook Anzeigen an Nutzer ausspielt. In diesem Fall ging es vor allem um Wahlkampfwerbung. Das Instrument war für den Browser Firefox entwickelt worden. Besonders interessant ist, dass Mozilla (der Eigentümer von Firefox) bestätigte, das Tool gleich zweifach sorgfältig daraufhin geprüft zu haben, ob es alle nur denkbaren Datenschutzbestimmungen erfülle. Der Fall nahm eine besonders interessante Wendung, weil AlgorithmWatch in Europa davon hörte und beschloss, sich ebenfalls an die Öffentlichkeit zu wenden, weil es ähnliche Repressalien bei einer ähnlichen Studie erfahren hatte.

Die NGO hatte nämlich ebenfalls ein Projekt gestartet, um herauszubekommen, auf welche Weise genau die Algorithmen von Instagram manipulieren: Welche Beiträge bekommen die Nutzer zu sehen und welche nicht? Zu dem Zweck mussten freiwillige Studienteilnehmer ein Browser Add-on installieren, welches alle Inhalte ihres NewsFeeds auslesen und speichern konnte. Das Projekt wurde von hochkarätigen Institutionen unterstützt. »Anfang Mai 2021 bat uns Facebook um ein Treffen. Unser Projekt, so Facebook, verstoße gegen seine Nutzungsbedingungen, die die automatisierte Erfassung von Daten verbieten. Sie müssten ›zu formelleren Maßnahmen übergehen‹, wenn wir das Problem nicht zu ihren Bedingungen ›lösen‹ würden – eine kaum verhüllte Drohung.«[29]

Der Fall zeigt auch, inwieweit die »Privatisierung des Rechts« (☞ IV.3) es den Digitalkonzernen ermöglicht, derartige Untersuchungen recht einfach zu blockieren, weil sie nämlich jederzeit die Nutzungsbedingungen aktualisieren können. AlgorithmWatch schreibt dazu: »Das Unternehmen könnte jede laufende Analyse, die auf mehr Transparenz abzielt, einfach durch eine Änderung seiner Bedingungen verbieten«, und weiter: »Am 13. Juli [2021] haben wir beschlossen, das Projekt zu beenden und alle gesammelten Daten zu löschen […]. Letztendlich kann eine Organisation von der Größe von AlgorithmWatch nicht riskieren, gegen ein Unternehmen mit einem Wert von einer Billion Dollar vor Gericht zu ziehen.«

Noch eine lustige Begebenheit hierzu: Als der *Spiegel* darüber berichtete und Facebook um eine Stellungnahme bat, antwortete das Unternehmen: »Wir haben AlgorithmWatch kontaktiert, da die von ihnen verwendete Browser-Erweiterung Informationen von Nutzer*innen auf eine Art und Weise gesammelt hat, die gegen unsere Nutzungsbedingungen verstößt und potenziell die Privatsphäre unserer Nutzer*innen gefährdet.« Nur fürs Protokoll: Facebook kämpft für die Privatsphäre (!) seiner Nutzer, die durch die Forschung von AlgorithmWatch (!) bedroht sein soll. Logo.

Und weiter liest man unter dem Artikel, in einer Anmerkung der Redaktion: »Am Freitagnachmittag, nach Redaktionsschluss für die gedruckte *Spiegel*-Ausgabe, teilte Facebook in einem ›aktualisierten Statement‹ mit: »Wir haben nicht gedroht, sie zu verklagen.« Nee, schon klar, Facebook, das haben die Leute bei AlgorithmWatch natürlich total falsch verstanden.[30]

»Fördern versus Strafen« heißt: Einerseits wird Wissenschaft, welche die Interessen von Big Tech unterstützt, finanziell gefördert. Umgekehrt wird missliebige Forschung aktiv durch die Digitalkonzerne gestoppt – wie ich es selbst auch erleben durfte (☞ Knockout). Und ich kann bestätigen: Sie gehen oft indirekt vor. Nichts von dem, was sie tun, wäre strafbar. Sie machen Anspielungen oder nutzen abhängige Mittelsmänner. Im Zweifel haben es die Opfer stets falsch verstanden. Das war alles ganz anders gemeint.

Wissenschafts»förderung« von Big Tech in Deutschland

Big Tech ist übrigens auch in Deutschland sehr aktiv, um Wissenschaft im Interesse der eigenen Ziele zu »fördern«. Dazu nur einige Beispiele: Google beziehungsweise Alphabet fördert das Alexander von Humboldt Institut für Internet und Gesellschaft in Berlin. Nach einer Anschubfinanzierung von 4,5 Millionen Euro hat der Konzern mittlerweile etwa 14 Millionen Euro zur Verfügung gestellt, ein Vertreter von Google Deutschland ist im Aufsichtsrat vertreten.[31] Facebook zahlt der TU München momentan 7,5 Millionen Euro für ein neues Ethikinstitut für KI (Sie werden denken »das ist so absurd, das muss ein Witz sein«. Aber nein: Es geht tatsächlich um moralisch gutes Handeln, und Facebook fördert das). Facebook zahlt hier offenbar 1,5 Millionen Euro jährlich und vergibt weitere Fördermittel in Millionenhöhe an Forschungsprojekte – wobei Facebook mit darüber entscheidet, welche Projekte finanziert werden. Und bei einer zukünftigen Neubesetzung der Institutsleitung bedarf es der Zustimmung von Facebook.[32] Amazon investiert jährlich 700.000 Euro in die Max-Planck-Gesellschaft für Forschung an der Datenauswertung durch Künstliche Intelligenz (der Betrag wird wohl jährlich neu verhandelt). Hier liefert Amazon auch Daten aus den eigenen Plattformen, zu denen die wissenschaftliche Forschung sonst keine Zugänge hätte (toll, nicht?). Auch hier hat Amazon Mitspracherechte, etwa welche Doktorarbeiten gefördert werden. Unklar ist offenbar, wem die Forschungsergebnisse gehören – der Vertrag zwischen Amazon und dem Institut ist nicht öffentlich.[33]

Wir müssen uns dem Brainwashing verweigern

Wir könnten so noch sehr lange fortfahren und die lustigen »Fördern versus Strafen«-Spiele von Big Tech in allen nur denkbaren Schattierungen ausleuchten. Besonders faszinierend ist, dass die Digitalkonzerne dieselben Prinzipien, die sie in ihren Plattformen anwenden, hier auf das Feld des Lobbyismus übertragen haben. Genauso wie sie in ihren Plattformen zur Maximierung ihrer eigenen Interessen die Inhalte nach Belieben boosten und dimmen, so versuchen sie, dasselbe auch in den verschiedenen Funktionssystemen unserer Gesellschaft zu tun.

Wir könnten genauso gut das Feld der Wirtschaft beleuchten. Fördern bedeutet hier die Teilnahme an coolen Events (am liebsten zu ethisch belegten Themen wie Diversity oder Sustainability), hippe Teamweiterbildungen in Sachen Digitalisierung, inspirierende Reisen von Vorständen und Managern ins Silicon Valley, die Teilnahme an hochkarätigen Chimney Talks und so fort. Andererseits können die Tech-Riesen immer wieder den Joker der digitalen Transformation spielen. Weil ihnen quasi das Netz gehört, können sie mit derselben Geste auch sagen: »Was, ihr investiert nicht ausreichend in Digitalisierung? Dann geht halt unter.« Das alles eingebettet in die vorgefertigten ideologischen Narrative, die sie nach Herzenslust für ihre Zwecke ausschlachten können: Digitalisierungsnotstand, Deutschland verpasst den Anschluss, wenn wir Digitalkonzerne es nicht machen, kommen die bösen Chinesen und so fort: »Aber alles kein Problem. Alles easy. Denn wir wissen ja, wie das geht. Wir können euch gerne helfen. Unterschreibt einfach hier – und werdet Teil der gemeinsamen digitalen Zukunft.«

Das können sie nur tun, weil wir drei fundamentale Fehler gemacht haben: Wir haben es erstens geschehen lassen, dass Big Tech gewissermaßen zum Synonym für Digitalisierung wurde. Oder andersherum formuliert: Wir sind so dermaßen gebrainwashed, dass wir uns eine digitale Welt ohne die Herrschaft der Digitalkonzerne gar nicht mehr vorstellen können. Genau das ist Ideologie »in action«. Und genau da liegt auch ein tieferer Sinn unseres Buchtitels: Big Tech muss weg! Denn Big Tech muss nicht nur materiell entflochten und zerschlagen werden. Wir müssen uns vor allem *mental* von Big Tech emanzipieren. Es spricht *nichts* dagegen, dass wir uns eine bessere digitale Welt vorstellen, die den Menschen dient und nicht in erster Linie den Digitalkonzernen.

Unser zweiter Fehler liegt darin, dass wir der Ideologie des guten Internets völlig verfallen sind. Wir tragen durch die Kraft dieser wunderbaren Ästhetik, dieser Symbole, dieser Werte eine Art rosa Brille, mit der wir die systemische Unterdrückung, Ausbeutung und Beherrschung nicht mehr wahrnehmen, die in dieser Maskerade von Big Tech ausgeht. Wir würden es ablehnen, wenn die CIA in Deutschland ein Ethikinstitut fördert. Wenn Facebook das tut, gibt es keinen Aufschrei.

GEFANGEN IM NETZ DER DIGITALKONZERNE

FÖRDERN

MEDIEN/ ÖFFENTLICHKEIT

- Finanzielle »Förderung«
- Deals (Urheberrechte etc.)
- Werbe-Spendings
- Sponsoring Konferenzen, Fortbildungen etc.

POLITIK/ RECHT

- Finanzielle »Förderung«
- Inhaltliche »Förderung«
- Lobbyismus
- Cyber Security

WIRTSCHAFT

- Coole Events und Workshops
- Top-Management-Reisen Silicon Valley
- »Kooperationen«, »Partnerschaften« auf Feldern wie Diversity, Sustainability etc.

WISSENSCHAFT

- »Förderung« und »Kooperationen«
- »Einkaufen« von GAFAM-freundlicher Forschung
- Publicity schaffen für GAFAM-freundliche Wissenschaftler

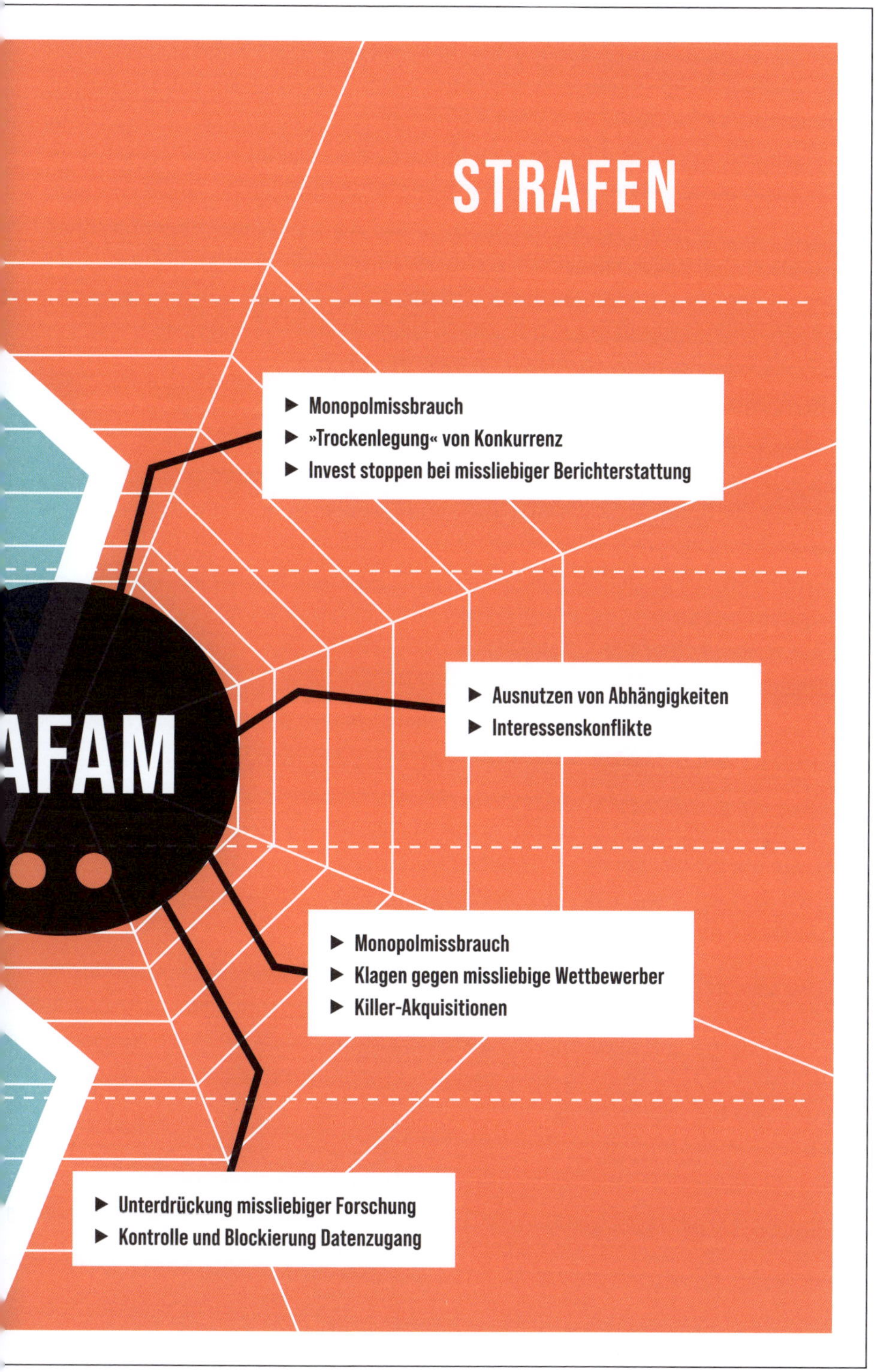
STRAFEN
▶ Monopolmissbrauch
▶ »Trockenlegung« von Konkurrenz
▶ Invest stoppen bei missliebiger Berichterstattung
AFAM
▶ Ausnutzen von Abhängigkeiten
▶ Interessenskonflikte
▶ Monopolmissbrauch
▶ Klagen gegen missliebige Wettbewerber
▶ Killer-Akquisitionen
▶ Unterdrückung missliebiger Forschung
▶ Kontrolle und Blockierung Datenzugang

Bei den Digitalkonzernen handelt es sich wahrscheinlich um die größten existierenden Akkumulationen von Macht und Reichtum in der westlichen Welt überhaupt. Sicherlich hat es immer wieder obszöne Konzentrationen von Herrschaft gegeben – die Pharaonen, das römische Reich, die Sonnenkönige. Aber noch nie in der Geschichte der Menschheit hat es eine solche Herrschaft gewagt, öffentlich in der Verkleidung einer Underdog-Counterculture aufzutreten. Es sind Tyrannen, die vorgeben, nur Gutes im Sinn zu haben. Und das waren schon immer die allerschlimmsten. Sobald es uns gelingt, aus dieser Ideologie auszusteigen, werden wir erkennen, dass es sich hier nur um eine Verkleidung handelt. Wir können dann sofort sehen, wie sich die Tech-Riesen hier ehemals linksintellektuelle Counterculture-Symbole angeeignet haben, obwohl ihre Handlungen die Werte dieser Counterculture täglich aufs Neue verraten. Sobald wir das durchschauen, wird ihre mentale Macht über uns augenblicklich zerfallen.

Drittens haben wir uns den Spielregeln von »Fördern versus Strafen« gebeugt, die nur ein Ziel haben: Uns alle zu spalten und kleinzuhalten. »Teile und herrsche« ist das wohl wichtigste Erfolgsprinzip autokratischer Systeme. Schon die Römer verfügten über ein ausgeklügeltes System aus Verträgen, Privilegien, Sanktionen und drastischen Strafen, das die überfallenen und besiegten Völker mit allen Mitteln davon abzuhalten sollte, sich gemeinsam gegen das ausbeuterische Imperium zu stellen.

Wir müssten nur erkennen, dass wir ausnahmslos alle von Big Tech betrogen werden: Die Blogger wie die Unternehmen, der private Rundfunk wie der öffentlich-rechtliche, die Influencer wie die Redaktionen, die Wissenschaft wie die Politik, die Linken wie die Liberalen, die Armen wie die Reichen, die Big-Tech-»Partner« wie die Gegner und NGOs. In Deutschland ebenso wie in allen anderen Ländern der westlichen Welt. Wir werden ausnahmslos alle nach Strich und Faden von ihnen verarscht.

Wir sehen am Beispiel der Medienhäuser, wie weitgehend es Big Tech gelungen ist, alle Parteien sogar innerhalb eines solchen Feldes gegeneinander auszuspielen. Dabei wäre es uns ein Leichtes, GAFAM sofort zu stoppen – wenn wir nur sehen würden, dass wir alle in einem Boot sitzen, und wenn wir mit aller Kraft gemeinsam das Netz befreien würden.

KAPITEL VI

COUNTDOWN 2029: Wie können wir das Internet befreien?

1. Ein Hoffnungsschimmer: Big Tech ist längst abgewählt

Nach all den schrecklichen Informationen über die feindliche Übernahme unserer Gesellschaft durch Big Tech können wir dieses letzte Kapitel mit mehreren richtig guten Nachrichten starten. Die beste zuerst: Trotz der gigantischen Anstrengungen der Digitalkonzerne, sich als Weltverbesserungsorganisationen zu verkleiden, durchschauen die Menschen in Deutschland den Betrug. Ich habe dazu eine Studie mit 1.000 Befragten durchgeführt. Um ganz ehrlich zu sein, war mein Ziel extrem bescheiden. Weil unser Thema in den Medien gar nicht vorkommt, wollte ich bloß zeigen: »Schaut her, ein Aspekt wie Datenüberwachung ist seit nun zehn Jahren ein Riesenthema in den Medien – aber unser Thema ist für die Menschen auch bedeutsam, obwohl es dazu gar keine Debatte gibt.« Ich hatte angenommen, dass es viele Menschen interessiert, aber auf einem deutlich niedrigeren Niveau. Die Verblüffung war groß, als die Ergebnisse vorlagen: Unser Thema ist für die Menschen top relevant. Diese Fragen beschäftigen ganz viele Menschen – und vor allem: Fast alle Bürger (82 Prozent) in diesem Land lehnen den Status Quo ab.

FUN FACT: Big Tech wurde bereits abgewählt: 82 Prozent aller Menschen in Deutschland sehen die Vormachtstellung der Digitalkonzerne kritisch

Die zweite gute Nachricht: Wir leben nicht in einer Diktatur, sondern in einer Demokratie. In China müssten wir uns mit dem Mediensystem und den Digitalangeboten abfinden, die uns die autokratische Regierung vorsetzt. Nicht hier in Europa. Wir sind zum Glück selbst Chef. Wir können unser Mediensystem frei so gestalten, wie wir Bürger das wünschen. Niemand kann uns dazu zwingen, die Herrschaft der Digitalkonzerne zu akzeptieren. Also weg mit Big Tech.

Die dritte gute Nachricht: Wir haben in Deutschland eine breite parlamentarische Mehrheit, um die Vorherrschaft von Big Tech sofort abzuschaffen. Denn glücklicherweise müssen allein von ihrer Programmatik her alle großen Volksparteien Big Tech kategorisch ablehnen. Einerseits ist es undenkbar, dass linke Parteien wie die SPD, die Grünen, aber auch die Linkspartei US-amerikanische

BIG TECH IST ABGEWÄHLT

Ablehnung durch die Menschen in Deutschland in Prozent[1]

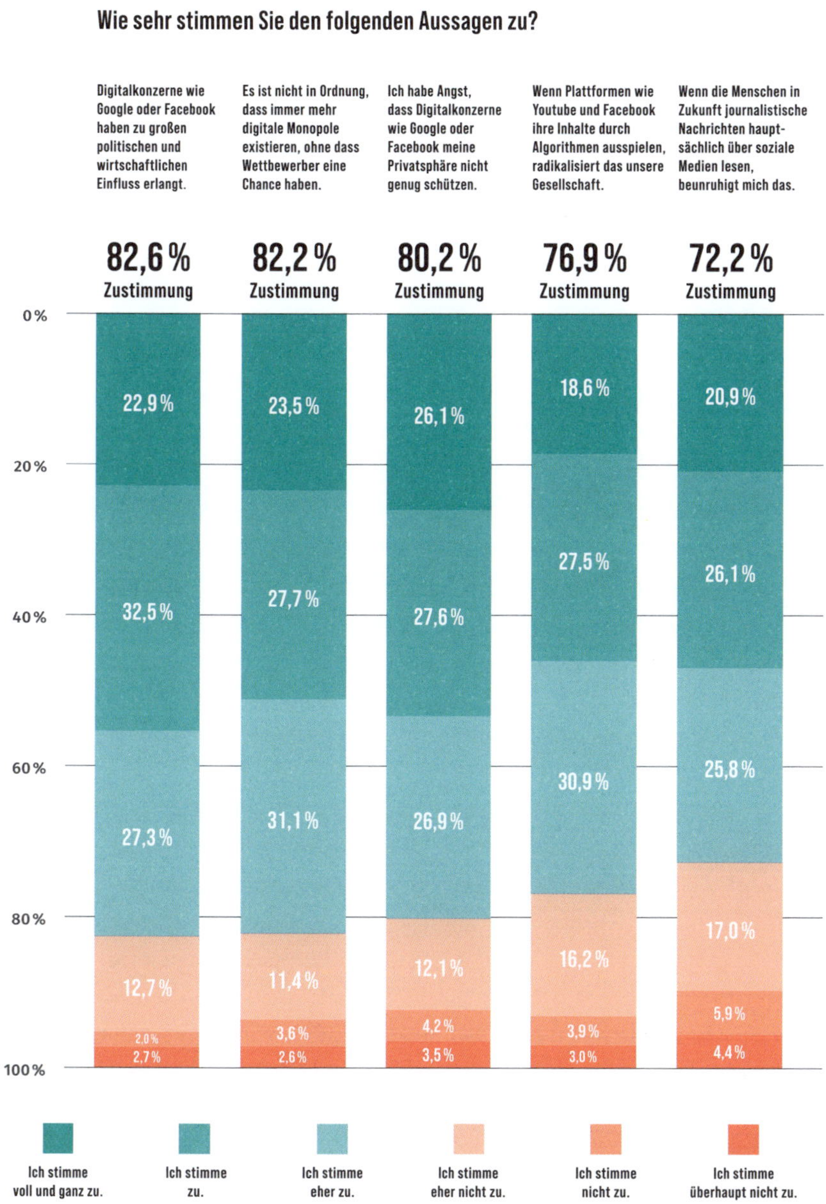

Digitalkonzerne, die zu den ausbeuterischsten Monopolisten der Welt gehören, weiter gewähren lassen. Niemand, der sozial denkt, kann mit einem guten Gewissen die Digitalkonzerne unterstützen. Umgekehrt sollten wirtschaftsliberale Parteien wie FDP, aber auch CDU/CSU regelrecht allergisch auf die totale Abschaffung von Wettbewerb, fairer Marktwirtschaft und Chancengleichheit reagieren. Big Tech ist das genaue Gegenteil von dem, woran sie im Kern glauben. Und so kommen wir in Deutschland auf eine fantastische parlamentarische Anti-Big-Tech-Mehrheit von 89 Prozent! Wir können die Digitalkonzerne sofort im Sinne der Wähler entmachten. In ein paar Monaten könnte der Spuk vorbei sein – und das Internet wäre befreit!

Natürlich, klar, die Politik ist noch nicht so weit. Warum sie es nicht ist, und warum die Politiker auf unserem Feld seit Jahren sogar für Big Tech und *gegen den Wählerwillen* handeln, lässt sich schnell erklären: durch die Abhängigkeit der Politik von Big Tech (☞ IV.4) sowie die lobbyistischen Anstrengungen der Digitalkonzerne (☞ V.4). In den USA ist es übrigens ganz ähnlich. Auch dort handelt die Politik konsistent im Sinne der Digitalkonzerne und gegen den Willen der Menschen. Auch dort sind je nach Frage 75 bis 80 Prozent der Menschen besorgt über die Vorherrschaft von Big Tech, und nichts geschieht.[2] Deshalb müssen wir die Politiker und Behörden ab jetzt zur Rechenschaft ziehen. Warum erhalten sie ohne Not einen Status Quo aufrecht, den erstens die Menschen in diesem Land mehrheitlich ablehnen und der zweitens auch noch verfassungswidrig ist (☞ IV.4–5)? Wir müssen ihnen erklären, dass es jetzt an der Zeit ist, Verantwortung für die Rettung unserer Demokratie zu übernehmen.

Es ist leicht, das Problem zu lösen

Vielleicht ist die feindliche Übernahme unserer Gesellschaft durch die Tech-Riesen das zweitwichtigste gesellschaftliche Problem nach der Klimakrise. Aber genau dieser Vergleich mit dem schlimmen Klimawandel sollte uns erneut große Hoffnung einflößen. Der Klimawandel nämlich ist ein Problem, das sehr schwer zu lösen ist. Es gibt eine Lösung, aber sie ist äußerst komplex, langwierig, aufwändig und teuer. Wir benötigen astronomische Investitionen, um die Emissionen zu reduzieren. Alle Menschen dieser Welt werden auf viele Dinge verzichten müssen, um diese Aufgabe zu meistern. Wir müssen alle gemeinsam und global herkulische Anstrengungen schultern, über Jahrzehnte, um den Planeten zu retten.

Im Vergleich dazu ist unser Problem lächerlich einfach zu lösen. Alles, was wir brauchen, ist der Wille, der Mut und die Kreativität, den Status quo zum Besseren zu verändern. Aktuell werden wir alle gemeinsam betrogen: Journalisten, Blogger, Unternehmen, Künstler, Kreative – und am Ende alle Nutzer zusammengenommen. Und wir alle gemeinsam können das Internet von Big Tech befreien, bevor es zu spät ist. Diese Lösung lässt sich kurzfristig umsetzen: indem wir uns auf klare und transparente Regeln einigen, die einen fairen Konkurrenzkampf und Anbietervielfalt auf dem Feld der digitalen Medien wiederherstellen. Und das Beste ist (im Gegensatz zum Klimawandel): *Die Befreiung des Internets kostet uns überhaupt kein Geld.* Wir müssen auf *nichts* verzichten. Wir können im Gegenteil sogar davon ausgehen, dass die Wiederherstellung von Wettbewerb zügig zu mehr Vielfalt, besseren Produkten und einer dynamischeren Wirtschaft führen wird. Wir müssen uns nur zutrauen, gemeinsam ein winzig kleines Stückchen Revolution für eine bessere Welt zu Stande zu bringen. Ganz ohne Kosten und ohne Verzicht.

Ist das nicht fantastisch? Nachdem wir uns über viele Seiten mit Problemen und Ärgernissen herumgeschlagen haben, gibt es doch am Ende ein Happy End!

Um diese visionäre Aufbruchstimmung zu bewahren und Sie zu überzeugen, dass es sich lohnt, gemeinsam für diese bessere Welt zu kämpfen, fasse ich jetzt einmal Maßnahmen zusammen, mit denen wir unsere digitale Welt schnell von der Herrschaft der Tech-Riesen befreien können. Wir müssen wieder lernen, uns eine digitale Welt überhaupt vorzustellen, die nicht mehr im Besitz von US-Giganten ist. Wir müssen wieder lernen, digital mutig zu sein und zu träumen – genau so mutig, wie wir uns auch früher einmal für eine bessere digitale Welt begeistert haben. Also fort mit unserer Resignation! Wir krempeln jetzt nämlich die Ärmel hoch und machen Big Tech einfach weg. Wie? Das erfahren Sie auf den letzten Seiten.

2. Wie wir das Internet befreien

Der erste Schritt auf unserer Reise ist der einfachste, aber zugleich der wichtigste. Vielleicht sind Sie kurz irritiert, aber warten Sie's ab. Ich verspreche Ihnen, es gibt gleich eine überraschende Pointe, mit der Sie nicht rechnen. Machen Sie einfach mit.

Wir starten unsere Reise mit einem Miniselbsttest, in dem wir unsere Einstellung zur Demokratie im Zusammenhang mit der digitalen Transformation überprüfen. Keine Sorge, das geht ganz schnell – Sie müssen lediglich checken, ob Sie den drei folgenden Statements zustimmen können:

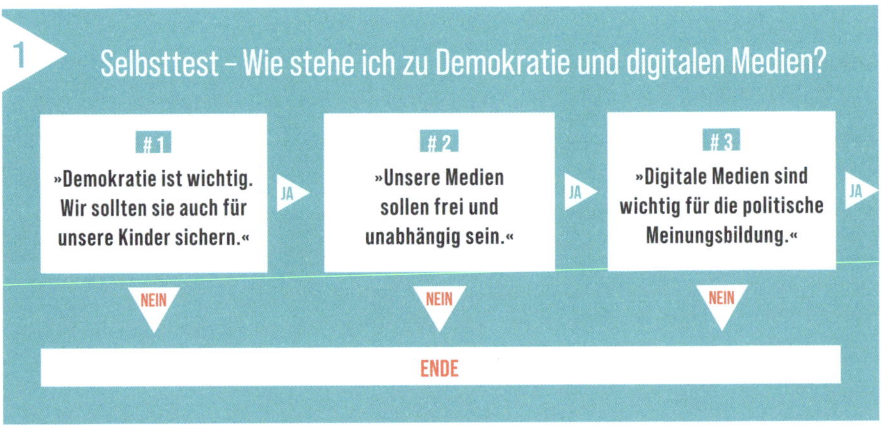

Sollten Sie jetzt eine dieser Fragen mit »Nein« beantwortet haben, tut mir das aufrichtig leid, denn Sie haben wahrscheinlich das falsche Buch gekauft. Ich weiß auch nicht, wie es passieren konnte, dass uns das erst hier ganz am Schluss auffällt, aber ich hoffe, Sie nehmen es mir nicht krumm und ich wünsche Ihnen von Herzen das Allerbeste.

Wenn Sie aber alle drei Fragen mit »Ja« beantwortet haben, heißt das: Gratulation! Sie sind ein Demokrat und glauben an die demokratische Relevanz der digitalen Medien. Das freut mich ganz besonders, weil wir allein aus dieser Prämisse zusammen ein ziemlich klares und positives Zielbild ableiten können.

Es ist Zeit, Big Tech klar zu sagen: Uns reicht's!

Wenn wir nämlich Demokraten sind, dann ergibt sich fast alles, was auf den kommenden Seiten folgt, fast von selbst. Wenn wir Demokraten sind, dann wollen wir nämlich keine Zukunft, in der das Internet von einer Handvoll US-Konzerne beherrscht wird, die durch ihre obszöne Akkumulation von Reichtum und Macht mit unserem Netz in Zukunft machen können, was sie wollen. Wir wünschen uns eine vielfältige, pluralistische und offene digitale Zukunft. Wir sehnen uns nach einer digitalen Welt, in der eine bunte Vielfalt unterschiedlicher Anbieter um unsere Aufmerksamkeit konkurriert.

Deshalb nehmen wir unser Schicksal jetzt in unsere eigenen Hände. Nicht, indem wir die Angebote von Big Tech boykottieren. Das wäre kontraproduktiv. Nicht, indem wir planwirtschaftlich probieren, staatlich finanzierte Alternativen zu entwickeln. Das wäre völlig aussichtslos. Nein, unser Weg ist ein anderer. Wir haben zum Glück viel von euch Digitalkonzernen gelernt.

Ihr Tech-Riesen findet Hacking so toll (☞ V.1)?[3] Wie wäre es denn, wenn wir jetzt mal die Reihenfolge ändern? Ihr habt doch bestimmt nichts dagegen, wenn wir *euch* jetzt mal ein paar Jahre hacken. Wenn wir uns einfach nehmen, was wir gerne hätten – genau wie ihr es schon so lange praktiziert. Wenn wir uns jetzt einfach in demselben Style das zurückholen, was ihr den westlichen Demokratien seit Jahren und Jahrzehnten gestohlen habt. War nicht die »Sharing Economy« eine super Idee von euch? Klasse, diesen tollen Gedanken haben wir direkt übernommen. Wie wäre es dann, wenn ihr jetzt mal dran seid mit Sharing – und eure Plattformen als Gemeingut mit den Menschen teilt, die sie für euch erarbeiten? Das ist unser Hack: Wir hacken die Plattformen und geben die Kontrolle den Nutzern zurück.

Aktuell erschaffen und erarbeiten wir Nutzer die Plattformen für ihre Eigentümer, und zum Dank werden wir von ihnen ausgespäht, verraten und betrogen. Damit ist jetzt Schluss. Dank unserem Hack werden wir die Digitalkonzerne durch demokratische Prozesse in ihre Schranken weisen und uns unseren Anteil dieser Medien holen. Und das machen wir genauso wie die Hacker: Wir holen uns jetzt, was wir wollen, ganz egal ob es den Eigentümern gefällt oder nicht. Ihr habt uns nie gefragt, und wir fragen euch auch nicht, denn ihr seid jetzt raus. Das Internet wird wieder den Menschen dienen und nicht umgekehrt die Menschen den Digitalkonzernen.

Mark Zuckerberg wird begeistert sein von unserem Hack, denn es heißt ja in seinem eigenen Manifest *The Hacker Way* unter der Überschrift »Sozialen Wert schaffen«: »Facebook existiert, um die Welt offener und vernetzter zu machen, und nicht nur, um ein Unternehmen aufzubauen. Wir erwarten, dass sich jeder bei Facebook jeden Tag darauf konzentriert, bei allem, was er tut, einen echten Wert für die Welt zu schaffen.«[4]

Big Tech muss weg!

Wie wir das Netz befreien

START Darth-Vader-Konzerne beherrschen das Netz

1 Selbsttest – Demokratie und digitale Medien

#1 »Demokratie ist wichtig. Wir sollten sie auch für unsere Kinder sichern.« – JA → / NEIN → ENDE

#2 »Unsere Medien sollen frei und unabhängig sein.« – JA → / NEIN → ENDE

#3 »Digitale Medien sind wichtig für die politische Meinungsbildung.« – J… / NEIN → ENDE

ENDE

WHY?

6 Mission Statement

»Digitalkonzerne, ihr müden Giganten aus geschlossenen Standards und Manipulation, ich komme aus dem befreiten Netz, der zukünftigen Heimat des Geistes. Im Namen der Zukunft bitte ich euch als Vertreter einer überholten Vergangenheit, uns in Ruhe zu lassen. Ihr seid bei uns nicht mehr willkommen. Wo wir uns versammeln, habt ihr keine Souveränität mehr. …«

ADAPTION frei adaptiert auf die digitale Situation im Jahr 2023

INSPIRATION Vorlage von John Perry Barlow (1996)

WHAT?

7 Maßnahmen, durch die wir das Netz befreien

#1 Allgemeine Durchsetzung offener Standards

#2 Volle Outlink-Freiheit für Content Creatoren

#3 Offenlegung von Nutzung, Umsatz, Profit und Steuern

#4 Zahlung der vollen Steuerlast

#5 Offenlegung von Regierungsinteraktionen

#6 Abtrennung von Geschäftsfeldern mit Interessenskonflikten

#7 Stop Traffic-Manipulation und Selbstbevorteilung

#8 Maximal 5 algorithmische Traffic-Verteilungsschemata

#9 Vergemeinschaftung aller Daten

#10 Entflechtung der Tech-Riesen

#11 Trennung von Kanal und Inhalt bei Demokratierelevanz

#12 30 % Marktanteilsobergrenze bei Demokratierelevanz

#13 Stop der Monetarisierung strafbarer Inhalte

#14 AGBs geschaffen von Communities

#15 Oversight Boards durch Communities

ZIEL Wir haben das Netz befreit!

2 Purpose – Das freie Internet

 # 1
Freiheit und Vielfalt sind demokratische Grundwerte – nicht nur in der analogen Welt, sondern auch digital.

 # 2
Deswegen müssen wir das Internet von der Herrschaft der Digitalkonzerne befreien.

 # 3
Niemals dürfen Privatunternehmen zu Gatekeepern für das freie Netz werden: Big Tech muss weg!

HOW?

3 Prinzipien

 # 1
Monopole sind auf dem Feld der Medien tabu. Wo sie existieren, werden sie abgeschafft.

 # 2
Digitale Medien sind für unsere Gesellschaft wichtig. Und natürlich sind sie Medien.

4 Die Werte des freien Internets – kurz erklärt für die Tech-Riesen

 # 1: FREEDOM
Alle Medien sind frei. Auch das Internet ist frei und darf niemals von einzelnen Tech-Riesen beherrscht werden.

 # 2: OPENNESS
Alle Standards im Netz sind offen und interoperabel. Das gilt auch für Angebote der Tech-Riesen.

 # 3: COMMUNITY
Die digitalen Medien gehören den Communities, die sie auch produzieren – nicht den Tech-Riesen.

 # 4: EMPOWERMENT
Wir Nutzer dürfen über unsere eigenen Medien mitbestimmen.

 # 5: PARTICIPATION
Tech-Riesen partizipieren an der Besteuerung in den Ländern, in denen sie aktiv sind. Sie leisten denselben prozentualen Beitrag wie andere Unternehmen.

 # 6: SHARING
Tech-Riesen teilen ihre Daten und Algorithmen mit den Nutzern und der Gesellschaft.

 # 7: TRANSPARENCY
Plattformen legen der Gesellschaft Informationen über Umsätze und Nutzung offen.

5 Slogan der Netzbefreiung

SLOGAN
»Wir zerschlagen Big Tech mit den eigenen Waffen (»move fast and break things«)«

BEDEUTUNG
Genau das ist der Style, in dem wir die digitalen Monopole entflechten werden – für Freiheit, Vielfalt und Demokratie.

Weil unser Internet-Hack voll synchronisiert ist mit den vielgepriesenen Visions und Values der Tech-Riesen, werden sie sicher schnell Feuer und Flamme sein für unser neues Internet, das dann wieder offen sein wird und fair, so wie ausgerechnet sie selbst es doch seit langem fordern. Es wird dezentral und antihierarchisch, es wird partizipativ und interaktiv, es wird wunderbar vielfältig, aufregend, wild sein, ein echtes Eldorado neuer Potenziale, und vor allem: Es wird nicht mehr im Besitz der US-amerikanischen Tech-Riesen sein.

Wir können auch genau zeigen, auf welche Weise wir die Verteilung des Online-Traffics ändern werden. Die aktuelle, falsche Regulierung, die Digitalfeudalismus hervorbringt, wird abgeschafft. Auf diese Weise stellen wir Vielfalt wieder her und schaffen ein neues, pluralistisches Netz. Die Verteilung des Traffics im Netz wird komplett anders aussehen. In hundert Jahren werden die Menschen darüber sprechen: Ganz früher versuchten dunkle Mächte, unsere Medien in ihre Gewalt zu bringen. Gott sei Dank konnte das abgewendet werden.

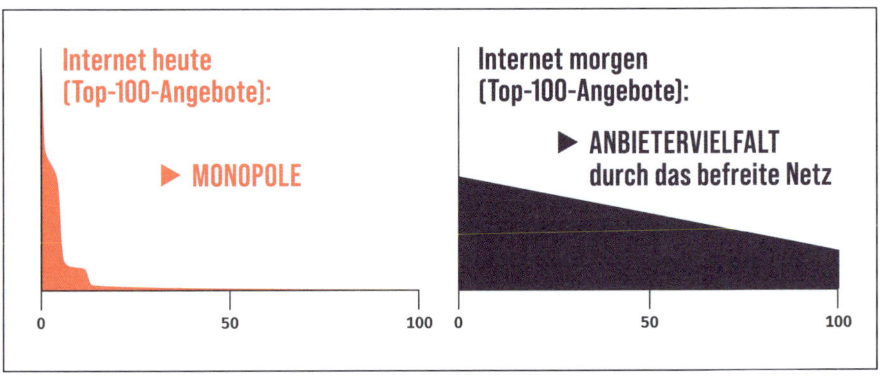

Daraus ergeben sich unser Zielbild und unsere Vision:

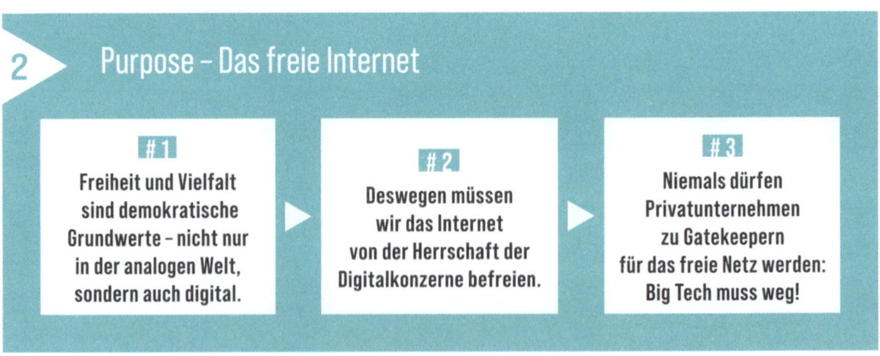

Dabei leiten uns zwei Grundprinzipien:

3 Prinzipien

 # 1
Monopole sind auf dem Feld der Medien tabu. Wo sie existieren, werden sie abgeschafft.

 # 2
Digitale Medien sind für unsere Gesellschaft wichtig. Und natürlich sind sie Medien.

Die Grundwerte des freien Internets

Seit es sie gibt, greifen die Tech-Riesen auf ethische Werte und Ideale zurück, die ursprünglich in linksintellektuellen Ökosystemen entstanden waren (☞ V.1–2). In Zukunft werden wir sie mit solchen heuchlerischen Maskeraden nicht mehr durchkommen lassen. Deshalb erklären wir ihnen die Implikationen dieser Werte kurz. Auch das ist Teil unseres Tech-Hacks. Er ermöglicht es uns, sie jedes Mal bei ihrem andauernden Ethik-Talk zu unterbrechen und ihnen eine unterschriftsreife Vorlage der digitalen Grundwerte auszuhändigen, so dass sie auf der Stelle unter Beweis stellen können, wie ernst es ihnen mit diesen Werten ist. Voilà:

4 Die Werte des freien Internet – kurz erklärt für die Tech-Riesen

 # 1: FREEDOM
Alle Medien sind frei.
Auch das Internet ist frei und darf niemals von einzelnen Tech-Riesen beherrscht werden.

 # 2: OPENNESS
Alle Standards im Netz sind offen und interoperabel. Das gilt auch für Angebote der Tech-Riesen.

 # 3: COMMUNITY
Die digitalen Medien gehören den Communities, die sie auch produzieren – nicht den Tech-Riesen.

 # 4: EMPOWERMENT
Wir Nutzer dürfen über unsere eigenen Medien mitbestimmen.

 # 5: PARTICIPATION
Tech-Riesen partizipieren durch Zahlung derselben Steuersätze wie andere Medienunternehmen.

 # 6: SHARING
Tech-Riesen teilen ihre Daten mit den Nutzern und der Gesellschaft.

 # 7: TRANSPARENCY
Plattformen legen der Gesellschaft Informationen über Umsätze und Nutzung offen.

Slogan der Netzbefreiung

Jede gute Bewegung braucht einen Slogan, der ihr Kraft gibt, der sie antreibt, der dafür sorgt, dass man in jeder Sekunde eine Art Kompass hat, an den man sich halten kann. Auch hier haben wir uns von den Tech-Riesen inspirieren lassen – indem wir sie auch hier mit ihren eigenen Waffen hacken. Wir wählen den berühmten Spruch von Mark Zuckerberg:

5 Slogan der Netzbefreiung

«Move fast and break things.
Unless you are breaking stuff, you aren't moving fast enough.«

(Mark Zuckerberg)

Yay! Genau das ist der Style, in dem wir die digitalen Monopole entflechten werden, um Freiheit, Vielfalt und Demokratie wieder herzustellen. Was auch immer wir an Strukturen bauen, an Prozessen, an Organisationen, um die Freiheit im Netz wieder herzustellen: Vorbei sind die Zeiten, in denen die Tech-Riesen auf schwerfällige Lummerland-Behörden bauen konnten. Wir werden Teams bauen aus Digitalexperten, aus Netzaktivisten, Hackern, Idealisten, und mit unternehmerischer Lichtgeschwindigkeit vorgehen, wenn wir Big Tech aufbrechen. Keine Sorge, Digitalkonzerne: Wir werden uns schnell genug bewegen. Wir werden dermaßen highspeed agieren, dass ihr uns die nächsten Jahre nur noch von hinten seht. Wir wissen, die Uhr tickt jetzt rückwärts, uns bleiben nur noch wenige Jahre Zeit.

Mission Statement

Wenn wir das Netz befreien wollen, brauchen wir ein gutes Mission Statement. Eine Art »Unabhängigkeitserklärung«, in der wir uns von der Vorherrschaft der kolonialen Besatzungsmacht emanzipieren. Zum Glück müssen wir da nicht lange suchen. Wir können auf das berühmteste Manifest aufsetzen, das jemals über das Internet geschrieben wurde: *A Declaration of the Independence of Cyberspace* von John Perry Barlow.

John Perry Barlow war nicht nur Songtexter der Grateful Dead, er ist eine Kultfigur des freien Internets und einer der Begründer der Electronic Frontier Foundation. Seine Unabhängigkeitserklärung stammt aus einer Zeit, in der sich die junge Netzbewegung gegen die etablierten Kräfte der analogen Corporate-Welt und ihrer Großkonzerne emanzipierte. Als er damals sein Manifest schrieb, gab es gerade einmal um die 20 Millionen Internetnutzer – weltweit.[5] Das Internet stand damals gegenüber der analogen Welt noch auf völlig verlorenem Posten. Und genau deshalb fasziniert der Tonfall seiner damaligen Anmaßung so sehr. Wir sollten exakt denselben anmaßenden Tonfall heute wählen, denn unsere Startposition ist angesichts der Monopole der Tech-Riesen ebenfalls völlig aussichtslos. Aber egal, wie chancenlos unser Unterfangen heute noch ist – eines Tages werden wir es geschafft und das Netz befreit haben.

Das würde bestimmt niemandem mehr gefallen als John Perry Barlow. Er gehört wie Tim Berners-Lee zu der Gruppe früher Idealisten, die stets für dezentrale Strukturen und demokratische Open-Source-Philosophien kämpfte. John Perry Barlow glaubte fest an ein Internet, das durch seine demokratischen Potenziale die Welt verbessern könnte. Die aktuelle Übernahme des Internets durch die Tech-Riesen verstößt im Kern gegen alle diese Werte. Schon deshalb ergibt heute die Beschäftigung mit seinen Gedanken umso mehr Sinn, seine Ideen waren nie aktueller als heute. Und deshalb habe ich mich gefragt, wie seine Unabhängigkeitserklärung eigentlich aussehen würde, wenn wir sie heute neu schrieben – mit demselben Spirit, aber angepasst auf die neuen Bedrohungen.

6 Mission Statement

Unabhängigkeitserklärung des Internet

Inspiriert durch die Vorlage von John Perry Barlow (1996), frei adaptiert auf die digitale Situation im Jahr 2023

Digitalkonzerne, ihr müden Giganten aus geschlossenen Standards und Manipulation, ich komme aus dem befreiten Netz, der zukünftigen Heimat des Geistes. Im Namen der Zukunft bitte ich euch als Vertreter einer überholten Vergangenheit, uns in Ruhe zu lassen. Ihr seid bei uns nicht mehr willkommen. Wo wir uns versammeln, habt ihr keine Souveränität mehr. Ich erkläre, dass der globale soziale Raum, den wir aufbauen, von Natur aus unabhängig von den Tyranneien ist, die ihr uns seit vielen Jahren aufzwingt. Ihr habt weder das moralische Recht, uns zu regieren, noch verfügt ihr über Durchsetzungsmethoden, die wir wirklich zu fürchten hätten.

Ihr behauptet, dass es bei uns Probleme gibt, die ihr für uns lösen müsstet. Ihr benutzt diese Behauptung als Vorwand, um immer tiefer in unsere Territorien einzudringen und uns bis in jeden Winkel unserer Intimsphäre zu beherrschen und auszubeuten. Viele dieser Probleme gibt es gar nicht. Wir sind dabei, unseren eigenen Digitalvertrag zu schaffen. Diese neue digitale Welt wird sich nach den Bedingungen unserer Welt richten, nicht mehr nach euren. Unsere Welt ist anders als eure.

Wir schaffen eine neue digitale Welt, in der auch kleine und unbedeutende Spieler mitmachen können, ohne von euren gigantischen Traffic-Silos aufgesaugt und verschluckt zu werden. Wir sind dabei, eine Welt zu schaffen, in der jeder und jede sich frei bewegen kann, ohne befürchten zu müssen, an jedem Ort von euch ausspioniert, überwacht und kontrolliert zu werden.

Eure überholten rechtlichen Konzepte, wonach euch unsere Sozialen Medien und die Plattformen gehören, weisen wir zurück, sie gelten für uns nicht mehr. Alle digitalen Medien sollen fortan Gemeingüter sein, denn sie werden von uns Nutzern geschaffen, nicht von euch. Und deswegen werden wir uns unsere eigenen Medien zurückholen, die ihr uns gestohlen habt.

In der Welt habt ihr überall eure Monopole errichtet, die den demokratischen Geist verraten und die Träume von Jefferson, Washington, Mill, Madison, DeToqueville und Brandeis beleidigen. Diese Träume müssen nun in uns neu geboren werden.

Ihr fürchtet die Nutzer eurer eigenen Plattformen, weil ihr wisst, dass ihr sie schon seit vielen Jahren täglich übervorteilt und betrügt. Deshalb habt ihr Vorkehrungen getroffen, um auch die kleinsten Funken digitaler Freiheit überall im Keim zu ersticken. An allen Orten im Netz stehen eure Wachposten, die eine Befreiung des Internets vielleicht noch für eine kurze Zeit verzögern, den Anbruch einer neuen Zeit aber nicht verhindern können.

Eure überholten Vorstellungen von Reichtum, Zwang und Manipulation führen überall auf der Welt zu Regelungen, in denen ihr euren Anspruch erhebt, die Medien selbst auf der ganzen Welt zu besitzen. In unserer

Welt dagegen gehören alle Medien auf ewig einzig und allein den Menschen, die sie erschaffen. Für den globalen Austausch unserer Gedanken sind eure Regelungen nicht mehr erforderlich.

Eure zunehmend feindselige und koloniale Beherrschung der digitalen Welt versetzt uns in dieselbe Lage wie die früheren Liebhaber von Freiheit und Selbstbestimmung, die die Autoritäten entfernter, uninformierter Mächte ablehnen mussten. Wir müssen unser Ich für immun gegen eure Souveränität erklären

Wir werden eine digitale Zivilisation des Geistes in einem befreiten Internet schaffen. Möge sie humaner und gerechter sein als die Welt, die eure Plattformen bisher geschaffen haben.

Wie geht es Ihnen bei der Lektüre? Schauen Sie mal in den Originaltext hinein[6] – Sie werden verblüfft sein, wie wenig ich verändern musste. Ich bin sicher: John Perry Barlow schaut von einer Wolke auf uns herab und verzeiht uns diese spielerische Neuinterpretation seiner Gedanken. Hoffentlich freut er sich, dass wir endlich etwas gegen die Besatzer des freien Internets unternehmen und erteilt uns seinen Segen.

7 Maßnahmen, wie wir das Netz in 15 einfachen Schritten von den Tech-Riesen befreien

Wir haben Slogan, Mission Statement und Spirit – jetzt geht es an die konkreten Maßnahmen, wie wir das Netz von der Herrschaft der Tech-Riesen befreien. Ich habe dazu die folgenden 15 Vorschläge. Manche davon sind einfacher zu realisieren, andere sind deutlich schwieriger in der Umsetzung. Es sind Vorschläge – wer bessere Ideen hat, immer her damit. Auf die meisten sollten wir uns sehr leicht einigen können. Bei anderen könnte es umständlicher sein, zumal in Fällen, wo Grundrechte betroffen sind. Aber trotzdem gibt es keinen Grund zu jammern. Im Gegenteil. Wir denken an unseren Vergleich mit der Klimakrise und wissen: Alle diese Maßnahmen kosten nichts, die meisten wären sofort umsetzbar, wenn wir wirklich eine Lösung wollen. Wenn wir ein Dutzend versierter Juristen über ein Wochenende in einen Konferenzraum einschließen, müssten die es schnell hinbekommen, diese Punkte in Gesetze zu übertragen. Dann wäre schon ein großer Teil des Problems gelöst. Denn das ist das Schöne an juristischen Zusammenhängen: Sie liegen vollständig unter unserer Kontrolle und wir können sie durch unsere eigenen Setzungen augenblicklich ändern. Das Beste ist: Wir können auch Fehler aus der Vergangenheit umgehend korrigieren. Legen wir also los, schalten wir nach innerer Paralyse jetzt einmal den digitalen Turbo an, und befreien wir das Internet von der Herrschaft durch Big Tech!

1. Allgemeine Durchsetzung offener Standards und Interoperabilität

Ein zuverlässiges Verfahren zur Herstellung von Monopolen liegt in der Etablierung *geschlossener Standards*, welche die Nutzer an einen bestimmten Hersteller oder Dienstleister binden und die Freiheit eines Wechsels für die Menschen massiv einschränken. Deshalb bieten umgekehrt *offene Standards* eine einfache und bewährte Methode, um schnell Wettbewerb und Vielfalt herzustellen. Denn auf diese Weise besitzt kein Akteur einen unüberwindbaren Vorteil im Markt.

Auch Tim Berners-Lee, der Pate des freien weltweiten Internets, war ein strenger Verfechter von Interoperabilität. Wir sollten also Regeln einführen, die alle Digitalunternehmen ab einer Größe von 500 Millionen Euro Umsatz weltweit zwingen, alle ihre Inhalte ausschließlich über offene Standards anzubieten, so dass diese herstellerunabhängig genutzt werden können.

Das würde dazu führen, dass Nutzer etwa alle Inhalte wie Videos, Bilder, Texte nahtlos und beliebig von einer Plattform auf eine andere teilen könnten. Diese offenen Standards müssten ebenfalls ermöglichen, Follower über Plattformen hinweg »mitzunehmen« – so dass man etwa per Knopfdruck seine Facebook-Follower dazu einladen könnte, einem auch auf einem neuen Netzwerk zu folgen, wenn man keine Lust mehr auf Facebook hat.

2. Volle Outlink-Freiheit für Content-Creatoren

Die Durchlässigkeit der Plattformen schließt direkt an die Frage der offenen Standards an. Wenn alle Inhalte auf denselben Standards basieren, ist es möglich, diese auch unter verschiedenen Plattformen zu teilen. Deshalb sollten wir alle Plattformen ab einer Größe von 500 Millionen Euro Umsatz im Jahr dazu zwingen, Outlinks auf *jeder* Ebene der Inhalte zu ermöglichen, also auf der Ebene der Headlines, des Bildes beziehungsweise Videos sowie des Texts. Ferner müssten wir bei Apps dafür sorgen, dass bei Aufruf eines Outlinks der In-App-Browser verlassen wird und das ausgewählte Angebot außerhalb der App genutzt wird. Jeder Klick auf einen Inhalt muss als Entscheidung respektiert werden, dass der Nutzer die Plattform verlassen möchte.

Außerdem müssten wir streng verbieten, dass Plattformen Posts algorithmisch benachteiligen, wenn diese Outlinks enthalten. Jede auch noch so kleine strukturelle Barriere für Outlinks, aber auch die reine Benachteiligung beziehungsweise das Dimming von Posts mit Outlinks müssten rechtlich als Monopolmissbrauch gewertet werden. Als Selbstbevorteilung im Sinne eines Missbrauchs der marktbeherrschenden Stellung sollte jede solche Handlung der Plattformen ähnlich streng geahndet werden wie schwere kartellrechtliche Delikte. Plattformbetreiber müssten durch strenge Regeln dazu gezwungen werden, ihre Angebote nach den freien und offenen Prinzipien des Internets offen und durchlässig zu gestalten.

Die dahinterstehende Regel lautet also: Wer eine offene Plattform sein will, die von der Arbeit der User unterhalten wird, muss denselben Usern diskriminierungsfrei ermöglichen, durch relevante Inhalte den Traffic auf eigene Angebote anzuziehen. Wer das nicht mag, kann gerne das Geschäftsmodell wechseln (also etwa Redaktionen einstellen, die den Content produzieren).

3. Offenlegung Nutzung, Umsatz & Profit, Steuern

Viele Tech-Riesen nennen unter ihren Grundwerten die Transparenz. Allerdings ist aufgrund ihrer extraterritorialen Struktur unbekannt, welche Umsätze oder Gewinne sie in einem Land erzielen oder wie viel Steuern sie wo zahlen. Wir haben auch keinen Zugang zu den Nutzungsdaten der Plattformen, durch die wir als Gesellschaft den Grad der Medienkonzentration ermitteln könnten.

Die juristischen Barrieren für eine Offenlegung solcher Informationen sind durch den gesetzlichen Schutz von Betriebs- und Geschäftsgeheimnissen aktuell wohl unüberwindbar. Dennoch müssen wir hier Lösungen finden, weil der Schutz unserer Verfassung und Demokratie im Zweifel das höhere Gut darstellt. Deshalb sollten wir spezifische Regeln für alle international tätigen Digitalunternehmen auf dem Feld der Medien schaffen, und zwar ab einer Größe von mehr als 300 Millionen Euro Umsatz in Deutschland und ab einer Größe von 10 Milliarden Euro weltweit. Diese müssen ihre im Land erzeugten Umsätze und Gewinne ebenso wie ihre Nutzungsdaten einer noch zu benennenden Kontrollbehörde quartalsweise offenlegen. Die Informationen würden dort vertraulich vorgehalten, wären aber für Auskünfte etwa von Steuerbehörden, Kartellamt, der KEK oder anderen legitimierten Institutionen ebenso vertraulich ständig auf Abruf verfügbar.

Die gelieferten Nutzungsdaten müssten ausreichend detailliert sein: Wie viele Menschen haben die Plattform besucht (Unique User)? Wie viele Sessions? Wie lang waren diese Sessions? Wie viel aggregierte Nutzungszeit hat die Plattform erzielt (Total Duration)? Auf diese Weise schaffen wir umgehend eine verlässliche Datengrundlage für eine angemessene Besteuerung von Big Tech sowie die Beurteilung der Konzentration. Natürlich könnten die Tech-Riesen, die sich ständig die Forderung nach Transparenz ans Revers haften, diese Daten auch freiwillig der Öffentlichkeit offenlegen. Aber solange sie demokratiefeindlich agieren, werden sie dies ohne gesetzlichen Zwang niemals tun.

4. Zahlung voller Steuerlast im Land der wirtschaftlichen Leistung

Digitalkonzerne sprechen gerne über den ethischen Wert der »Partizipation«, den ihre Produkte für eine bessere digitale Welt ermöglichen sollen. Wir erinnern die Tech-Riesen an die Möglichkeit, selbst partizipatorisch aktiv zu werden und die Communities, die sie wirtschaftlich ausbeuten, auch durch Zahlung deutlich höherer Steuern zu unterstützen.

Deshalb sollen sie alle Gewinne, die sie in Deutschland erwirtschaften, in Zukunft in exakt derselben Höhe versteuern wie der Durchschnitt aller Medienunternehmen in Deutschland. Erneut handelt es sich hier um einen demokratierelevanten Aspekt: Wir können es nicht hinnehmen, dass beispielsweise redaktionelle Medien im Konkurrenzkampf mit den Digitalkonzernen Quartal für Quartal massiv benachteiligt werden. Die relativ höhere Steuerlast ist ihrerseits ein Faktor, durch den Big Tech unser demokratisches Mediensystem trockenlegt und systematisch zerstört.

5. Offenlegung von Regierungsinteraktionen und Interessenskonflikten

Tech-Riesen, die Angebote auf dem Feld digitaler Medien unterhalten (wie zum Beispiel Facebook, Instagram, Google, YouTube, WhatsApp), müssen als Grundbedingung ihrer wirtschaftlichen Präsenz in Deutschland jede Form von Interaktion mit und Beeinflussung durch staatliche Institutionen transparent dokumentieren.

6. Abtrennung von Geschäftsfeldern mit Interessenskonflikten (aus 5)

Tech-Riesen dürfen in Deutschland nicht mehr auf dem Feld der Medien wirtschaftlich aktiv sein, wenn sie in irgendeiner Form ebenfalls wirtschaftlich aktiv sind im Bereich Cybersecurity in Verbindung mit staatlichen Institutionen oder wenn sie andere Geschäfte, Dienstleistungen, Transaktionen mit staatlichen Institutionen umsetzen.

Wenn Tech-Riesen solche Geschäfte betreiben wollen, müssen sie diese in unabhängige Gesellschaften auslagern. Wenn sie dazu nicht bereit sind, müssen sie ihre wirtschaftliche Tätigkeit auf dem Feld der Medien in Deutschland vollständig einstellen. Auf dem Feld der Medien können wir keinerlei Interessenskonflikte dulden, die entstehen, wenn Medienunternehmen Zahlungen oder Anweisungen von staatlichen Institutionen erhalten oder in Abhängigkeiten von staatlichen Institutionen stehen.

7. Abschaffung aktiver Traffic-Manipulation und Sanktionen bei Selbstbevorteilung

Unabhängig von Dimming von Posts mit Outlinks (vgl. Punkt 2) dürfen Tech-Riesen in keiner Form den Traffic aktiv manipulieren (☞ III.5). Dies gilt vor allem für die Selbstbevorteilung durch eigene Gateways (☞ II.5). Diese potenziellen Selbstbevorteilungen müssen von unabhängigen Institutionen durch wissenschaftliche Messungen in regelmäßigen Abständen überprüft werden. Auch solche Traffic-Manipulationen stellen den Missbrauch marktbeherrschender Stellungen dar und müssen demzufolge in Zukunft geahndet werden wie schwere kartellrechtliche Delikte.

8. Neutrale algorithmische Traffic-Verteilungsschemata (maximal fünf Faktoren)

Niemand außer den Plattformen weiß momentan, welche Menschen welchen Traffic nach welchen Verteilungsmechanismen von ihnen ausgespielt erhalten. Auch das werden wir ändern. Plattformen dürfen allenfalls nach algorithmischen Verteilungsschemata aus maximal fünf Faktoren den Traffic ausspielen. Sie müssen diese Faktoren für ihre Nutzer transparent offenlegen.

9. Vergemeinschaftung von Daten – Öffnung für Konkurrenz und Wettbewerb

Die Angebote der Tech-Riesen entstehen im Wesentlichen durch die Mitarbeit der Nutzer. Eine Rechtsprechung, die auf der digitalen Höhe der Zeit ist, muss diesem Umstand Rechnung tragen und Wege aufzeigen, durch die der Wert der Daten nicht nur für die Tech-Riesen, sondern auch für die Gesellschaft nutzbar gemacht wird, die diese Daten überhaupt erst hervorbringt und generiert.

Oder umgekehrt formuliert: Es muss durch gesetzliche Rahmenbedingungen sichergestellt sein, dass die Tech-Riesen keinerlei Wettbewerbsvorteile über potenzielle Konkurrenten durch ihren exklusiven Besitz der Daten erhalten. Die Tech-Riesen müssten deshalb aggregierte und anonymisierte Daten für Öffentlichkeit und Wissenschaft zur Verfügung stellen. Wettbewerber oder Start-ups könnten auf diese Weise Produkte entwickeln, die auf Augenhöhe mit denjenigen der Tech-Riesen stehen und direkt auf einer konkurrenzfähigen Grundlage aufbauen.

Erneut gilt: Plattformen, die diese Daten nicht teilen wollen, können alternativ gern das Geschäftsmodell wechseln und ihre Inhalte selbst herstellen. Diese Öffnung der Daten betrifft explizit auch alle Inhalte, die von Nutzern auf Social Media veröffentlicht wurden – alle Unternehmen haben hier also dieselben Startbedingungen wie etwa Meta oder Alphabet, was wiederum Wettbewerb auf dem Feld der generativen KI (ChatGPT et cetera) ermöglicht (☞ II.6).

10. Entflechtungen der Tech-Riesen

Die verschiedenen Angebote der Tech-Riesen müssten je nach Kategorie entflochten und in unterschiedliche Gesellschaften getrennt werden. Kategorien, deren Grenzen nicht überschritten werden dürfen, wären:

- Infrastrukturen (also etwa Cloud-Services, Satelliteninternet, Telekommunikationsnetzwerke et cetera)
- Endgeräte (also etwa Smartphones, Tablets, Laptops, Wearables et cetera)
- Social Media (zum Beispiel Facebook, Instagram)
- Media-on-Demand (zum Beispiel YouTube, Netflix, Amazon Prime)
- Search (zum Beispiel Google)
- E-Commerce (zum Beispiel Amazon)
- Marktplätze (zum Beispiel Ebay, Amazon Marketplace)
- Ad Tech

Diese Auftrennung der Tech-Riesen in verschiedene Kategorien dient der vollständigen Abschaffung plattformübergreifender Netzwerkeffekte und Synergien, die momentan mögliche Wettbewerber und Challenger benachteiligen und aus diesen Märkten ausschließen. Demgemäß müssten wir jeden Austausch von Informationen über diese Kategorien hinweg als schweres kartellrechtliches Delikt werten.

11. Trennung Kanal und Inhalt bei demokratierelevanten Plattformen

Die strikte Trennung von Kanal und Inhalt hat sich im Medienrecht zur Herstellung wirksamer Checks and Balances bestens bewährt (☞ IV.1). Digitale Plattformen mit marktbeherrschender Stellung in Kategorien, die eine zentrale Rolle bei der politischen Meinungsbildung spielen (wie etwa Google, Facebook, Instagram, YouTube), müssten deshalb auf der Unternehmensebene in jeweils zwei Ebenen aufgebrochen werden, die dann separat den Verbreitungsweg einerseits und die Inhalte andererseits monetarisieren.

So würde es zum Beispiel bei YouTube eine Gesellschaft für YouTube Platform Services und eine Gesellschaft für YouTube Content Services geben. Die Video-Plattform selbst müsste vollständig interoperabel gestaltet sein (vgl. Punkt 1). YouTube Platform Services würde aus dieser Perspektive in einen Betreiber verwandelt, der verschiedenen Anbietern (jenseits von YouTube) ermöglicht, eigenständig und im Wettbewerb mit YouTube Content Services Kanäle zu betreiben und durch Werbung zu monetarisieren.

Dies würde auch die vielen Creatoren und Influencer emanzipieren, die dann etwa von einem Anbieter zu einem anderen wechseln können – und möglicherweise feststellen, dass sie dort deutlich höhere Zahlungen erwirtschaften können, und all das, ohne die Plattform selbst (hier: YouTube) zu verlassen.

Durch Wettbewerb würde zugleich Transparenz entstehen in Bezug auf Kosten- und Profitstrukturen innerhalb der jeweiligen Plattform. Es entsteht die Möglichkeit, zentrale Indikatoren miteinander zu vergleichen, um so jede Form der Ausnutzung marktbeherrschender Stellungen sofort im Keim zu ersticken.

12. 30 Prozent Marktanteilsobergrenze in demokratierelevanten Kategorien

Digitale Plattformen mit marktbeherrschender Stellung in Kategorien, die eine zentrale Rolle bei der politischen Meinungsbildung spielen (wie etwa Google, Facebook, Instagram, YouTube) dürften analog derselben Regelung des Medienstaatsvertrags für redaktionelle Medien (☞ IV.1) maximal 30 Prozent des Nutzungsanteils in der jeweiligen Mediengattung beherrschen. Durch die Auftrennung von Kanal und Inhalt (Punkt 11) wäre es einfach möglich, zusätzlichen Wettbewerbern den Zugang auf dieselbe Plattform zu ermöglichen und sicherzustellen, dass kein einzelner Wettbewerber über dieser Grenze von 30 Prozent liegt.

Wie in den analogen Medien auch würden marktbeherrschende Stellungen in demokratierelevanten Kategorien durch eine unabhängige Institution überprüft und durch ebenso unabhängige periodische wissenschaftliche Messungen ermittelt werden. Diese Analysen müssten auf Grundlage von Realnutzungsmessungen erfolgen und auf aggregierter Nutzungsdauer basieren (Reichweitenbetrachtungen sind hier nicht ausreichend). Sie können abgeglichen werden mit den Daten, die uns von den Plattformen zur Verfügung gestellt werden (vgl. Punkt 3).

13. Verbot der Monetarisierung strafbarer Inhalte durch Werbung oder Gebühren

Hier geht es letztlich um den Joe-Rogan-Fall (☞ IV.2) – also um die Ungleichbehandlung von Plattformen und redaktionellen Medien bei der Verbreiterhaftung. Es handelt sich um ein sensibles Thema. Denn einerseits erscheint es unbefriedigend, dass Plattformen ungestraft kriminelle Inhalte übertragen (hier geht es um keine Kleinigkeiten, sondern etwa um falsche Tatsachenbehauptungen, Verleumdung, Volksverhetzung, Aufforderung zu Straftaten, üble Nachrede, Schmähkritik, Holocaustleugnung et cetera). Andererseits ist es auch nicht erstrebenswert, die Freiheit der Meinungsäußerung im Netz einzuschränken.

Eine balancierte Berücksichtigung der verschiedenen Rechte lässt sich jedoch erzielen, wenn wir den Aspekt der Monetarisierung in die Erwägung mit einbeziehen. Es ist nämlich eine Sache, freie Meinungsäußerung zu ermöglichen (so jedenfalls das Narrativ der Digitalkonzerne). Es ist jedoch eine gänzlich andere Sache, solche strafbaren und kriminellen Inhalte als Programm zu nutzen, welches dann über Werbung oder Gebühren monetarisiert wird.

So wäre es ohne weiteres möglich, spezifische Formen von Monetarisierung als klares Signal zu werten, dass sich ein Unternehmen den verwendeten Content zu eigen gemacht hat (diese Idee steht also im Widerspruch mit dem aktuellen Telemediengesetz, § 10). Vereinfacht gesagt: Wer die wirtschaftliche Verantwortung übernimmt, muss zwingend auch die inhaltliche Verantwortung tragen. Oder umgekehrt: Wer nicht ein Grundmaß an Verantwortung übernimmt, darf auch nicht abkassieren.

Wir könnten befürchtete Effekte wie etwa ein »Overblocking« durch balancierende Regelungen abmildern und beispielsweise bestimmte Schwellen ansetzen, ab denen solche Regelungen überhaupt greifen. Zunächst könnten wir die Gültigkeit einschränken auf Plattformen mit mehr als 1 Milliarde Euro weltweitem Umsatz. Auch auf der Ebene der betroffenen Inhalte lassen sich sinnvolle Grenzen ansetzen – beispielsweise Posts von Profilen mit mehr als 5.000 Followern oder Profilen mit einer Monetarisierung über 10.000 Euro jährlich und so fort.

Solche Regeln erzeugen nicht nur Limitationen. Im Gegenteil könnten sie auch eine neue und innovative Dynamik auf dem Markt der sozialen Medien freisetzen. Die Plattformen würden endlich gezwungen, ihrer aktuellen Marktposition entsprechend erwachsen zu werden und Verantwortung zu übernehmen. Sie könnten dafür auch selbst Lösungen vorschlagen. So könnten sie etwa alternative Angebote oder zusätzliche Feeds auf ihren Plattformen einführen, bei denen keine Verbreiterhaftung übernommen wird (nennen wir es einmal spielerisch als Beispiel: »Facebook/YouTube/Spotify unfiltered«). Allerdings dürfte dann in einem solchen Programm beziehungsweise Feed auch keine wirtschaftliche Monetarisierung durch Werbung oder Gebühren erfolgen. Auf diese Weise bliebe es jedem Nutzer offen, auf solchen Angeboten der Plattformen freie (und »ungefilterte«) Meinungsäußerung zu betreiben – selbst bei potenziell strafbaren Inhalten (in solchen Feeds würden bei strafbaren Inhalten dann die üblichen Notice & Takedown-Verfahren angewendet).

In jedem Fall sollten wir die aktuelle Praxis überdenken, bei der die großen Plattformen im Namen der Meinungsfreiheit die westlichen Gesellschaften in Geiselhaft nehmen, um dann widerwärtige, rassistische, oft sogar kriminelle oder strafbare Inhalte zu Geld zu machen. Der Fall Spotify/Joe Rogan zeigt präzise die Ungleichbehandlung im geltenden Recht, durch die redaktionelle Angebote massiv wirtschaftlich benachteiligt, fairer Wettbewerb auf dem Feld der Medien verhindert und so die Monopole und Oligopole der Digitalkonzerne nur noch verstärkt werden.

Der Vorteil, den Aspekt der Monetarisierung in die Debatte mit einzubeziehen, liegt auf der Hand: Er hilft aus dem aktuellen Patt zwischen Kontrolle und Freiheit heraus und ermöglicht deshalb neue, konstruktive und innovative Lösungsansätze.

14. AGBs der Plattformen müssen mit der Community abgestimmt werden

Wir haben schon gesehen, auf welche Weise der Vormarsch der Tech-Riesen in alle erdenklichen Bereiche unserer Lebenswelt dazu führt, dass eine zweite »Rechtsordnung« immer mehr an die Stelle unserer freiheitlich-demokratischen Rechtsordnung tritt (☞ IV.3). Diese Regeln und Vorschriften werden aktuell vollständig von den Tech-Riesen gestaltet, die auch über das gesamte »Justizsystem« innerhalb ihrer Plattformen bestimmen – also etwa über Möglichkeiten des Einspruchs, Berufungsinstanzen, Prozesse sowie die organisatorische Besetzung der »Richter«. Mit dem entscheidenden Makel, dass es hier keine Gewaltenteilung gibt: Kläger, Richter, Justiz und Vollzug werden sämtlich von dem jeweiligen Digitalkonzern beherrscht.

Dies ist aufgrund der geltenden Gesetze ebenso legal, wie auch ein Supermarkt eine Hausordnung aufstellen kann. Aber weil der Wert dieser Plattformen fast ausschließlich aus dem Netzwerk der Nutzer und den durch sie »erarbeiteten« Netzwerkeffekten besteht, ist es nicht legitim, dass diese Communities nicht mitbestimmen dürfen über das Netzwerk, das sie selbst durch ihre eigene Arbeit erschaffen.

Eine innovative Lösung könnte darin bestehen, dass wir Plattformen ab 500 Millionen Euro Umsatz weltweit dazu zwingen, die AGBs sowie die Gemeinschaftsstandards gemeinsam mit demokratisch gewählten Vertretern ihrer Nutzer entwickeln zu müssen und darüber innerhalb der Community abstimmen zu lassen. Im Zweifel müssten Plattformen auch Entscheidungen akzeptieren, die den wirtschaftlichen Interessen der Plattformeigentümer zuwiderlaufen.[7]

Plattformen, die von den vielen Vorteilen dieses Geschäftsmodells profitieren, müssen eben dessen Nachteile hinnehmen. Wenn es ihnen nicht gefällt, können sie gerne auf andere Geschäftsmodelle setzen – aber dann müssen sie auch ihre Plattforminhalte durch bezahlte Angestellte erarbeiten lassen.

Eine solche Mitbestimmung der Community würde die Plattformen wieder an den partizipatorischen Grundgedanken des Internets anschließen und zugleich verhindern, dass in Zukunft unser freiheitliches, demokratisch legitimiertes Rechtssystem immer weiter durch die Rechtsordnungen der Tech-Riesen ersetzt wird. Oder in der Begrifflichkeit der Digitalkonzerne selbst: Betroffene Menschen haben jetzt wieder eine »Voice«. Durch diese Stimme geben wir ihnen »Empowerment«, sich gegen unfaire Praktiken zu wehren – gegen die Plattformen nämlich.

15. Einführung von Berufungsinstanzen/Oversight Boards durch Community

Nach derselben Mechanik sollten Plattformen auch unabhängige und neutrale Berufungsinstanzen schaffen, die aus der Gemeinschaft ihrer Nutzer stammen. Nach derselben Mechanik sollten unabhängige Oversight Boards aus den Nutzern über die verschiedenen Policies der Plattformen wachen und im Zweifel einschreiten. Also: »Empowerment« und »Voice« auch hier.

3. Im Ernst?

Wir erkennen, wie wir das Netz von der Herrschaft der Tech-Riesen befreien können. Die vielen Experten und Institutionen, die sich auf dem Gebiet auskennen, werden sicherlich einwenden, diese Gedanken seien völlig naiv und mir vorwerfen, das sei alles nicht machbar. Manche Maßnahmen ließen sich doch nur international lösen. Oder sie seien aufgrund der Sachzwänge X, Y, und Z völlig utopisch. Außerdem seien doch wir selbst nicht verantwortlich, da müsste die EU was machen. Und wir seien ja auch gar nicht mächtig genug, die Amerikaner müssten das regeln. Und so fort. Vielleicht werden sich auch manche von ihnen fragen, ob ich beim Schreiben meines Buchs am Ende Crack geraucht habe oder wahnsinnig geworden bin. Meinetwegen.

Natürlich wissen wir alle, dass auch jeder noch so winzige Versuch, etwas an der Vorherrschaft von Big Tech zu ändern, in den meisten Fällen durch die gigantischen lobbyistischen Anstrengungen der Digitalkonzerne sofort im Keim erstickt und völlig plattgemacht wird. Nehmen wir nur ein aktuelles Beispiel, und zwar die Diskussion um eine Verschärfung der kartellrechtlichen Bestimmungen in den USA (hier geht es wohlgemerkt nirgendwo um eine Entflechtung, sondern lediglich um erste zarte Ansätze, die Selbstbevorteilungen einschränken sollen). Big Tech startete daraufhin seine gigantische Lobbyismusmaschine, es wurden sogar Werbekampagnen im Wert von 36 Millionen US-Dollar ausgesendet, wie das *Wall Street Journal* Mitte 2022 herausfand.[8] Facebook nutzte als Basis für eine Kampagne sogar eine Tarnorganisation mit Namen American Edge, berichtete die *Washington Post*.[9] Wie es aussieht, hat auch hier Big Tech wieder einmal gewonnen. Bisher ist so gut wie nichts geschehen.

Point taken. Aber so schnell gebe ich noch nicht auf. Wiederholen wir unser Experiment noch ein letztes Mal: Schalten wir die analogen Medien ab, so dass ein rein digitales Medienuniversum übrig bleibt.

KNIPS

Stellen wir uns noch einmal unser Ziel klar vor Augen: Wir wollen das Netz von der Herrschaft der Digitalkonzerne befreien. Also wirklich. Nicht nur irgendeine PR-Story erzählen wie die EU, wenn die Beamten dort lustig von »fairen und freien Märkten« fabulieren, die doch längst vollständig zerstört sind – Märkte, die offenbar nur noch in der Fantasie der weltentrückten Brüsseler Technokraten existieren. All das wollen wir zurückweisen: No Bullshit. Keine Selbstverarschung.

Denn dann können wir uns die Mühe auch sparen.

Stellen wir uns unser Ziel nochmals ganz klar vor Augen: Wir wollen nicht nur irgendeinen Quatsch anstellen, um nachher sagen zu können, dass wir irgendetwas gemacht haben (»Wir haben's probiert – hat leider nicht funktioniert«). Wir wollen dieses Problem so nachhaltig lösen, dass auch unsere Kinder ganz sicher noch in einer freien Mediendemokratie leben werden. So dass man in 100 Jahren zurückblickt und sagt: Im Jahr 2025 wurde die drohende Übernahme der westlichen Demokratien durch die Tech-Riesen vollständig abgewendet.

Schauen Sie sich dann noch einmal in Ruhe die 15 vorgeschlagenen Maßnahmen an. Und prüfen Sie diese Maßnahmen, eine nach der anderen: Gibt es Maßnahmen, bei denen Sie sagen würden: »Na, also das ist jetzt eigentlich nicht so wichtig. Das könnten wir uns auch sparen, und wir würden unter rein digitalen Bedingungen trotzdem eine funktionierende Mediendemokratie aufrechterhalten.«

Machen Sie mal die Übung. Ich bin gespannt auf Ihre Einschätzung. Ich war ehrlich gesagt ziemlich bestürzt, als ich es für mich selbst ausprobiert habe.

Wir können auch kapitulieren

Es ist möglich, dass uns die riesigen Dimensionen der digitalen Misere erst jetzt bewusst werden, wo wir zumindest in der blumigen Fiktion dieser fantasievollen Zeilen zum Handeln aufgerufen werden. Wir erkennen nun, wie groß das Problem ist, das wir uns ja selbst durch unsere eigene jahrelange Untätigkeit geschaffen haben und kommen vielleicht zu dem Schluss: Das schaffen wir nicht.

Wenn es uns also zu schwer wird, diese Maßnahmen gemeinsam umzusetzen, dann gibt es einen einfachen Ausweg. Wir können nämlich wieder ganz zurückgehen, zum Anfang unseres Plans, zurück zum Demokratie-Selbsttest. Und vielleicht ahnen Sie jetzt, wovon die Rede war, als dort gesagt wurde: Dies ist (tatsächlich!) der wichtigste Teil unseres Plans. Wir können dann nämlich einfach unsere Einstellung ändern und sagen: »Es ist uns vielleicht doch nicht so wichtig mit der Demokratie.« Wir erleben ja eh gerade eine Demokratiekrise (Na, wen wundert's? Vielleicht wird auch allmählich klar, wo die wohl herkommt 😂).

Dann wird sich das in etwa so anhören: »Das ist ja eh nicht sicher, wohin das alles gehen soll. Jetzt ist sogar noch Krieg in Europa. Verdammt, ich bin sowieso müde und erschöpft nach dieser Pandemie. Dann kommt da noch der Klimawandel obendrauf. Wir könnten doch sicher auch noch ein paar Jahre weiterwursteln und dann mal schauen, was ist. Lasst mich jetzt in Ruhe mit den Digitalmonopolen. Das ergibt sich schon.«

Wenn wir uns jetzt entscheiden, aufzugeben, dann ist das so. Aber selbst unter diesen Umständen, die mir persönlich schwer zusetzen würden, wären wir um eine Erkenntnis reicher. Wir wüssten als Gesellschaft, dass es uns eben doch nicht so wichtig ist, für unsere Demokratie und unsere Freiheit wirklich zu kämpfen. Dass Facebook und Google uns wichtiger sind als unsere Demokratie und unsere freie Verfassung. Wir können uns dann gegenseitig in die Augen schauen. Wir können dann in den müden, leeren, traurigen Blicken unserer Mitmenschen erkennen, dass die Tech-Riesen es schon längst geschafft haben, mit Milliarden von Verhaltensmanipulationen unseren freien Willen auszulöschen.

Wir hätten Gewissheit, dass es tatsächlich leider schon zu spät ist. Dass wir als Gesellschaft – offenbar ohne es zu bemerken – den Deal mit den Tech-Riesen irgendwann vor Jahren bei einer AGB-Zustimmung unterzeichnet haben. Dass wir schon längst ausgezogen sind aus der freien Welt und eingezogen sind in den wunderbaren, quietschbunten Cyber-Knast, in den sie uns eingeladen haben, und in dem sie mit immer wieder neuen und herrlichen Annehmlichkeiten auf uns warten.

Wenn wir also bereit sind, die Demokratie aufzugeben, dann ändert sich auch unser Ziel. Dann brauchen wir die Herrschaft der Tech-Riesen auch nicht mehr zu bekämpfen. Im Gegenteil, dann können wir auch gleich vollständig kapitulieren.

4. Ein freies Europa zwischen US-Digitalfeudalismus und Chinas Online-Diktatur

Nein, so frustrierend lassen wir das hier nicht enden. Ich habe noch einen weiteren Gedanken für Sie: Wenn wir das Projekt der Befreiung des Internets nur als eine lästige Pflicht betrachten, die wir leider zähneknirschend ertragen müssen, weil wir durch unsere eigenen Verfehlungen in diese schlimme Lage gekommen sind, quasi als Strafe für unsere eigene Dummheit, dann wird es schon mental nicht klappen, dann können wir tatsächlich gleich aufgeben. Aber ist diese rein negative Sicht notwendig? Ist es nur eine »Befreiung« in dem Sinne, dass wir mit viel Aufwand ein Übel entfernen? Dann hätte unsere Netzbefreiung tatsächlich den Sex-Appeal einer Zahnwurzelbehandlung.

Das Gegenteil ist der Fall. Das sehen wir sofort, wenn wir uns jetzt den Tag danach visualisieren. Stellen Sie sich das vor: Wir haben es endlich geschafft. Das Internet ist von der Herrschaft der Tech-Riesen befreit. Was wird dann geschehen?

Wie auch immer wir die verschiedenen Maßnahmen umgesetzt haben, wenn wir erfolgreich waren, haben wir eines erreicht: Es findet massiv weniger Traffic auf den Plattformen statt, was umgekehrt bedeutet, dass alle unabhängigen Anbieter viel bessere Chancen haben, ihre Botschaften loszuwerden oder ihre Inhalte feilzubieten.

Die Dynamik, die dadurch entsteht, müssen wir uns als eine Art Funnel-Entfesselung verstehen. Wir haben oben gezeigt (☞ III.2), dass in Zukunft alle Inhalte einer digitalisierten Gesellschaft über diesen digitalen Trichter (Funnel) angeboten werden. Wichtig ist, dass wir verstehen, dass dies ausnahmslos für alle Angebote gilt – also nicht nur für wirtschaftliche Waren und Produkte, sondern auch für Parteien, Politiker, Programme, Musik, Journalismus, Kunst, Influencer und so fort. Jeder, der etwas anbietet, wird dies in Zukunft sowieso über diesen digitalen Funnel tun, völlig unabhängig davon, ob es sich um Waren, Kultur oder Politik handelt. Wenn wir nichts tun, wird all das in Zukunft auf den Plattformen stattfinden und die Tech-Riesen werden unsere Gesellschaft vollständig kontrollieren.

Wenn wir aber die Regeln wie beschrieben ändern, wird es für alle Anbieter viel attraktiver, ihre Inhalte und Programme auch außerhalb der Plattformen zu platzieren. Nehmen wir als Beispiel einen YouTuber. Die einfache Wahrheit ist ja: Kein YouTuber ist freiwillig auf YouTube. Das meine ich in dem Sinne, dass kein YouTuber auf eigenen Wunsch am liebsten in Alphabets digitalem Gefängnis arbeitet, in dem er vollständig abhängig ist.

Wenn ein YouTuber die freie Wahl hätte und in Bezug auf die Aufmerksamkeit (also Zuschauer, Sessions, Impressions et cetera) sowie seine finanziellen Erlöse auf einer unabhängigen Webseite dieselben oder bessere Ergebnisse erzielen würde, würde er niemals seine ganze Existenz auf Gedeih und Verderb einer Plattform anvertrauen und aus freien Stücken in einen solchen Cyber-Knast einziehen. Man kann diese Abhängigkeit übrigens wissenschaftlich am besten untersuchen in Fällen, bei denen erfolglose Plattformen aufgrund von Insolvenz abgeschaltet werden, etwa bei Vine. Die betroffenen Creatoren oder Influencer müssen vollständig bei null anfangen, ihre wirtschaftliche Existenz bricht von einem Tag auf den anderen zusammen. Das wäre nicht der Fall, wenn sie sich auf einer eigenen Domain eine unabhängige Existenz aufgebaut hätten.

In den letzten zwei Jahrzehnten haben die meisten Blogger aufgegeben, der Boom der Influencer und YouTuber war nur möglich, weil die Plattformen den unabhängigen Traffic im Netz trockengelegt haben. Sie haben also kaum eine Wahl – sie sind nur auf den Plattformen, weil dort der Traffic ist (oder anders herum: wenn dort kein Traffic wäre, wären sie auch nicht dort).

Diese digitale Abhängigkeit würde sich aber grundlegend ändern, wenn wir das Netz befreien. Denn in einem befreiten Internet würde unser beispielhafter YouTuber eine Menge mehr Optionen haben. Er kann schon innerhalb der Plattform einen besseren Anbieter für die Monetarisierung seiner Inhalte finden (weil es dort jetzt konkurrierende Content-Vermarkter gibt). Weil die Standards völlig offen sind und er beliebig Outlinks setzen kann, kann er seine Inhalte auch anderweitig anbieten, auch auf anderen konkurrierenden Plattformen. Vielleicht gibt es eine neue Plattform, die viel besser performt – klasse, dann erhält er als Creator dort eben mehr Aufmerksamkeit und mehr Geld, alle Follower kann er mitnehmen.

Diese Dynamik wird sofort starken Wettbewerb unter den Plattformen herstellen: Die Plattformen verdienen automatisch immer weniger, müssen sich verzweifelt um die besten Künstler abmühen, und die Künstler verdienen dabei relativ gesehen immer mehr. Warum? Ganz einfach: Weil wir Big Tech gehackt haben, haben wir auch den Spieß umgedreht. Der Content Creator hat erstens mehr Mittel, um in seine Inhalte zu investieren, und zweitens kann er durch die Befreiung der Outlinks viel besser auch auf eigene Präsenzen, also auf eigene Domains verlinken. Der entscheidende Unterschied ist: Der gesamte Traffic auf der eigenen Web-Präsenz gehört ihm ganz allein und nicht mehr der Plattform. Er ist jetzt erstmals nicht mehr ein abhängiger Sklave von YouTube.

Dies wird zur Folge haben, dass es für Creatoren immer attraktiver wird, das Wagnis einzugehen, selbst innovative Formate und Inhalte auf eigenen Präsenzen zu erzeugen. Und das Beste ist: Die Plattformen können nicht mehr nach Belieben die Spielregeln ändern, so dass man als Content Creator immer auf dem falschen Fuß erwischt wird. Denn der Traffic auf der eigenen Domain gehört einem stets selbst – darauf haben die Tech-Riesen keinen Zugriff. Bis hierhin und nicht weiter.

Der Tag danach: Was wir gewinnen könnten

Diese medientechnologische Entfesselung des digitalen Funnels würde geradezu automatisch eine ungeheure Dynamik auslösen. Wir werden nämlich eine Befreiung über alle nur denkbaren Kategorien hinweg erleben. Diese Entfesselung des Funnels wird *alle* (!) Felder der Gesellschaft gleichermaßen betreffen. Was für den YouTuber gilt, gilt für alle anderen auch, die im Netz aktiv sind:

Politiker sind dann weniger auf Plattformen wie Twitter angewiesen. Sie können parallel starke eigene Präsenzen aufbauen und übrigens auch nach Belieben monetarisieren, als attraktive Option zum Beispiel für ein politisches Funding von Kampagnen.

Redaktionen können ihre fantastischen Inhalte auf Plattformen einstellen und durch die Befreiung der Outlinks den Traffic nach Herzenslust auf die eigenen Domains lenken und dort monetarisieren. Blogger, Künstler und Kreative können starke eigene digitale Räume erstellen und selbst daran verdienen.

Dasselbe gilt für Unternehmen, aber vor allem Challenger und Start-ups. Erinnern Sie sich noch an die frühe Zeit der Social Media, wo Unternehmen mit witzigen Videos viele Millionen Views erhielten, ohne dass sie etwas dafür zahlen mussten? Wo Posts von Unternehmensseiten sehr starke organische Reichweiten hatten? Das wäre in Zukunft wieder möglich. Durch die Befreiung der Outlinks können sie starke Communities und Inhalte auf eigenen Präsenzen aufbauen. Keine Plattform dürfte solche Posts mit Outlinks mehr diskriminieren. Und auch beim Traffic würden alle gleich behandelt – Plattformen dürften dann nicht mehr zum Beispiel interessengeleitet vorgehen (»Das ist ein Unternehmen, die sollen lieber bei uns Werbung schalten, also erhalten die massiv weniger organische Reichweite – die dimmen wir einfach herunter.«). Wir befreien damit nämlich auch die gute Idee, die früher einmal im Content-Marketing steckte: Dass Unternehmen mit *relevanten* Inhalten leicht eigene Reichweiten aufbauen konnten, zum Beispiel auf eigenen Domains.

Stellen Sie sich vor, wir würden das Netz in Europa auf diese Weise befreien – was es für eine unglaubliche globale Strahlkraft hätte! Junge digitale Kreative aus aller Welt würden zu uns kommen. »Habt ihr schon gehört, was gerade in Europa abgeht?« Auf nach Berlin, nach Paris, nach Warschau, nach Prag! Für alle Marktteilnehmer wäre sofort klar, dass es in Europa durch diese »Entfesselung des Funnels« viel einfacher ist, an Traffic zu kommen. Das könnte eine riesige Dynamik an Innovationen auslösen. Zusätzlich hätten wir in Europa eine Vergemeinschaftung von Daten erreicht, was einerseits die Wissenschaft beflügeln, andererseits die Start-up-Szene enorm unterstützen kann. Europa ist ein riesiger Markt mit viel Kaufkraft. Sicherlich würden immer mehr Unternehmen erst einmal hier ihre Ideen auf den Markt bringen, ganz einfach weil die Erfolgswahrscheinlichkeit hier viel höher wäre. Wer wollte dann noch in den USA seine Zeit verplempern und unter der Herrschaft der Tech-Riesen versuchen, neue Produkte zu lancieren? Europa könnte so zum Innovations-Inkubator werden. Hier würden die besten neuen Ideen ausprobiert.

Web3, Blockchain & Co. – kommt die Befreiung nicht durch neue digitale Technologien?

Ich beschäftige mich seit 15 Jahren mit digitaler Konzentration. Seitdem kündigen Futurologen und Digitalevangelisten unablässig neue digitale Durchbrüche an, die die Vormachtstellungen von GAFAM angeblich schon ganz bald zerstören werden – wie in den letzten Jahren etwa NFTs, Kryptowährungen, Web3 oder Blockchain. Geändert hat sich dennoch in all den Jahren nichts. Ich bleibe daher skeptisch. Erstens kann Big Tech durch Investitionen und Übernahmen jeden Technologiesprung für sich nutzen und die Monopole weiter ausbauen. Zweitens wird die Qualität zukünftiger generativer KI (die ein echter Gamechanger ist) von dem Zugriff auf möglichst große Datencorpora abhängen. Das wird ein leichtes Spiel für die Digitalkonzerne, denn sie besitzen über die Plattformen unendliche Ressourcen an Texten, Bildern, Videos als Trainingsdaten für jede nur denkbare generative KI. Dies wird den uneinholbaren Vorsprung von Big Tech nur weiter potenzieren. Und genau deshalb müssen wir jetzt Verantwortung übernehmen und selbst unser Internet befreien.

Schluss mit Gatekeeper-Silos: Direktverbindungen mit den Nutzern herstellen (D2C)

Ich hoffe, es wird klar, wie viel Kraft in dieser Dynamik steckt. Wir würden damit ein Paradigma lostreten, das der echten Ideologie des freien Internets à la Tim Berners Lee entspricht, und zwar das, was auch aktuell als »Direct-to-Consumer«(D2C)-Revolution schon seit ein paar Jahren in der Presse kursiert. D2C bedeutet ja nichts anderes, als dass unter digitalen Bedingungen jeder Teilnehmer selbst eine viel bessere und tiefere Beziehung mit seinen »Kunden« aufnehmen kann, indem er in einer direkten Verbindung mit den Nutzern steht und auch alle möglichen Transaktionen selbst mit ihnen abwickelt.

Das Problem ist aktuell, dass viele D2C-Innovationen und Geschäftsmodelle nicht funktionieren, weil die Tech-Riesen die Spielregeln kontrollieren. Sie sitzen an den Kontrollhebeln und können den D2C-Playern nach Belieben den Traffic entziehen oder etwa die Transaktionskosten vervielfachen. Wer auf D2C setzt, läuft also aktuell große Gefahr, im Friedhof der ungenutzten Inhalte zu enden. Das würde sich sofort ändern, wenn wir das Internet befreiten.

D2C könnte unter diesen neuen Bedingungen quasi grenzenlos boomen, ganz einfach weil viel mehr Traffic außerhalb der Plattformen stattfindet. Und erneut gilt es für alle Kategorien: Politiker werden D2C kommunizieren, Blogger und Redaktionen werden D2C publizieren, Musiker und Künstler können D2C ihre Produkte verkaufen und so fort – ohne dass sie dabei auf Schritt und Tritt die Plattformen wie Feudalherrscher immer wieder aufs Neue »bezahlen« müssen.

Diese Veränderung hat wiederum einen Einfluss auf die Qualität der Inhalte. Zwar werden alle Inhalteanbieter auch in Zukunft weiterhin der Versuchung ausgeliefert sein, auf Plattformen mehr Sofortwirkung zu erzielen als auf eigenen Domains. Aber weil jetzt die Chancen auf eigenen Domains deutlich verbessert sind, können sie den Trade-off wagen und versuchen, kurzfristige Impressions und nervigen Clickbait immer mehr in intensive, langanhaltende Beziehungen auf der eigenen Domain zu transformieren, die sie mit besonders hochwertigen Inhalten aufrechterhalten. Das könnte einen ganz entscheidenden Wandel katalysieren.

Denn der medientechnologische Incentive der aktuellen Plattformökonomie besteht darin, eine immer größere Menge von immer wertloserem Content auszuschütten (genau daran gehen aktuell die Redaktionen zugrunde). »Flood the zone with shit« lautete das Mantra des Trump-Propagandisten Steve Bannon, das zugleich als der logische medienökonomische Imperativ der Plattformen herhalten könnte: *Überschwemmt die Plattformsilos mit Scheiße*. Immer mehr, egal was, haut einfach raus was geht! Genau so knüpfen auch ChatGPT und generative KI mit an der Schlinge um den Hals der redaktionellen Medien. Es liegt an uns, das sofort zu ändern. Indem wir den Traffic aus den Plattformen befreien, ermöglichen wir allen Inhalteanbietern, die Nutzer mit qualitativ hochwertigem Content zu überzeugen und in langfristigen, intensiven Beziehungen zu binden.

Ich wette, dass ich jetzt einen Hasen aus dem Hut zaubern kann, mit dem Sie überhaupt nicht gerechnet haben. Ich spreche von immerhin einer Teillösung des wahrscheinlich schwierigsten Problems, und zwar das der Verbreiterhaftung. Wenn die Dinge nämlich so eintreten, wie hier beschrieben, wird eine selbstverstärkende Dynamik auftreten: Immer mehr Traffic »emanzipiert« sich von den Plattformsilos, immer neue und dynamischere Inhalte entstehen auf eigenen Domains und können von den innovativen und kreativen Inhabern selbst monetarisiert werden, egal ob es sich um Nachrichten, Kultur, um Influencer oder Filme, um Webshops oder Podcasts handelt. Merken Sie, was dann von allein passiert, ohne dass wir noch irgendetwas dafür tun müssen? Der entscheidende Nebeneffekt wäre ja: *Auf eigenen Domains übernehmen die Urheber automatisch die Haftung.* Also wird allein diese Verschiebung des Traffics zu einer zunehmenden Balancierung und Zivilisierung der Inhalte führen.

Es ist verführerisch, einmal sehr grob zu überschlagen, was diese neue Marktbreite auch ökonomisch an Potenzial abwerfen würde. Nutzen wir auch hier wieder unser Ranking der aktuellen aggregierten Aufmerksamkeit im Internet als Ausgangsbasis und Orientierungsgröße. Wir können aus diesem eigenen Ranking eine Obergrenze definieren mit dem einzigen deutschen Digitalunternehmen unter den Top Ten, United Internet (Rang 8 und 12 mit web.de und GMX) bei etwa 5,6 Milliarden Euro Umsatz jährlich. Aus den wenigen deutschen Wettbewerbern können wir uns aus dem Mittelfeld einige deutsche Unternehmen heraussuchen (Ränge zwischen 27 und etwa 220), bei denen die Umsätze publiziert sind. Beispiele wären etwa Zalando (circa acht Milliarden Euro Umsatz), Check24 (circa 500 Millionen Euro), Payback (circa 280 Millionen Euro), spiegel.de (über 100 Millionen Euro). Wenn wir nun annehmen, dass durch eine Befreiung des Internets die top 50 Prozent der gesamten Online-Nutzung nicht mehr wie aktuell bei sieben Konzernen erwirtschaftet wird, sondern stattdessen durch 50 verschiedene Unternehmen, können wir überschlagen, dass aus dieser Dynamik 43 Unternehmen mit jährlichen Umsätzen in einem Korridor zwischen einer und drei Milliarden Euro in Europa erwachsen könnten (das ist sehr konservativ geschätzt). Nur als Referenz: Ein einzelnes Unternehmen wie United Internet hat etwa 10.000 Mitarbeiter – wir können erahnen, wie viele Arbeitsplätze durch die Befreiung des Internets kurzfristig entstehen könnten.

Schon allein, indem wir die Monopole brechen und Wettbewerb auf dem Feld der digitalen Medien wieder möglich machen, schützen wir unsere Demokratie und unsere freie Wirtschaft davor, durch US-amerikanische Digitalkonzerne kontrolliert zu werden. Durch die Befreiung des digitalen Marktes und die Ermöglichung verschiedener konkurrierender Angebote wäre übrigens auch rein strukturell die Verteidigung marktbeherrschender Stellungen durch Killer-Akquisitionen erheblich erschwert, nur aufgrund der Vielzahl der Alternativen im Markt.

So ironisch sich das anhört – mittelfristig wäre ein befreites Internet auch ein Segen für die Tech-Riesen selbst. Der Fokus der Digitalkonzerne lag seit mindestens zehn Jahren nur noch in der Absicherung ihrer Monopole, im Abkupfern, in Killer-Akquisitionen und Lobbyismus, was ihre erbärmlich schwache Erfolgsquote bei Innovationen trotz riesiger Investitionen erklärt. Bei ihren erfolgreichen »neuen« Produkten handelte es sich fast stets nur um Zukäufe (☞ II.4). Die Tech-Riesen könnten Werte wie Offenheit und Transparenz, die sie sich ironischerweise selbst ans Revers heften, endlich für sich neu entdecken.

Zuletzt ist aber mit all diesen Nebenwirkungen auch unser Hauptziel erreicht: Unsere freie Demokratie, unsere freie Marktwirtschaft wäre gerettet. Durch die Öffnung der digitalen Märkte, durch Vielfalt und Wettbewerb können wir weiter in einer offenen und pluralistischen Welt leben. Mit der Breite der verschiedenen Angebote wäre die Vielfalt und das Prinzip der Gewaltenteilung erfüllt, welche die Grundlage unserer Demokratie darstellen. Durch eine Vielzahl von Checks and Balances wäre es für die Tech-Riesen nicht mehr möglich, die verschiedenen Funktionssysteme in unserer Gesellschaft zu beherrschen und dort »durchzuregieren«.

Letzte Einwände

Weil diese Killer-Kommentare immer wieder auftauchen, will ich sie am Ende noch kurz aufgreifen, zumal wir auch sie nicht fürchten müssen:

1. *»Die Rettung muss aus den USA kommen.«*
2. *»Regulierung von Tech hat noch nie was gebracht.«*

Zum ersten Punkt:
Bei allem, was man von Experten hört, können wir davon ausgehen, dass aus den USA keine Hilfe kommen wird, weder kurzfristig noch mittelfristig. So hörte ich von einer Insiderin, dass US-amerikanische Digital-NGOs ihre Mittel sogar vermehrt in Europa einsetzen, weil sie die Situation in den USA als desolat einschätzen und hoffen, quasi »über die Bande« durch europäische Initiativen mehr zu bewirken. Dafür könnte es mehrere Erklärungen geben.

Erstens: Der US-amerikanische Egoismus in wirtschaftlichen Dingen ist bekannt – die Tech-Konzerne sind ihr erfolgreichstes Exportprodukt. Aus rein wirtschaftlichen Aspekten ist die feindliche Übernahme der westlichen Demokratien durch US-amerikanische Plattformen für Amerika eine gewinnbringende Angelegenheit.

Zweitens ist die Infiltration der amerikanischen Politik mit ehemaligen Managern der Tech-Riesen extrem stark ausgeprägt.

Drittens ist der digitale Transformationsprozess in den USA schon weiter fortgeschritten als in Deutschland beziehungsweise Europa – dort ist man also schon näher am »Point of no Return«, den ich für Deutschland auf 2029 angesetzt habe.

Viertens haben es die Digitalkonzerne in den USA verstanden, sowohl mit Republikanern als auch mit Demokraten symbiotische Beziehungen aufzubauen. Deshalb sollte man sich hüten, US-amerikanische Initiativen überzubewerten, oft sind es nur Placeboaktionen (»Wir haben es probiert – es hat nicht funktioniert, der Entwurf hätte im Senat keine Mehrheit erreicht« et cetera), die dann im Sande verlaufen.

Diese Entwicklung ist insoweit tragisch, als auch in den USA die Menschen immer kritischer werden in Bezug auf die Machtakkumulation der Tech-Riesen.[10] Aktuell scheint Big Tech die politischen Eliten in den USA so stark zu kontrollieren, dass diese im Widerspruch zur Haltung der breiten Bevölkerung entscheiden – und gemeinsame Sache mit den Digitalkonzernen machen. Deshalb stehen wir Europäer hier (wie auch auf anderen Feldern) jetzt auf eigenen Füßen. Wer auf amerikanische Hilfe hofft, setzt auf das falsche Pferd.

Zum zweiten Punkt:

Wer meint, Regulierung habe noch nie etwas gebracht, sollte diese These einmal aus einer anderen Perspektive betrachten. Ich würde vielmehr umgekehrt behaupten: Die Tech-Riesen regulieren *uns* bereits seit vielen Jahren. Erinnern wir uns etwa daran, wie die Plattformen ständig die Regeln auf den Netzwerken zu ihren Gunsten verändern oder die Outlinks herunterdrehen (☞ II.1). Big Tech hat längst sehr erfolgreich die Kontrolle übernommen. Ohne Not haben wir die Herrschaft über den digitalen Maschinenraum kampflos den Tech-Riesen überlassen.

Wenn Regulierungsinitiativen aus der Vergangenheit nichts gebracht haben, liegt es vermutlich daran, dass sie miserabel und inkompetent von Bürokraten umgesetzt wurden, die von der unternehmerischen Aggressivität der Digitalkonzerne überfordert waren und selbst zu wenig Ahnung von digitalen Märkten und Geschäftsmodellen hatten. Schauen Sie sich dagegen etwa ein Ökosystem wie das von Amazon an. Analysieren Sie einmal, wie differenziert Amazon durch Dutzende von Regeln, Anreize, Performance-Indikatoren, Sanktionen und »Tipps«

dieses System immer so optimiert, dass es seinen angeblichen Partnern stets zwei bis drei Schritte voraus ist – so dass es immer mehr von den gesetzten Rahmenbedingungen profitiert als die Partner, die darin tätig sind (☞ IV.3).

Stellen Sie sich nur eine Sekunde vor, wir würden die Digitalkonzerne mit derselben Cleverness und Härte regulieren wie Amazon seinen Marketplace. Genau so könnten wir Big Tech hacken. Auch hier werden wir sie mit ihren eigenen menschenverachtenden Methoden konfrontieren. Ich freue mich schon jetzt auf eine wunderbare Hotline, die wir ihnen einrichten werden, auf der sie uns dringend zu erreichen versuchen, wenn sie etwa eine Erlaubnis oder einen Marktzugang verloren haben.

FUN FACT: **Wir haben unsere digitale Souveränität kampflos an Big Tech abgetreten. Nicht wir regulieren Big Tech – Big Tech reguliert uns.**

Man erkennt daran auch: Die Vorstellung unregulierter Märkte ist eine Chimäre, und niemand nutzt die Kraft der Regulierung besser als die Tech-Riesen. Wir müssten Regulierung also völlig neu denken und den neuen digitalen Gegebenheiten anpassen. De facto ist das Internet momentan auch reguliert, nur eben *falsch*. Bildlich gesprochen hat die existierende Regulierung dazu geführt, dass wir im Netz eine riesige Wüste ohne Traffic haben, wohingegen die Tech-Riesen im Übermaß mit Wasser versorgt werden. Diese falsche Regulierung bringt den aktuellen Digitalfeudalismus hervor. Wir sollten die falsche Regulierung deshalb abschaffen. Wir sollten neue, faire Regeln finden, die dafür sorgen, dass nicht nur die Tech-Riesen das Wasser erhalten – und die Bewässerung eine Vielfalt von Anbietern herstellt. Indem wir diese falsche Regulierung abschaffen, öffnen wir die digitale Welt für Anbietervielfalt, Pluralismus und Wettbewerb.

Um Regulierung neu zu denken, dürfen wir diese Sphäre nicht mehr technokratischen Organisationen überlassen, die von der Geschwindigkeit der Digitalkonzerne mental völlig überfordert sind und von den Entwicklungen überfahren werden wie von einem Transrapid. Wir brauchen kreative, unternehmerische, innovative Organisationen, die schnell die digitale Welt von den Monopolen befreien.

Diese Teams müssen denjenigen der Digitalkonzerne an Schnelligkeit, Präzision und Aggressivität stets überlegen sein. Und sie müssen mit derselben Entschlossenheit dafür Sorge tragen, dass jede einzelne gesetzte Rahmenbedingung immer ausschließlich zu ein und demselben Ziel führt: Dass die betroffenen europäischen Gesellschaften ausnahmslos überproportional mehr durch diese Rahmenbedingungen profitieren als die Digitalkonzerne. Also exakt nach demselben Prinzip, wie es uns Amazon in seinem eigenen Ökosystem vormacht.

Darin liegt eine riesige Chance. Denn wenn wir die digitalen Märkte befreien, könnte Europa neu digital erblühen. Als Gralshüterin der freien Welt – mit einer freien Demokratie und einer freien Wirtschaft. Mit einer fantastischen, einzigartigen Ausstrahlung auf eine leidende Welt voller Krisen und Elend, die nach echten (!) Werten sucht, die nach Sinn, nach Freiheit und Orientierung dürstet. Es könnte den USA, die die schwerste Demokratiekrise seit ihrer Existenz durchmachen, den entscheidenden Impuls liefern, der vielleicht noch verhindern könnte, dass die Tech-Riesen dort ihre demokratiefeindliche Digitalokratie umsetzen.

Eine europäische Befreiung des Internets und die dadurch ausgelöste wirtschaftliche und gesellschaftliche Dynamik könnte überall in der westlichen Welt sofort zeigen, dass die propagandistische Angstmache der Tech-Riesen völlig unbegründet ist (»Die kleinen Unternehmen werden darunter leiden«, »Die Chinesen werden uns technologisch überholen« und dergleichen). Im Gegenteil: Die digitale Transformation wird den Wachstumsturbo einlegen, und wir alle werden endlich daran partizipieren: Blogger, Creatoren, Redaktionen, Künstler, Politiker, Start-ups. Wir würden endlich die zentralen Werte der digitalen neuen Welt gemeinsam realisieren. Freedom, Openness, Community, Empowerment, Participation, Sharing, Transparency wären keine heuchlerischen Maskeraden mehr, sondern würden als echte Werte rehabilitiert.

Wenn wir uns nur dazu aufraffen würden, zu sagen:
ES REICHT.

Wenn wir gemeinsam den Mut aufbringen würden, zu kämpfen:
DANN WERDEN WIR SIE STOPPEN.

GAFAM

Dank

Dieses Buch ist über die Jahre entstanden als Ergebnis hunderter bereichernder Begegnungen und unzähliger Gespräche mit inspirierenden Menschen, für die ich extrem dankbar bin und die ich gar nicht ausreichend würdigen kann – deshalb nenne ich hier nur die wichtigsten Impulsgeber und Mitstreiter:

Ich danke zuerst und vor allem Prof. Karl-Nikolaus Peifer, dem Direktor des Instituts für Medien- und Kommunikationsrecht der Universität Köln. Ohne seine selbstlose fachliche Unterstützung und seine kontinuierliche Ermutigung wäre dieses Buch niemals entstanden.

Ich danke Robert Habeck, der trotz eines vollen Terminkalenders geduldig meine Thesen angehört hat, sowie Claudia Roth und dem Bundesministerium für Kultur und Medien für ihre Einladung, auf dem Digitalgipfel der Bundesregierung zu diesen Themen sprechen zu dürfen; ferner Wolfgang Büchner, dem stellvertretenden Sprecher der Bundesregierung für spannende Diskussionen und Anregungen.

Ich danke Prof. Stephan Packard von der Uni Köln für seine unermüdliche, kontinuierliche Unterstützung meiner Forschung sowie Prof. Peter Marx und Prof. Benjamin Beil. Ohne ihr Vertrauen hätte auch der *Atlas der digitalen Welt* nicht entstehen können.

Ich danke vielen inspirierenden Menschen für fachlichen Input und »sachdienliche Hinweise«, unter anderem Jens Jenssen aus der Staatskanzlei Rheinland-Pfalz, Prof. Werner Schwaderlapp, dem Vorsitzenden der Medienkommission der Landesanstalt für Medien NRW, Wolfgang Kreißig, dem Präsidenten der Landesanstalt für Kommunikation Baden-Württemberg, Michael Ellwanger aus dem Staatsministerium Baden-Württemberg, Prof. Christoph Neuberger von der FU Berlin und zugleich Direktor des Weizenbaum-Instituts, Prof. Thomas Höppner, Prof. Otfried Jarren von der Universität Zürich, Dr. Michael Seemann, Prof. Christian-Mathias Wellbrock und Stephan Grulert.

Ich danke Aycha Riffi und Lars Gräßer vom Grimme-Institut für die bereichernde Zusammenarbeit. Ich danke Prof. Martin Gläser, dem Herausgeber der Fachzeitschrift *MedienWirtschaft*, für sein Vertrauen und Interesse an meinen Texten, dem Medienunternehmer Sebastian Turner für Engagement und Unterstützung, Carla Hustedt von der Mercator-Stiftung und Hermann von Engelbrechten-Ilow für bereichernde fachliche Gespräche.

Ich danke Andreas Mundt, dem Präsidenten des Bundeskartellamts, und Dr. Sebastian Wismer, dem dortigen Referatsleiter Digitale Wirtschaft, für einen stets respektvollen und konstruktiven Austausch, auch wenn wir in der Sache nicht zusammenkommen – auch kontroverse Diskussionen sind eben Teil unserer gefährdeten pluralistischen Demokratie. Ich danke Constantin Krückels für seine zuverlässige Unterstützung bei Recherchen und Analysen. Ich danke Waltraud Berz und Dr. Judith Wilke-Primavesi vom Campus Verlag für die kompetente Unterstützung sowie der Lektorin, Andrea Dietrich, für die fachkundige Betreuung.

Vor allem aber danke ich meiner Familie, also meinen Kindern und ganz besonders meiner Frau, die viele Wochenenden und Ferientage ohne mich verbringen mussten – ohne ihr grenzenloses Verständnis hätte ich dieses Buch nicht schreiben können.

Anmerkungen

A Alle Verweise im Text, die den hochgestellten Buchstaben »A« verwenden, referieren auf Messungen, die im »Atlas der digitalen Welt «publiziert sind; vgl. dazu auch Anmerkung 6 in Kapitel I sowie www.atlasderdigitalenwelt.de

Knockout

1 »Big Tech«, das bezeichnet im Wesentlichen und in diesem Buch die fünf größten Digitalkonzerne Alphabet (Google), Amazon, Meta (Facebook), Apple und Microsoft, die nach den Anfangsbuchstaben ihrer (ehemaligen) Unternehmensnamen auch als GAFAM bekannt sind. Weil das Akronym »GAFAM« für Google, Apple, Facebook, Amazon und Microsoft allgemein gebräuchlich ist, wird der Begriff hier auch nach den Umbenennungen (Alphabet, Meta) als Sammelbezeichnung für die großen US-amerikanischen Digitalkonzerne verwendet.

2 Was übrigens mit derselben Regelmäßigkeit von den Tech-Riesen geleugnet wird – siehe dazu auch die Fälle in Kapitel V.4. In den meisten Fällen kommen sie damit durch, weil sie erstens häufig über abhängige Mittler agieren und zweitens ihre erpresserischen Androhungen von Sanktionen indirekt aussprechen, sinngemäß: »Ich würde X nicht tun – wäre doch schade, wenn dann Y geschieht«. Die Drohungen werden stets gekonnt mehrdeutig formuliert. Im Konfliktfall steht es dann immer Aussage gegen Aussage (»Das haben wir so nie gesagt«, »das haben wir anders gemeint« etc.).

Kapitel I – GAME OVER 2029

1 Vgl. **McLuhan, Marshall:** Understanding Media. The Extensions of Man. London, New York: Routledge 2001 [1964].

2 Vgl. u. a. **Janke, Klaus:** »Digitale Spendings liegen erstmals über nicht-digitalen Investments«, in: Horizont online, 7.10.2021. https://www.horizont.net/medien/nachrichten/werbemarkt-2021-digitale-spendings-liegenerstmals-ueber-nicht-digitalen-investments-194918; **Janke, Klaus:** »Warum die Mediaagenturen so viel Wachstum bei den digitalen Plattformen erwarten«, in: Horizont online, 14.2.2022; https://www.horizont.net/medien/nachrichten/werbemarkt-warum-die-mediaagenturen-so-viel-wachstum-bei-den-digitalenplattformen-erwarten-197781

3 Ausführliche Hintergründe hierzu auf www.bigtechmussweg.de

4 Zahlen nach **Brandt, Mathias:** »Anzeigen-Einnahmen haben sich seit 2010 halbiert«; in: Statista, 28.7.2021; https://de.statista.com/infografik/25420/anzeigen-und-beilagen-umsaetze-der-zeitungen-in-deutschland/ (Daten BDZV); O. A.: »Entwicklung der verkauften Auflage der Tageszeitungen in Deutschland in ausgewählten Jahren von 1991 bis 2022«; in: Statista, 24.2.2023; https://de.statista.com/statistik/daten/studie/72084/umfrage/verkaufte-auflage-von-tageszeitungen-in-deutschland/

5 Die Zahlen basieren auf folgender Studie für Deutschland: O. A.: »Advertising – Germany«, in: Statista, 10.2022; https://www.statista.com/outlook/amo/advertising/germany. In dieser Studie liegt der Anteil der digitalen Werbung im Jahr 2020 erstmals über der Summe aller analogen Medien. Die dortige Prognose endet mit dem Jahr 2027 (71,5 % digital, 28,5% digital). Wir haben die verfügbaren Daten (Entwicklung von 2017 bis 2027) hier um weitere zwei Jahre extrapoliert (75,3 % digital, 27,7 % analog). Wir haben ergänzend eine weitere Studie ausgewertet, und zwar **Navarro, J. G.:** »Advertising Expenditure in Western Europe from 2017 to 2024, by Medium.«; in: Statista, 6.1.2023; https://www.statista.com/statistics/799801/ad-spend-in-western-europemedia/. Allerdings endet die Prognose hier bereits im Jahr 2024. Auch hier haben wir die Entwicklung aus den Jahren 2017 bis 2024 extrapoliert – und kommen hier zu einem recht ähnlichen Ergebnis (2029 würde der Anteil der digitalen Werbung dann bei 25,6 % liegen, analog bei 74,4 %).

6 Vgl. **Andree, Martin,** und **Timo Thomsen:** Atlas der digitalen Welt. Campus 2020. Weiterführende Informationen auch unter www.atlasderdigitalenwelt.de. Alle Zahlen aus unserem Atlas werden im Folgenden durch Fußnoten markiert, die den Buchstaben »A« zeigen. Die Daten stammen aus dem dritten und vierten Quartal des Jahres 2019; Nutzung über alle Devices (Smartphone, Tablet, Desktop), Gesamtbevölkerung. Man mag einwenden, dass diese Zahlen leicht veraltet sind – allerdings nutzen wir hier vor allem relative Anteile, die erfahrungsgemäß im Zeitverlauf sehr stabil bleiben. Für die Beschreibungsfähigkeit der Daten spricht in jedem Fall die hohe Messgenauigkeit. In Bezug auf unser Thema (Konzentration) würde ich auch bei aktuellen Zahlen keine gravierenden Verschiebungen erwarten.

7 **Anderson, Chris:** The Long Tail. Nischenprodukte statt Massenmarkt. München: Deutscher Taschenbuch Verlag 2009 [2006].

8 Nach einer Studie der GroupM liegt der Anteil der Top 3 (Alphabet, Meta, Amazon) an den gesamten digitalen Werbeausgaben weltweit (außer China) zwischen 80 % und 90 %; **Adgate, Brad:** »Agencies Agree; 2021 Was A Record Year For Ad Spending, With More Growth Expected In 2022«; in: Forbes, 8.12.2021; https://www.forbes.com/sites/bradadgate/2021/12/08/agencies-agree-2021-was-a-record-year-for-ad-spending-with-more-growth-expected-in-2022/?sh=3dc3a7257bc6; in den USA liegt der Wert sogar schon bei 90 %; vgl. **Hagey, Keach,** und **Suzanne Vranica:** »How Covid-19 Supercharged the Advertising ›Triopoly‹ of Google, Facebook and Amazon«; in: Wall Street Journal, 19.3.2021; https://www.wsj.com/articles/how-covid-19-supercharged-theadvertising-triopoly-of-google-facebook-and-amazon-11616163738; Weltweit beziffert eine Studie der Wirtschaftsberatung Ebiquity den Anteil der Top 3 auf 74 %; vgl. O. A.: »Google, Meta and Amazon are on track to absorb more than 50 % of all ad money in 2022«, in: Ebiquity, 4.2.2022; https://ebiquity.com/news-insights/press/google-meta-and-amazon-are-on-track-to-absorb-more-than-50-of-all-ad-money-in-2022/; in Deutschland schätzen Branchenexperten den Anteil der Top 4 (Alphabet, Meta, Amazon und Apple) auf 80 %; Vgl. **Scheppe, Oliver:** »69 Prozent mehr Umsatz: Google und Co. gewinnen am Werbemarkt, Klassische Medien fallen zurück«; in: Handelsblatt, 11.11.2021;

9 Quelle: Atlas der digitalen Welt (s. Anmerkung 6), S. 96.

ANBIETER	TOTAL DURATION (STUNDEN/ MONAT)	NET REACH	DURATION PER UNIQUE USER
bild.de	18.897.739	53,7%	00:36:06
wetter.com	13.793.040	48,5%	00:29:06
spiegel.de	8.616.478	48,5%	00:18:31
t-online.de (Homepage)	7.243.708	37,0%	00:20:06
focus.de	7.168.160	59,3%	00:12:24
chefkoch.de	5.120.149	51,9%	00:10:07
web.de (Homepage)	2.878.632	37,5%	00:07:53
sueddeutsche.de	2.134.246	25,3%	00:08:39
chip.de	2.110.831	59,6%	00:03:38
Stern News	2.016.302	35,4%	00:05:51

10 Vgl. z. B. **Moorstedt, Tobias:** Jeffersons Erben. Wie die digitalen Medien die Politik verändern. Frankfurt/M.: Suhrkamp 2008.

11 Quelle: Atlas der digitalen Welt (s. Anmerkung 6), S. 232

ANBIETER	TOTAL DURATION (STUNDEN/ MONAT)	NET REACH	DURATION PER UNIQUE USER
achgut.com	69.600	2,0%	00:03:39
borncity.com	23.845	1,4%	00:01:49
bildblog	19.716	0,6%	00:03:33
langweiledich.net	16.548	0,2%	00:08:03
grenzwissenschaft-aktuell.de	16.443	0,5%	00:03:43
netzpolitik.org	11.931	1,3%	00:00:59
mitvergnuegen.com	10.715	1,9%	00:00:36
zugreiseblog.de	6.582	1,1%	00:00:37
mobilegeeks.de	5.012	0,9%	00:00:33

12 Quelle: Atlas der digitalen Welt (s. Anmerkung 6). Zur Auswahl der Marken sowie zu anderen Kategorien (z. B. Automobile, Sport, Luxus) vgl. ebd., S 239–243.

ANBIETER	TOTAL DURATION (STUNDEN/ MONAT)	NET REACH	DURATION PER UNIQUE USER
Nivea	322.694	11,6%	00:02:52
Pampers	229.914	4,1%	00:05:44
Nestlé	226.416	11,6%	00:02:00
Ferrero	147.109	4,2%	00:03:37
HiPP	146.843	5,0%	00:03:01
Dr. Oetker	122.397	6,7%	00:01:52
HARIBO	65.800	3,9%	00:01:45

13 Quelle: Atlas der digitalen Welt (s. Anmerkung 6), S. 76, S. 96 u. ö.

14 Einschaltquoten basierend auf Studien der AGF in Zusammenarbeit mit der GfK/TV Scope/ media control GmbH, vgl. https://www.meedia.de/video/tv-monat-juli-zdf-und-rtl-bau-en-vorsprung-als-marktfuehrer-aus-the-masked-singer-und-das-sommerhaus-der-stars-sind-die-sommerhits-daf-f836a7094d480fabd006cd9ecd0da; https://www.meedia.de/video/tv-monat-august-promi-big-brother-pusht-sat1-und-sixx-ni-tro-holt-dank-eintracht-frankfurt-neue-alltime-rekorde-8a0e9 aa87d2407bb995b5f0675fb7489; https://www.meedia.de/video/tv-monat-september-die-hoehle-der-loewen-pusht-vox-auf-den-besten-monats-marktanteil-seit-zweieinhalb-jahren-6be8b2e-a1fb42db25b6511c27eff9914.

15 Vgl. zu den unzuverlässigen Ergebnissen von Befragungen auch Hintergründe auf www.bigtechmussweg.de.

16 Vgl. **Mantel, Uwe:** »Angebliche Reichweiten von Zeitungen und Zeitschriften. Neue Print-MA sorgt vor allem wieder für Fragezeichen«; in: DWDL, 27.7.2022; https://www.dwdl.de/zahlenzentrale/88945/neue_printma_sorgt_vor_allem_wieder_fuer_fragezeichen/?utm_source=&utm_medium=&utm_campaign=&utm_term=

17 - *Alphabet:* »Gewinn von Alphabet weltweit in den Jahren 2011 bis 2022«, in: statista.de, 07.02.2023; https://de.statista.com/statistik/daten/studie/76456/umfrage/nettogewinn-von-google-seit-2001/;

- *Bertelsmann:* »Bertelsmann verzeichnet 2021 zweistelliges organisches Umsatzwachstum und operatives Rekordergebnis«; in: bertelsmann.de, 31.03.2022; https://www.bertelsmann.de/news-und-media/nachrichten/bertelsmann-verzeichnet-2021-zweistelliges-organisches-umsatzwachstum-und-operatives-rekordergebnis.jsp?atn=&abp=;
- *ProSiebenSat.1:* »Konzernergebnis der ProSiebenSat.1 Media SE in den Jahren 2006 bis 2021«; in: statista.de, 27.05.2022; https://de.statista.com/statistik/daten/studie/183316/umfrage/gewinn-von-pro-sieben-sat-1-seit-2006/;
- *Springer:* »Gewinn der Axel Springer SE in den Jahren 2007 bis 2021«; in: statista.de, 17.04.2023;https://de.statista.com/statistik/daten/studie/523532/umfrage/gewinn-der-axel-springer-ag/;
- *Holtzbrinck:* »Gewinn bzw. Verlust der Georg von Holtzbrinck GmbH & Co. KG in den Jahren 2014 bis 2021«; in: statista.de, 19.12.2022; https://de.statista.com/statistik/daten/studie/1279845/umfrage/gewinn-der-holtzbrinckpublishing-group/;
- *G&J:* **Hanfeld, Michael:** »Beim Boostern sind nicht alle dabei« in: faz.net, 30.03.2023; https://www.faz.net/aktuell/feuilleton/bertelsmann-steigert-umsatz-zerschlaegt-gruner-jahr-18788440.html

18 **Hachmeister, L., C. Wagener, & T. Wäscher:** Wer beherrscht die Medien? Die 50 größten Medien- und Wissenskonzerne der Welt, Köln: von Halem 2022; **Hachmeister, Lutz:** Wer beherrscht die Medien? Die 50 größten Medienkonzerne der Welt. 1. Aufl. München: Beck 1997. In dem Ranking werden nur die Umsätze der betroffenen Konzerne auf dem Markt der Medien ausgewiesen – nicht die Gesamtumsätze.

Kapitel II – DAS ENDE DES FREIEN INTERNETS

1 **Doctorow, Cory:** »Tiktok's Enshittification«, in: Wired, 23.1.2023, https://www.wired.com/story/tiktokplatforms-cory-doctorow/

2 **Carlson, Nicholas:** »Well, These New Zuckerberg IMs Won't Help Facebook's Privacy Problems«, in: Business Insider, 13.5.2010; https://www.businessinsider.com/well-these-new-zuckerberg-ims-wont-help-facebooksprivacy-problems-2010-5?IR=T

3 **Fishkin, Rand:** »In 2020, Two Thirds of Google Searches Ended Without a Click«, in: SparkToro, 22.3.2021; https://sparktoro.com/blog/in-2020-two-thirds-of-google-searches-ended-without-a-click/

4 Zitiert in **Gertner, Jon:** The Idea Factory. Bell Labs and the Great Age of American Innovation. New York: Penguin 2012, S. 368.

5 Zitiert in **Höppner, Thomas,** und **Tom Piepenbrock:** Digitale Werbung und das Google Ökosystem. Frankfurt/M.: R&W 2023, S. 295.

6 **Berners-Lee, Tim:** Weaving the Web. The Original Design and Ultimate Destiny of the World Wide Web. San Francisco: Harper 1999, S. 16.

7 Ebd., S. 36.

8 Hintergründe zu den verschiedenen Boykotten finden sich auf www.bigtechmussweg.de.

9 Vgl. **Heinrich, Jörg:** »Twitter: Kaum jemand wechselt zu Mastodon«, in: Werben & Verkaufen, 6.12.2022; https://www.wuv.de/Themen/MarTech-CRM/Twitter-Kaum-jemand-wechselt-zu-Mastodon

10 Vgl. u. a. **Economides, Nicholas,** und **Ioannis Liano:** »The Elusive Antitrust Standard on Bundling in Europe and in the United States in the Aftermath of the Microsoft Cases.«, in: Antitrust Law Journal 76/3 (2009); https://www.ucl.ac.uk/cles/sites/cles/files/economides_lianos_antitrust_microsoft_cases.pdf

11 Vgl. **Knight, Daniel:** »The Rise of the Microsoft Monopoly«, in: Low End Mac, 20.3.2008; https://lowendmac.com/2008/rise-of-microsoft-monopoly/

12 Vgl. https://de.statista.com/statistik/daten/studie/77226/umfrage/internetnutzer-verbreitung-von-officesoftware-in-deutschland/#:~:text=Laut%20einer%20Studie%20zur%20Nutzung,laut%20Studie%20auf%20Google%20Docs.

13 Vgl. O. A.: »EU-Gericht bestätigt Milliardenstrafe gegen Google«, in: Spiegel, 14.9.2022; https://www.spiegel.de/netzwelt/netzpolitik/kartellrecht-eu-gericht-bestaetigt-milliardenstrafe-gegen-google-a-59ddfed2-b493-421c-895c-3f256aba1ed8

14 Vgl. **Herwartz, Christoph:** »Europas Kartellwächterin kämpft mit neuen Waffen gegen Google«, in: Handelsblatt, 2.5.2022; https://www.handelsblatt.com/politik/international/margrethe-vestager-europaskartellwaechterin-kaempft-mit-neuen-waffen-gegen-google/28287774.html;
O. A.: »Erneute Milliardenstrafe für Google«, in: Legal Tribune Online, 20.3.2019; https://www.lto.de/recht/kanzleien-unternehmen/k/eukommission-wettbewerbsstrafe-missbrauch-marktmacht-google-adsense-for-search/

15 O. A.: »Kartellrecht: Kommission verhängt Geldbuße in Höhe von 2,42 Mrd. EUR gegen Google wegen Missbrauchs seiner marktbeherrschenden Stellung als Suchmaschine durch unzulässige Vorzugsbehandlung des eigenen Preisvergleichsdienst«, in: ec.europa.eu, 27.6.2017; https://ec.europa.eu/commission/presscorner/detail/de/IP_17_1784.

16 O. A.: »Kartellrecht: Kommission übermittelt Apple Mitteilung der Beschwerdepunkte zu Apple-Pay-Praktiken«, in: ec.europa.eu, 2.5.2022; https://ec.europa.eu/commission/presscorner/detail/de/ip_22_2764

17 Vgl. O. A.: »EU-Kommission schränkt Wettbewerbsvorwürfe gegen Apple ein«; In: Horizont, 28.2.2023; https://www.horizont.net/marketing/nachrichten/app-store-eu-kommission-schraenkt-wettbewerbsvorwuerfe-gegen-apple-ein-210188

18 Vgl. **Mussler, Werner:** »Amazon vermeidet mit Zusagen eine EU-Kartellbuße«, in: FAZ, 20.12.2022; https:// www.faz.net/aktuell/wirtschaft/amazon-vermeidet-mit-zusagen-eine-eu-kartellbusse-18548469.html.

19 Zitiert in **Höppner, Thomas,** und **Tom Piepenbrock:** Digitale Werbung und das Google Ökosystem. Frankfurt/M.: R&W 2023, S. 345.

20 Alle Werte wurden nach bestem Wissen und Gewissen aus den verschiedenen verfügbaren Studien ermittelt:
- *Suchmaschine*
  De.statista.com »Marktanteile von ausgewählten Suchmaschinen bei der Desktop-Suche und bei der mobilen Suche in Deutschland im Dezember 2022«; https://de.statista.com/statistik/daten/studie/301012/umfrage/marktanteile-der-suchmaschinen-und-marktanteile-mobile-suche/
  De.statista.com »Marktanteile der Suchmaschinen weltweit nach mobiler und stationärer Nutzung im Januar 2022«; https://de.statista.com/statistik/daten/studie/222849/umfrage/marktanteile-der-suchmaschinen-weltweit/
- *Gratis Video-on-Demand*
  Atlas der digitalen Welt (eigene Messungen, Basis: aggregierte Nutzungsdauer)
- *Online-Kartendienst*
  Atlas der digitalen Welt(eigene Messungen, Basis: aggregierte Nutzungsdauer)
- *E-Mail*
  De.statista.com »Bei welchem Anbieter haben Sie Ihre am häufigsten genutzte E-Mail-Adresse?«
  https://de.statista.com/statistik/daten/studie/170371/umfrage/nutzung-von-e-mail-domains/
  De.statista.com »Marktanteile der Top 8 E-Mail-Clients weltweit im Oktober 2022«
  https://de.statista.com/statistik/daten/studie/688163/umfrage/marktanteile-der-e-mail-clients-weltweit/
- *Browser*
  »Marktanteile der führenden Browserfamilien an der Internetnutzung in Deutschland von Januar 2009 bis Januar 2023«, in: de.statista.com, 2.2.2023;
  https://de.statista.com/statistik/daten/studie/13007/umfrage/marktanteile-der-browser-bei-der-internetnutzung-in-deutschland-seit-2009/
  »Marktanteile der führenden Browserfamilien an der Internetnutzung weltweit von Januar 2009 bis Januar 2023«, in: de.statista.com, 2.2.2023; https://de.statista.com/statistik/daten/studie/157944/umfrage/marktanteile-der-browser-bei-der-internetnutzung-weltweit-seit-2009/
  »Marktanteile der führenden mobilen Browser an der Internetnutzung mit Mobiltelefonen in Deutschland von Januar 2009 bis Januar 2023«, in: de.statista.com, 2.2.2023;
  https://de.statista.com/statistik/daten/studie/184297/umfrage/marktanteile-mobiler-browser-bei-der-internetnutzung-in-deutschland-seit-2009/; »Marktanteile der führenden mobilen Browser an der Internetnutzung mit Mobiltelefonen weltweit von Januar 2009 bis Januar 2023«, in: de.statista.com, 2.2.2023;
  https://de.statista.com/statistik/daten/studie/13120/umfrage/marktanteile-mobiler-browser-bei-der-internetnutzung-weltweit-seit-2009/
- *Android*
  »Vergleich der Marktanteile von Android und iOS am Absatz von Smartphones in Deutschland von Januar 2012 bis Dezember 2022«, in: de.statista.com, 8.2.2023;
  https://de.statista.com/statistik/daten/studie/256790/umfrage/marktanteile-von-android-und-ios-am-smartphone-absatz-in-deutschland/; »Mobile operating systems' market share worldwide from 1st quarter 2009 to 4th quarter 2022«, in: statista.com, 17.1.2023;
  https://www.statista.com/statistics/272698/global-market-share-held-by-mobile-operating-systems-since-2009/
- *App Marketplace*
  »Schätzung zur Anzahl der Downloads von Apps nach App-Stores weltweit in den Jahren 2017 bis 2021«, in: de.statista.com, 16.6.2022; https://de.statista.com/statistik/daten/studie/993352/umfrage/anzahl-der-downloads-von-apps-nach-app-stores-weltweit/; „Bruttoumsätze mit Apps nach App Stores weltweit in den Jahren 2016 bis 2022", in de.statista.com, 16.06.2022; https://de.statista.com/statistik/daten/studie/802760/umfrage/schaetzung-des-umsatzes-mit-apps-nach-app-store-weltweit/
- *Alle Ad Tech Produkte* (Ad Server für Werbetreibende, Ad Server für Publisher, Werbenetzwerke, Demand Side Platforms, Supply Side Platforms, Tracking-Tools): **Höppner, Thomas,** und **Tom Piepenbrock:** Digitale Werbung und das Google Ökosystem. Frankfurt/M.: R&W 2023, S. 187.

21 Ebd. S. 203

22 **Sawers, Paul:** »UK closes ›Jedi Blue‹ antitrust collusion case against Google and Meta«, in: Tech Crunch, 10.3.2023; https://techcrunch.com/2023/03/10/uk-retreats-from-jedi-blue-antitrust-collusion-case-against-google-and-meta/

23 Es existieren oft unterschiedliche Angaben über die Anzahl und Kaufpreise der Übernahmen. Die hier angegebenen Werte wurden nach bestem Wissen und Gewissen aus folgenden Datenquellen aggregiert:
- *Wikipedia:* List of mergers and acquisitions by Meta Platforms. https://en.wikipedia.org/wiki/List_of_mergers_and_acquisitions_by_Meta_Platforms
- *Wikipedia:* List of mergers and acquisitions by Apple. https://en.wikipedia.org/wiki/List_of_mergers_and_acquisitions_by_Apple
- *Wikipedia:* List of mergers and acquisitions by Microsoft. https://en.wikipedia.org/wiki/List_of_mergers_and_acquisitions_by_Microsoft
- *Wikipedia:* List of mergers and acquisitions by Amazon. https://en.wikipedia.org/wiki/List_of_mergers_and_acquisitions_by_Amazon
- *Wikipedia:* List of mergers and acquisitions by Alphabet. https://en.wikipedia.org/wiki/List_of_mergers_and_acquisitions_by_Alphabet
- Tracxn. https://tracxn.com/
- mergr. https://mergr.com/
- crunchbase. https://www.crunchbase.com/
- CB Insights, https://www.cbinsights.com/
- **Alcantara, Chris; Schaul, Kevin; De Vynck, Gerrit;** und **Albergotti, Reed** in Washington Post, veröffentlicht am 21.4.2021. https://www.washingtonpost.com/technology/interactive/2021/amazon-apple-facebook-google-acquisitions/

24 In eigenen Messungen konnten wir den Anteil der aggregierten Nutzungsdauer von Facebook und Instagram innerhalb Social Media auf 83% quantifizieren; vgl. **Andree, Martin,** und **Timo Thomsen:** Atlas der digitalen Welt. Frankfurt/M.: Campus 2020, S. 146.

25 Die Netzwerkanalysen sind publiziert und im Detail erklärt in **Andree, Martin,** und **Timo Thomsen:** Atlas der digitalen Welt. Frankfurt/M.: Campus 2020. Vgl. für Alphabet S. 215f., für Meta S. 204–206.

26 Es handelt sich um eine Empfehlung von Google für die Suchmaschinenoptimierung von Webseiten, allerdings ist der ursprüngliche Link nicht mehr abrufbar. Zitiert in **Höppner, Thomas,** und **Tom Piepenbrock:** Digitale Werbung und das Google Ökosystem. Frankfurt/M.: R&W 2023, S. 127.

27 Vgl. auch Verf.: Medien machen Marken. Eine Medientheorie des Marketing und des Konsums. Frankfurt/M.: Campus 2010, S. 125ff. und S. 175ff.

28 Vgl. **Hindman, Matthew:** The Internet Trap. How the Digital Economy Builds Monopolies and Undermines Democracy. Princeton, Oxford: Princeton University Press 2018; ders.: The Myth of Digital Democracy. Princeton, Oxford: Princeton University Press 2009.

Kapitel III – FEINDLICHE ÜBERNAHME

1 **Fechner, Frank:** Medienrecht. 21. Aufl. Tübingen: Mohr Siebeck 2021, S. 247.

2 Die drei Bereiche sind konzeptuell gemeint. Sicherlich kann man im Detail darüber diskutieren, was man mit aufnimmt und was nicht. Marktgrößen nach Statista; Ausführliche Hintergründe hierzu auf www.bigtechmussweg.de

3 Vgl. **Rabe, L.:** »Online-Umsätze von ausgewählten Warengruppen in Deutschland bis 2022«; in: Statista, 31.1.2023; https://de.statista.com/statistik/daten/studie/253188/umfrage/umsatzstarke-warengruppen-im-online-handel-in-deutschland/

4 Vgl. auch **Kolf, Florian, Michael Scheppe,** und **Katrin Terpitz:** »Heinz, Nestlé, Henkel: Warum jetzt viele junge Marken der Konzerne scheitern«, in: Handelsblatt, 6.3.2023; https://www.handelsblatt.com/unternehmen/handel-konsumgueter/heinz-nestle-henkel-warum-jetzt-viele-junge-marken-der-konzerne-scheitern-/28946620.html

5 Ausführliche Hintergründe hierzu auf www.bigtechmussweg.de

6 **Fries, Trutz:** »Amazons Eigenmarken 2022, Analyse und Liste«, in: Amalytix, 1.5.2021; https://www.amalytix.com/blog/amazon-eigenmarken/

7 **Staab, Philipp:** Digitaler Kapitalismus. Markt und Herrschaft in der Ökonomie der Unknappheit. Frankfurt/M.: Suhrkamp 2019, S. 227 und S. 221.

8 Vgl. **Habermas, Jürgen:** Strukturwandel der Öffentlichkeit. Untersuchungen zu einer Kategorie der bürgerlichen Gesellschaft. Frankfurt/M.: Suhrkamp 1990; zu den Effekten der digitalen Transformation vgl. ders.: Ein neuer Strukturwandel der Öffentlichkeit und die deliberative Politik. Frankfurt/M.: Suhrkamp 2022.

9 Vgl. **Meyer, Thomas:** Mediokratie. Die Kolonisierung der Politik durch die Medien. Frankfurt/M.: Suhrkamp 2001, S. 75ff.

10 Eine exzellente Übersicht zur Nutzung von Social Media im letzten deutschen Wahlkampf findet sich unter https://interaktiv.tagesspiegel.de/lab/social-media-dashboard-bundestagswahl-2021/

11 **Oborne, Peter,** und **Tom Roberts:** How Trump Thinks. His Tweets and the Birth of a New Political Language. London: Head of Zeus 2017, S. vii.

12 Ebd.

13 Vgl. allgemein **Biblin, Rebecca,** und **Cory Doctorow:** Chokepoint Capitalism. How Big Tech and Big Content Captured Creative Labor Markets and How We'll Win Them Back. Boston: Beacon 2022.

14 Der »Digital Dependence Index« gibt die Abhängigkeiten von digitalen Technologien in den einzelnen Ländern an; Deutschland liegt mit einem Wert von 0,82 (2019) im Bereich ›Hohe Vulnerabilität‹; vgl. »Vermessung der digitalen Dependenz«; https://digitaldependence.eu/; vgl. auch eine aktuelle Studie von Forschern der Uni Bonn zur digitalen Abhängigkeit Europas, veröffentlicht: Konrad Adenauer Stiftung: »Auf dem Weg zur digitalen Selbstbestimmung?«; https://www.kas.de/de/einzeltitel/-/content/auf-dem-weg-zur-digitalen-selbstbestimmung.

15 Ausführliche Hintergründe hierzu auf www.bigtechmussweg.de

16 **Duffy, Clare:** »Facebook's dream of creating its own global cryptocurrency officially comes to an end«, in: CNN, 1.2.2022; https://edition.cnn.com/2022/02/01/tech/facebook-diem-association-dissolving/index.html

17 Vgl. **Kleinz, Torsten:** »Kommt der digitale Euro?«, in: ZDF, 31.12.2022; https://www.zdf.de/nachrichten/digitales/digitaler-euro-ezb-100.html

18 Vgl. **Bocksch, René:** »PayPal ist die Nummer Eins der Online-Bezahldienste«. in: Statista, 10.6.2022; https://de.statista.com/infografik/23357/anteil-der-befragten-die-diese-online-bezahldienste-nutzen/#:~:text=In%20Deutschland%20ist%20die%20Nutzung,PayPal%20mit%20rund%2093%20Prozent.

19 **Ahrens, Sandra:** »Welche mobile Bezahllösung nutzen Sie?«, in: Statista, 3.2.2022; https://de.statista.com/statistik/daten/studie/1166076/umfrage/mobilen-bezahlen-nutzung-nach-anbieter/

20 Schon Anfang 2018 amüsierte sich das amerikanische Magazin Wired am Beispiel von Facebook, es sei »ein Unternehmen, das die Medien dominiert, das aber kein Medienunternehmen sein will« und auf Rückfragen stets trotzig antworte: »Plattform, Plattform, Plattform – aus regulatorischen, finanziellen und möglicherweise sogar emotionalen Gründen.« **Guy, Eddie:** »Inside the Two Years That Shook Facebook—and the World. How a confused, defensive social media giant steered itself into a disaster, and how Mark Zuckerberg is trying to fix it all.«, in: Wired, 12.2.2018; https://www.wired.com/story/inside-facebook-mark-zuckerberg-2-years-of-hell/; vgl. zu den vielen Äußerungen Mark Zuckerbergs u. a. **Castillo, Michelle:** »Zuckerberg tells Congress Facebook is not a media company: ›I consider us to be a technology company'«, in: CNBC, 11.4.2018; https://www.cnbc.com/2018/04/11/mark-zuckerberg-facebook-is-a-technology-company-not-media-company.html

21 Vgl. O. A.: «Elon Musk's $44bn education on free speech. He has had a crash course in the trade-offs in protecting free expression«, in: The Economist, 19.12.2022; https://www.economist.com/leaders/2022/12/19/elon-musks-44bn-education-on-free-speech

22 **Getahun, Hannah,** und **Erin Snodgrass:** »Elon Musk drohte Twitter-Mitarbeitern mit Kündigung, wenn sie seine Tweets nicht erfolgreicher als die von Joe Biden machen würden«, in: Business Insider, 15.2.2023; https://www.businessinsider.de/wirtschaft/twitter-musk-drohte-mit-kuendigung-wenn-seine-tweets-nicht-sichtbarer-werden/; Auch von Mark Zuckerberg sind erratische Entscheidungen bekannt; vgl. **Mac, Ryan,** und **Craig Silverman:** Mark Changed The Rules: How Facebook Went Easy On Alex Jones And Other Right-Wing Figures«, in: BuzzFeed, 22.2.2021; https://www.buzzfeednews.com/article/ryanmac/mark-zuckerberg-joel-kaplan-facebook-alex-jones

23 Vgl. zu Facebook etwa **Lecher, Colin,** und **Leon Yin:** »One Year After the Capitol Riot, Americans Still See Two Very Different Facebooks. Data from The Markup's Citizen Browser shows the platform's partisan divide continues«, in: The Markup, 6.1.2022; https://themarkup.org/citizen-browser/2022/01/06/one-year-after-the-capitol-riot-americans-still-see-two-very-different-facebooks

24 Vgl. **Hanfeld, Michael:** »Was sagen die ›Twitter-Files‹? Das Geheimnis von Twitter«, in: FAZ, 6.1.2023; https://www.faz.net/aktuell/feuilleton/medien/twitter-files-elon-musk-veroeffentlicht-bisher-geheime-dateien-18581277.html

25 Vgl. **Eckert, Svea** et al.: »TikTok schränkt Meinungsfreiheit ein«, in: Tagesschau, 5.10.2022; https://www.tagesschau.de/investigativ/ndr/tik-tok-begriffe-101.html;

26 **Weiss, Bari, Abigail Shrier, Michael Shellenberger,** und **Nellie Bowles:** »Twitters geheime schwarze Listen«, in: Die Welt, 20.12.2022; https://www.welt.de/debatte/kommentare/plus242776401/Meinungs-Steuerung-Twitters-geheime-schwarze-Listen.html

27 Ebd.

28 **Kayser-Bril, Nicolas:** »AlgorithmWatch forced to shut down Instagram monitoring project after threats from Facebook«, in: AlgorithWatch, 13.8.2021; https://algorithmwatch.org/en/instagram-research-shut-down-by-facebook/

29 **Baker-White, Emily:** »TikTok's Secret ›Heating‹ Button Can Make Anyone Go Viral«, in: Forbes, 20.1.2023; https://www.forbes.com/sites/emilybaker-white/2023/01/20/tiktoks-secret-heating-button-can-make-anyone-go-viral/?sh=1181bd136bfd

30 **Dorsey, Jack:** »A native internet protocol for social media«; Statement zu den Twitter Files vom 13.12.2022; zugänglich unter https://www.getrevue.co/profile/jackjack/issues/a-native-internet-protocol-for-social-media-1503112?utm_campaign=Issue&utm_

content=view_in_browser&utm_medium=email&utm_source=jack%27s.

31 **Zuboff, Shoshana:** Das Zeitalter des Überwachungskapitalismus. Frankfurt/M.: Campus 2018, S. 112

32 Vgl. **Baker-White, Emily:** »TikTok Spied On Forbes Journalists«, in: Forbes, 22.12.2022; https://www.forbes.com/sites/emily-baker-white/2022/12/22/tiktok-tracks-forbes-journalists-bytedance/?sh=39bb07f87da5; **Hall, Ellie:** »TikTok Owner ByteDance Said Employees Improperly Obtained Journalists' User Data«, in: BuzzFeed, 22.12.2022; https://www.buzzfeednews.com/article/ellievhall/bytedance-tiktok-user-data-report

33 O. A.: »TikTok admits using its app to spy on reporters in effort to track leaks«, in: The Guardian, 23.12.2022; https://www.theguardian.com/technology/2022/dec/22/tiktok-bytedance-workers-fired-data-access-journalists; **Dampz, Nils:** »TikTok räumt Datenmissbrauch ein«; in: Tagesschau, 23.12.2022; https://www.tagesschau.de/ausland/amerika/tiktok-usa-datenmissbrauch-101.html

34 »One current employee asked that a Wired reporter turn off his phone so the company would have a harder time tracking whether it had been near the phones of anyone from Facebook«; **Guy, Eddie:** «Inside the Two Years That Shook Facebook—and the World. How a confused, defensive social media giant steered itself into a disaster, and how Mark Zuckerberg is trying to fix it all«, in: Wired, 12.2.2018; https://www.wired.com/story/inside-facebook-mark-zuckerberg-2-years-of-hell/

35 Vgl. **Solon, Olivia:** »›They'll squash you like a bug‹: how Silicon Valley keeps a lid on leakers.«, in: The Guardian, 16.3.2018; https://www.theguardian.com/technology/2018/mar/16/silicon-valley-internal-work-spying-surveillance-leakers; https://www.mercurynews.com/2018/03/16/zuckerbergs-secret-police-how-facebooks-rat-catching-team-spies-on-employees-report/, ferner **Baron, Ethan:** »Zuckerberg's ›secret police‹. How Facebook's ›rat-catching team‹ spies on employees.«, in: Mercury News, 16.3.2018; https://www.mercurynews.com/2018/03/16/zuckerbergs-secret-police-how-facebooks-rat-catching-team-spies-on-employees-report/

36 **Siu, Antoinette:** »TikTok Can Circumvent Apple and Google Privacy Protections and Access Full User Data, 2 Studies Say«, in: The Wrap, 14.2.2022; https://www.thewrap.com/tiktok-circumvent-privacy-protections-user-data/#:~:text=TikTok%20can%20circumvent%20security%20protections,longstanding%20concerns%20raised%20by%20privacy

37 **Dascalescu, Ana:** »Tiktok Tracking: How Much Data Tiktok Uses and How To Stop It Tracking You«, in: Tech the Lead, 23.12.2022; https://techthelead.com/tiktok-tracking-how-much-data-tiktok-uses-and-how-to-stop-it-tracking-you/

38 Vgl. **Klais, Brian:** »New Research Across 200 iOS Apps Hints that Surveillance Marketing is Still Going Strong«, in: URL Genius, 20.1.2022; https://app.urlgeni.us/blog/new-research-across-200-ios-apps-hints-surveillance-marketing-may-still-be-going-strong

39 Vgl. **Solomon, Daina Beth:** »Uber could track passengers after they leave car, privacy group claims«. In: L. A. Times, 22. 6. 2015; https://www.latimes.com/business/technology/la-fi-tn-uber-privacy-20150622-story.html

40 Vgl. **McCracken, Harry:** »10 Things I Know to Be True About This Microsoft Hotmail Privacy Case«; in: Time.com, 22.3.2014; https://time.com/34229/microsoft-hotmail-privacy/

41 Vgl. auch den exzellenten Band **Münker, Stefan,** und **Alexander Rösler (Hrsg.):** Was ist ein Medium? Frankfurt/M.: Suhrkamp 2008.

42 **Zuboff, Shoshana:** Das Zeitalter des Überwachungskapitalismus. Frankfurt/M.: Campus 2018, S. 166.

Kapitel IV – MONOPOLE, FAKE NEWS, HATE SPEECH

1 **Wu, Tim:** The Curse of Bigness. Antitrust in the New Gilded Age. New York: Columbia Global Reports 2018, S. 18.

2 Zitiert ebd., S. 31.

3 Zwar ermöglicht der § 19a GWB erstmalig eine Ex-ante-Regulierung, wenn vorab eine Grundverfügung ergeht, nach der eine Marktbeherrschung gegeben ist. Aber die aktuellen Verfahren gegen Meta und Alphabet zeigen, wie unwillig das Bundeskartellamt diese neuen Instrumente nutzt. In diesen Fällen wurde einer Ex-ante-Regulierung ausgewichen, indem man auf die Zuständigkeiten etwa der Landesmedienanstalten oder weiterer Spezialinstanzen, wie der Schiedsstelle für Urheberrechtsangelegenheiten, hinwies.

4 Verschiedene solcher Fälle werden besprochen in **Graef, Inge:** »When Data Evolves into Market Power. Data Concentration and Data Abuse under Competition Law.«, in: Digital Dominance. The Power of Google, Amazon, Facebook, and Apple. Hrsg. von Martin Moore und Damian Tambini. Oxford: OUP 2018, S. 71-97.

5 Bundeskartellamt: »Fusion bei Zeitungsverlagen untersagt«; 28.9.2021; Download unter https://www.bundeskartellamt.de/SharedDocs/Meldung/DE/Meldungen%20News%20Karussell/2021/28_09_2021_Funke_OTZ.html

6 **Fanta, Alexander:** »Peter Thiel, Monopoly's fiercest advocate«; https://netzpolitik.org/2021/peter-thiel-monopolys-fiercest-advocate/#:~:text=Spun%20out%20of%20a%20course,as%20he%20later%20summarized%20it

7 **Thiel, Peter:** Zero to One. Wie Innovation unsere Gesellschaft rettet. Frankfurt/M.: Campus 2014, S. 28.

8 Ebd, S. 30.

9 Ebd, S. 34.

10 **Hindman, Matthew:** The Internet Trap. How the Digital Economy Builds Monopolies and Undermines Democracy. Princeton, Oxford: PUP 2018, S. 9.

11 **Kim, Eugene:** »Jeff Bezos to employees: ›One day, Amazon will fail‹ but our job is to delay it as long as possible«, in: CNBC, 15.11.2018; https://www.cnbc.com/2018/11/15/bezos-tells-employees-one-day-amazon-will-fail-and-to-stay-hungry.html

12 Übersichten zu den Umsätzen und Hintergründe s. www.bigtechmussweg.de

13 Vgl. http://www.cobbles.com/simpp_archive/paramount-doc_1938list.htm

14 Vgl. die damalige Darlegung des Urteils: »United States v. Paramount Pictures, Inc., 334 U.S. 131 (1948)«, in: supreme.justia.com; https://supreme.justia.com/cases/federal/us/334/131/#167

15 »Die digitale Werbung wächst zwar zweistellig, dies aber vor allem zugunsten der großen amerikanischen Plattformen Google, Facebook, Amazon und Apple, die nach Branchenschätzungen mittlerweile 80 Prozent des digitalen Werbemarkts beherrschen.« **Scheppe, Michael:** »69 Prozent mehr Umsatz: Google und Co. gewinnen am Werbemarkt – Klassische Medien fallen zurück«, in: Handelsblatt, 11.11.2021; https://www.handelsblatt.com/unternehmen/it-medien/werbewirtschaft-69-prozent-mehr-umsatz-google-und-co-gewinnen-am-werbemarkt-klassische-medien-fallen-zurueck/27787322.html

16 Bundeskartellamt: »Sektor-Untersuchung Online-Werbung. Diskussionsbericht.« August 2022; S. 31f.; Download unter https://www.bundeskartellamt.de/SharedDocs/Publikation/DE/Sektoruntersuchungen/Sektoruntersuchung_Online_Werbung_Diskussionsbericht_lang.pdf?__blob=publicationFile&v=4

17 **Fechner, Frank:** Medienrecht. 21. Aufl. Tübingen: Mohr Siebeck 2021, S. 14f.

18 Ebd., S. 388.

19 KEK, Hrsg. (2022): 23. Jahresbericht 2021. Download unter: https://www.kek-online.de/fileadmin/user_upload/KEK/Publikationen/Jahresberichte/23._Jahresbericht.pdf, S. 19f.

20 KEK, Hrsg. (2022): Zukunftsorientierte Vielfaltssicherung im Gesamtmarkt der Medien. Bericht der Kommission zur Ermittlung der Konzentration im Medienbereich (KEK); https://www.

kek-online.de/publikationen/medienkonzentrationsberichte/siebter-konzentrationsbericht-2021, S. 31.

21 Um es etwas differenzierter zu beschreiben: Zwar müssen die Plattformen in Zukunft nach NetzDG und Digital Services Act offensichtlich rechtswidrige Äußerungen löschen, aber eben nur nach dem »Notice and Takedown«-Verfahren. Weil aber die Nutzung dieser Inhalte im Netz meist in wenigen Stunden nach dem Posten erfolgt, kommen solche Löschungen immer zu spät und der gesellschaftliche Schaden ist längst angerichtet.

22 Vgl. zu diesen Werten u.a. **Silberling, Amanda:** «YouTube's ad revenue is declining, but creator economy experts aren't worried«; in: TechCrunch, 27.10.2022; https://techcrunch.com/2022/10/27/youtubes-ad-revenue-is-declining-but-creator-economy-experts-arent-worried/. Facebook zahlt für Video Creator denselben Prozentsatz aus; vgl. **Holla, Aravinda:** »Facebook Video Ad Revenue Sharing Model – What It Means For Content Creators«; in: Vidooly, https://vidooly.com/blog/facebook-video-ads-revenue-sharing-model-creators/. Bei YouTube Shorts sind es angeblich 45%; vgl. **Elias, Jennifer:** «YouTube will start sharing ad revenue with Shorts creators as the company tries to catch TikTok«; in: CNBC, 20.9.2022; https://www.cnbc.com/2022/09/20/youtube-will-share-revenue-with-shorts-creators-as-tiktok-surges.html.

23 Der Text des berühmten Gesetzes ist zugänglich unter https://www.law.cornell.edu/uscode/text/47/230

24 **Krempl, Stefan:** »Google und Section 230«, in: Heise Online, 14.1.2023; https://www.heise.de/news/Google-und-Section-230-US-Gerichtsurteil-koennte-Internet-auf-den-Kopf-stellen-7459343.html

25 Vgl. z.B. die Übersicht in https://www.allaboutmarketresearch.com/internet.htm

26 **Peifer, Karl-Nikolaus:** »Konvergenz in der Störer- und Verbreiterhaftung: Vom Störer zum Verbreiter?«, in: AfP – Zeitschrift für Medien- und Kommunikationsrecht 1/2014, S. 18–23.

27 Ebd.

28 Vgl. **Biblin, Rebecca,** und **Cory Doctorow:** »Chokepoint Capitalism«, Boston: Beacon 2022, S. 81.

29 **Gärtner, Markus:** »Sechs Millionen Marktplatz-Händler verkaufen bei Amazon«, in: Amazon Watchblog, 25. 3. 2021; https://www.amazon-watchblog.de/unternehmen/2571-amazon-haendler-zahl.html

30 **Sanz Grossón, Ulrike:** »Amazon – Wie man sich gegen die Sperrung des Händleraccounts wehren kann«, in: Etailment, 21.2.2020; https://etailment.de/news/stories/Amazon-Sperrung-H%C3%A4ndlerkonto-22150

31 Im deutschen AGB-Recht existieren zwar Einschränkungen dieser einseitigen Beziehung, die Nutzer schützen im Ernstfall könnten – diese lassen sich aber im Regelfall nicht anwenden, weil die Tech-Riesen auch hier wieder die extraterritoriale Karte ausspielen können. Die Einschätzung des Juristen Friedrich Graf von Westphalen ist eindeutig: »Die Vertragsbeziehungen zwischen den ›Big Playern‹ und den Nutzern im Online-Plattformgeschäft folgen nie dem deutschen, sondern etwa dem luxemburgischen, dem niederländischen oder dem irischen Recht. Keines dieser Rechte hat einen Ordnungsrahmen zugunsten der Nutzer, der vergleichbar dem deutschen Recht für die Kontrolle von AGB herangezogen werden kann. Es herrscht vielmehr der nahezu uneingeschränkte Grundsatz der Vertragsgestaltungsfreiheit. Wenn aber ausländisches Recht auf die Vertragsbeziehungen zwischen dem Online-Vermittler und seinem gewerblichen Nutzer anwendbar ist, dann hat das deutsche Recht nichts mehr zu sagen. Es herrscht die einseitig bestimmende Vertragsfreiheit des Marktmächtigen«; **Westphalen, Friedrich Graf von:** »Widerstand gegen GAFA«, in: FAZ, 3.12.2020; https://www.faz.net/aktuell/feuilleton/medien/die-neue-europaeische-plattform-verordnung-reicht-nicht-aus-17082029.html?printPagedArticle=true#pageIndex_2. Immerhin gibt es aktuelle Bewegungen, die GAFAM hier Einschränkungen auferlegen – so muss Facebook angeben, aus welchen Gründen und mit welchen Rechtschutzmöglichkeiten ein Account gesperrt oder gelöscht wird (Bundesgerichtshof, Urteil III ZR 179/20 und III ZR 192/20). Auch der Digital Services Act wird ab 2024 transparentere AGB-Regeln vorgeben, allerdings bleibt offen, inwieweit diese Regeln durchgesetzt werden.

32 **Hasenbrink, Uwe:** »Meinungsbildung und Kontrolle der Medien«, in: Bundesamt für politische Bildung 9.12.2016; https://www.bpb.de/themen/medien-journalismus/medienpolitik/172240/meinungsbildung-und-kontrolle-der-medien/

33 Hintergründe auf www.bigtechmussweg.de.

34 BVerfGE 73, 118.

35 BVerfGE 12, 205.

36 **Rushe, Dominic:** »Facebook and Google insist they did not know of Prism surveillance program«, in: The Guardian, 8.6.2013; https://www.theguardian.com/world/2013/jun/07/google-facebook-prism-surveillance-program

37 **Friedrich, Benjamin:** »Datenspionage: Internetgiganten kassierten Millionen von NSA«, in: Focus, 21.1.2014; https://www.focus.de/digital/internet/facebook-yahoo-microsoft-und-google-datenspionage-internetgiganten-kassierten-millionen-von-nsa_id_3113424.html; **Pakalski, Ingo:** »NSA zahlte Facebook, Google und Microsoft Millionenbeträge«, in: Golem, 24.8.2013; https://www.golem.de/news/prism-skandal-nsa-zahlte-facebook-google-und-microsoft-millionenbetraege-1308-101177.html

38 **Rushe, Dominic:** » Facebook and Google insist they did not know of Prism surveillance program«, in: The Guardian, 8.6.2013; https://www.theguardian.com/world/2013/jun/07/google-facebook-prism-surveillance-program

39 **Lindner, Roland:** »Ein Erdbeben namens ›Prism‹«, in: FAZ, 6.6.2014; https://www.faz.net/aktuell/wirtschaft/unternehmen/nsa-skandal-ein-erdbeben-namens-prism-12974896.html

40 Quelle: https://www.washingtonpost.com/wp-srv/special/politics/prism-collection-documents/

41 **Lischka, Konrad:** »Die scheinheilige Transparenz-Botschaft der Internetriesen«, in: Der Spiegel, 18.7.2013; https://www.spiegel.de/netzwelt/netzpolitik/prism-scheinheilige-botschaft-von-apple-facebook-google-microsoft-a-911817.html

42 **Zuboff, Shoshana:** Das Zeitalter des Überwachungskapitalismus. Frankfurt/M.: Campus 2018, S. 142.

43 **Hanfeld, Michael:** »Was sagen die ›Twitter-Files‹? Das Geheimnis von Twitter«, in: FAZ, 6.1.2023; https://www.faz.net/aktuell/feuilleton/medien/twitter-files-elon-musk-veroeffentlicht-bisher-geheime-dateien-18581277.html

44 Ebd.

45 Zitat in **Zhou, Li, Nancy Scola,** und **Ashley Gold:** »Senators to Facebook, Google, Twitter: Wake up to Russian threat«, in: Politico, 11.1.2017; https://www.politico.com/story/2017/11/01/google-facebook-twitter-russia-meddling-244412

46 **Guy, Eddie:** »Inside the Two Years That Shook Facebook—and the World.«, in: Wired, 12.2.2018; https://www.wired.com/story/inside-facebook-mark-zuckerberg-2-years-of-hell/

47 Vgl. **Marquardt, Alex:** »Musk's SpaceX says it can no longer pay for critical satellite services in Ukraine«, in: CNN, 14.10.2022; https://edition.cnn.com/2022/10/13/politics/elon-musk-spacex-starlink-ukraine/index.html

48 **Schmieder, Jürgen:** »Der Cyberwar-Minister«, 1.12.2022; https://www.sueddeutsche.de/wirtschaft/ukraine-digitalisierung-re-invent-las-vegas-1.5707252

49 Ebd.

50 https://www.microsoft.com/en-us/securityengineering/gsp; vgl. **Bremmer, Manfred:** »Microsoft stellt sichere Behörden-Cloud vor«; in: Computerwoche, 20.7.2022; https://www.computerwoche.de/a/microsoft-stellt-sichere-behoerden-cloud-vor,3553785

51 Vgl. **Greif, Björn:** »Microsoft schließt Sicherheitsabkommen mit NATO«, in: ZDNet, 15.9.2015; https://www.zdnet.de/88246500/microsoft-schliesst-sicherheitsabkommen-mit-nato/

52 Vgl. **Wölbert, Christian:** »Wie Microsoft europäische Regierungen in die Cloud lockt«; in: Heise online, 21.6.2021; https://www.heise.de/hintergrund/Wie-Microsoft-europaeische-Regierungen-in-die-Cloud-lockt-6069702.html

53 Vgl. **Speed, Richard:** «Microsoft floats Cloud for Sovereignty«, in: The Register, 20.7.2022; https://www.theregister.com/2022/07/20/microsoft_cloud_for_sovereignty/

54 Vgl. **Schumann, Harald,** und **Elisa Simantke:** »Cyber-Attacken auf staatliche IT: Europas fatale Abhängigkeit von Microsoft«; in: Tagesspiegel, 13.5.2017; https://www.tagesspiegel.de/gesellschaft/europas-fatale-abhangigkeit-von-microsoft-3821812.html

55 Vgl. **Mayer, Maximilian,** und **Yen-Chi Lu:** »Auf dem Weg zur digitalen Selbstbestimmung?«, in: Konrad-Adenauer-Stiftung; 3.5.2022; https://www.kas.de/de/einzeltitel/-/content/auf-dem-weg-zur-digitalen-selbstbestimmung

56 Vgl. etwa **Breithut, Jörg:** »Microsoft greift in Cyberattacke gegen die Ukraine ein«, in: Spiegel, 8.4.2022; https://www.spiegel.de/netzwelt/microsoft-greift-in-cyberattacke-gegen-die-ukraine-ein-a-a97df1af-5561-4ad1-8fb9-6d0b79e952d4

57 **Gralla, Preston:** »So hilft Microsoft der Ukraine im Cyberkrieg mit Russland«, in: Computerwoche, 25.1.2023; https://www.computerwoche.de/a/so-hilft-microsoft-der-ukraine-im-cyberkrieg-mit-russland,3613694

58 Vgl. **Krempl, Stefan:** »Google: Microsoft-Monokultur ist in US-Verwaltung ein Sicherheitsproblem«, in: Heise online, 4.4.2022; https://www.heise.de/news/Google-Microsoft-Monokultur-ist-in-US-Verwaltung-ein-Sicherheitsproblem-6662388.html

59 Vgl. O. A: »Microsoft beschwert sich über Milliardendeal für Amazon«, in: Manager Magazin, 13.8.2021; https://www.manager-magazin.de/unternehmen/tech/cloud-auftrag-der-us-regierung-microsoft-beschwert-sich-gegen-milliardenzuschlag-fuer-amazon-a-6746519f-9d47-4898-ad6a-f7a7cee28ffd

60 **Wilkens, Andreas:** »Cybersicherheit: Microsoft, Google und Amazon kooperieren mit neuer US-Behörde«, in: Heise online, 6.8.2021; https://www.heise.de/news/Cybersicherheit-Microsoft-Google-und-Amazon-kooperieren-mit-neuer-US-Behoerde-6157115.html

61 **Cantrill, Aggi:** »Big Tech Descends on Munich Conference in Support of Ukraine«, in: Bloomberg, 19.2.2023; https://www.bloomberg.com/news/articles/2023-02-19/big-tech-descends-on-munich-conference-in-support-of-ukraine#xj4y7vzkg

62 Vgl. Deutscher Bundestag, Wissenschaftliche Dienste: »Die rechtlichen Grundlagen des öffentlich-rechtlichen Rundfunks (ARD, ZDF, Deutschlandradio) im Grundgesetz, dem Rundfunkstaatsvertrag der Länder und gemäß höchstrichterlicher Rechtsprechung«, in: 21.9.2016; https://www.bundestag.de/resource/blob/481528/af7bf6460dd9f7c07e51917f1ce9ff96/WD-10-046-16-pdf-data.pdf

63 Vgl. u. a. BVerfGE 83, 238 (296): »Art. 5 I 2 GG verpflichtet den Staat, die Grundversorgung, die dem öffentlich-rechtlichen Rundfunk in einer dualen Rundfunkordnung zufällt, zu gewährleisten«; sowie BVerfGE 73, 118 (157 f.): »Für die Kontrolle durch die zur Sicherung der Vielfalt geschaffenen (externen) Gremien und die Gerichte maßgebend ist ein Grundstandard, der die wesentlichen Voraussetzungen von Meinungsvielfalt umfaßt: die Möglichkeit für alle Meinungsrichtungen – auch diejenige von Minderheiten -, im privaten Rundfunk zum Ausdruck zu gelangen, und den Ausschluß einseitigen, in hohem Maße ungleichgewichtigen Einflusses einzelner Veranstalter oder Programme auf die Bildung der öffentlichen Meinung, namentlich die Verhinderung des Entstehens vorherrschender Meinungsmacht. Aufgabe des Gesetzgebers ist es, die strikte Durchsetzung dieses Grundstandards durch materielle, organisatorische und Verfahrensregelungen sicherzustellen.« Vgl. ferner BVerfGE 87, 181 (197); BVerfGE 95, 220 (236); BVerfGE 57, 295 (319 ff.), 1774; BVerfGE 97, 228 (266 f.); BVerfG NVwZ-RR 1999, 376; BVerfGE 74, 297 (324 f.), 2987; BVerfGE 136, 9 – ZDF-Staatsvertrag; BVerfGE 83, 238 (296 f.).

64 MStV, Präambel.

65 **Fanta, Alexander:** »ARD und ZDF auf Social Media. Von Algorithmen und Metriken verleitet«, in: Netzpolitik.org, 7.6.2022; https://netzpolitik.org/2022/ard-und-zdf-auf-social-media-von-algorithmen-und-metriken-verleitet/; die Originalstudie der Otto Brenner Stiftung lautet **Eichler, Henning:** Journalismus in sozialen Netzwerken. ARD und ZDF im Bann der Algorithmen? Frankfurt 2022; https://www.otto-brenner-stiftung.de/journalismus-in-sozialen-netzwerken/

66 Immerhin hat die bayerische Landesmedienanstalt Beschwerde bei Twitter eingelegt wegen der Manipulationen des Traffics. Wir dürfen gespannt sein, was passiert, und vor allem: ob Elon Musk das interessiert. Vgl. https://www.blm.de/infothek/pressemitteilungen/2023.cfm?object_ID=18618

67 Vgl. **Dörr, Dieter, Johannes Kreile,** und **Mark D. Cole (Hrsg.):** Handbuch Medienrecht. Recht der elektronischen Medien. Frankfurt/M. 2008, S. 133f.; **Fechner, Frank:** Medienrecht. 21. Aufl. Tübingen: Mohr Siebeck 2021, S. 15; KEK, Hrsg. (2022): Zukunftsorientierte Vielfaltssicherung im Gesamtmarkt der Medien. Bericht der Kommission zur Ermittlung der Konzentration im Medienbereich (KEK). https://www.kek-online.de/publikationen/medienkonzentrationsberichte/siebter-konzentrationsbericht-2021

68 **Habermas, Jürgen:** Ein neuer Strukturwandel der Öffentlichkeit und die deliberative Öffentlichkeit. Frankfurt/M.: Suhrmamp 2022, S. 67.

69 Es ist tatsächlich die Überschrift zu dieser Initiative, im Original: »ensuring fair and open markets«; vgl. https://commission.europa.eu/strategy-and-policy/priorities-2019-2024/europe-fit-digital-age/digital-markets-act-ensuring-fair-and-open-digital-markets_en

Kapitel V – ACCEPT HERE

1 Vgl. https://news.stanford.edu/2005/06/12/youve-got-find-love-jobs-says/

2 **Brand, Steward (Hrsg.):** The Whole Earth Catalogue. Access to Tools. Herbst 1968; Download verfügbar unter https://monoskop.org/images/0/09/Brand_Stewart_Whole_Earth_Catalog_Fall_1968.pdf

3 »Aber wer ein Schöpfer sein muss im Guten und Bösen: wahrlich, der muss ein Vernichter erst sein und Werthe zerbrechen. Also gehört das höchste Böse zur höchsten Güte: diese aber ist die schöpferische …«, heißt es in Also sprach Zarathustra (Teil II, »Von der Selbst-Ueberwindung«); vgl. auch Passagen aus Die fröhliche Wissenschaft: »Die stärksten und bösesten Geister haben bis jetzt die Menschheit am meisten vorwärts gebracht […]. Das Neue ist aber unter allen Umständen das Böse, als Das, was erobern, die alten Grenzsteine und die alten Pietäten umwerfen will«; oder: »Leben – das heisst grausam und unerbittlich gegen Alles sein, was schwach und alt an uns, und nicht nur an uns, wird.« oder: »Nur als Schaffende können wir vernichten!«; **Nietzsche, Friedrich:** Sämtliche Werke. Kritische Studienausgabe. Hrsg. von Giorgio Colli und Mazzino Montinari. Bd. 1–15. München et al.: dtv 1988; Bd. 4, S. 149; Bd. 3, S. 376, S. 400, S. 422.

4 Vgl. vor allem **Turner, Fred:** From counterculture to cyberculture. Stewart Brand, the Whole Earth Network, and the rise of digital utopianism. Chicago et al.: Univ. of Chicago Press 2006.

5 Vgl. **Steven Levy:** Hackers. Heroes of the Computer Revolution. Doubleday, 1984;

6 **Blankenship, Loyd:** The Hacker's Manifesto. 1986; Download unter https://github.com/greyscalepress/manifestos/blob/master/content/manifestos/1986-hacker-manifesto.txt

7 Vgl. zu solchen Metaphern des Digitalen auch **Bickenbach, Matthias,** und **Harun Maye:** Metapher Internet. Literarische Bildung und Surfen. Berlin: Kadmos 2009.

8 **Negroponte, Nicholas:** Being Digital. London: Hodder & Stoughton 1995; **Rifkin, Jeremy:** The Age of Access. The new culture of hypercapitalism, where all of life is a paid-for experience. New York: Jeremy P. Tarcher / Putnam 2001 [2000]; **Tapscott, Don** und **Anthony D. Williams:** Wikinomics. How Mass Collaboration Changes Everything. New York et al.: Portfolio, 2008; **Jarvis, Jeff:** What would Google Do? New York: Harper Business 2011 [2009]; **Anderson, Chris:** The Long Tail. Why the Future of Business Is Selling Less of More. New York: Hyperion, 2006.

9 **Schmidt, Eric** und **Jared Cohen:** Die Vernetzung der Welt. Ein Blick in unsere Zukunft. Reinbek: Rowohlt 2013, S. 368.

10 **Beckedahl, Markus:** »Twitter-Übernahme wird zum Präzedenzfall für Plattformregulierung«, in: Netzpolitik.org, 28.10.2022; https://netzpolitik.org/2022/elon-musk-twitter-uebernahme-wird-zum-praezedenzfall-fuer-plattformregulierung/

11 Vgl. Corporate Europe Observatory und LobbyControl (Hrsg.): Die Lobbymacht von Big Tech. Wie Google & Co. die EU beeinflussen. Brüssel, Köln, 2021; Pdf-Download unter https://www.lobbycontrol.de/wp-content/uploads/Studie_de_Lobbymacht-Big-Tech_31.8.21.pdf

12 Vgl. **Ritzer, Uwe:** »Gefährliche Übermacht«, in: sueddeutsche.de, 1.9.2021; https://www.sueddeutsche.de/wirtschaft/eu-lobbyisten-lobbycontrol-facebook-google-amazon-1.5397505?reduced=true Abgerufen am: 08.02.2023

13 **Krempl, Stefan:** »EU-Plattform-Regeln: Sozialdemokraten werfen Big Tech zwielichtiges Lobbying vor«, in: Heise.de, 15.10.2022; https://www.heise.de/news/EU-Plattform-Regeln-Sozialdemokraten-werfen-Big-Tech-zwielichtiges-Lobbying-vor-7309644.html

14 **Taplin, Jonathan:** Move fast and break things. How Facebook, Google, and Amazon cornered culture and undermined democracy. New York: Little, Brown and Company 2017, S. 129f.

15 **Dachwitz, Ingo, und Alexander Fanta:** Medienmäzen Google. Wie der Datenkonzern den Journalismus umgarnt. Otto Brenner Stiftung, Frankfurt/M. 2020; Pdf-Download unter https://www.otto-brenner-stiftung.de/wissenschaftsportal/informationsseiten-zu-studien/studien-2020/medienmaezen-google/

16 **Wiegand, Markus:** »So steht es im Kampf ums Google-Geld«, in: kresspro 5, 2022, S. 18–22, hier S. 20.

17 Ebd.

18 Die Beiträge sind digital verfügbar unter https://about.google/intl/de_ZZ/stories/aufbruch/ – hier geht es nur um Weltverbesserung.

19 **Vgl. Simon, Ulrike:** »Springer sahnt bei Facebook gleich doppelt ab«, in: Horizont, 17.5.2021; https://www.horizont.net/medien/nachrichten/folgen-bald-google-microsoft--apple-springer-sahnt-bei-facebook-gleich-doppelt-ab-191598

20 **Meier, Christian:** »Warum Influencer für Facebook jetzt wichtiger sind als Journalisten«, in: Die Welt, 21.11.2022; https://www.welt.de/kultur/medien/article242183183/Facebook-Warum-Journalisten-jetzt-weniger-wichtig-sind.html

21 Vgl. O. A.: »Die Gates-Millionen und der ›Spiegel‹«, in: Newsroom.de, 11.1.2022; https://www.newsroom.de/news/aktuelle-meldungen/unternehmen-11/die-gates-millionen-und-der-spiegel-und-die-frage-der-unabhaengigkeit-930751/

22 **Stadler, Rainer:** »Gates-Stiftung: eine potente Medienförderin«, in: Info Sperber, 5.4.2022; https://www.infosperber.ch/medien/gates-stiftung-eine-potente-medienfoerderin/

23 Vgl. Verfasser: »Medien bewerben Medien. Eine datenbasierte Annäherung«, in: Medienwirtschaft 20, 1 (2023), S. 74-78.

24 **Dachwitz, Ingo,** und **Alexander Fanta:** Medienmäzen Google; Pdf-Download unter https://www.otto-brenner-stiftung.de/wissenschaftsportal/informationsseiten-zu-studien/studien-2020/medienmaezen-google/, S. 67.

25 **Hanfeld, Michael:** »Dreißig Prozent von nichts«, in: FAZ, 21.12.2022; https://www.faz.net/aktuell/feuilleton/medien/kartell-amt-stellt-verfahren-gegen-google-ein-18551196.html

26 **Mullins, Brody, Jack Nicas:** »Paying Professors. Inside Google's Academic Influence Campaign«, in: Wall Street Journal, 14.7.2017; https://www.wsj.com/articles/paying-professors-inside-googles-academic-influence-campaign-1499785286

27 **Vogel, Kenneth P.:** »Google Critic Ousted From Think Tank Funded by the Tech Giant«, in: New York Times, 30.8.2017; https://www.nytimes.com/2017/08/30/us/politics/eric-schmidt-google-new-america.html

28 **Hatmaker, Taylor:** »Facebook cuts off NYU researcher access, prompting rebuke from lawmakers«, in: Techcrunch, 4.8.2021; https://techcrunch.com/2021/08/04/facebook-ad-observatory-nyu-researchers/

29 **Kayser-Bril, Nicolas:** »AlgorithmWatch forced to shut down Instagram monitoring project after threats from Facebook«, in: AlgorithmWatch, 13.8.2021; https://algorithmwatch.org/en/instagram-research-shut-down-by-facebook/

30 **Beuth, Patrick,** und **Marcel Rosenbach:** »Ärger um Instagram-Studie. Facebook drohte kritischer NGO wegen Forschungsprojekt«, in: Spiegel, 13.8.2021; https://www.spiegel.de/netzwelt/apps/instagram-studie-facebook-drohte-kritischer-ngo-wegen-forschungsprojekt-a-e2ca1d84-0002-0001-0000-000178784932

31 Vgl. **Schneider, Johannes:** »Hochschulsponsoring in Berlin: Google eröffnet Institut an der Humboldt-Uni«, in: Tagesspiegel, 26.10.2011; https://www.tagesspiegel.de/wissen/google-eroffnet-institut-an-der-humboldt-uni-6684754.html; O. A.: »Google«, in: lobbypedia.de, 18.12.2022; https://lobbypedia.de/wiki/Google

32 **Krone, Tobias** und **Thekla Jahn:** »Wenn Facebook der Forschung den Geldhahn zudreht«, in: deutschlandfunk.de, 17.12.2019; https://www.deutschlandfunk.de/drittmittelfinanzierung-wenn-facebook-der-forschung-den-100.html

33 **Kästner, Sven:** »Warum Amazon deutsche Forschungsinstitute mitfinanziert«, in: br.de, 14.6.2022; https://www.br.de/nachrichten/wissen/warum-amazon-deutsche-forschungsinstitute-mitfinanziert,T7hOPMb

Kapitel VI – COUNTDOWN 2029

1 National repräsentative Online-Studie, AMP Digital Research, 1001 Befragte (Alter 16–65, 50% Frauen, 50% Männer), Deutschland, März 2023, 6-stufige Ratingskala von »Stimme überhaupt nicht zu« bis »Stimme voll und ganz zu«.

2 **Schoen, Douglas E.:** »Polling shows both sides of the aisle support reining in Big Tech«, in: The Hill, 5.1.2022; https://thehill.com/opinion/technology/3471908-polling-shows-both-sides-of-the-aisle-support-reining-in-big-tech/

3 Mark Zuckerberg sogar meint in seinem eigenen Manifest The Hacker Way: »Der Hacker Way – oft auch als Hacker-Ethik bezeichnet – hat nichts mit Politik oder kriminellen Aktivitäten zu tun. Es ist die Philosophie des Computerzeitalters. […] In Wirklichkeit bedeutet Hacken nur, etwas schnell zu bauen oder die Grenzen dessen auszutesten, was getan werden kann.« https://www.facebook.com/HackerWayPhilosophy/posts/hacker-way-focus-on-impact-be-fast-be-boldthe-hacker-way-often-called-the-hacker/1838301603165221/

4 Ebd.

5 Vgl. https://www.allaboutmarketresearch.com/internet.htm

6 Manifestos for the Internet. O. A. Greyscale Press 2015, S. 38. Digital verfügbar unter https://www.eff.org/de/cyberspace-independence

7 Einen Mangel an Mitbestimmung kritisiert auch Otfried Jarren an aktuellen Initativen: Jarren, Otfried: »Europäische Harmonisierung? Initiativen zur Regulierung des Medienmarkts«, in: epd medien 42/43, 21.10.2022, S. 5-12, hier S. 10.

8 **McKinnon, John D., Ryan Tracy,** und **Chad Day:** »Big Tech Has Spent $36 Million on Ads to Torpedo Antitrust Bill«, in: Wall Street Journal, 9.6.2022; https://www.wsj.com/articles/big-tech-has-spent-36-million-on-ads-to-torpedo-antitrust-bill-11654767000

9 **Zakrzewski, Cat** und **Elizabeth Dwoskin:** »Facebook quietly bankrolled small, grass-roots groups to fight its battles in Washington«, in: Washington Post, 17.5.2022; https://www.washingtonpost.com/technology/2022/05/17/american-edge-facebook-regulation/

10 Vgl. z. B. **Schoen, Douglas E.:** »Polling shows both sides of the aisle support reining in Big Tech«, in: The Hill, 5.1.2022; https://thehill.com/opinion/technology/3471908-polling-shows-both-sides-of-the-aisle-support-reining-in-big-tech/